为师第一年
新时代新教师新成长（下册）

主　　编：谢　娟　　闫新全

下册副主编：苗沐霖　　张　东
下册话题负责人（按话题顺序）：苗沐霖　　张　东　　李　琰　　李　磊
　　　　　　　　　　　　　　　陈　沛　　师海红
下册编委（按话题顺序）：蒋秀云　　刘　剑　　苗沐霖　　何书利
　　　　　　　　　　　　胡秋萍　　李　琰　　张　东　　田一鹏
　　　　　　　　　　　　曹　艳　　蔡　益　　韩国太　　陈　侠
　　　　　　　　　　　　徐　慢　　陈　沛　　师海红　　姚咏梅
　　　　　　　　　　　　方　杰　　李　磊

中华工商联合出版社

图书在版编目（CIP）数据

为师第一年：新时代新教师新成长. 下册 / 谢娟,
闫新全主编. -- 北京：中华工商联合出版社，2023.6
ISBN 978-7-5158-3683-6

Ⅰ. ①为… Ⅱ. ①谢… ②闫… Ⅲ. ①新教师—师资
培养 Ⅴ. ①G451.2

中国国家版本馆 CIP 数据核字（2023）第 087160 号

为师第一年：新时代新教师新成长. 下册

作　　者：谢　娟　闫新全
出 品 人：刘　刚
责任编辑：关山美
装帧设计：李　朋
责任审读：付德华
责任印制：迈致红
出版发行：中华工商联合出版社有限责任公司
印　　刷：北京宝莲鸿图科技有限公司
版　　次：2023 年 6 月第一版
印　　次：2023 年 6 月第一次印刷
开　　本：787mm×1092mm　1/16
字　　数：500 千字
印　　张：22
书　　号：ISBN 978-7-5158-3683-6
定　　价：79.90 元

服务热线：010-58301130-0（前台）
销售热线：010-58302977（网店部）
　　　　　010-58302166（门店部）
　　　　　010-58302837（馆配部、新媒体部）
　　　　　010-58302813（团购部）
地址邮箱：北京市西城区西环广场 A 座 19-20 层，100044
Http：www.chgslcbs.cn
投稿热线：010-58302907（总编室）
投稿邮箱：1621239583@qq.com

序　言

亲爱的新教师朋友，欢迎大家使用这套新教师培训教材。

我们真诚地希望这套教材能帮您迈好教师职业生涯的第一步，能满足您当下"站上讲台、站稳讲台、站好讲台"的现实需求，成为您初涉岗位应知应会的工具书，立足岗位边实践边学习的指导书，以及深耕实践逐渐走向职业成熟的参考书。

教师是立教之本、兴教之源。当前，正值全面构建高质量教育体系、全面推进中国式教育现代化的新时期。党的二十大报告明确强调"教育、科技、人才是全面建设社会主义现代化国家的基础性战略性支撑"，把教育、科技、人才提高到更加重要的位置。尤其是近年来，随着《新时代基础教育强师计划》的出台、高中课程标准的颁布、义务教育课程标准的修订、立德树人根本任务的明确提出、五育融合新要求的深入落实等等，为每一位基础教育战线上的教师都带来了新的机遇与挑战。

新教师是教育的新生力量，是教育的未来和希望，是面向未来引领学生为学、为事、为人的新时代的"大先生"。从国家到市区都对新教师的成长和发展给予了高度的关心与关注。北京市更是适时出台了《北京市中小学新教师规范化培训指导意见》，结合新阶段新教师的新特点，进一步提出了新任教师规范化培训的新要求。

基于此，我们在原有教材《帮你迈好教师职业生涯第一步》的基础上，结合八年来实践使用中来自一线教师的新思考新建议，结合当下的时代背景和新教师成长的现实需要，进行了全面的修订，凝结了这套新版本的教材《为师第一年——新时代新教师新成长》。

修订中，基于新时代背景下"五A"式（Anyone，Anytime，Anywhere，Anyway，Anydevice）学习特点，我们着力于自适应、个性化的关注和主动性、内驱力的激发，致力于引导各位新教师自主规划、自主研修、自主管理和自主评价，并力争做到以下几点：

一是突出针对性。依据近几年新教师教育教学现状和发展情况的调研分析，结合以往开展新教师培训的经验，我们将这套教材分为上下两册。上册主要聚焦新教师的基本素养，目的是增强大家对教师职业的认同感，强化角色意识；下册主要聚焦新教师的教学基本功，目的是提高新教师教学设计、教学实施、教学评价等专业发展能力。

二是突出主体性。结合新教师"90后"年轻人的思维方式及特点，以学习者为中心，基于学习科学及成人学习理论，充分体现多元化的主体关注。以唤醒自觉为起点，以阳光研训为路径，以点燃、激励、陪伴、赋能为目标，尊重生命、尊重成长、尊重规律、尊重个性，用有温度的影响、有深度的带动、有维度的引领，助力新教师的学习与成长。

三是突出实效性。为帮助学习者明确每一个主题学习要达到的目标，我们在每一个主题的前面设置了学习目标栏目，后面加上了总结反思栏目，旨在帮助各位老师回顾梳理本主题学习内容，总结要点指标，明确方法步骤，升华学习收获。比如，问题聚焦栏目，通过题目检测或事例分析，以"你怎么想"引导学习者自我诊断，摸清问题，找准起点；问题分析栏目，通过解读该主题的意义价值、概念内涵，聚焦"是什么""为什么"和"怎么做"，通过对各类型多角度案例的具体分析，强化理解认知；问题改进栏目，通过对各种训练任务的引导性实践操作，强化直观体验，通过专业引领下的拓展阅读，强化思维逻辑的整体建构等。

一代人有一代人的长征，一代人有一代人的使命。这套新修订的新教师培训教材是在北京市朝阳区教师发展学院正式命名之后，由教师发展中心新任教师培训部牵头编写的。从教材主体框架的搭建到教材具体编写内容的确立，从组织编写到邀请专家参与框架论证、审稿和教材论证，都凝聚了编写团队集体的智慧与汗水。在历时一年多的教材编写过程中，老师们数易其稿，一遍遍研究、一次次讨论、一回回增删、一点点锤炼，竭力想让这套教材既能立于理性高端，又能够进入践行深处。但百密一疏，疏漏或不足在所难免，还希望各位老师多多理解和体谅，并诚挚地提出您的想法和建议，随时与我们联系或沟通。

雅思贝尔斯说："教育是一棵树摇动另一棵树，一朵云推动另一朵云，一个灵魂唤醒另一个灵魂。"师者本身就是那个会发光的灵魂，用自己的人格修养、知识与智慧，去带动我们的学生们一起发光发热。愿用晚清学者翁同龢的一句话与各位年轻的老师们互勉："每临大事有静气，不信今时无古贤。"愿与年轻的老师们一起携手，奔赴美好的未来，全心全意去做一名学者，因为学海无涯；做一名师者，因为师爱无疆；做一名行者，因为行者无域；一起去做那一束束行走的光源，点亮自己，照亮他人，也照亮我们这个赖以生存的世界。

北京市朝阳区教师发展学院 谢娟

2023 年 3 月

目　录

话题一 用心备课，设计教学方案

主题一 分析教材内容

⚑ 学习目标

1. 理解教材的内涵、功能以及分析教材的目的、意义；
2. 掌握分析单元和课时教材内容的一般过程和基本方法；
3. 能较准确地分析单元和课时教材的基本内容。

一、问题聚焦

教师拿着教材走进课堂，需要在之前就将静态的教材内容转化成动态的教学活动，进而通过课堂教学实现教学目标。那么课前如何分析、理解教材，才能保证课上能围绕教材中提示的核心知识和学生的学习规律进行有效教学？这是每一位教师每天都要面对的问题。

分析教材内容是备课过程中最重要的环节，是进行教学设计的第一步。正确分析教材内容是准确制定教学目标、明确核心教学内容、把握教学重难点的前提，是灵活有效地选择教学策略和科学合理地设计教学活动的基础，是实现教学目标、达到好的教学效果的关键。

要想正确分析教材内容，需要搞清楚以下几个问题：

问题 1. 什么是教材？教材有哪些功能？

问题 2. 什么是教材内容？什么又是教学内容？二者之间有何联系和区别？

问题 3. 分析教材内容的目的、意义是什么？如何判断是否达到了目的？

问题 4. 分析教材内容从哪几方面入手？一般过程和方法是什么？

问题 5. 如何分析单元和课时教材内容、构建单元大概念统摄下的课时核心教学内容框架？

以上五个问题可以分为三类：问题 1 和 2 是相关概念的内涵、本质、功能等方面的问题，可概括为"概念解析"；问题3要回答的是如何评价分析教材的结果，这需要先弄清楚分析教材的目的，可概括为"目的与评价"，以上三个问题我们将在第二部分"问题解析"中做出回答。问题4和5是具体实施层面的问题，可概括为"操作方法"，这两个问题也是我们这个主题着力要解决的重点问题，我们将在第三部分的"问题解决"中单独探讨。

讨论交流

你是怎么理解教材和教材的功能的呢？分析教材的目的又有哪些？在日常备课中，你是如何分析教材的？分析教材过程中遇到过哪些问题、有哪些困惑？认真思考后写下来，然后带着你的问题学习下面的内容。

二、问题分析

（一）概念解析

问题1.什么是教材？教材有哪些功能？

教材有广义和狭义之分，广义的教材是指包括文字和视听等的一切教学材料；狭义的教材是指由课程与学科专家根据国家课程标准的理念、目标等编写的教科书。

这里的教材是指狭义的教科书，它以国家课程标准为依据，以特定的结构方式（一般为螺旋式上升的结构），将系统的学科知识进行科学分解、细化，结合教学规律与学生身心发展规律，以章节或单元等形式进行编排、组合形成的教学文本材料，它体现教科书编者对各学段、各年级教师应当教什么、怎么教以及学生应当学什么、怎么学的构想与设计。[①]

教材一般由知识系统、助读系统、练习系统和活动系统等构成。[②] 知识系统：是外显的、系统的学科知识，学科能力、方法和习惯等隐含其中。助读系统：也叫支架系统，是教科书编写者为读者设计的，以便读者可以更快捷、更方便地使用教科书的手段与工具。[③] 如：语文学科课前、课中和课后的思考题，文下的注释、文后的资料袋、链接等。练习系统：也可以看作是作业系统，是为了巩固、复习所学知识，以确保教学目标有效达成的练习题、社会实践活动任务等内容。活动系统：学科知识须借助学科实践活动中

---

① 曹明海等.教学文本资源与教学内容的确定[J].语文建设.2008（10）.

② 倪文锦.语文新课程教学法（小学）[M].北京：高等教育出版社，2010：220-221.

③ 弗朗索瓦—玛丽·热拉尔，易克萨维耶·罗日叶.为了学习的教科书[M].汪凌，周振平，译.上海：华东师范大学出版社，2009：233.转引自石鸥，张文.学生核心素养培养呼唤基于核心素养教科书[J].课程·教材·教法，2016（9）：14-19.

积淀的认知体验与经验方能转化为解决问题的实际能力，并最终沉淀为学科素养。[①] 教材活动系统中的内容往往提示学生学习不同知识的活动方式，也有的提示的是教学组织形式。如"探究""讨论""交流"等。此外，不同学科的教材还会有不同的系统，如语文学科还包含有文本系统。

可见，教材是课程目标的具体化，是以学科知识为外显，以学科能力、方法、态度价值等为内隐，将教与学的内在关联进行统整而形成的系统的、结构化教学材料，是教学内容的载体，是国家意志的体现。

对教材的使用有遵循与超越两种态度。遵循是准确把握编者意图，以有效达成最基本的教学目标；超越是在遵循的基础上，结合本校、本班学生的实际情况等因素对教材的创造性使用。对于新任教师而言，遵循教材编写者的意图应是最基本的、主要的态度。

不同时代对教育提出不同的要求，教材的功能也会随着时代的变迁有所不同和侧重，教材的不同功能也决定了教材分析的不同视角和重点。核心素养背景下的教材主要承载以下几个方面的功能。[②]

1. 构建学科观念功能

受结构主义教育理论的影响，学科基本观念、最核心的概念等思想逐渐渗透到我国中小学学科教材中，2017 年版普通高中各学科课程标准均要求"重视以学科大概念为核心，使课程内容结构化"，因此教材分析也应以学科大概念为统摄，构建教材内容之间的结构性关联，帮助学生逐步构建学科的基本观念。

2. 培养学科思维功能

教材是以外显的学科知识为线索构建内容体系，而学科思维的培养是隐性的存在。思维能力因其为构成核心素养的关键能力而受到广泛关注。相应的在分析教材内容过程中，要厘清知识背后承载的思维能力的内容要素和过程要素。

3. 增进意义建构功能

教材设置的板块、栏目的不同决定了学生学习方式的不同。培养核心素养强调自主、合作、探究的学习方式对学科知识的主动建构的意义和作用。因此，教材中各板块、栏目设置对学习方式具有提示作用。

4. 促进全面发展功能

新时代确立了教育"立德树人"根本任务，教材必然承载着全面育人的功能使命。因此分析教材中蕴含的情感态度价值观等价值就显得尤为重要。

讨论交流

学习了以上内容，你对教材和教材的功能有了哪些新的认识？结合学科实际，认真

---

①　王磊. 学科能力构成及其表现研究 [J]. 教育研究，2016（9）：83-92.

②　高洁等. 落实核心素养的物理教材分析观 [J]. 课程·教材·教法，2021（3）：104-109.

思考后，写下来。

问题 2. 什么是教材内容？什么又是教学内容？二者之间有何联系和区别？

如上所述，教材体现教科书编者对各学段、年级应当"教什么"和"怎么教"的构想与设计，教材内容是指教材中为学生学习学科知识提供的素材以及学习程序。① 应当说，教材内容只是为课堂教学目标的落实提供教什么与怎么教的较为典型的范例，但也可能不适合所有的课堂。教师在具体的课堂上，实际教的内容——教学内容，是教师通过分析教与学的各种因素之后，对教材内容进行取舍与重构的结果。因此，教材内容包含教学内容，其外延大于教学内容的外延。教学内容应与教材中设定的单元主题、目标保持内在一致性，具体内容可以根据情况增、删、换，这主要针对教学内容相对明确的学科而言。而有些学科的教学内容可能不是很明确，如语文学科，它是以单篇课文为主体组构教材内容的，每篇具体的课文都包含字词句段篇、听说读写思等各项内容和能力训练的要素，自成体系。也就是说，单篇课文中包含众多与语文课程目标有关的内容，即教材内容，然而具体到某一年级、某一册的某一单元的课文，在课堂上应该教什么——教学内容应受到单元目标的制约，不可能教材中包含的所有内容都教，应根据编者意图，选择那些与教学目标关系最为密切的内容。这样的学科，分析教材内容的重要目的之一就是确定合宜的教学内容。

讨论交流

读了以上内容，你对教材内容和教学内容有了哪些新的认识？你在平时的教学中是如何确定教学内容的？结合学科实际，认真思考后，写下来。

（二）目的与评价

问题 3. 分析教材内容的目的、意义是什么？如何判断是否达到了目的？

教材的功能是由课程的目标任务决定的，分析教材从某种意义上说就是分析教育教学的目标与内容，最终是为了实现教学目标、达到好的教学效果，因此明白了教材的内涵和功能，还要进一步弄清楚分析教材对于教学的作用、意义和价值究竟有哪些。

1. 弄明白编者意图，明确教学内容、学习方法及与落实核心素养目标之间的关系

从内容方面：弄清楚教材系统中提示的教学核心知识有哪些，这些内容到底用来培养学生什么学科能力，内化哪种学习方法，渗透哪些情感态度价值观；

从过程方法方面：教材中安排了什么样的教学组织形式，提示了哪些学习策略和方法，这些过程方法与发展学生的核心素养之间有着怎样的联系；

从教学内容和教学过程方法之间的关系方面：什么样的内容与什么样的过程方法匹配才是合适的、恰当的，二者之间有着怎样的内在关系。

① 王宝珊.朝阳区教师教学基本能力检核标准解读[M].北京：北京出版社，2010：11.

明确内容和方法，厘清其与目标之间的关系，可以让课堂围绕学科核心知识、目标明确的安排教学活动；让设计的教学方式、学习方法等与教学内容的知识类型相匹配，进而让课堂教学形成学科知识逻辑与学生的认知逻辑的内在一致性，提高教学效率，切实落实学科核心素养。

2. 弄清楚教学内容在课标中的地位和目标要求，把握教学的程度、范围和尺度

学科课程标准是学科教学必须遵循的纲领性文件，是国家层面对课程目标与内容的总体要求。弄清楚教学内容在课程标准中的目标与内容要求，可以保证单元或课时教学内容在课标统摄下范围和程度的适合性，让教学内容能符合绝大多数学生的认知程度，内容和范围不超标，以便把握好教学的尺度，避免过难或过于简单。

3. 弄清楚教材内容的内部组织结构，厘清关系，了解认知经验、明确认知起点

教材是一个系统的存在，教科书编者按照国家课程标准的目标要求，将学科知识按照知识逻辑与学生认知逻辑进行结构化的分解、细化和安排、组织，将课程目标具体落实到每一个学段、每一个单元、乃至每一个课时教学中。在教材的结构化系统中，学科知识是随着学生年级的升高呈螺旋式上升的样态存在于教材中，因此，某一册、某一个单元或课时知识只是系统中的一个点状存在，它在教材体统中所处的位置、与教材其他内容之间关系的揭示，可以明确知识的来龙去脉，找准学生学习相关内容的认知起点，明确学生的认知经验，进而准确定位教学的起点，聚焦教学的着力点，着眼于教学的发展点。

4. 确定本单元或课时教学的重点内容，明确教学的着力点

在一个系统内找准单元或课时教学内容的起点、明确发展点，进而准确定位教学的重点。可见，分析教材内容的重要目的还包括最终确定教学的重点。教学的重点是学科核心知识，聚焦核心知识的教学，才能让教学围绕关键问题的解决高效达成教学目标，避免面面俱到以及随意增减教学内容造成的教学目标达成度低的问题的发生。

讨论交流

学习了以上内容，你对分析教材内容的目的有了哪些新的认识？结合学科实际，认真思考后，写下来。

1. 存在的主要问题

在实际教学中，教师每天都要分析教材内容，只是不需要都形成文本材料。在各级各类比赛过程中，都有分析教材内容的要求，这就需要写出自己分析教材内容的结果。通过观察发现，教师在分析教材内容时，普遍存在着以下几方面的问题：

（1）泛泛而谈，有分析没结论；或者分析与得出的结论缺乏内在逻辑性。

（2）照搬照抄教学参考资料的内容，没有自己独立的思考；或者分析的内容、得出的结论与教学目标的制定缺乏必然的联系等。

（3）分析片面，不够准确、系统，抓不住核心。

这些问题的存在原因是多方面的，主要原因是教师的学科知识不够系统、对学生的学习规律认识不足，因此不能准确、清晰地洞悉教材显性内容背后的隐形价值和意义。

2. 评价要点

分析教材内容应该得出哪些结论？又如何用于为教学服务呢？其实分析教材内容是为了明确教学的内容和重点，并分析出与内容相匹配的教学组织形式或教学方法，初步构建出教的内容与学的方式相关联的结构化的系统框架。应当说，教学目标是教学的出发点和归宿，教学内容是实现教学目标的载体。载体不是单一的、线性组合，而应是结构化的、融合性的内容统一体。有了这个结构化的框架，教学的基本流程、走向就基本确定下来了。分析教材内容直接目的是确定教学内容和学习方式并构建二者之间的关系，使教学不偏离轨道。

评价分析教材的结果是否达到了目的，可以从以下几个要点进行判断：

（1）是否明确了教学的具体内容、方法并揭示了二者之间的内在联系；

（2）是否符合学科课程标准中对该教学内容的目标要求；

（3）是否通过构建系统的联系，明确了教学内容应把握的程度、范围和尺度；

（4）确定的教学重难点是否是基于对相关教学内容来龙去脉的分析得出的结论。

讨论交流

你认为自己在分析教材内容方面存在的最突出的问题是什么？为什么？结合实际，认真思考后，写下来。

实践操作

阅读下面的"案例1"和"案例2-（1）"和"案例2-（2）"，尝试运用以上评价要点中的某一点分析案例的优点或特点等。

案例1：小学数学四年级"小数加减法"教材分析（节选）[①]

奥苏贝尔认知结构迁移理论认为，一切有意义的学习必然包括迁移，迁移是以认知结构为中介进行的，先前学习获得的经验，通过影响原有认知结构的有关特征影响新学习。我整理了教材中关于加减法计算的相关内容，具体如下：

[①] 案例提供者为中国人民大学附属中学朝阳实验学校师晓林。

教材位置	教材内容	知识点
一年级上册	20 以内的加法和减法	整数加减法
一年级下册	100 以内的加法和减法	整数加减法
三年级下册	万以内的加法和减法	整数加减法
三年级下册	小数的初步认识	相同数位的小数加减法
四年级下册	小数的意义和性质	小数的意义及性质
四年级下册	小数的加法和减法	不同数位的小数加减法
五年级下册	分数的加法和减法	分数加减法

　　小数加减法是在学生掌握了整数加减法、小数的意义和性质的基础上进行教学的。小数加减法和整数加减法，两者之间有着不可分割的联系。它是数的运算中不可缺少的内容，是形成良好的计算能力的重要组成部分。小数加减法的意义与整数加减法的意义相同，计算法则和算理也与整数保持一致，都是相同数位上的数相加减。同时，小数在生活中有着广泛的应用，学生对小数并不陌生，有较丰富的生活经验。此外，学生已掌握了整数加减法的算理和算法，由于小数加减法与整数加减法在算理上是相通的，对于小数加减法，学生有似曾相识的感觉。在学习本课之前，学生学习了相同数位小数的加减法以及小数的意义和小数的性质，这些都为学习小数加减法奠定了基础，引导学生充分利用已掌握的旧知识，尝试解决小数加减法这一新知，也为未来学习分数加减法打下了基础。

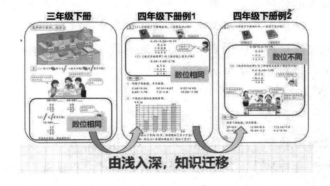

　　进一步对比教材发现，在学习三下册和本单元例 1 时，由于数位相同，知识由浅入深形成迁移。再对比例 1 与例 2，它们分别在探究数位相同与数位不同小数加减法的算理及算法。所以在本课应重点让学生理解算理、掌握算法。

讨论交流

分析以上案例的优点或特点写下来，与同伴交流。

案例2-（1）：小学语文四年级《绿》教材分析 ①

1. 单元分析

在三年级和四年级上册教材中，已经出现过一些现代诗。三上的《听听，秋的声音》，让学生边读边想象，说说自己听到了秋天的哪些美妙声音。三下学习了《池子与河流》，教育学生要端正人生态度。四上的《现代诗两首》，要求学生说说诗中描绘了哪些景物，这些景物构成了怎样的画面。但这些课文主要集中于阅读链接和略读课文，侧重让学生积累语感，想象画面来初步感受现代诗。而到了四年级下学期，在学生有了一定语料积累的基础上，四下教材第三单元以单元整组编排了四首贴近学生生活的现代诗歌，旨在引导学生通过本单元的学习走进丰富多彩的诗歌世界。

本单元的语文要素是：初步了解现代诗的一些特点，体会诗歌表达的情感。"初步了解"，主要是贴近儿童的鉴赏水平，引导学生进行整体感知。而"现代诗的一些特点"在本单元的"交流平台"中也有所体现，即"有节奏感""语言表达独特"和"饱含情感"。而《绿》这首诗歌则以现代诗的"语言表达独特"见长，同时这首诗以"自然"为中心意象，体现着单元的人文主题——诗歌，让我们用美丽的眼睛看世界。

本单元课后练习的编排别具匠心，课文后练习提示了诗歌教学的方法——朗读以及从语句和词的角度去感受诗歌。"综合性学习"活动又贯穿整个单元教学。第九课《短诗三首》课后的"活动提示"要求学生多途径收集喜欢的诗歌，做一个摘抄本；第十一课《白桦》课后的"活动提示"，要求让学生试着写诗，表达出自己的感受。而第十课《绿》恰恰搭起了一座积累与运用的桥梁。

2. 课文分析

《绿》是艾青所写的一首现代诗，诗人用他极富感染力的文字，描绘出到处都是绿色，万物充满生机的奇特画面，传递着对美好世界的热爱与赞美。全诗以虚写实，突出展现了现代诗的画面美。同时诗人运用比喻、排比、反复等修辞手法来抒发情感，突出展现了现代诗的表达艺术美。

《绿》这首诗歌虽表达独特，但其语句简单、语言浅近，在一定程度上利于学生模仿，能为"综合性学习"活动的诗歌创作奠定知识与能力的基础。

---

① 案例提供者为北京师范大学三帆中学朝阳学校陈豫。

案例2-（2）：七年级语文《阿长与＜山海经＞》教材分析①

1. 文本价值

回忆性散文集记叙、议论、抒情于一体，具有独特的美学规范。第一，回忆性散文是片段式的，不追求完整性。第二，回忆性散文具有双重视角：体验主体——过去的"我"；回忆主体——现在的"我"。文章中既有"当时的我"的感受，也有"现在的我"对"当时的我"的"感受"的"再感受"。

2. 教学价值

《阿长与＜山海经＞》是语文教材七年级下册第三单元的第一篇教读课文，本单元的学习要求为：

（1）人文主题

本单元的课文都是关于"小人物"的故事，这些人物虽然平凡，且有弱点，但是他们身上又常常闪现出优秀品格的光辉，引导人们向善、务实、求美。本设计通过让学生完成"调查表""绘制情感坐标图""想象阿长买书的过程"等活动，引导学生体会阿长的善良和对作者的关爱。

（2）语文要素

本单元的学习注重熟读精思，要注意从标点、详略安排、角度选择等方面把握文章重点。还要从文段中发现关键语句，感受文章的意蕴。另外，选取典型事件，运用细腻的人物描写；情感线索贯穿全文；运用欲扬先抑的写作手法等都是适合的教学点。本设计通过让学生分析文章中关键词句，感受鲁迅所表达的情感和文章的意蕴。

讨论交流

对比以上两个不同学段语文学科的教材分析，尝试分析两个案例各自的特点，写出自己对分析教材新的理解和认识，与同伴交流。

实践操作

将你将要执教的一个单元或一个课时的教材进行分析，尝试按照以上评价标准归纳分析的结果，记录下问题。看看下一个板块能否解决你的问题。

---

① 案例提供者为北京市第八十中学嘉源分校刘佩杰。

三、问题解决

（一）操作方法概述

问题 4. 分析教材内容从哪几方面入手？一般过程和方法是什么？

分析教材一般从以下几个方面入手，内容、步骤如下。[①]

第一步：分析教材的知识内容和体系。

教材内容往往是围绕学科知识的学习安排的，因此，理解知识的内涵是分析教材内容最重要的方面。为此，要弄清知识的内容是什么，要点有哪些，知识在学科知识体系中的地位和作用怎样，形成过程怎样，学科课程标准对该知识学习的要求是什么等。

只有教师对知识内容有了自己的理解后，才能更主动地思考教材所给的内容与其他内容之间的关系，把握知识的横纵向联系，从整体上分析教材。

第二步：分析教材知识内容的作用、意义和价值。

学科教材是学科专家、课程专家等根据课程标准中学科总体目标要求等编制，是国家意志的体现。要尊重教材，就要揣摩教材编写者的意图，深刻理解教材背后隐含的目的、意义和价值。这就需要分析教材内容中各个系统内容之间的关系。

在分析教材学科知识体系的基础上，认真分析教材的练习系统、助读系统等背后的意义和价值所在。分析教材给出的列题、习题、思考题（或素材）等内容，思考这些内容是如何揭示知识的内涵和外延的，涵盖了哪些学科思想方法，对落实基础知识、基本技能以及核心素养起什么作用；思考例题、习题（或素材）的背景涉及哪些领域的知识，这些内容的教育价值如何等。

第三步：分析教材内容的逻辑顺序。

分析教材内容的意义和作用后，再看这些内容安排的顺序如何，每个环节之间有什么联系，教材为什么要采用这样的顺序。同时还要看看各环节的层次性如何，是怎样由浅入深的。只有理解了教材内容之间的逻辑关系，才能更流畅地用好教材。

第四步：分析教材的学法提示。

学科核心素养强调学科实践活动对学生学习的意义和作用，也更关注学生知识的建构过程，因此，教材中从学生角度，安排了一些提示学习方式与活动方式的栏目。如，"探究""讨论""想一想""做一做"等，教师要分析这些学习方式与活动方式的价

---

① 王宝珊. 朝阳区教师教学基本能力检核标准解读 [M]. 北京：北京出版社，2010：11.

值，思考怎样在课堂上实现这些方式才有利于学生在学习过程中的自主建构，从而通过学习方式方法的设计落实核心素养的要求。

分析教材内容的过程一般是自下而上的顺序：从课时、单元的教材内容出发，到单册、学段、全册教材，最后到课标，范围逐渐扩大。而陈述教材内容分析的结果时，则一般采用是自上而下的顺序：从学科课程标准总体目标和学段目标内容分析开始，到全册教材、学段教材、单册教材，最后是单元和课时教材的分析。

总结反思

以上我们对分析教材内容的要素和操作方法进行了简要的分析和概述。下面，我们将就"如何分析单元和课时教材内容、构建单元大概念统摄下的课时核心教学内容框架"的"操作方法"分步骤、进行详细解读，老师们可以通过"案例观摩与评析"深化理解；并可在"任务训练"板块中，通过实践练习来提高自己分析教材内容的水平。

问题 5. 如何分析单元和课时教材内容、构建单元大概念统摄下的课时核心教学内容框架？

单元大概念是核心素养背景下提出的。单元大概念背景下，强调对教材进行整体的、系统的分析和概括，在概念性层面揭示知识之间的内在联系。研究表明：概念性知识具有统摄性，是迁移性更强的知识。因此，单元大概念是统摄单元事实性知识的聚合器，起到将单元知识点连成知识线、组成知识块、形成知识群的作用，是一种对教材进行结构化解读的方式，旨在明确单元知识之间的内在联系，进而揭示并落实知识对学生学科核心素养发展的意义和价值。

（1）分析教材的基本内容，梳理出单元知识结构框架[①]

就是通过分析教材内容，弄清楚教材中所涉及的基础知识内容、素材背后的意义、内容之间的逻辑关系、学法预设等；能把教材内容置于其所在的单元（这里的单元指自然单元，如数学中的"章"，语文中的"单元"等）进行分析、解读，而不是孤立地解读知识点。

（2）分析知识的横纵向联系，能够准确描述这种联系

这里所说的知识之间的横纵向联系是指知识在其系统指的逻辑关系；横向联系是指知识的不同分支，跨学科知识之间的联系，或具有统摄性的观点、思想等。

（3）分析知识在学生终身发展中的教育价值，能够描述这种价值

教育的终极目的是人的发展，从某种意义上说，知识是教育的载体，教师要通过学

[①] 王宝珊. 朝阳区教师教学基本能力检核标准解读 [M]. 北京：北京出版社，2010：2.

科知识的教学，促使学生逐步具备适应未来社会发展所需的正确价值观、必备品格和关键能力。将来走向社会，能用科学理性的态度看待社会，用探索、求真的态度做事，同时应具有解决问题的能力。这正是挖掘知识的教育价值的意义所在。

三个层次体现了知识从事实性、概念性到方法性、价值性的进阶，认知层次也从低到高的逐层跃升。也是分析教材内容从低到高的三个层级水平，达到第一层次水平是对新任教师的基本要求，后两个层次则是教师在职业生涯中需不断努力方能达到的目标。

案例3-（1）：中学化学《物质的量的单位——摩尔》教材内容分析①

物质的量的单位——摩尔教材分析表
Tab.2　Units of quantity of substance - the analysis of the mole textbook table

内容要求	学业要求	教材内容	教材编排思路及意图
认识化学科学研究需要实证与推理，注重宏观与微观的联系；了解物质的量及其相关物理量的含义和应用，体会定量研究对化学科学的重要作用。	能基于物质的量认识物质组成，运用物质的量、摩尔质量等物理量的关系进行简单计算。	1. 讨论生活中可称量物质与微观粒子之间的联系，思考怎样计量它们之间的关系； 2. 介绍物质的量是国际规定的七个基本物理量之一，物质的量的定义，符号； 3. 阿伏伽德罗常数的含义，与物质的量、微粒数之间的关系； 4. 从一些微观数据分析，引出摩尔质量的含义，单位符号，总结得出物质的量、质量和摩尔质量三者之间的关系。	从宏观现象入手，联系宏观的量与微观粒子的数量，建立宏观到微观的认识视角，以发展学生"宏观辨识与微观探析"素养。

案例3-（2）：中学历史：第一次世界大战爆发的背景事实性知识的梳理框架②

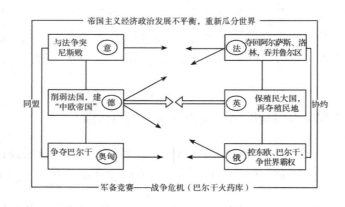

① 郭润欢等．促进化学师范生教材分析能力发展的策略研究 [J]．广东化工，2021（18）：266-233.
② 白雪峰．帮你迈好教师职业生涯第一步（下册）[M]．北京：北京理工大学出版社，2014：5.

讨论交流

1.学习以上两个案例，思考梳理知识结构框架的意义和作用是什么，并与同伴交流。

2.你在分析教材内容时，是如何梳理知识结构框架的？有什么问题？思考后写下来。

（二）案例观摩与评析

1.分析教材内容的层次

第一个层次是能准确分析教材的基本内容，逻辑清晰地梳理出单元知识结构框架；第二个层次：分析知识的横纵向联系，能够准确描述这种联系；第三个层次：分析知识在学生终身发展中的教育价值，能够描述这种价值。其中第一层次是针对课时、单元教材内容的分析，也是新教师必须要达到的基本标准要求，是我们这部分内容重点要讨论的。

2.案例评析

案例4-（1）：高一生物《细胞中的无机物》教材分析①

本内容选自人教版高中生物必修一《分子与细胞》模块，第二章第五节"细胞中的无机物"，内容地位及知识结构可用下图表示：

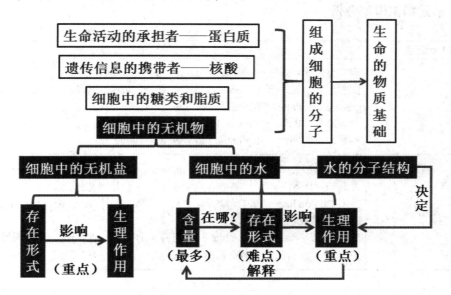

教学目的在于帮助学生较为深入地认识水在细胞中的含量、存在形式及重要作用，

___

① 案例提供者为中国科学院附属实验学校分校岑文。

以及无机盐的存在形式和生理作用，完善对"组成细胞的分子种类及重要作用"的整体认识，更深入地理解生命的物质性，也为学生学习细胞代谢奠定基础。

本部分教材主要包括细胞中的水和无机盐两部分内容。细胞中的水涉及水的含量、水的存在形式及水的重要作用，"生物体的含水量"可帮助学生从宏观现象上感知水的重要性，"水的存在形式"可以纠正学生的前概念，是激发学生研究水的作用的思维桥梁，水的作用可帮助学生构建"水赋予细胞多种特性，在生命活动中具有重要作用"这一重要概念。细胞中的无机盐包含无机盐的存在形式和重要作用两部分内容，可帮助学生更具体地了解无机盐与生命活动的密切关系。依据课标要求，为了更好地促进学生从分子水平理解生命的特征，本部分教学内容的重点是探讨水和无机盐的重要作用，由于结合水本身的抽象性及学生前概念的干扰，成为教学的难点内容。

讨论交流

1. 阅读以上案例，画出教师分析的内容，概括出分析的内容指向，分析对教学的影响。写出这个案例对你的启发，写下来。

2. 将自己目前一个单元的教材尝试运用这个方法，梳理出单元知识结构框架，并进行分析。

案例 4-（2）：小学二年级英语《Unit6 Lesson 2 I like winter》教材分析 ①

1. 单元知识框架分析

单元话题	谈论中国不同地域的季节特点
单元词汇	季节类单词：spring, summer, autumn（fall），winter 描述季节情况的单词：cool, cold, hot, warm, week, day, hour, the blue sky, green grass, colorful flowers, white snow, colorful leaves 等 中国地名：Beijing, Taiwan, Zhangjiakou 等 冬季运动类词汇：play in the snow, go ice-skating 等
重要句型及功能	1. 运用句型 How many seasons are there in…?/There are four./They are…向他人询问并回答一年中或某地有几个季节及它们分别是什么； 2. 用 Do you like…? 询问是否喜欢某一季节，并用 Yes, I do. / No, I don't like…做出回答； 3. 用 Which season do you like？询问喜欢的季节，用 I like... 做出回答，并用 I can... 说明在此季节能做的事情。

---

① 案例提供者为北京市八十中学嘉源分校李永庆。

2. 本单元在整套教材中的定位

虽为首次接触季节和天气等人与自然主题的单元，但是学生有一部分生活经验和知识可以作为支撑，为本单元的学习降低难度。综观二年级下册教材的位置和功能，可知Unit6 是对三年级学习起到承上启下作用的，因此在本单元的学习中加入书面表达的初次尝试，为三年级的学习奠定基础。

3. 本单元的教育价值分析和挖掘

本单元教学设计内容选自北京版二年级下册 Unit 6 Which season do you like？本单元的话题是 Seasons。普通高中英语课程标准将英语课程的学习分为三大主题语境。本单元的"season 话题"属于三大主题语境中的人与自然这一主题范畴，讲述人与自然的关系。除此之外，紧密结合时事和国情，对本单元的育人价值更进一步挖掘，通过对比北京和台湾地区的季节差异，邀请台湾同胞来参加北京冬奥会，体会中国的幅员辽阔和地大物博，更能加深学生的家国情怀，期盼台湾地区早日回到祖国怀抱，实现民族团结和国家统一。

4. 单元重构

在京版教材中，本单元三课时内容编排有些零散，人与自然的主题线索清晰度一般。基于单元主题整体教学的理念，我对本单元进行了调整和补充（具体参见下图）。综观整套北京版教材对该话题或相关话题的讨论范围，缺少了对本土文化特色的体现和深层次育人价值的开发，故本单元主题定为：Seasons in China，通过对比北京和台湾地区的季节特点差异，了解中国的幅员辽阔、地大物博，深化台湾是中国不可分割的一部分，传承历史使命，坚决拥护祖国统一；通过邀请台湾地区同胞参加 2022 年北京冬奥会，增进家国情怀，期盼民族团结和祖国统一。

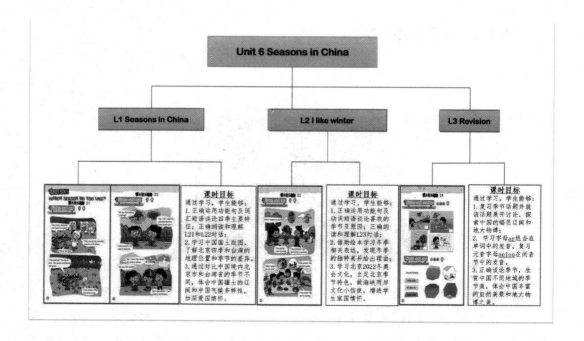

5. 课时文本分析

本课时为单元整合后的第二课时，即 Unit6 Lesson 2 I like winter。为丰富表达，促进知识的迁移应用，增加自编绘本 Winter in Beijing。基于英语学习活动观，对本课时文本分析如下：

【What】主题意义和主要内容

课本内容由两幅图组成的一个连续情境呈现，讲述了在初夏时节 Guoguo 的爸妈带着 Lingling、Yangyang 和 Guoguo 在野外郊游、野餐的故事。图画一中是 Guoguo 的爸妈在准备野餐，Guoguo、Yangyang 和 Lingling 在谈论喜欢的季节。对话二呈现的是在野餐时 Guoguo 的爸妈也参与有关季节的讨论（见上图左侧部分）。绘本内容中讲述了北京冬日里的乐趣以及 2022 年北京冬奥会（见上图右侧部分及附件 1）。故事通过课本情境和绘本拓展探讨喜欢的季节以及原因。

【Why】写作意图

作者通过儿童喜爱的卡通形象，以贴近学生认知水平的方式帮助学生理解四季的不同，表达对某个季节的喜爱及原因，引导学生生活中观察自然，热爱自然。在探究 Guoguo 爸爸喜欢冬季为切入，增加贴近实际生活的北京冬日的趣事拓展绘本，其中涉及冬日里的活动以及北京 2022 年冬奥会的举办，借此契机向台湾地区的小朋友描绘北京的冬天，邀请来参加 2022 年冬奥会，体现同胞的手足亲情和期盼台湾早日回归的心情。

【How】文本结构和语言修辞

文本可以分为两个部分："课文情景部分"和"绘本情境部分"。在展现"课文情景部分"时，作者通过小伙伴及家人之间的问答"Which season do you like?"以及"I like…"展示每个人喜欢的季节，为后面深入学习绘本奠定基调。绘本故事的取材于真实的北京冬日里的活动，用"I like…Because…"表达。基于此传递2022年北京冬奥会的精神和文化内涵。初次尝试书面表达的练笔，向台湾地区的小朋友描绘北京的冬天并邀请来参加2022年冬奥会，增进两岸同胞手足亲情。

讨论交流

阅读以上案例，你认为这个案例达到了哪个层级水平，为什么？这个案例对你有何启发？写下来。

案例评析要点：两个案例都达到了第三层级水平。第一个案例是理科的课时教材内容分析：用框架图揭示了知识的整体性以及知识间的内在联系，同时揭示了知识在发展学生核心素养中构建学科观念中的教育价值，即帮助学生构建生命观念：结构与功能观和生命的物质观。第二个案例是文科的单元整体框架下课时的教材内容分析：体现围绕单元整体进行系统分析与教学内容的重构。应当说二者都达到了第三层级水平，只是因学科差异表现出不同的呈现方式。

（三）任务训练

这个板块我们将通过"案例分析"和"实践操作"对本话题的知识内容进行巩固、强化，并通过"反思提升"对本主题学习的内容进行梳理、提炼。

案例分析

案例5-（1）：高一化学《再看 NO_2 与 H_2O 反应》教学内容分析①

本次研究课立足于人教版必修二第五章第二节氮及其化合物，是一节以真实情景做导向，全新实素材为载体的实验探究课，是对整节内容的全面复习与提高，同时也为第六章"化学反应与能量"的学习奠定了基础。本节课以实验探究和推理论证的形式呈现出 NO_2 与 H_2O 反应所存在的微观奥秘。在本节课中设置了复杂体系中 HNO_2 的检验实验活动，让学生根据亚硝酸的性质和反应，选择合适的试剂，设计检验方案，提升其科学探究的能力；通过对 HNO_2 不稳定性及分解速率的探究，为引入下一章"化学反应的速率和限度"打下了基础；最后通过"促进亚硝酸分解，提高硝酸产率"启发应用环节，

① 案例提供者为北京工业大学附属中学杨林丰。

充分展示了化学研究在工业及社会发展中所发挥的巨大价值，有意识地发展了学生的科学探究精神和社会责任感。

《普通高中化学课程标准（2019 版）》对本节的要求：结合真实情境中的应用实例或通过实验探究，了解氮及其重要化合物的主要性质，认识这些物质在生产中的应用和对生态环境的影响；结合实例认识非金属及其化合物的多样性，了解通过化学反应可以探索物质性质、实现物质转化，认识物质及其转化在自然资源综合利用和环境保护中的重要价值；能从物质类别和元素价态的角度对物质的性质进行预测，能依据复分解和氧环的原理去预测反应的变化，并能设计实验进行验证与分析。

案例 5-（2）：高一历史《中外历史纲要（上）第 24 课 全民族浴血奋战与抗日战争的胜利》教材内容分析①

《普通高中历史课程标准》对本课的要求是通过了解正面战场和敌后战场的抗战，感悟中华民族英勇不屈的精神，认识中国共产党是全民族团结抗战的中流砥柱；认识中国战场是世界反法西斯战争的东方主战场，理解 14 年抗战胜利在中华民族伟大复兴中的历史意义。

本课出自中外历史纲要（上）第八单元，本单元包括中华民族的抗日战争和人民解放战争两个专题，其中中华民族的抗日战争分为两课，第 23 课《从局部抗战到全面抗战》和第 24 课《全民族浴血奋战与抗日战争的胜利》，两课按时间先后展开叙述。第 23 课讲述了日本侵华的罪行和抗日战争由局部走向全面抗战的史实。第 24 课即本课围绕着课标要求展开，重点讲述在抗日民族统一战线的旗帜下，正面战场、敌后战场、海外侨胞等同仇敌忾、团结抗战。中国共产党以人民战争的战略坚持持久战，在全民族团结抗战中，起到了中流砥柱的作用。中国人民在抗战中表现出了团结一致、英勇不屈、依靠人民等持久战精神。在世界反法西斯战争中，中国抗战时间最长，牵制并消耗了大量日军，是世界反法西斯战争的东方主战场。中国在经历了长达 14 年的艰苦抗战后，终于取得抗战胜利，实现了从百年屈辱到民族复兴。

讨论交流

两个案例分别对教材进行了哪几个方面的分析？是如何分析学科课程标准的？对你有什么启发？认真分析、思考后写下来。

---

① 案例提供者为北京市第八十中学刘晓。

案例 6-（1）：传承文化根脉，坚定文化自信——中华文脉寄家国，诗情画意谱新篇主题教学（初中道德与法治九年级上册）教材分析①

1. 核心概念

本单元教学的核心概念是"文化自信"。在《习近平新时代中国特色社会主义思想学习纲要》中指出"文化是一个国家、一个民族的灵魂。文化自信是更基础、更广泛、更深厚的自信，是一个国家、一个民族发展中更基本、更深沉、更持久的力量。坚定中国特色社会主义道路自信、理论自信、制度自信，说到底是要坚定文化自信。"在《完善中华优秀传统文化教育指导纲要》中指出文化教育应"坚持中华优秀传统文化教育与培育和践行社会主义核心价值观相结合。坚持中华优秀传统文化教育与时代精神教育和革命传统教育相结合。坚持课堂教育与实践教育相结合"。根据上述文件精神，本主题教学设计以社会主义核心价值观中国家层面的要求"文明"为主题，以"文化自信"为核心概念，整合九年级上册第五课涉及"中国特色社会主义文化、中华传统美德、中华民族精神、社会主义核心价值观"四部分内容，聚焦于"传承文化根脉，坚定文化自信"。

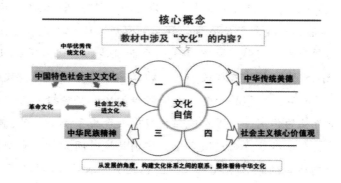

2. 内容结构

本主题出自统编《道德与法治》九年级上册第三单元第五课，包括《延续文化血脉》和《凝聚价值追求》两框内容。本课是本册教材中聚焦社会主义核心价值观中"文明"的内容，主要集中探讨中华精神文明的话题。本课一共有两框内容，第一框的重点是中华文化的特点、内涵、价值，以及坚定文化自信，继承和发展传统文化；中华美德的内涵和价值，继承的原因和践行的途径。第二框强调民族精神的意义、内涵、价值与要求，社会主义核心价值观的内容、意义和践行方法。在两框当中分别从是什么、为什么、怎么做的角度阐述了中华文化、美德、民族精神以及社会主义核心价值观的相应内容。因

---

① 案例提供者为北京市朝阳外国语学校孟婷。

此，在设计主题单元授课时，提取"文化"为主题核心，整合第五课两框内容以及九年级上册第二课创新驱动发展及第四课建设法治中国的相关内容，围绕"文化自信"这一核心概念，分别探究三个问题：一是文化自信"信什么"，也即中华文化的内容和价值，培养学生文化认同感、民族自豪感；二是文化自信"为什么"，探究当代文化传承中面临的危机与挑战；三是文化自信"怎么做"，探究如何守护中华文化，建设文化强国的相关内容。

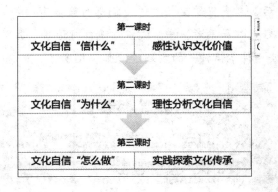

3. 呈现方式

本单元设计围绕"文化"展开，以"诗词"这一中华文化标识为明线，设计 3 课时，共 10 个主要探究环节，每一环节以"一句诗"命名。第一课时"赏诗中情"、认识中华文化，感悟中华文化中的精神力量；第二课时"解诗中困"，从调查数据和现实案例中发现问题，在思辨过程中分析问题，构建体系，最终生成观点，指导实践，增强文化自信；第三课时"传诗中魂"，实践落实文化传承，探究从个人到集体、社会、国家层面如何传承文化，从小家到大家再到国家，最终使中国文化走向世界，解决如何更好地传承中华文化这一问题。

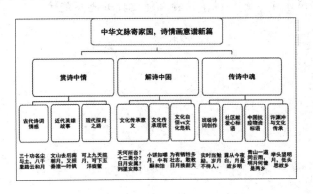

案例6-（2）：统编版六年级下册语文第五单元《真理诞生于一百个问号之后》教材分析①

1. 单元教材分析

统编版六年级下册第五单元以"科学精神"为主题，编排了《文言文二则》《真理诞生于一百个问号之后》《表里的生物》《他们那时候多有趣啊》四篇课文，意在让学生明白科学发现来自好奇心和思考，并养成留心观察身边事、乐思考、勤探究的好习惯。统编版教材3—7年级"科学精神"的主题进阶如下图所示：

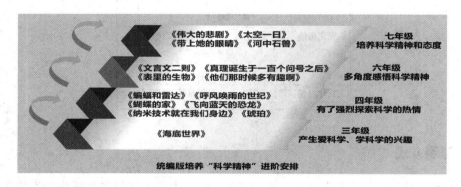

从横向上看，本单元为并行式单元组元形态，结构图如下页：

从纵向上看，本单元的阅读要素"体会用具体事例说明观点的方法"旨在引导学生初步了解论说类文章常见的表达方法。培养学生不仅要敢于表达自己的观点，还要有理有据的论证观点的能力。《文言文二则》引导学生初步了解事例，了解事例中的观点。《真理诞生于一百个问号之后》引导学生梳理叙事思路，学习用多个事例说明同一观点的方法，初步尝试迁移运用习得的方法，在语言转化中培养思辨能力。《口语交际·辩论》引导学生在语用实践中践行科学精神、转化提升思辨能力。

---

① 案例提供者为中国科学院附属实验学校张馨雪。

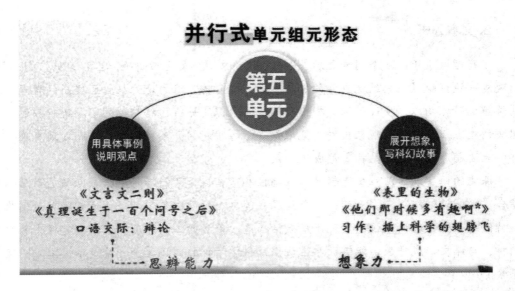

基于人文主题与语文要素，本单元活动主题定为"联结文本感悟科学精神，转化语言提升思辨能力"，单元活动设计如下：

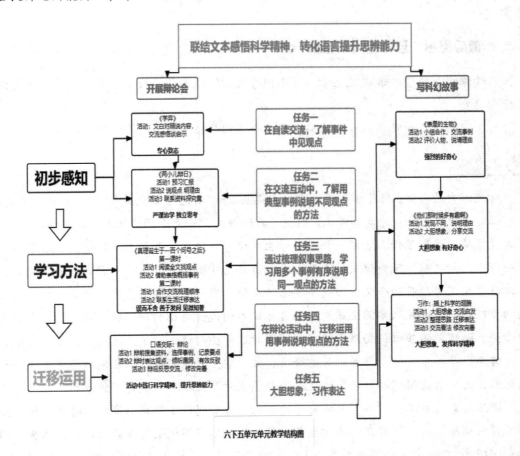

六下五单元单元教学结构图

2. 文本分析

《真理诞生于一百个问号之后》是一篇议论文。全文观点明确，思路清晰，按照"提出观点—论证观点—总结观点"的思路展开。作者为了有力地论证自己提出的观点，在列举事例时，均以"发现问题—提出疑问—实验探究—得出结论"的顺序进行叙述。而课文的观点正是从常见现象出发，见微知著，善于发问并不断探索，进而发现真理，这样的表述顺序与观点在结构上形成了一致。

课文的语言表述既注重逻辑性、准确性和严密性，又能够将概括抽象与生动具体相结合。"阅读链接"《詹天佑》，介绍了我国杰出的爱国工程师詹天佑克服种种困难，主持修筑京张铁路的事迹，表现了詹天佑严谨、负责的工作态度和不断研究探索的科学精神，与课文形成呼应，能够让学生认识到科学精神的内涵之一，就是不惧困难，坚持探索。

作为本单元第二篇精读课文，本文不仅在内容上更贴合"科学精神"的人文主题，在文章写法上也更适合用于落实"体会文章是怎样用具体事例说明观点的"这样的阅读要素。

3. 课后提示（思考练习）分析

㈠默读课文。想想"真理诞生于一百个问号之后"这句话的含义。再说说你从中受到了什么启发。

㈡为了证明自己的观点，作者列举了哪几个事例？每个事例是按照怎样的顺序写的？

◎ 小练笔

仿照课文的写法，用具体事例说明一个观点。如"有志者事竟成""玩也能玩出名堂"

课后思考练习一："默读课文，想想'真理诞生于一百个问号之后'这句话的含义，再说说你从中受到了什么启发。"考查学生对课文系统化、整体性的理解。"真理诞生于一百个问号之后"既是课文的题目，也是课文的中心论点。在第一课时初读课文时，可以让学生思考题目的含义，但并不要求学生做出准确的回答，主要是检查学生对课文的初步理解，只要能从字面上或者结合具体的事例说说自己的理解就可以了。而对课文中心论点的理解不能仅仅局限于此，第二课时在学生对课文有了系统性、整体性的把握后，需要引导学生进一步思考题目的含义，鼓励学生打开思维，从不同的角度发表自己的见解，说出自己得到的启示，这也是检查学生对课文理解程度的一种方式。

课后思考练习二："为了证明自己的观点，作者列举了哪几个事例？每个事例是按照怎样的顺序写的？"旨在引导学生关注课文用具体事例说明观点的写法，并体会事例的表述顺序，在思考三个事例在写法上的相同点与不同点的基础上实现写法的迁移运用。

本课安排的小练笔要求学生"仿照课文的写法，用具体事例说明一个观点，如'有志者事竟成''玩也能玩出名堂'"。小练笔旨在考查学生对课文写作方法的掌握程度，能用具体的事例证明观点，并在练笔时准确把握事例结构，突出重点。

基于上述分析，确定了本课的教学重点是：通过对比分析的方法，理解三个事例的表达思路，学习作者用具体事例说明观点的写作方法。

要求：上面的教材内容分析案例是怎样分析知识之间的横纵向联系的？概括后写下来。哪部分内容又是在分析教材的教育价值？用横线画出来，对你有什么启发？

讨论交流

以上两个案例的教材内容分析都达到了哪个层级水平，对你有什么启发？

案例评析要点：

两个案例都是从单元整体的角度对教材进行的分析。

案例1：从单元整体分析、整合教材内容，提炼出核心概念——文化自信。围绕这一核心概念进行有由浅入深的层级分析与设计，即第一层文化自信"信什么"；第二层次"为什么"；第三层次文化自信"怎么做"，逻辑层次分明，循序渐进地渗透学科核心素养，潜移默化地培育学生的政治认同。

案例2：先从单元主题"科学精神"这一思辨性学习任务出发，纵向分析了主题内容的学段进阶；然后以单元语文要素的落实为重点，系统分析了单元学习内容之间的横纵向联系，揭示了单元内各单篇课文的教育价值和承载的学习任务序列；最后通过深入分析单篇文本、课后提示等，揭示了教学内容、目标及与教学重点之间的内在关系。对教材的系统分析，旨在找到学生在学习本课知识内容与方法的起点和发展点。

实践操作

1. 选择你将要执教的一个单元的教材进行分析，概括出单元知识结构框架；并试着分析知识间的横纵向联系和教育价值，写下来。

2. 选择你将要执教的某一课时的教学内容进行分析，从知识系统与学习方法系统分别进行分析、梳理、提炼，形成对二者之间联系的认识，写下来。

总结反思

回顾学习过程，你对开篇的五个问题都明白了吗？写下自己的学习收获或体会。不明白的问题，尝试与同伴进行讨论、交流。

拓展阅读

1. 季苹. 教什么知识——对教学的知识论基础的认识 [M]. 北京：教育科学出版社，

2009：19-203. 有关知识分类与教学关系的阐述。

2. 王宝珊. 朝阳区教师教学基本能力检核标准解读 [M]. 北京：北京出版社，2010：10-16. 有关正确理解教材内容标准的阐述。

附录：

分析教材内容自查表

一级指标（要素）	二级指标（要点）	较符合	一般符合	不符合	权重
教学内容	揭示了该教学内容在单元教材中的横纵向联系，明确了关键内容及教学重点				0.6
	明确了该教学内容在整个学科或本册教材中的地位和作用				
	明确了该内容在课标中的目标要求				
	揭示了教学内容对发展学科核心素养的意义和价值				
教学方式方法	分析了编者提出的教学建议，并构建了知识内容与认知程序之间的结构化关联				0.4
	揭示了过程方法对发展学科核心素养的意义和价值				

主题二　分析学生情况

⏺ 学习目标

通过本主题的学习，学习者能够：

1. 了解学情分析的重要性；

2. 理解学情分析的内容；

3. 判断教学设计中的学情分析是否有效；

4. 掌握分析学生情况的方法，并尝试运用于教学实践。

一、问题聚焦

学情分析是教学设计过程中的一个重要步骤。学生在教与学过程中处于中心位置，教学设计的一切活动都是为了学生的学习：教学目标的制定，需要符合学生的现实情况；教学过程的设计，需要考虑学生的年龄、认知、生活经验等因素。学习过程中学生是以自己的特点和学习方式，通过建立或改组自己的认知结构获得学习结果。因此，要取得教学设计的成功，提高课堂效率，必须重视对学习者的分析。

与很多新教师交流后，笔者发现在实际工作中不少教师在教学设计过程中非常注重教学活动的设计，而对于学情分析比较忽视。有的新教师认为学情分析可有可无，只有在参加设计比赛中才认真地进行学情分析。那么，学情分析真的是可有可无吗？请阅读下面的课堂小故事。

老师，我不知道妈妈的生日……

这是小学三年级的英语课堂，学习内容是母亲节。在拓展活动中，新教师 A 精心设计了"介绍妈妈"的活动（见图 1-2-1），让学生互相介绍妈妈的年龄、生日、最喜欢的食物和最喜欢的颜色。教师计划先让学生填写妈妈的信息，然后再开展语言交流，这样既有信息差，也有利于语言交际的开展，同时还向学生渗透了"关心妈妈、关心家人"的情感教育。理想很丰满，现实却很骨感，大部分学生在填写妈妈信息的时候就遇到困难了。有一个学生站起来说"老师，我不知道妈妈的生日……"，其他学生在座位上也在窃窃私语"妈妈的年龄是多少呀""我不知道妈妈最喜欢的食物"……一时间课堂变得沸沸扬扬，教师 A 非常尴尬地站在讲台上，不知道如何组织后续活动……

Do you know your mother?
（填写妈妈的一些相关信息）

Age(年龄)：_____
Birthday（生日）：_____
Favorite food（食物）：_____
Favorite color（颜色）：_____

图 1-2-1 母亲节活动设计

讨论交流

请思考：为什么故事中老师精心设计活动、活动却未能成功呢？

相信大家在实际教学工作中一定存在类似的问题。有的活动形式在某个年级大受欢迎，但在其他年级可能学生毫无兴趣；有的活动教师计划花十分钟时间，可能在课堂上学生两三分钟就完成了（相反的情况有时也会发生）；同一个年级，不同的班级，相同的活动效果却截然不同，等等。这说明了什么道理呢？这说明了学情分析的重要性。教学设计中，老师如果忽视学生的学习起点、学习方式、学习需求等，往往会造成课堂的低效。

作为一名新任教师，了解学情分析的重要性后，需要知道如何有效地分析学生情况。为此，我们需要弄清楚以下四个问题：

问题 1：什么是学情分析？学情分析的内容包括哪些？

问题 2：学情分析的方式有哪些？

问题 3：如何判断教学设计中的学情分析是否有效？

问题 4：在教学工作中我们如何更好地开展学情分析？

二、问题分析

问题1：什么是学情分析？学情分析的内容包括哪些？

1. 什么是学情分析

广义的"学情分析"是指通过观察、访谈、调查、测试等方法对学生的各种情况进行研究式分析。对于作为"人"的学生情况的分析必然涉及生理、心理、社会因素等多个纬度，包括个性心理、学习方式、成长环境等各方面的研究。本专题中的"学情分析"主要探讨与课堂教学相关的学生因素的情况分析，而不是广义上的对学生全方面的了解。

2. 学情分析的内容

学情分析可以分成一般性分析和具体分析。

一般性分析包括学习态度和学习习惯分析，学习兴趣和学习需求分析，学习风格和学习效果分析，年龄特点、班级整体情况分析和学习环境分析等。具体分析是指针对课堂具体学习内容，对学生的基础知识、基本技能和基本能力水平，以及学生学习该内容的优势、容易出现的问题和学习中可能会遇到的困难等问题进行分析，即确定学生能力起点水平，判断学生在学习新知中可能遇到的困难，了解学生具体的生活经验等。

3. 平时撰写教学设计，学情分析应该包括的内容

学情涉及方方面面，年龄特点、思维特点、学习习惯、学习需求、学习起点、学习难点等内容，我们需要写什么呢？

不同学科对于学情分析的重点内容可能并不完全相同，表述可能也存在差异，但还是有其共性之处。所有的学段和学科在教学设计中都要充分考虑学生的一般性特点，例如不同学段的学生具有不同的年龄特点和思维特点。不过，学情的一般性特点在一个阶段内相对比较稳定，例如学生的年龄特点、认知特点、学习习惯等在一个较长的时间内不会有太大改变，因此日常教学设计中的学情分析如果只聚焦于学生的一般性特点，可能会造出每课的学情分析千篇一律。与之相反，即使教授相同的内容，不同学校、不同班级的具体学情可能截然不同。因此，平时撰写教学设计时，教师对学情的一般性特点要了然于胸，但是落笔于文字的部分可以弱化，而学情的具体分析需要加强。

学习内容	Dragon Boat Festival
学情分析	1.学生能够用序数词熟练地表达日期，能够比较熟练地口头运用做某事的句型 We go to cinemas,parks and museums； 2.农历与阳历不同，可能会构成学生难点； 3.北方端午节的大型庆祝活动很少，估计学生不太熟悉该节日的庆祝活动

学情的具体分析往往包括学生的学习起点、学生学习新知的难点。以小学英语学科

为例，小学英语课堂学情的具体分析可以包括确定学生学习起点（与本课核心内容直接相关的基础知识、基本技能的掌握情况或基本能力水平），判断学生在学习新知中可能遇到的困难，关注学生对课文话题的认知、经验、兴趣点（例如学生对话题是否感兴趣，对于该话题学生愿意讨论哪些内容）等情况。北京版小学英语教材四年级下册17课 Dragon Boat Festival 涉及端午节的历史、日期、人们所从事的活动等。教师在学情分析中提到"学生能够用序数词熟练地表达日期，能够比较熟练地口头运用做某事的句型 We go to cinemas，parks and museums"，这属于对于学生学习起点的判断；节日文化背景方面，涉及到农历——农历与阳历不同，可能会构成学生难点："北方端午节的大型庆祝活动很少，估计学生不太熟悉该节日的庆祝活动"，这是学生对课文话题的认知和经验情况。应该说这位教师的学情分析非常具体，这为教师在活动设计中赛龙舟视频的引入、利用日历实物对端午节日期的难点突破等亮点设计奠定了基础。

问题2：学情分析的方式有哪些?

1. 学情分析的主要方式有哪些

学情分析主要有经验判断和实证分析两种方式：前者主要是教师基于以往的教学经验对学情进行判断，属于主观判断；后者则是通过观察、实验或调查等方法获取客观资料对学情进行判断、分析，强调根据实际情况或资料进行客观判断。

学情分析中，经验判断和实证分析哪种方式更好呢？很多教师可能会认为实证分析比经验判断更加高级，但是实际工作中情况会复杂一些。教师的经验往往是从以往的教学中获取，所以经验判断实际上也是通过实证获得。当然，经验判断有其局限之处，过去的学生和现在的学生不同，不同班级学生情况不同，而实证的方法则可以更准确地了解学生情况。因此，学情分析的经验判断和实证分析这两种方式都很重要，相辅相成。在实际教学中，教师可以根据具体教学内容，采用经验判断和实证分析相结合的方式进行学情分析。

现实工作中，老教师基于经验往往能够比较准确地把握学生的难点，在设计中能够有效突破难点，从而使得课堂更加高效。我们新教师往往缺乏经验，因此新教师可以经常向老教师请教，例如询问新课中学生可能的难点，间接经验的获得有助于新教师较快地了解学情。在经验判断的基础上，教师可以再通过实证的方式对经验进行甄别判断，以求更准确地判断学情。

2. 实证分析学情的方法

经验判断教师都很熟悉，这里主要介绍实证分析学情的一些方法：

（1）观察法：主要是通过课堂观察了解学情。

（2）书面资料分析法：通过文字记载材料间接了解、研究学生的情况。书面材料包括档案、笔记本、练习本、作业、试卷等。

（3）访谈法：通过和学生相互交谈、提问答问等活动了解学情。

（4）调查问卷法：通过调查问卷了解学情。

（5）测试法：通过测试了解学情。

通过实证了解学情，有时候教师会担心程序过于复杂、费时费力，实际上教师可以通过课堂观察、作业等常规工作对学情进行判断，并且通过调查问卷、测试法进行学习起点判断时可以对不同学习能力的学生进行抽样调查，从而减轻工作负担。

问题3：如何判断教学设计中的学情分析是否有效？

案例1：《善用法律》——"美食家"奇遇记①

本课是道德与法治学科八年级上学期的内容，包括"遇到侵害，依法求助""有勇有谋，应对违法犯罪"两目。

关于中学生善用法律的调查问卷

上课前教师在初二年级18班开展了问卷调查，共计收回有效问卷40份。以下是问卷数据的统计：

（1）参与问卷的学生32人有合法权益受侵害的经历，8人无合法权益受侵害的经历。合法权益受侵害的经历包括：①商家出售假冒、劣质、过期商品、不卫生食品，拒不赔偿；②信息泄露，电话短信骚扰（如培训机构等）；③父母侵犯隐私，如偷看日记，聊天记录；④超市收银员怀疑偷窃，要求检查包；⑤被逆向行驶的电动车撞了等。

（2）参与问卷的学生24人表示自己虽被侵权但未维权，16人表示自己有维权经历。

---

① 案例提供者为中国人民大学附属中学朝阳学校杨玲。

学生不维权的原因如下：①损失较小，没有造成严重后果；②没有时间、精力、条件；③不知道怎么维权，不会维权。

（3）参与问卷的学生25人知道3个以上的维权方式，15人对于维权方式不甚了解。学生知道的维权方式如下：①沟通、协商；②求助家长、老师帮助；③拨打消费者协会电话；④拨打110，让警察调解。

（4）参与问卷的学生31人了解违法犯罪的新闻，9人未了解违法犯罪的新闻，但40人在现实生活中均未遇到过犯罪现象。

从问卷调查中了解到80%的学生有合法权益受侵害的经历，但仅有40%的学生在受到侵权时有维权经历，60%的学生因损失较小、没有造成严重后果、不会维权等种种原因而放弃维权，可以看出学生对依法维权认识和行为方面存在偏差，多数学生对于运用法律维护自身合法权益的意识相对比较淡薄，特别是在面对生活中发生的一些违法侵权行为，不能进行正确的认识和判断，更不能进行坚决有效且合法的斗争，甚至会存在斗争方式有误、结果适得其反的情况，最终难以维护自身的合法权益。由此，本节课教学重点为引导学生如何运用法律进行正当维权。教师在教学活动的设计中运用中国新闻网经典的维权案例，安排了活动"舌尖上的维权——一根头发引发的诉讼"突破本节课的重点。

【舌尖上的维权——一根头发引发的诉讼】
以浙江宁波周先生的维权之旅引导学生探索当合法权益受到侵害时应该如何维权。
1.学生带入周强角色，一起走进周强的维权路也即自身遇到此问题的维权路径。
2.学生自行动手画出网友的维权之旅，也即自身可能经历的维权之旅。
3.学生思考为何网友的漫漫维权路以诉讼画上了句号。
4.学生小组讨论诉讼类型。

"美食家"奇遇记：一只穿山甲引发的故事
当你在寻觅美食的过程中遇到了他人正在实施违法犯罪行为，你会怎么做？
1.学生根据资料分析回答问题链：该不该吃？违法不违法？举报不举报？
2.学生根据角色设定，现场根据教师角色分配，结合青少年身份的特殊性，自告奋勇进行即兴表演。
3.学生分小组合作，思考并回答自己能为法治中国建设作何贡献。

另外，从问卷调查中了解到100%的学生在日常生活中没有遇到过现场犯罪行为，学生认为犯罪距离自己生活较远，对违法尤其是犯罪行为停留在书本、新闻认知中，现实生活中难有接触、少有实践，在遇到违法犯罪行为后，受生理心理因素影响，存在不敢或不善于应对的现象。由此，本节课教学难点为让学生理解自己要依法维权的同时还要承担起社会责任感，并且学会采取正确的方式方法与违法犯罪行为作斗争。教师在教学活动的设计中安排了活动"美食家奇遇记：一只穿山甲引发的故事"突破本节课的难点。

案例分析

案例中教师根据教学内容，精心设计调查问卷，并进行数据分析，了解学生的生活经验和现有的问题处理方式，从而找到学生的发展点，进而精准地确定了课堂的重点为"引导学生如何运用法律进行正当维权"，难点为"建立社会责任感，学会采取正确的方式方法与违法犯罪行为作斗争"。在此基础上，教师运用中国新闻网经典的维权案例，通过"舌尖上的维权"活动将学生带入特定事件的现场进行案例分析，通过学生的独立思考或集体协作，进一步提高识别、分析和解决本堂课如何依法维权的问题，突破本节课的重点。本课教师还以"美食家奇遇记"出发创设系列主题情境，设计"一只穿山甲引发的故事"的活动，组织学生进行即兴表演，情境演绎调动了学生的学习积极性，鼓励学生的主动参与，有效地突破本课的难点。

案例中教师从学情出发确定了课堂的重点和难点，并设计了相关活动突破了重难点，可以说教师的学情分析非常有效。判断学情分析是否有效的关键点是学情分析是否指向课堂教学，即教学设计中有根据学生具体情况"量体裁衣"的针对性思考。反之，如果学情分析不能在教学目标的制定、教学过程的设计等方面留下痕迹，这样的学情分析往往是低效的，甚至是无效的。

三、问题改进

问题4：什么是学情分析？学情分析的内容包括哪些？

了解学情分析的重要性、理解学生情况分析的内容、掌握分析学生情况的方法、知道判断学情分析有效后，我们新教师在实践工作中要尝试运用不同的学情分析的方式了解学生情况，实现有针对性的教学，提高课堂教学效率。

（一）学情分析的实践改进指南

1. 明晰学情分析内容，加强具体学情的分析

案例2：小学英语教师对三年级学生的学情分析

学情分析：三年级（1）班学生。

优势分析：三年级学生有一定的关于文具的认识。他们喜欢鲜艳的图片和有具体形

象的事物，对英语有一定的兴趣，绝大部分学生乐于开口说英语。在两年的学习中培养了一定的拼读能力及英语接受能力。他们表现欲强，善于模仿，擅长形象思维，愿意在小组活动和表演中表现自我。

不足分析：部分学生基础比较薄弱，英语表达能力不强。

讨论交流

请思考如何改进以上案例的学情分析。

案例中的学情分析比较全面，涉及学生的年龄特点、思维方式、兴趣态度、学习方式、班级整体的学习基础等，这些内容都属于学情的一般性分析。案例中提及"学生有一定的关于文具的认识"，这是学生的学习起点，属于学情的具体分析。显然，案例中学情的具体分析需要加强。学生关于文具的认识到底是什么程度呢？例如学生的基础比较薄弱，那么可能在教学设计中就要多花一些时间加强对已学知识的复习和巩固；如果学生的掌握程度非常好，那么可能在教学设计中一带而过即可。

由于时间和精力的限制，教师在日常工作中学情分析的内容不求面面俱到，可以根据具体教学内容进行有针对性地分析。一般情况下，我们需要了解学生的学习起点，即对学生掌握本课新知识的重要前知识或者前技能的情况，对于学生的学习难点要有预判。例如，小学英语课堂中的重要功能句是"Let's sing and dance"，已学的动词短语是新知识的基础。教师课前让学生读一读已学的动词短语，并说一说短语的中文意思，以了解学生的学习起点。通过读一读、说一说，教师了解到学生对于已学的动词短语掌握不太好，老师在新课的"warming up"部分通过图片对这些动词短语进行巩固复习，从而为新课的顺利展开奠定了良好的基础。

以下案例学情分析比较具体，大家可以参考学习。

案例 3：肩肘倒立（中学体育学科案例）[①]

学生在小学阶段学习过前滚翻、后滚翻等技巧动作，但接触过肩肘倒立动作的学生并不多，对其动作要领及结构认识不清。通过观察，发现部分学生的灵活性、协调性、柔韧性有待提高。学生学习新知识可能遇到的问题如下：翻臀、展髋动作不充分；没有压垫以及绷脚面动作。

案例 4：国家机关的产生（小学道德与法治学科案例）[②]

通过调查，六年级学生对于人民代表大会的相关知识了解甚少，绝大多数学生不理解"一府一委两院"的含义，对于三者之间的关系更是知之甚少。这是因为本节课的内

---

① 案例提供者为北京市第八十中学睿实分校肖宁宁。
② 案例提供者为朝师附小和平街分校林洁。

容距离孩子生活太远，所以学生关注较少；同时，教材中出现的名词过于抽象，对学生从直观上理解产生障碍。为了突破这一教学难点，需要从生活经验入手，借助小组合作的学习方式，通过类比大队委产生过程和国家机关的产生过程以及服务的共同点，将生活逻辑与教材了解进行结合并架构，进行教学设计。

2. 拓宽学情分析方法，多维方式掌握学情

学情分析的方式可以灵活多样，建议教师拓宽学情分析的方法，以便于更好地掌握学情。教师可以通过聊一聊（访谈法）、测一测（测试法）、读一读（书面资料分析法）、看一看（观察法）等简易的方法了解学情。

① 聊一聊。

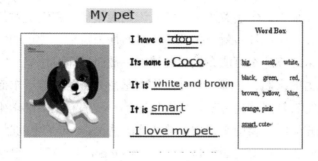

聊一聊是指通过和学生交流了解学情。例如，课文的话题是 pet（宠物），教师在拓展环节设计了"介绍我的宠物"的活动。教师本以为学生会积极参与这个活动，但是课堂上学生反应不是很热烈。课后教师找了几个学生聊了聊，了解到班里仅有少数几名学生养有宠物，所以在活动中大家不爱发言，因为需要"编织谎言"。教师还了解到几乎所有学生都渴望拥有自己的宠物。所以教师将这个活动"I have a pet"调整为"I want a pet"——介绍我想要的宠物。在另一个班授课时，学生参与调整后的活动时积极性高涨，活动效果很好。

② 测一测。

测一测是指通过简单的小测试了解学情。测试的方式多种多样，可以让学生读一读、说一说、写一写、做一做等。例如，英语教师准备一张图片，让学生说一说——用"There be"句型口头描述图片，考察学生对"There be"句型和方位介词短语等重要上位知识的掌握情况。做一做也是学情分析的好方法。中学美术课的课题是《学画写意花鸟画——菊花》①，教师在课前对学生进行了课前调查分析，让学生在五分钟时间内用速写草图的形式试着对一幅中国画作品中植物和鸟类的进行构图，并简要画出所学过的动植物形态特征。通过学生的速写，教师发现大多数学生对中国画动植物形态的典型特征掌握不到位，缺乏对形式美学运用导致中国画中的不合理构图。教师在教学设计中组织学生欣

① 案例提供者为北京二中朝阳学校崔经纬。

赏大量名家写意花鸟画作品，利用"手指构图法"、教师示范讲解等方法，帮助学生感知中国画动植物形态的典型特征、理解中国画的构图，从而有针对性地解决了学生的问题，应该说教师利用"画一画"这种方式所开展的学情分析非常有效。

③读一读。

读一读主要是指通过阅读书面材料了解学生的情况，书面材料包括档案、笔记本、练习本、作业、试卷等。例如，学生学习现在进行时的作业是写出动词的 -ing 形式。批改作业的过程中，教师发现作业错误率较高，并且集中在 make、come 和 write 三个单词，这说明学生对"以不发音字母 e 结尾的动词去掉 e 后再加上 -ing 的基本规律"掌握得不是很好。于是教师在后续的课堂中通过使用 make-making、come-coming 等动词卡片的方法，让学生观察并总结规律，同时教师通过板书对规律进行强化，帮助学生掌握规律。

④看一看。

看一看主要是通过课堂观察了解学情。在实际教学中，有时候教师尽管做了充分的预设，但是学生的表现可能在意料之外。例如，本以为学生很容易就能掌握的知识点，在课堂中却成了学生的难点。这时候教师要对学情给予特别的关注，可以适当调整预设的课堂节奏，让其更适合学生的学习实际。同时，课后教师要对此进行反思，为什么此处是学生的难点，并在以后的教学实践中预先采取相应措施。

学情分析的方式多种多样。聊一聊的方式简单方便，易于操作；测一测的方式可以帮助教师比较准确地了解学情；读一读（学生的作业、试卷等）、看一看（课堂观察）属于教师的常规工作，不会额外增加教师的工作时间。教师在工作中可以根据具体教学情境选择适宜的方法。

3. 将学情分析贯穿在整个教学设计和实施过程中

由于学情本身的复杂性，教师很难对学情做到完全准确的判断。根据传统观点，学情分析一般是在课堂实施前完成，实际上学情分析可以贯穿在教学设计和教学实施的整个过程中。例如，问题聚焦部分"老师，我不知道妈妈的生日……"案例中教师在教学实施中发现学生并不了解妈妈的情况，于是教师在另外两个平行班上课前让学生回家询问妈妈的情况，结果在这两个班里课堂活动顺利开展、效果很好，并且教师通过这个活动向学生巧妙地渗透了"关心妈妈、了解家人"的情感教育。

在实际教学中，这样的例子举不胜举。教师要根据课堂实际情况调整预设的课堂节奏，课后教师要对学情分析失误的原因进行反思，并在以后的教学实践中进行调整改变。

实际工作中，教师可以采取以下具体的操作流程将学情分析贯穿在教学设计和教学实施的整个过程中：课前学情分析—具有针对性的教学设计—课中监控—课后反思—以后的教学实践。课中监控主要是通过课堂观察，将前期的学情判断与实际课堂进行对照，判断前期的学情分析是否准确。通过课中监控和课后反思，教师可以把新发现的学情转化为相应的教学策略在平行班中实施；即便没有平行班，教师的教学经验也可因此而获得增长，并对今后的教学实践有益。

4．掌握提高学情分析效率的技巧

① 按照单元进行学情分析

案例 5：小数加减法（小学教学案例）①

《小数加减法》是小学数学四年级的学习内容，以下是单元知识结构图。

单元内容	小节内容	知识点
小数的加法和减法	小数加减法	例 1. 数位相同的小数加减法 例 2. 数位不同的小数加减法
	小数加减混合运算	例 3. 小数加减混合运算
	整数加减法运算定律推广到小数	整数加减法运算定律 推广到小数

学生对小数加减法的认知状态如何呢？我们通过问卷调研的方式初步了解四年级37 名学生对小数加减法的认知状态。

同学们：

你们好！我们马上要进入《小数加法和减法》的学习了，相信你们在生活当中多多少少都遇到用小数加减法来解决的问题，请你试着完成以下问题：

一、计算下面各题，完成后并在相应的选项后画"√"。

①1.5+4.3=
(1)只会写结果.（ ）
(2)会写竖式也会写结果.（ ）
(3)计算有困难.（ ）

②3.25+7.5=
(1)只会写结果.（ ）
(2)会写竖式也会写结果.（ ）
(3)计算有困难.（ ）

③0.3-0.02=
(1)只会写结果.（ ）
(2)会写竖式也会写结果.（ ）
(3)计算有困难.（ ）

④8.46-4.56=
(1)只会写结果.（ ）
(2)会写竖式也会写结果.（ ）
(3)计算有困难.（ ）

调研目的：了解学生对于"小数加减法"的认知状态

调研对象：四年级 37 名学生

调研方法：问卷法、访谈法

调研统计和分析：

---

① 案例提供者为中国人民大学附属中学朝阳实验学校师晓林。

第一题	正确率	第二题	正确率
	97.3% 只有 1 位同学在计算时由于计算错误出错。		86.5% 有 5 位同学在计算时没有数位对齐导致出错。
第三题	正确率	第四题	正确率
	62.2% 有 14 位同学列竖式有困难或不会做。		91.9% 有 3 位同学退位减法时计算错误。

通过问卷调研发现，学生对于考察数位相同的小数加减法的①题和④题正确率非常高，能按照整数加减法的算法进行计算，仅存在一些计算问题。而对于数位不同的小数加减法②题和③题存在较大的问题，尤其是减法。存在最大的问题就是不知道要把数位对齐。

因此，我决定把教材例 1 和例 2 合并为一节课，并且依据学情，以③题作为课上重点例题讲解，让学生体会小数加减法的算理，探究小数加减法的计算方法。虽然有 62.2% 的人做对了③题，但他们是否真正理解了算理呢？于是我对学生们进行了二次访谈，只有 5 人能够解释算理的本质，其他人只是从多种渠道提前学会了算法而机械的计算。基于以上，本节课难点是让学生真正理解"小数点对齐即数位对齐"的道理。

讨论交流

案例中教师的学情分析是否有效？

本课中教师对教学内容进行了单元分析，并整理呈现了单元知识结构图，一目了然，非常清晰。教师针对本课具体的学习内容开展了实证调研，问卷设计也很巧妙，不仅关注了学生的学习结果（能否算对），而且关注了学生的学习过程（计算是否有困难等）。在第一次问卷调研的基础上，教师对学生们进行了二次访谈，对学情进行了更加精准的把握。在此基础上，教师创造性地使用了教材（把教材例 1 和例 2 合并为一节课），并且把握了学生的难点。这个案例给我们的启示是学情分析的方式可以综合叠加使用。

在教材分析中，教师对教学内容进行了单元分析。不少学科教材都是由教学单元组成。由于教师工作忙碌，如果每节课教师都进行学情分析，尤其是实证分析，可能教师的时间、精力都很难保证。因此教师有时候可以按照单元进行学情分析，提高学情分析的效率。例如，本课教师调研中可以增加一两个小数加减混合运算了解学生的计算情况。

② 采取抽样调查进行实证调研

教师可以通过聊一聊、测一测、读一读、看一看等实证的方法了解学情，如果时间、精力允许，教师可以全面了解学情如果时间紧张的情况下可以考虑采取抽样调查的方法，这样教师能够用较短的时间了解学情，从而减轻工作负担。例如，了解学生的学习起点时可以分别选几名学习成绩较好、中等、较差的学生进行调研；了解学生的相关经验、兴趣点等情况，可以进行随机抽样调查，例如单元话题是生日，老师课前可以随意找几位同学了解他们平时庆祝自己生日的方式。抽样调查有助于教师在日常忙碌的工作中较快地了解学情。

③ 充分利用边角时间了解学情

教师日常工作中可能不大容易找到大段的时间开展学情分析，但是教师可以化整为零，充分利用边角时间了解学情。例如课间休息的时候找几个学生聊一聊；利用课堂最后几分钟对学生的学习起点做个小测；全班同学举手开展调研等。总之，教师可以根据自己的具体情境发掘、利用边角时间了解学情。

（二）训练任务

实践操作

请将以下的学情分析归类。

学情分析	归类：一般性分析 / 具体分析
1. 本班学生课堂积极性较高，思维较活跃，喜欢表演，具有良好的朗读和合作交流的习惯。经过一学期的学习，大部分学生的识字量和词汇量大大增加，可以说完整的句子。	
2. 本班学生音乐基础好、能力强，超过 50% 的学生参加了合唱团、乐团，具备赏析古典音乐的基本能力。	
3. 学生已经学习了基本的方位与指路表达，例如 go across，go along，turn left，near，on the right，opposite，能用方位表达来开展基本的问路与指路对话。	
4. 学生在小学阶段学习过前滚翻、后滚翻等技巧动作，但接触过肩肘倒立动作的学生并不多，对其动作要领及结构认识不清。	
5. 高中学生处于青春发育末期，身体各器官及机能正逐步达到成熟水平。在心理方面，个体形成了比较完整的认知结构系统。内向性与表现性共存，自我评价成熟，且拥有较强的自尊心。	

续表

学情分析	归类：一般性分析／具体分析
6. 学生较喜欢的课堂环节是学生实验、展示作品、教师演示实验、小组合作，不喜欢老师单纯讲授知识和做习题。	
7. 绝大多数的学生知道浮力，因此，本课不再把浮力的研究作为重点，而是将研究船的载重量作为重点。大部分学生知道同种材质，大船会比小船承载量大，但也有一部分学生不知道或者不明确。	
8. 有95%的学生认为水在生物体中是流动的，这对全面理解水的作用产生了障碍；学生知道水和无机盐对生命很重要，但不能解释为什么重要。	

　　答案：1、2、5、6属于一般性分析。

　　　　　3、4、7、8属于具体分析。

实践操作

　　1. 任选以前撰写的学情分析，对照附录中的《学情分析自查表》，评价自己撰写的学情分析是否符合指标要求。

　　2. 根据附录中的《学情分析自查表》，修订学情分析。

　　3. 修订完，与同伴进行交流修订前和修订后的调整，并告诉其调整的原因。

总结反思

　　1. 学情分析在教学中为什么这么重要？

　　2. 学情分析的内容包括哪些？我们可以将学情如何分类？

　　3. 我们如何判断教学设计中的学情分析是否有效？

　　4. 学情分析的方法有哪些？

　　5. 你掌握了哪些学情分析的技巧？

附录：

学情分析自查表

一级指标（要素）	二级指标（要点）	较好	一般	不符合	权重
分析的内容	关注学生的一般性学情				0.1
	关注学生的具体学情				0.3
分析的方式	能够根据学情分析的目的，选择适宜的方式开展学情分析				0.2
	采取实证分析的方式理解学情				0.1
分析的有效性	学情分析的结果具体、明确				0.1
分析的有效性	根据学情分析的结果，在教学目标的制定或者教学重难点的确定中留下痕迹				0.1
	根据学情分析的结果，在教学过程中有针对性的活动设计				0.1

主题三　制定学习目标

学习目标

通过本主题的学习，学习者能够：

1. 了解教学目标的意义作用；

2. 体会学习目标的内涵；

3. 了解制定学习目标的过程和方法；

4. 能根据学科课程标准、教材和学情，制定出学习目标。

一、问题聚焦

学习目标是教学设计的核心。但是在教学的设计和实施过程中，我们是否真的把学习目标作为核心？怎样才能设计好学习目标呢？

有资料显示，在实际工作中，有些教师在备课时只注重教学过程，对于学习目标的编制则认为可有可无，或者课后再补上。那么，学习目标真的是可有可无的吗？请看下面的小故事。

心理学家的小实验

心理学家曾经做过一个试验：分别组织了三组人，让他们各自向 10 千米以外的三个村子前进。

第一组人员不知道要去村庄的名字，也不知道路程的远近，只被告知跟着向导走。刚走出两三千米，有人就开始叫苦；走到一半，有人就有气愤的表现，抱怨走的路太远，不知道什么时候才能走到头，有人一下就坐在路边，表示不走了；而且越走，人们的情绪就越低落。

第二组人员知道村庄的名字，也知道路程的长度，但路边没有里程碑，要估计行程的时间和距离，就只能凭借经验。走了一半路程的时候，很多人都想知道已走的路程。一个有经验的人说："估计已经走了一半了。"于是，大家又簇拥着继续往前走。走到大约四分之三路程的时候，人们情绪逐渐开始低落，都觉得已经疲惫不堪，但是路程好像还有很长。有一个人说："快到了！"人们重新又振作起来，而且加快自己行进的脚步。

第三组人员不仅知道村庄的名字和路程的远近，而且公路旁每 1000 米就立着一块里程碑。人们一边走一边看里程碑，每看到一块新的里程碑，就感觉离目的地更近了。在行进的过程中，人们用唱歌和欢笑来消除疲劳，情绪始终高涨，不知不觉之间就到达了目的地。

讨论交流

请思考：这个小故事说明了一个什么基本哲理？这个小故事对制定学习目标有启示吗？请你结合具体实例谈一谈。

明确的目标，为人们指出正确的行动方向，在实现目标的前进道路上，才会少走弯路。如果目标不明确或目标过多，都会阻碍人们实现愿望。如果人们的行动有了明确的目标，并能时时把行动进程与目标加以对照，就能清晰把握自己与目标之间的距离，行为动机也就会得到维持和加强，就会自觉地克服一切困难，努力达成目标。

学习目标也是如此，它是一节课教学设计和实施的核心。作为一名新任教师，必须清楚如何制定学习目标。为此，我们需要弄清楚以下五个问题：

问题 1：什么是教学目标，教学目标的作用是什么？

问题 2：为什么要将教学目标改为学习目标？二者有哪些区别和联系？

问题 3：什么样的目标是"好"的学习目标？

问题 4：怎样制定学习目标？

问题 5：怎样表述学习目标？

二、问题分析

要解决这些问题，就必须明确学习目标的意义价值，辨析有关概念的内涵。

（一）如何理解教学目标

要理解学习目标的内涵，必须先要理解什么是教学目标。

1. 教学目标的含义

教学目标是一个包含多重层次的系统。包括国家培养总目标、学科（课程）教学目标、阶段教学目标、单元教学目标（以下简称"单元目标"）和课时教学目标。教学目标是教学诸要素构成中最重要的一个因素，它不但是教学活动的出发点（学什么），而且也是教学活动的终点（学到什么程度，达到什么效果——评价）。

课时教学目标是各学科课程目标和单元目标的具体化。每节课既是一个相对独立的整体，同时又是整个课程、每个单元的一个有机组成部分。在日常教学中，课时教学目标使用最多。教师在备课过程中，依据教学内容分析和学生实际情况，从促进学生发展的角度出发，确定这一节课学生要学什么，要学到什么程度的教学效果的预期，就是课时教学目标。课时教学目标与课程目标必须要保持一致。

在这里，必须要明确两个不同的概念——课时教学目标和教学活动。"教学活动"是教师在课堂教学中所要完成的工作，强调的是怎么做；"课时教学目标"是课程目标的具体化，是教学活动后学生行为变化的结果，是可观察、可评价的。

教学活动是实现教学目标的载体。每一个教学活动设计的背后，都有具体的设计意图。但是，即使教师按照自己的教学意图完成了所有的教学活动，学生的行为表现也不一定就能达到预期要求。因此，在设计教学活动时，一定要紧紧围绕课时教学目标，在教学实施过程时，一定要把握课时教学目标，以便能灵活调整教学，具体可参看主题五。

2. 课时教学目标的作用

根据小故事《心理学家的小实验》，结合自己的思考，你认为课时教学目标在教学设计要素中，处于什么位置？在教学中具有怎样的作用？

在一节课来说，课时教学目标在教学设计的诸多要素中，占据核心地位。教材分析和学情分析的目的是准确制定课时目标，学习活动和教学策略是为了实现课时目标，学习评价是为了检验课时教学目标的达成情况。

课时教学目标在教学中有三方面的作用：导教、导学、导测评。导教是指：对教学活动设计起指导作用，指导选择并应用教学方法、技术和媒体；导学是指：对整个教学活动的过程具有导向作用，无论是学生的学习，还是教师的调控都要围绕教学目标的达成；导测评是指：为教学评价提供标准和依据。对一节课最可靠和最客观的评价标准就是课时教学目标是否达到。

在教学过程中出现的很多问题，在溯源之下可能都与课时教学目标有关。例如，学生课上表现不错，但作业却出现错误。其原因是学生对于所学知识没有真正理解，课上的表现只是记忆与模仿，也就是说，课时教学目标并没有真正实现。又如，学生的某些提问或陈述，新任教师不知如何应对。究其根本原因，是没有将学生的提问或陈述与课时教学目标建立起联系，自然也就无从选择处理办法。

课时教学目标在教学涉及诸多要素中的地位如此重要，但实际教学中，仍有教师没有重视课时教学目标。比如，设计教学活动时，只是参考教材中的活动，或参考他人设计的活动进行设计，根本没有思考这些活动与课时教学目标之间的关系，甚至是先设计教学活动，后书写课时目标。

目标是教学的核心，更是保证"教—学—评"一致的关键。在制定课时教学目标的同时，就应该思考如何评价该目标的达成，也就是设计出相应的评价方案，选择合理的评价方法，具体可参见话题三。这样才能真正发挥课时教学目标的作用。

3. 三维目标

三维目标是指：知识与技能，过程与方法，情感态度与价值观。为了更深入了解并把握学生行为与思想方式的变化与发展，人们在观念上用分析的方法将其进行分解，从而形成了目标分类体系。依据的理论和标准不同，分类体系也就不同。三维目标是基础学力的一种表现[1]，得到了较多的共识。

知识与技能目标准确的表述应该为"特定学科的核心知识与基本技能"，强调的是特定学科的基础知识、基本技能、基本活动经验等。在《布鲁姆教育目标分类学（修订版）》中，认知领域的教学目标被分为六个层次：记忆、理解、应用、分析、评价、创造。一般认为前三个层次属于低认知水平，后三个层次属于高认知水平。该研究深深影响着人们对认知领域教学目标的制定。

过程与方法目标中，"过程"是指对话环境与交往体验，"方法"是指基本学习方式和生活方式。情感态度与价值观目标关注的是指学习兴趣、学习态度、生活态度、人生态度以及个人价值与社会价值的统一。

三维目标彼此之间不能割裂和独立，而是有内在联系、相互依存、互为基础的有机整体。知识技能目标是实现过程与方法、情感态度价值观目标的载体。脱离了具体知识的学习，任何"过程"都是无源之水，无本之木，都会变得毫无价值。学生在过程与方法、情感态度与价值观维度的发展依托于知识与技能的学习，同时，知识与技能的学习也必须要促进学生在另两个维度上的发展。

知识技能目标的制定应尽量具体，可观察、可检测，过程和方法目标应尽量具体明确，与知识技能目标、情感态度与价值观目标能有机结合。

一般来说，知识技能目标在一课时中相对容易实现，如果没有与知识技能目标结合，没有具体的实施路径和载体，过程与方法目标、情感态度与价值观目标将很难实现。

---

① 钟启泉.打造教师的一双慧眼，谈"三维目标"教学的研究[J].上海教育科研，2010（02）.

📖 **拓展阅读**

《布卢姆教育目标分类学修订版》将认知领域的教学目标分为记忆、理解、应用、分析、评价、创造六个层次，每个层次又分为若干亚类。

阅读《布卢姆教育目标分类学修订版（完整版）》（洛林·W.安德森编著，外语教学与研究出版社）第51-66页，或在网络搜索布卢姆教育目标分类学。思考认知领域目标的类型、层次，举出每一种类型及其亚类目标的例子，并思考其与核心素养导向下教学目标之间的关系。

（二）三维目标下课时教学目标制定和实施中容易出现的问题

课时教学目标是对该节课学生学什么，以及学习程度的教学效果的预期。在实际教学过程中，教学目标的制定、实施和评价都表现出一定的不足。

1.教学目标的陈述过于概括

有些教师认为：教学目标是给教师看的，一般写在教案里，或者存在于教师的头脑之中，学生不必知道。在制定教学目标的时候，教师就没有想过给学生看，更加没有考虑过学生是否理解，甚至没考虑过他人是否能看懂。

课时教学目标中知识技能目标的描述，往往使用比较抽象的动词，如，"了解""理解""掌握"。这种表达比单纯陈述知识点更利于知识技能目标的落实。有些执教者或许可能明确这些表达背后的内涵，但是，其他教师未必能够理解，如果再出现一些学生不熟悉的，甚至是全新的术语、概念，学生更是不知所云，而且也难以检测。因此，这种表达难以起到"导教、导学、导测评"的作用，也不利于新任教师专业发展。

课时教学目标中，过程方法目标的描述往往笼统、概括。"过程"叙述的过于简单，"方法"叙述的过于概括，导致学生不知道该从哪入手，又该怎么做。课时教学目标中情感态度目标的描述，往往太大。有的直接套用学科课程标准中的表述，恐怕教师自己也说不清楚能否实现。

案例1：笼统的过程方法目标，过大的情感态度目标

1.通过主动尝试体验，培养解决问题能力。

2.通过探究实验，了解探究的过程和一般的方法，知道实验是研究和认识化学物质的重要途径。

3.启发修身养性，保持心理健康，完善健全人格。

4.通过对诗歌的学习，体会诗歌不同的情感内涵。

👥 **讨论交流**

请思考：以上目标是否具体？应该如何检测评价？

第一个目标的过程叙述过于简单，尝试体验什么，怎样评价都不清楚；方法也过于概括，解决问题能力非常复杂，显然不是一节课能够完成的。"培养解决问题能力"可以作为过程与方法的总体目标，但不能作为课时目标。第二个目标的过程叙述同样过于简单，学生经历了怎样的探究实验过程，怎样评价具体目标？他人都不得而知。方法同样过于概括，难以检测评价。了解探究过程和方法，不可能在一节课就完成。本课学习之前，学生可能就已经了解，也有可能经过本课学习还不了解。

第三、第四个目标描述过大，难以实现。启发修身养性，完善健全人格，体会诗歌不同的情感内涵，这样的目标别说是一节课，就是一个单元，也无法实现。如果情感态度价值观没有以知识技能的实现过程为载体，没有具体的实施路径，是根本无法实现的。

2. 教学目标的实施容易过于偏向教师主导，忽视学生主体作用的发挥

第一，容易过于主导教学内容。目标即使叙述的概括笼统，绝大多数教师也是心中有数的，在教学过程中知道不同活动要做到什么程度，其中的重点是什么。但是，学生并不知道目标是什么，容易变为被动接受，教师讲什么，学生就听什么，记什么。

第二，容易过于主导教学活动。虽然一节课的活动很多，但学生并不知道活动的目的。即使是探究活动，也是按照教师规定好的程序进行，学生可能并不明白为什么要按照这一程序进行。

例如，《长方体和正方体体积》一课，教师首先出示包装箱图片，引导学生关注上面呈现的信息，引出长方体体积＝长 × 宽 × 高；接着顺势提出问题：是不是像同学们所说的这样，长方体体积与长、宽、高有关系呢？那他们之间又有着怎样的关系呢？然后组织学生动手操作探究，提出活动要求：借助课前准备好的棱长为 1cm 的小正方体摆成不同的长方体，然后将摆法不同的每种长方体的数据填入学习单，观察数据看看你能有什么发现？

教师创设生活情境，引出长方体体积问题，从而开展探究活动，但却没有解释为什么要用小正方体摆成不同的长方体。对于其背后的原理"数体积单位的个数"，有些学生可能并不清楚。不知道动手操作的原因，学生变为操作工，探究效果大打折扣。

长此以往，学生对教师形成依赖，一旦离开教师，就不知道该如何学习了。再有，对教学评价的主导。教学评价是依据教学目标进行的，不知道教学目标，学生难以参与评价，也就不易认识自我。

3. 教学目标的达成容易形成对教师的依赖

由于教学目标的设计、教学活动实施和教学评价都由教师主导，教学目标的达成容易形成对教师的依赖。例如，依赖于教师创设的情境和引导。遇到陌生情境或离开教师引导，学生不知道学什么，也不知道怎么学。长此以往，就会出现：面临考试这类经过抽象的情境，表现良好，但一旦面临真实情境，就不知所措的情况。又如，依赖于教师

讲解。由于学生始终处于被动接受地位，即使教师的讲解层次清晰，环环相扣，但只要出现走神，势必会影响教学目标的达成，更别说讲解能力和课堂教学组织能力不强的教师的教学了。

学生是学习的主体，他们应该知道一节课要学什么，为什么要学，学到什么程度。因此，需要将教学目标变为学习目标。

实践操作

请举出教学实践中反映出的目标缺失或不当的现象或例子，并阐述该如何调整。完成后，请学习的同伴进行评审。

（三）学习目标的理解与评价

1. 核心素养导向下的目标

三维目标的确立和落实是新课程教学改革的重要成绩，教学突破了以往"双基"的局限，走向了知识技能、过程方法、情感态度共同发展的方向。但是，也存在着三维目标虚化的问题，即基本知识和基本技能被弱化，过程和方法出现了"游离"现象，情感、态度和价值观出现了"贴标签"现象。

随着高中各学科课程标准的公布，课程改革进入核心素养导向阶段。《教育部关于全面深化课程改革落实立德树人根本任务的意见》把核心素养的内涵界定为"学生应具备的适应终身发展和社会发展需要的必备品格和关键能力"。品格决定了一个人面对人生处境的模式，能力直接影响活动效率，决定是否能顺利完成。必备品格和关键能力是德才兼备的具体体现。因此，核心素养是实现立德树人根本任务的要求。

核心素养是在三维目标基础上的发展，进一步强调学科本质和育人价值。教学目标要从三维目标转变为核心素养导向下的目标。

2022年，义务教育课程方案和课程标准（2022年版）的颁布，进一步强调了课程的育人导向，不但强调了课程目标，还将党的教育方针具体化细化为本课程应着力培养的核心素养，体现正确价值观、必备品格和关键能力的培养要求。

各学科课程标准，都研制了学业质量标准，刻画不同学段学生学业成就的具体表现特征。各课程标准还详细列出不同学段的"内容要求""学业要求""教学提示"，大部分学科增加了教学与评价案例。学习课程标准，准确把握这些具体要求，不但是准确制定目标的基础，更是有效教学的前提。需要注意的是：这些要求是在完成本学段学习之后，对学生的最低要求，不同课时可以根据学生的实际情况有所调整。

由于不同学科对于目标的理解和要求并不相同，表述也存在较大差异。因此，必须要认真学习本学科课程标准，体会本学科目标对于核心素养的要求。

学科课程总目标，转化为具体课时的目标，需要若干小台阶，包括学年目标、学期目标、单元目标等。每一个具体目标都是总目标分解而来，只有各个具体目标都实现了，学科课程总目标才能落实，核心素养才能得到发展。

为避免目标与教学的脱节，就必须要做到两个坚持。① 第一，坚持以学习者为中心。目标的细化分解，必须以学生的终身发展为本。课时目标不仅要具体、可操作，更要指向学科核心概念的深度理解，强调知识技能在实际中的迁移应用。为此，需要学生对目标不断思考探索，在完成具有挑战性任务的过程中发展核心素养。

第二，坚持系统化设计。将知识结构化，作为一个整体研究，学生在解决问题的过程中发展核心素养。核心素养发展不是某一节课中完成的，而是在教学中持续关注培养的。要坚持系统观念，每一节课、每一个单元的目标不仅有知识体系上的联系，更是有核心素养发展上的联系。

综上所述，核心素养导向下的目标呼唤：从"教"走向"学"，以学习者为中心，实现"教—学—评"一体化。

2.学习目标的意义和结构

教学不仅是教与学行为的组合，更是在教学生如何去学。"教学生学"，就要知道学什么？怎么学？学到什么程度？怎么判断是否达成？也就是说，学生要知道学习的目标。

学习目标是为学生学习而设计的，要发挥出促进学生学习的作用，应该要做到以下两点。

第一，学习目标的表述要通俗易懂。从表述语言看，尽量不出现难懂的词语。对于一些专业性特别强的概念或原理，适当增加一些解释，以帮助学生理解。尽量使用简短的句子。如果必须使用长句子时，要用逗号将其分解为不同层次进行表达。语言亲切，不生硬。不是教师布置任务要求，而是学生主动完成任务。因此，表述时要使用第一人称"我"，也可以省略主语。不能出现"使学生"这一类的表述，因为这时的主语变为了教师。从描述的行为看，要具体、可操作，能让学生看得懂。

第二，学习目标应让学生能知道做什么，以及做到的程度。

案例2：不同学科的学习目标

观看简易发电机的演示以及"长江开发规划员"情景设置，说出长江的水文特征对发电、航运、灌溉等方面的影响。

收集、处理实验数据和生命现象分析，提取水和无机盐在细胞中的存在形式和重要作用。

正确熟练地口算20以内的进位加法，3分钟口算36道题，正确率不低于95%。

在反复朗读的前提下，能回答所提出的问题，正确率在75%以上。

---

① 根据王春易《从教走向学：在课堂上落实核心素养》（中国人民大学出版社，2020.9）改编。

讨论交流

请思考：以上学习目标要做的是什么？需要做到什么程度？学习目标应具有怎样的结构？

知道要做什么。完成以上目标使用了"说出""提取""指出"这类可操作的行为动词，清晰地表明学什么，而且还清晰地表达出"如何学"和"怎样做"。例如，为了"提取水和无机盐在细胞中的存在形式和重要作用"，必须要收集、处理实验数据和生命现象分析，这就提示学生不但要会收集、处理实验的数据，还要理解什么是生命现象。

学习结果可测量。学习目标要让学生清楚做到的程度（表现程度），表现程度可以用时间、数量、正确率来表示。例如，单独看"正确熟练地口算20以内的进位加法"，学生不知道如何评判自己是否能够达到"正确熟练地口算"，但是有了"3分钟口算36道题，正确率不低于95%"，学生就可以自行判断。

学习目标的基本结构包括行为主体、行为动词、行为条件、表现程度（参见阅读资料4学习目标的基本结构）。例如，"（学生）在反复朗读的前提下，能回答所提出的问题，正确率在75%"以上。行为主体是学生，在表述中被省略了，行为动词是"能……回答"，行为条件是"在反复朗读的前提下，根据文章内容"，表现程度是"回答所提问题的正确率在75%以上"。

表现程度还可以用量规来表示。例如，"说出长江的水文特征对发电、航运、灌溉等方面的影响"，不同程度学生可能说出的影响差异很大。这时，就需要教师设计评价量规，描述学习结果不同达到程度的具体行为表现。学生对照评价量规，可以自行判断是否合格，距离优秀还有多远。

拓展阅读

马杰的行为目标理论认为：学习目标包括行为主体、行为动词、行为条件、表现程度四个要素。行为主体指学生或某种水平的学生，行为动词指选用适当的动词描述学习后的行为变化，行为条件指产生上述行为变化的特定条件，表现程度指上述行为变化的表现水准，也就是刻画评定学习结果的标准。

阅读《朝阳区教师教学基本能力检核标准解读》（王宝珊主编，北京出版社）第30-31页有关内容，或在网络搜索马杰的行为目标理论。思考学习目标的基本结构，设计符合要求的实例。

实践操作

本学科有哪些常见的外显性行为动词？请记录下来，思考含义，并与同伴交流。

3.学习目标的评价指标

"好"的学习目标应该能够促进学生的学习，可以从以下三方面来考察。

（1）"全面"。指学习目标强调核心素养导向，既要关注知识技能的发展，也要关注正确价值观、必备品格和关键能力的发展。参考前文"核心素养导向下的目标"所述。

（2）"具体"。学习目标使用的语言简单，学生一下就能看懂。学生能知道做什么，以及做到的程度。学习的结果是可测量的。参考前文"学习目标的意义和结构"所述。

（3）"准确"。指目标符合课程标准的要求，也符合学生的实际，其要求是必要、适度（不高也不低）的。

符合学生的实际，包括符合学生的学习基础、认知水平和相关经验。低于或平于学生原有水平的学习目标属于无效目标。例如，很多小学生在入学之前，已经能书写汉字，进行简单计算，背诵乘法口诀。如果不了解这些实际情况，照搬课标要求，所制定的学习目标有可能低于学生已有认知水平。

学习目标不能太高，否则学生会失去动力；学习目标也不能太低，否则无法激发兴趣。学习目标要符合学生实际，有一定挑战性，处于最近发展区。维果茨基提出：学生的发展有两种水平。一种是学生的已有水平，独立活动时所能达到的解决问题水平；另一种是学生经过教学，所能达到的解决问题水平。这二者之间的差异就是最近发展区。教学应聚焦于学生的最近发展区，为学生提供具有一定难度的内容，调动学生学习主动性，发挥出潜力，越过最近发展区而达到新的发展阶段。

例如，学习同一篇课文，对于学习基础较高的班级，目标设计为"对每个段落的中心意思进行概括，提炼出每个段落的关键词，并画出思维导图"，学习基础薄弱班级的目标设计为"概括文章每个段落的关键词，并复述文章的大概内容"。

三、问题改进

了解学习目标的评价指标，就可以更好地制定学习目标，再通过开展针对性的训练，就可以解决前面所提出的问题。

学习目标与教学目标在本质上是一致的，只是视角不同，一个是教师视角，一个是学生视角。把教学目标转化为学生看得懂的学习目标，是核心素养在课堂教学中落地的重要保证。制定学习目标的前提是制定好教学目标。

（一）制定学习目标

1.制定教学目标

讨论交流

回顾以往制定教学目标的过程，结合自己的学习理解思考，应该如何制定课时教学目标，方法流程步骤是什么？

根据学科课程标准，找出相应的"内容要求""学业要求""教学提示"，解读具体要求的含义，然后确定该课时所在单元的单元目标。各学科参考书一般会列出各单元的单元目标，也可以参考遵循，但需要独立思考。

将单元目标进行分解，初步制定课时目标中的知识技能。这种分解，要根据对教学内容的分析。注意：这里所说的不是依据教材，而是依据对教材所包含内容的分析，也就是说，如果想制定好课时目标，必须要掌握分析教材（主题一的内容要求）的方法。

根据单元目标的要求，思考核心素养表现，结合教学内容分析结果，确定获取学习内容的学习方式、过程方法及适于渗透的情感态度，并进行整合。

根据学生的实际情况进行调整。不同学校不同班级学生的学习能力，对某一内容的了解程度都不尽相同，所以教学目标的层次、水平就会有相应的差异。

案例3：根据学生实际调整目标

某教学内容，学生一个人单独研究解决会比较麻烦，适合组织合作学习。于是，教师初定目标为"在合作交流解决 ×× 的过程中……"。

通过调研发现：学生缺少合作学习经验。研讨分工合作就要费很长时间，再采取合作学习显得得不偿失。

讨论交流

请思考：教师该如何解决？为什么这么做？

有两种解决办法。第一，改变学习方式，如采用独立探索的学习方式。合作学习的培养不在于某一节课，非要采用合作学习方式，效果反而不好。目标可以调整为"在独立探索解决 ×× 的过程中……"。

第二，仍然采用合作学习方式，并利用这一机会，培养学生合作交流能力。合作交流能力不培养，永远无法提高。课前可以做一些合作交流的培训，课上再对合作交流提出明确要求，并进行监控和指导。可将目标调整为"在解决 ×× 的过程中，体会如何分工合作交流……"。

课时教学目标的制定要符合"最近发展区"原则，下面是常见的调整情况。

根据学生的认知起点水平对课时目标做出调整。例如，在知识与技能方面或过程方法方面适当降低或提高要求。又如，修改确定学习难点。

根据学生的学习能力对课时目标做出调整。例如，从整体分析全班学生的学习能力，适当照顾后进生。又如，对学习方式的调整。

根据学生的需要对课时目标做出调整。例如，班级整体成绩较差，应该把建立学习自信心作为课时目标。

2.将教学目标转化为学习目标

讨论交流

请思考，如何将教学目标转化为学习目标？方法步骤是什么？

转化后的目标能够指导学生学习，就必须让学生看得懂。除行文时使用第一人称叙述外，还要避免使用抽象、概括的词语。比如，教学目标中经常使用"理解"一词。在不同的情境中，理解的表现有所区别，学生难以理解。应该将"理解"转化为学生能明白怎么做的词语。例如，结合具体内容，可使用"解释""举例""比较"等词语替换"理解"。

此外，还要细化教学目标过于空洞的表述，使之尽可能具体，有可操作性。

案例 4：下列目标表述空洞吗？

1.会认、写本课的生字。
2.在叙述事物是有怎样画风的过程中，培养学生语言表达能力。
3.培养学生从小尊敬长辈的美德。

讨论交流

请思考：这些目标空洞吗？如何修改？

这些目标比较笼统空泛。第一个目标，学生不知道需要认、写哪些生字。第二个目标，"培养学生语言表达能力"，主语变为教师，不再是学生。而且"培养学生语言表达能力"是语文课程的目标，难以判断本课是否培养。第三个目标的行为主体不是学生，而是老师，而且没有与知识技能结合，无法判断是否培养。

三个目标可以分别做如下修改：

1.会认生字：×、×、×、×、×、×，会正确书写：×、×。
2.说出借助事物画风的例子。例如，说出"岸边青草微微舞动"之类的语句。
3.知道为他人主动做力所能及的事情，是尊敬他人的表现。

（二）观摩案例

请阅读下面有关制定学习目标的案例。

案例 5：实践中调整——《9 的乘法口诀》一课目标的制定（人教版小学数学二年级上册）

《数学课程标准》要求：能熟练口算表内乘法。本课时在学习了 7 的乘法口诀和 8 的乘法口诀的基础上进行的，也是口诀数量最多的一个教学内容。后面还要学习乘法口诀表。

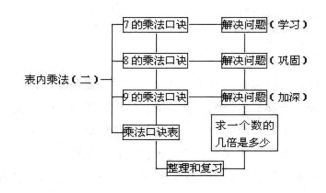

表内乘法（二）

- 7 的乘法口诀 —— 解决问题（学习）
- 8 的乘法口诀 —— 解决问题（巩固）
- 9 的乘法口诀 —— 解决问题（加深）
- 乘法口诀表 —— 求一个数的几倍是多少
- 整理和复习

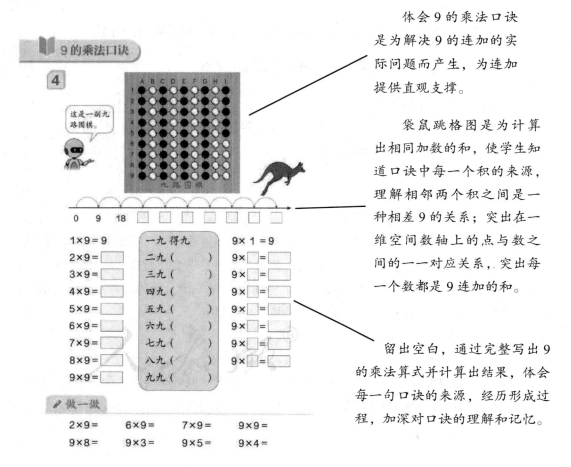

体会 9 的乘法口诀是为解决 9 的连加的实际问题而产生，为连加提供直观支撑。

袋鼠跳格图是为计算出相同加数的和，使学生知道口诀中每一个积的来源，理解相邻两个积之间是一种相差 9 的关系；突出在一维空间数轴上的点与数之间的一一对应关系，突出每一个数都是 9 连加的和。

留出空白，通过完整写出 9 的乘法算式并计算出结果，体会每一句口诀的来源，经历形成过程，加深对口诀的理解和记忆。

通过学习 1～8 的乘法口诀，学生已经具备自己探究 9 的乘法口诀意义和经验基础，如画一画、加一加、找规律等。通过前测可以发现，有 20% 的学生能完整背诵乘法口诀，80% 的学生能背诵一部分，但在随意抽出几句补充完整时比较困难，数字比较大的口诀更困难。

根据学情分析可知，编制口诀不是难点，可以让学生放手探究。9 的乘法口诀里蕴涵着大量的规律，既可以培养学生的观察能力，也能促进其思维发展。通过 1~8 的口诀学习，学生已经感受到口诀是为解决实际问题而产生，情境对口诀学习的作用不大。

据此，制定学习目标为：

（1）经历编制 9 的乘法口诀的过程，知道口诀的意义。

（2）观察 9 的乘法口诀并找出规律、记忆口诀。

（3）在编制口诀的过程中感受一一对应关系，在观察规律的过程中感受函数思想。

（4）能运用口诀准确计算并解决问题，感受数学的趣味性。

在实际教学中，教师发现存在以下问题：在探究任务中，学生没有按照预设的那样利用袋鼠跳格子加上 9，有些学生是利用口诀倒推，还有的全都填 9；还有学生不愿意利用口诀来记忆口诀。

讨论交流

请思考：该学习目标的表述符合要求吗？是否需要根据学生的表现调整学习目标？

该学习目标的表述使用第一人称，但使用了一些抽象、概括的词语，而且有些比较空洞。例如，"知道口诀的意义"的要求不够明确；从核心素养发展角度提出了一一对应关系和函数思想，但这两个词语抽象概括，学生难以理解；感受函数思想的要求太高，而且不够具体；口诀练习的形式较为单一，难以引发学生兴趣；感受数学趣味性难以评价。

从制定过程上看，在分析学科课程标准、分析教学内容、分析学情的基础上，制定学习目标，但缺少对数学活动经验的积累培养。从实际教学情况看，由于对 9 的乘法口诀有了基础，学生不愿再一步步地推导口诀，因此需要改变活动形式，促进学生参与；此外，需要激发学生记忆口诀的兴趣。

基于以上分析，可以将学习目标修改为：

（1）在探索中经历编制 9 的乘法口诀的过程，用画一画、算一算等表示口诀的意义，用口诀计算并解决问题。

（2）经历寻找 9 的乘法口诀规律的活动，积累横纵向观察的经验，感受口诀之间一个乘数不变，积随着另一个乘数变化而产生对应变化的规律，用多种方法记忆口诀。

（3）愿意参与编制记忆口诀和寻找口诀规律的数学活动，感受成功的乐趣。

（三）训练任务

请完成以下的训练任务，提升制定学习目标的水平。

案例6：哪个目标更清晰？——《我自己会整理》① （小学品德与生活）

设计	目标
设计1	1. 通过本课教学，使学生知道自己的事情应该自己做，运用各种感官和方法创造性地掌握整理物品的一些基本方法和原则。 2. 通过多种多样的活动，学生能够迅速熟练动手操作并能分析解决问题以及交流与合作。 3. 形成在活动中认真细致的科学态度、与他人合作的精神，以及照顾自己的能力，能用自己的方式爱父母和长辈。
设计2	1. 能够整理自己的书包与日常用品，说出自己与他人整理物品的差别，总结整理生活用品的多种方法。 2. 能够快速分类整理物品，养成良好的生活习惯；帮助他人整理物品，体验合作做事情。 3. 能感受到自己整理及帮助他人整理物品的好处，认识整理物品的重要性，体会整理物品后的愉快心情。

讨论交流

请思考：这两个学习目标哪个更好？为什么？

设计2表述的更好。

首先，设计1的目标行为主体不是学生，而是教师（是教师"使学生"）。课时目标是对学生学习结果的预期，其表述的不应该是教师做什么，而应该是通过教学，学生会做什么或会说什么，所以要将学生作为课时目标的行为主体。此外，有些目标只说清了"教师做什么"，至于学生学习后是否会切实发生变化，这种变化能否被观察到，则没有设定。因此，类似于"使学生……""拓宽学生的知识面""通过教学活动，培养学生的……能力"的表述是错误的。设计2的行为主体表述正确（省略"学生"二字）。

其次，设计1的目标不够具体，可操作性和可检测性较差。在学习活动中学生表现出来的学习行为和特征，必须具有可观察、可检测、可操作的特点。"了解、理解、掌握、把握"这样的行为动词难以测量，无法检验。一般应使用"举例、辨认、判断、描述、解释、说明"等外显性行为动词，使教学行为和行为的变化更易于观察、便于检验。

设计2所使用的行为动词具有可操作性，如用"总结"替代设计1中的"掌握"，用"感受……好处"与"体会……愉快心情"替代设计1中的"科学态度、与他人合作的精神"。

最后，设计1的目标中有"形成认真细致的科学态度、与他人合作的精神，以及照顾自己的能力"的表述。这些目标不可能在一节课中就完成，可能需要几年的时间才能形成。另外"认真细致的科学态度""与他人合作的精神"这样的目标大而且空，其行为条件和表现程度不清，放在任何一节课都可以。在表述过程方法和情感态度价值观目标时，不要使用"形成""养成"这样带有结果意味的动词，而用"发展"这样带有过

① 王宝珊. 朝阳区教师教学基本能力检核标准解读 [M]. 北京：北京出版社，2010. 有改编。

程意味的动词。还可以在其前面加一些限制条件，如"在……过程中""根据……""结合……"等。

设计2从目标的陈述过程中可以清晰感受到"自己整理和帮助他人整理物品"这一教学活动贯穿其中，使目标具体可行，也具有可测评性。

课时目标的行为主体应该是学生。表述的时候要以学生为主语，如使用"通过××学科的学习，学生能够"这样的短语。为避免重复，也可以把这样的短语省略，也就是使用无主句（在目标中不出现主语——学生）。

如果在不同目标中对同一动词的解读不同，或者不同的人解读有差异，课时目标就无法体现其"导教、导学、导测量"的作用。为避免行为动词使用不当，一般应使用外显性的行为动词。有些学科课程标准（如数学）中专门界定了一些行为动词，在制定课时目标时也可以使用，但应设计相应的检测题对课时目标的标准进行说明，依据检测题的完成效果判断是否达成目标。总之，慎重使用行动动词。

同样的行为表现，如果条件不同，行为的性质也不同。表现程度则使评价学生学习结果时有更明确的依据。

案例7：现象与目标

（1）考研名师张雪峰的课堂上"金句"频出，非常受青年学生欢迎。有人说他把考研说成了相声。无独有偶，某初中教师"上课很幽默，与学生互动得很热烈"，课上经常出现"这个问题很无聊"之类的语句。有人认为，该教师这样表述不妥，也有人认为，学生喜欢的就是好方法。请问，你怎么看待这一现象？该现象与目标有无关系？

（2）一道练习题：树上有一只猴子看到一个人正用枪瞄准它的头部，为了避免即将到来的厄运，它想跳下树逃走。在它刚刚脱离树枝的瞬间，子弹恰好水平射出枪口。猴子在掉落过程中被击中了头部而死亡。要求分析：为什么猴子没能逃脱被打死的厄运。[1] 请从目标的角度出发，评价该习题的设计。

（3）时下，公开课、研究课深受欢迎。某新教师听了一节公开课后，如获至宝，向人家要来教学设计和课件，满心欢喜地回去尝试，但总感觉不如听课时的效果。请问，模仿课效果相差很多，最主要的原因是什么？与课时目标的制定有关系吗？还有必要上模仿课吗？

案例分析

第一个案例中的课堂语言不雅、不当，有迎合学生发笑之嫌，价值导向过于偏颇。这样的语言不适于在中小学课堂教学中使用。该现象的背后反映出该教师对立德树人总目标的认识不够。育人不是一句口号，而是用教师的言行育人。学高为师，身正为范，

---

[1] 付丽萍."情感态度与价值观"目标实施问题探究[J].教育探索，2016（4）.分析有改编。

教师的一言一行都是对学生的示范，必须从育人的角度规范自己的言行。

第二个案例中，该习题的设计意在使学生对平抛运动在竖直方向所做的运动有进一步的认识。在竖直方向上，子弹和猴子都在做自由落体运动，由于相同时间里竖直方向运动距离是相等的，所以猴子在下落过程中会被子弹击中。

从核心素养目标角度来看，该题明显存在缺失。保护野生动物、人与自然和谐相处，是当今时代的主题。教学知识的选择与运用都应该符合时代的要求，这是育人目标的总要求。将书本知识还原成有意义的现实生活知识并不难。只要更换习题中的情境，就可解决这一问题。例如，把背景从打猎变为做实验。

第三个案例中，新教师上模仿课的效果相差很多，肯定有教师个人能力，及对教学设计理解、把握上的原因，但最主要的原因还是由于学生个体的差异，与课时目标的制定有关系。不同学校学生对某一内容的了解程度可能不同，学习能力也不尽相同，所以课时目标的层次、水平就会有相应的差异。研究课的设计又是基于对课时目标的思考，照搬别人的设计，效果难免不好。

在制定课时目标时必须要考虑学情。对于老教师来说，根据学生情况调整课时目标也是有一定难度的，对于新任教师就更难。要做到这一点，在掌握分析学情方法（主题二的内容要求）的基础上，还必须经过大量的实践尝试，积累经验。

模仿课对于新任教师掌握教法、学法是有帮助的，是促进教师专业发展的一种手段，但上模仿课应该建立在把握学情、明确目标的基础上。如果只关注方法，不关注方法背后的目的意图，就无法达到应有的效果。

实践操作

完成下列学习任务。完成后，请学习的同伴进行评审。

1. 任选以前制定过的教学目标，按照学习目标表述要求，进行修改。

2. 例举一个教学实践后，根据学生实际情况调整学习目标的例子。要求记述原目标，修改后目标，以及修改的说明。

3. 任选一课制定学习目标。要求：阐述学科课程标准相关要求，分析教学内容，初步制定目标，分析学生情况，依据学情分析做出调整，并对所做调整进行说明；检验表述是否符合学习目标要求。

4. 对照附录中的《学习目标制定自查表》，评价自己在任务3中所撰写的学习目标是否符合指标要求，并与同伴进行交流。

拓展阅读

1. 行为动词可以分为：知识、技能、过程与方法、情感态度价值观四类。每一类行为动词可以分为若干亚类。

请阅读《朝阳区教师教学基本能力检核标准解读》（王宝珊主编，北京出版社）第31-32页有关内容，或在网上搜索"行为动词表"，思考每一类可以分为几个亚类，其典型行为动词有哪些，体会其含义，并举出本学科使用该动词的例子。

2. 加涅的教学目标分类理论认为，学习结果可以分为五类：言语信息、智慧技能、认知策略、动作技能、态度。这五种学习结果可以作为五类教学目标。

请阅读《教学设计原理（第五版）》（加涅等著，华东师范大学出版社）第三章到第五章，思考加涅提出的五类目标对教学设计有哪些价值，举出每一种类型及其亚类目标的例子，并思考其与三维目标之间的关系。

3. 阅读下面资料后，思考单元教学与学习目标的关系，怎样才能重构单元目标。

单元教学与学习目标（资料）。

近年来，单元教学成为学科核心素养提出后的热点问题。开展单元教学，需要重构单元，也就涉及单元目标的重构，及单元内容的重组，教学实施和评价也会随之改变。在这些改变之中，单元目标重构是核心。

单元目标是教材中性质相同或有内在联系的、可以相对独立的部分所要达到的教学目标。各学科的教学参考书中，一般都明确列出了单元目标。重构单元的难度很大，对于广大教师而言，没有必要重构只定位于知识点改变的单元。作为一名教师，只有在能够整体把握学科教材内容，深刻理解核心素养表现的前提下，才能够重构单元。本书定位于新任教师，先入格再破格。因此，本书所讨论的单元目标，不是单元重构下的单元目标，而是指教材中已有单元的目标。需要强调的是：虽然不需要重构单元目标，但新任教师仍然需要对单元目标进行深入思考，理解其与课程目标之间的关系。

4. 阅读下面资料后思考：在逆向教学设计的理念下，应该怎样制定学习目标。

逆向教学设计（资料）。

逆向教学设计是指：从终点——想要的结果（目标或标准）开始，根据标准所要求的学习证据（或表现）和用以协助学生学习的教学活动形成教学，其过程主要由三个阶段组成：明确预期的结果，确定预期结果达到的证据，安排学习和教学活动。由于与常规教学设计方式相悖，故此称为"逆向"。

明确预期的结果就是制定学习目标：学生应该知道什么？能够做什么？什么内容值得深入持久地理解？他们需要哪些知识（事实、概念、原理）和技能（过程、步骤、策略）？

确定预期结果达到的证据就是设计评价方案：怎么知道学生是否达到了预期结果？哪些证据能够证明学生的理解和掌握程度？

安排学习和教学活动就是设计教学活动：哪些活动可以使学生获得所需知识和技能？根据学习目标，我们需要指导学生做什么？如何用适当的方法开展教学？要完成这些目标，哪些材料和资源是最合适的？

逆向教学设计把教学设计的三个环节有机地整合在一起，实现"教—学—评"一体。

总结反思

1. 教学目标有哪些作用？

2. 怎样才能把三维目标有机整合？

3. 学习目标和教学目标有哪些区别？

4. 什么样的目标才是促进学生学习的好目标？

5. 如何评价所制定的学习目标？

6. 什么是最近发展区？

7. 制定学习目标有哪些步骤？

8. 通过本主题的学习，你有哪些收获？

9. 你认为自己在制定学习目标上，最需要提高的是哪些方面？

10. 关于制定学习目标，你还有哪些困惑？

附录：

学习目标制定自查表

一级指标（要素）	二级指标（要点）	较好	一般	不符合	权重
准确	符合学科课程标准要求 全面、正确地反映教材要求 符合学生实际情况				0.3
具体	知识技能目标行为具体，结果可测量 必备品格关键能力目标具体，可观察				0.2
全面	核心素养导向，既关注知识与技能，也关注正确价值观、必备品格和关键能力				0.2
表述	行为主体是学生 学生能够看得懂 学生能够知道做什么，做到什么程度				0.3

主题四　选择教学策略

学习目标

通过本主题的学习，学习者能够：

1. 了解核心素养理念下需要采用的典型教学策略；

2. 分析常见典型教学策略对培养学生核心素养的积极作用；

3. 根据学科课程标准、单元主题、教学内容、实际学情，以及具体教学环节等因素，合理选择教学策略。

一、问题聚焦

探索学科育人理念落地实施，培养学生核心素养，是时代赋予教师的责任和使命，也是各科学科课程标准的明确要求。在此过程中，中小学教师面临一个不能回避的关键问题，就是如何选择合适的教学策略。针对具体的课堂教学，采用什么样的教学策略，需要根据学科课程标准、单元主题、教学内容、实际学情，以及具体教学环节等因素，仔细斟酌，精心选择，以便最大限度地激发学生的学习兴趣及课堂参与度，提升课堂教学的针对性和实效性，培养学生发现问题和解决问题的能力，以及正确的人生观和价值观，促进学生核心素养的综合提升，最终实现学科育人的总目标。

对于教学模式、教学策略、教学方法等术语，教学研究者及一线教师，众说纷纭，分类及概念界定也不尽相同。其实，无论使用哪个概念，最关键的是，可以在实际教学中，不仅方便操作，而且可以大幅度促进教学目标的达成。在强化培养学生核心素养的今天，摆在一线中小学教师面前的一项重要而具体的教学任务，就是把符合核心素养理念中，较为宏观的教学策略，细化分解为课堂中可以操作的具体的教学策略。

在本专题，不把区分教学模式、教学策略、教学方法等概念作为重点，以下的表述中均使用教学策略一词，力求综合各学科教学策略的共通之处，分析研讨以下六种教学策略的理论基础及微观实施路径，即结构化教学策略、情境化教学策略、问题链教学策略、自主学习教学策略、深度学习教学策略、探究性学习教学策略。

根据学科学段及其相对应的学习目标等因素的变化，教学策略的使用也会有较大差异。那么，适合我们自己学科的典型教学策略有哪些呢？这些教学策略背后的理论基础是什么？它们存在哪些优势与不足？我们又如何根据单元主题、学情分析及教学内容分析等因素，合理选择教学策略呢？

对于新任教师而言，建议从微观的教学策略入手，根据课堂不同的教学阶段，把理念上宏观的教学策略分解为具体化、易操作的策略，请看下面一位青年教师的教学策略案例。

案例1：《阿长与＜山海经＞》第二课时 ①

1. 课前：通过词云、访谈为突破教学重难点作铺垫

课前通过给学生布置学习任务，让学生感知课文，对基础较弱学生存在的问题进行答疑，通过问卷调查的方式，了解学生对课文的理解程度和困惑，确定学生的阅读起点，提炼整合问题，激发学习兴趣。

2. 课上：通过任务驱动突破教学重难点

本次教学基于核心问题设置由四个问题构成的问题链，使教学环节层层深入。通过设置调查表的方式明确学生对阿长形象的理解，通过想象阿长买书的过程，促进学生的顿悟和思维的提升，突破教学重点；通过回归文本的问答法，调动学生的情感体验，引领学生体会作者抒发的更加深刻的意蕴，突破教学难点。

3. 课后：通过拓展阅读升华对课文主题的认识

课后进行有针对性的过程诊断，通过作业一填写表格，引导学生对课文持续关注，明晰学生对课堂学习的理解程度，同时掌握学生尚存的疑惑及问题，进行有针对性的解答。通过作业二将读写结合，检测学生达到的思维发展水平。

4. 使用回忆性散文的教学策略和方法

对于回忆性散文的教学，此设计有针对教学内容特点的教学策略和方法，如在理清故事情节的时候，指导学生抓住文章中的关键词句，如"不大佩服""震悚"等；在把握人物形象上，则设置情境，让学生通过情境了解人物形象。

案例分析

不难看出，在以上案例中，老师采用的教学策略，是按照课堂的教学阶段微观实施的，在不同的教学阶段，为了达到不同的教学目的，教学策略迥然各异。当然，以上四个微观教学策略在逻辑上，紧密相连，层层递进，形成了整体化、活动化、情境化等宏观教学策略引领下的微观教学策略的具体实施路径。

作为一名新任教师，必须清楚如何选择教学策略。为此，我们需要弄清楚以下五个问题：

---

① 案例提供者为北京市第八十中学嘉源分校刘佩杰。

问题 1：什么是教学策略？教学策略的作用是什么？

问题 2：核心素养理念下的教学策略有哪些？

问题 3：核心素养理念下的教学策略有何理论基础？

问题 4：常见典型教学策略对培养核心素养有何积极作用？

问题 5：怎样合理选择教学策略？

二、问题分析

要想合理选择适合自己课堂的教学策略，首先要知晓自己学科经常使用的教学策略，明确不同教学策略的基本内涵、理论基础，以及在教学活动中如何微观落地实施。

（一）如何理解教学策略

1. 教学策略的基本概念

教学策略，是在教学过程中，各个环节使用的指导思想、方法及模式，也是从课程改革理论走向教育教学改革行动、从核心素养理念走向学科育人教学实践的具体路径和方法。合理选择教学策略，有助于教学目标的最终达成，也可以大幅度提高教学实效。教学策略的选择，不是主观臆断的，需要依据学科课程标准理念及核心素养的培养要求。当然，也要基于具体的单元主题，以及学情分析和教学内容分析。也就是说，任何教学策略的选择，都需要指向明确的主题意义、适切的问题情境、特定的教学内容、具体的教学目标，以及微观的教学行为和学习行为。

2. 选择教学策略的依据

（1）选择教学策略的理论依据。

在每一种教学策略的背后，都有教育科学理论的支撑。为此，中小学教师在选择教学策略的时候，不仅应该知道选择何种教学策略来满足自己的课堂需求，还应该清楚选择该教学策略的原因，明白该教学策略背后的理论基础，做到知其然，更知其所以然。下面，聚焦分析建构主义学习理论、教学过程最优化理论、学习结果分类理论等三种教育理论，来阐述引领教师选择教学策略的理论基础。

① 建构主义学习理论。

建构主义学习理论认为，知识不是通过教师传授获得的，而是学习者在一定的学习情境下，在其他人（包括教师和学习伙伴）的帮助下，利用必要的学习资源，亲身体验学习过程，通过意义建构的方式获得的。它强调以学生为中心，学生从外部刺激的被动接受者转变为知识意义的主动建构者。

建构主义学习理论下的教学策略多种多样，但情境创设、自主学习和协作学习是它的突出特征。在学生建构知识的过程中，教师需要针对学习内容，设计出激发深度思考的、引领问题解决的教学活动，引导学生通过持续的概括、分析、推论、假设、检验等思维活动，来建构起与此相关的知识体系。

不难看出，建构主义学习理论与核心素养的理念完全一致，学生有意义的学习，也可以说，在单元主题意义理念引领下的学习，学生主要依靠自主参与过程中的逐渐建构和培养。随着我国基础教育课程改革的纵深推进，给予教师教学很大的探索空间，教师要有目的地设计教学情境，并根据具体的情境采用适切的教学策略，从学科育人的角度，来培养学生的核心素养。

②教学过程最优化理论。

苏联伟大的教育家巴班斯基在《教学教育过程最优化》一书中指出，对于现代教学，人们试图从可能的大量的教育行为中，选择能在某种条件下求得某种意义上的最大教育效果的教育行为，即教学要追求最优化，可以等同于我们经常提到的，追求最大的课堂实效性，而选择最有效的教学策略，是教学过程最优化的核心部分之一。

教学策略多种多样，最优匹配是关键。教学策略首先面临的问题就是怎样正确合理地运用现代学习理论来决策与分析教学目标，即预期学生习得的结果是什么。同时，对于不同的教学活动，教师也要甄别，选择对此教学活动最佳的教学策略。在教学策略运用中，需要充分理解最优化教学理论，并用它来指导教学实践。最优化理论特别强调，要根据教学任务、教学内容、教学条件，以及教师和学生自身的特征来确定教学的实施方案。因为同样的教学策略，由于师生个人的能力、专长、性格及个性品质不同，效果也会千差万别。实践表明，教师对教学策略的多样性认识越深刻，他就越容易选择适切奏效的教学策略，随之带来的是，最优化的学习过程和最佳的教学效果。

③学习结果分类理论。

美国教育心理学家加涅认为，学习结果（习得的性能）类型不同，最有利的学习条件及学习策略也不同。教学论的基本任务就是，阐明教学目标、教学过程、教学策略和教学结果的测量与评价。关于教学策略，包括教材呈现形式、师生相互作用方式、教学媒体的选择与运用等内容。教师需要根据教学目标中所确定的学习结果类型，以及学习者当时所处的学习阶段，选择最适当的教学策略，从而获得最佳的教学效果。

加涅把学习结果（习得的性能）分成五种主要类型，即智慧技能、认知策略、言语信息、动作技能和态度。智慧技能最典型的形式是规则，当学习者已经习得一条规则时，有可能并不能系统阐述或陈述该规则，但能表现出受该规则支配的行为。认知策略的功能是调节与控制概念与规则的应用，支配学习者学习和思维中的行为，并决定它的质量和效率。言语信息可以分为三类：名称或符号、单一命题或事实、在意义上加以组织的大量命题等，其主要功能是为学习者建构其他技能提供一种结构或基础。动作技能不仅包括学习者完成某种规定的动作，更包括这些动作组织起来构成流畅、合规则和准确的整体行为，长时间地不断学习，是可以提高动作技能的准确性和流畅性。态度是指持续时间较长且使得个体的行为在各种具体情境中具有一致性的倾向。以上五种学习结果，均需要不同的具体教学策略来得以实现。当然，它们之间也存在互相联系、互相渗透的紧密联系。这样就导致在一节课中，很可能是多种具体的教学策略并存，互相支撑，相得益彰。

（2）选择教学策略的政策依据。

2012 年 2 月 10 日，教育部印发《小学教师专业标准（试行）》和《中学教师专业标准（试行）》，其中明确提出，教师要掌握针对具体学科内容进行教学和研究性学习的方法与策略，通过启发式、探究式、讨论式、参与式等多种方式，有效实施教学。

2014 年 3 月，在《教育部关于全面深化课程改革落实立德树人根本任务的意见》提出，"教育部将组织研究提出各学段学生发展核心素养体系，明确学生应具备的适应终身发展和社会发展需要的必备品格和关键能力"。

2016 年 9 月，中国学生发展核心素养总体框架正式发布。它以培养"全面发展的人"为核心，涵盖文化基础、自主发展、社会参与三个维度，包括人文底蕴、科学精神、学会学习、健康生活、责任担当、实践创新六大素养。框架一经发布，核心素养就成为中小学教育教学研究的一个关键词。

2017 年年底，基于核心素养培养的各学科高中课程标准在全国正式颁布，这就意味着，核心素养正式走进中小学课程之中。中小学教师的教学逐渐从三维目标为指向的课堂，转向以培养学生核心素养为目标的课堂，不只关注学科知识的学习和学科能力的提升，而是在学科知识学习的过程中，培养学生在实际生活中发现问题、解决问题的能力，以及创新思维和辩证思维等综合素养。可以说，本次教学理念及培养目标的更新，是我国课程改革的一次飞跃。当然，对于中小学教师而言，也是一次极大的挑战。

"核心素养"概念的提出，对各学科课程标准的修订、学业质量标准的研制，以及如何落实立德树人、学科育人的根本任务起到了重要的指导作用。核心素养是党的教育方针的具体化，是连接宏观教育理念、培养目标与具体教育教学实践的中间环节。聚焦培养学生核心素养，教学策略的选择与更新，势在必行，可以说，是时代的要求，事业的需要。

那么，究竟什么是核心素养？中小学教师通过怎样的教学策略才能把核心素养落地实施呢？在以上文件和学科课程标准中，给出了明确的答案。其中，对于教学策略的选择和使用，也有明确的要求，比如，《普通高中课程方案》（2017 年版 2020 年修订）中明确提出，教师要关注学生学习过程，创设与生活关联的、任务导向的真实情境，促进学生自主、合作、探究地学习，注重对学生学习过程的评价。《义务教育课程方案》（2022 年版）也强调，依据学生发展和社会发展需要，明确育人主线，加强正确价值观引导，重视必备品格和关键能力培育。重视培养学生在真实情境中综合运用知识解决问题的能力。这些为中小学教师选择合适的教学策略指明了方向。

（3）选择教学策略的实践依据。

面对二十一世纪的人才培养需求，基础教育需要给学生的未来奠定什么样的基础？学生需要具备怎样的适应终身发展的关键能力和必备品格，才能应对未来的工作和生活？才能成为国家未来的合格接班人和建设者？

40多年来，在实践层面，我国的基础教育教学改革，走过了从以双基训练为目标的教学，到三维目标引领的教学，再到目前核心素养培养的教学。从被动的知识传授，到学科能力培养，再到学科育人理念下的核心素养培养，每次教育教学变革都建立在之前的改革成果基础之上。教育教学理念不断更新，课堂教学改革逐步深入，中高考命题也越来越关注对学生核心素养的检测与考查。

纵观近些年我国的教育教学改革实践，我们已经从开始的政策、文件、标准等理念学习层面，逐步深入在实际课堂中探索微观实施路径的阶段。中小学一线教师也已经充分认识到，培养学生的核心素养，需要落实在每一节课的每一个教学环节，为学生的未来发展打下基础，为学生的学习做好准备。所以，教师所教的东西应该让学生"带得走"，应该陪伴学生行走一生。正像爱因斯坦给教育下的定义："如果一个人忘掉了他在学校里所学到的每一样东西，那么留下来的就是教育。""带得走"的东西可以使学生受益，但并不意味着它就会立即生效，它往往需要经过漫长的过程才会产生效果，但这种延迟显现的效果却是真正有效的，甚至长效的。比如，阅读、观察、思考、表达是人一生受用不尽的无价之宝，需要老师们培养学生这些方面的习惯与能力。比如，目前各学科一线教师在大力探索的单元主题教学，究其实质，就是在引领学生在亲身参与富有情境的学习活动过程中，逐步积累学科核心知识，形成分析问题和解决问题的能力，促使其核心素养在课堂微观实施的教学活动中逐步形成。

3.核心素养培养理念下的教学策略

（1）结构化教学策略。

知识的存在和发展，不是孤立存在的，新的知识是在知识之间互相联系的基础上产生的，学习知识的过程就是知识逐步建构的过程。在教学实践中，避免知识的孤立性、表层性、片面性，强化知识的结构性、整体性、联系性、逻辑性，是将知识简单积累转化为核心素养培养的基本要求。教师要以整体性、结构性、逻辑性的思路，设计与组织教学，引领学生在头脑中形成整体、立体、开放、问题解决式的知识体系。

以主题为纲的教学，强调以问题链为牵引，以富有逻辑的教学活动为途径，以贴近学生生活中的实际问题解决为实施过程，以培养学生的核心素养为最终目标，使学生在学习过程中，基于已经学到的知识和吸收的信息，建立系统、立体、审辩式思维的思维模型。基于大单元教学理念的教学设计与实施，思维导图工具的使用，就是结构化教学策略的具体体现。

案例2：《善用法律》——"美食家"奇遇记 ①

本课是统编《道德与法治》八年级上册教材第二单元第五课的第三框。

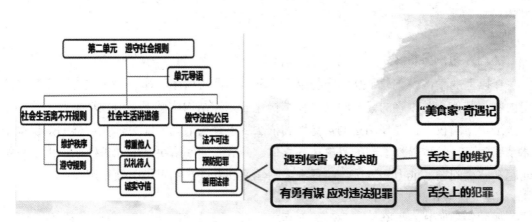

　　横向：本课内容是对前面《法不可违》《预防犯罪》两节课的延续，包括"遇到侵害，依法求助""有勇有谋，应对违法犯罪"两目。一是遇到法律问题或者权益受到侵害时，学会依法求助、依法维权；二是面对违法犯罪时，要敢于并善于依法维护正当权益。本框从善用法律维护权益、解决法律问题，善用法律应对违法犯罪角度，提高学生用法的自觉性和依法从事社会活动的能力。对中学生而言，本节课实践性和应用性都较强，有非常重要的现实意义，是理论指导实践的具体运用。

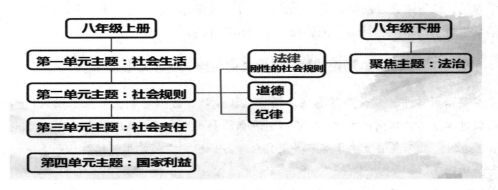

　　纵向：本册教材聚焦于社会生活，本册教材的语境是社会生活。安定、文明、有序的社会生活，需要人与人之间、人与社会之间建立和谐的关系，而这种关系的建立，需要每个人认识社会规则、学习社会规则、遵守社会规则、维护社会规则，法律是最刚性的社会规则。第一单元走进、认识、理解和参与社会生活，第二单元聚焦于社会规则，第三单元在社会规则的基础上明确社会责任，第四单元引导学生对社会的认识上升到国家层面。本节课在本册书中逻辑结构上起着承上启下的作用。本框题为八年级上册内容，

---

　　① 案例提供者为中国人民大学附属中学朝阳学校杨玲。

在内容上涉及作为刚性社会规则的法律，也为八年级下册法治主题的学习奠定基础，引导学生增强法律意识，认同法律价值，树立法律信仰，以实际行动践行法律，将"法"内化于心、外化于行，弘扬社会主义核心价值观。

案例分析

在以上的案例中，教师从横向与纵向，分析本课《善用法律》——"美食家"奇遇记内容与其他相关内容的紧密联系，在结构化的知识结构体系下，引领学生敢于并善于依法维护正当权益，提高用法的自觉性和依法从事社会活动的能力。在这样的知识框架体系引领下，学生最终学到的是整体、立体、开放、问题解决式的知识体系，以及分析问题和解决问题的能力和方法，对其未来的学习和发展起到思维引领作用。

（2）情境化教学策略。

任何知识要具有生命力，都必须存在于一定的生活情境之中。在知识的情境中，知识是活的，知识之间是互相联系的。为此，知识需要在特定的生活场景、问题情境中呈现和生成。所谓知识的情境化，就是指教师在教学的设计与实施过程中，有目的地创设特定的情境，把知识学习转变为引领学生参与、体验的过程，从而直观地、积极地、富有意义地理解知识和发现问题、解决问题，乃至创造知识、构建知识模型。把知识还原到特定的情境之中，会使学生直观感受知识的原始形态，从而增强感受力和理解力，同时还会形成创新思维。在核心素养理念倡导的情境教学中，学生是通过自己的亲自参与来学习的，参与体验过程至关重要，教学的出发点和落脚点不是课本，不是抽象的知识，而是学生自身与自然、社会、他人和自我的相互作用。

案例3：巧设情境，体验文化差异，促进文化交际 ①

在英语教学中，创设合理真实的语言交流情境，可以对学生产生很强的代入感，进而促进学生体验不同的文化。下面以外研版教材七年级下册 Module 11 Body language Unit 2 为例，教师在语言输出环节设置文化学习情境，引领学生创编对话并表演。文化交际情境如下：

1.Students A and B are from the Middle East. They are meeting each other at the airport.

2.Students A and B are from North America. They are sharing interesting stories in the cafe.

3.Students A and B are from China. They are going shopping.

4.Student A is from China, while his friend Student B is from Britain. They are going to meet each other in the street.

———————
① 案例提供者为首都师范大学附属实验学校黄文。

5. Students A and B are from Britain. They are talking about a weekend plan.

6. Your classmate is from Greece. Now you are saying goodbye to him after school.

创设情境需要尊重学生个体差异，学生可以选取 1 ~ 2 个或者更多情境，创编对话进行表演，也可以根据教材内容，自主创设情境创编表演。在创编和表演活动中，学生热情高涨，课堂参与度广，数组学生选择创编表演所有情境。学生在参与文化交际活动中，体验文化差异，加深对不同国家肢体语言文化差异的理解。

 ## 案例分析

文化意识是英语课程标准中的核心素养之一，需要融入语言知识学习与语言能力培养的过程之中。情境是构建文化意识的重要载体。只有联系生活实际，文化体验才能达到事半功倍的效果。设计贴近学生生活的文化情境，学生在生活化情境中开展自主或互动性的文化体验、理解和探索，帮助学生在情境化的学习活动中形成具有正确价值取向的认知、行为和品格，促进文化知识上升为文化意识的建构。

（3）问题链教学策略。

问题链教学策略指的是，教师根据学生已有的背景知识及培养学生核心素养的需要，设计与实施一连串的、层层递进的教学问题，从而提升课堂教学实效性的教学策略。问题之间具有层次性、系统性、整体性的逻辑关系。问题链教学策略的实施，突出学生主体性，以问题激活、引领学生思维，激发学生在课堂上能够做到全身心投入，保持高度注意力。学生在解决问题的过程中，激活原有知识，内化新知，建构起良好的知识结构。

教师设计问题链时，不仅要关注核心知识和方法，还要关注知识的广度、深度和关联度，为学生深入思考而设计，为学生投入有意义的学习活动而设计。教师应以问题之间的思维关联为基础，设计出具有引导性、层次性、递进性、逻辑性，且符合学生认知水平的问题链。

案例 4：《长江的开发》问题链设计 ①

核心问题：根据各河段特征，长江能在哪个河段开发什么资源？

问题链：

1. 长江各河段的水文特征是什么？

（读图分析：长江流域地形图、年降水量图、1 月平均气温图）

2. 长江的哪个河段适合开发水能资源？

（观察与思考：简易发电机演示及地形剖面图）

3. 长江的哪个河段更适宜发展航运？

（分析与思考：航道水文数据表、1 月平均气温图）

---

① 案例提供者为北京市第二中学朝阳学校苗颖茜。

4.水能资源和航运条件，主要受什么自然要素影响？

（总结与应用：判断各河段并拍摄照片）

5.长江还有哪些可开发利用的资源？

（读图与思考：长江流域灌溉区、三峡全程图）

6.请同学们归纳一下：长江主要有哪些可开发利用的资源？

案例分析

本节课在教学策略上，以问题链牵引学生完成各项学习活动。做到了以学生为本，体现了教师的主导作用，首先，让学生以第一"视角"规划长江的开发，吸引学生迅速进入本节课的学习中。后续运用简易发电机，不仅可以激发学生的好奇心，同时体现了地理学科的综合性，与其他学科的融合。本节课所设计的教学问题链及教学活动，情境真实，根据学生在生活中见到的长江用途与课堂联系起来，调动学生的学习积极性，让学生成为问题的发现者，使学生积极参与到课堂中。

（4）自主学习教学策略。

自主学习是一种主动学习，是发自内心的自动和自觉。主动性是自主学习的基本品质，自主学习的核心和基础是学会阅读和学会思考。自主学习的前提条件是教师面向全体学生创设宽松、和谐、民主的学习氛围。在此状态下，学生对学习产生强烈的兴趣，进而产生发自内心的学习自觉，具体表现为"我要学"的学习态度和学习习惯，此时的学习活动会带给学生收获及成长的满足和喜悦，随之带来事半功倍的学习效果。此外，自主学习是一种独立学习，具体表现为"我能学"。教师不能低估或漠视学生的独立学习能力，要表现出对学生学习潜能的信任，引领学生充分发挥其学习独立性，并逐渐培养出学生持续独立学习的态度和习惯。

教学是教与学、教师与学生双方的相互作用，自主学习强调学生的主体性，但也不能否定教师的指导和引领作用。在不同的教学阶段和教学活动中，教师的角色会产生相应的变化。在日常教学中，教师需要注意避免两个极端式的教学。一是教师满堂灌，完全忽视学生自主学习能力的培养，讲授细致周全，学生一直处于疲于奔命的被动接受状态；二是过分相信学生的自主性，削弱教师自身的主导性，导致"放羊式""自流式"课堂的出现，教师对学生的学习活动缺乏反馈和激励性评价，更没有及时的跟进指导，导致学生的学习非常随意，未能达到预期的教学效果。

案例5：梯形面积计算

积极参与是自主学习的一个显著特征。教师要在全面了解学生共同特点及个性差异的基础上，设计不同层次的教学活动，引导学生根据各自的生活经验和知识背景，选择不同层次的教学活动，使每个学生都获得成功体验，使不同学生在其原有基础上都得到发展。在学习梯形面积计算的过程中，依据学情分析，教师设计两个层次的自主学习活动。第一层级，让每个学生拿出自己提前准备的两个完全一样的梯形，拼成一个已学过的简单图形。当学生发现可以拼成一个平行四边形后，教师就可以引导他们观察平行四边形和梯形各部分之间的关系，试着自己推导出梯形面积公式。第二层级，教师进一步提出，用一个梯形推导面积公式的设想，引领学生在小组内分析讨论。学生通过折纸、割补等方式，分别从不同角度验证得出结论。

案例分析

以人为本的教育理念告诉我们，教师要在承认并尊重学生之间差异的基础上，为学生设计适合不同层次学生的教学活动，引领他们实现自主学习最大化。如此设计教学活动，可以激发所有学生，通过自主学习，掌握梯形面积公式推导的一般方法，即使学习困难生也能用一种方法推导出梯形面积公式，从而实现教学目标，使每一位学生都在原有的基础上获得成长。

（5）深度学习教学策略。

所谓深度学习，就是指在教师的指导下，学生围绕具有挑战性的学习主题，积极参与学习过程、完成学习任务、获得个人成长的有意义的学习过程。深度学习不是表层学习、浅层学习，深度学习的本质在于深度思考，也就是说，引导学生深度学习，首先要引导学生深度思考。教师满堂灌，绝不是深度学习；死记硬背、机械重复、题海战术也绝不是深度学习。既能"知其然"，又能"知其所以然"的学习才是深度学习。

深度学习的提出，既是对教学规律的尊重，也是对时代挑战的主动回应。深度学习的关键特征包括：全身心的主动投入、结构化的知识框架、可迁移的知识应用、进阶式的思维发展、挑战性的问题解决。与深度学习相对应的是学生思维的"浅层化"，即学生的思维没有真正启动，或思维状态不佳。究其原因，或是对教师、书本的依赖性太强，或是不敢大胆质疑和推测，没有进入深层的独立思考。问题是学生思维的引擎，深度学习倡导问题导向，鼓励审辩式思维。对教师而言，重要的是设计能够引发学生去进行独立思考和深度思考的问题。

案例 6：通过问题链落实深度学习——以外研版九年级上 Module 1 Wonders of the world Unit 1 It's more than 2000 years old 为例 [①]

主要教学活动设计：

Step 1 Ice-breaking

1.Please tell the names of these wonders in the pictures.

2.What are the differences between natural wonders and man-made wonders?

（匹配图片，并在情境中了解四大奇观）

---

① 案例提供者为北京市第十七中学孙燕梅。

Step 2 Understanding ideas

1.What are the speakers talking about?（听对话，获取对话的主旨大意）

2.Which wonders of the world do they like?（听对话，获取对话的细节信息）

3.What are the wonders like?（听填表格，获取四个奇观的事实性信息）

4.What do they think of the wonders?（听填表格，获取四位学生对四个奇观的个人观点）

5.What facts do the speakers provide?（以思维导图呈现奇观共性特征，如位置、大小、历史、功能等。）

Step 3 Developing ideas

1.Why is Lingling not sure she agrees with Tony?（感知梳理四位同学如何得体地表达个人观点，本问题旨在培养学生的审辩式思维。）

2.Which kind of wonders do you think are more fantastic, natural wonders or man-made wonders? Why?（根据个人偏好，对较自然奇观与人文奇观，发表观点。）

3. 假如你校社团正在开展线上国际交流，其公众号计划针对自然奇观与人文奇观收集素材，请你推荐一个奇观，需要对其作出简要介绍，并说明推荐理由。

案例分析

本节课在教学策略上，以问题链牵引学生完成各项学习活动，教学问题（教学活动）层层递进，引领学生从表层事实信息提取，到体现高阶思维培养的深度学习，不仅发挥了学生的主体作用，还体现了教师的主导作用。首先，展示四个奇观的图片，吸引学生迅速进入本节课的学习中；其次，通过听、读对话，并提炼介绍奇观事实性信息；最后，挖掘文中如何运用不同形式的语言，准确得体地表达个人观点。显然，本节课所设计的教学问题链及逐层递进的学习活动，体现了英语课程标准中"学习理解、应用实践、迁移创新"的英语学习活动观理念，学生在富有逻辑、层层递进的问题链牵引下，实现了英语课程中核心素养倡导的深度学习。

（6）探究性学习教学策略。

探究性学习注重培养学生的独立思考和自主学习的能力，教与学的重心从获取知识转向学会学习，从被动的接受式学习转向主动的探究性学习，强调学生学会收集、分析、归纳、整理资料，处理反馈信息等探究过程。在此过程中，教学目标与教学活动的设计开放性较强，可以体现对学生分析问题和解决问题能力的培养。

案例7：游戏生趣，挖掘原理，玩中学 ①

折纸是一种以纸张折成各种不同形状的艺术活动。折纸大约起源于公元1世纪到2

————————

① 案例提供者为北京市朝阳外国语学校杨茂。

世纪的中国，6 世纪左右传入日本，后经由日本传至世界其余各国。当这种古老的艺术和数学结合在一起时，还得到了一个有趣的结论，即理论上任何一种几何形态都可以用折纸来模拟，进而发展成了一门新的学科：折纸数学。请同学们按如下步骤操作：

1. 在一张圆形纸片内标记一点 A（非圆心）。
2. 沿某条弦 E1F1 折叠，使弧 E1B1F1 上 B1 点与 A 点重合，然后展开。
3. 沿另一条弦 E2F2 折叠，使弧 E2B2F2 上 B2 点与 A 点重合，然后展开。
4. 多次重复上述步骤。

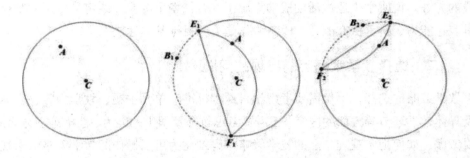

看看最终这些折叠的痕迹会描绘出一条什么曲线。

【预设】学生以小组为单位，通过操作实践，发现折痕围成曲线为椭圆。

【追问 1】为什么是椭圆呢？

【难点突破引导方案】

提示 1：折痕 E1F1 和线段 B1A 什么关系？

提示 2：这个问题和我们前面解决过的问题有什么相似之处？

【预设】由折叠可知，折痕 E1F1 是线段 AB1 的垂直平分线，则由问题 1 的结论可知，E1F1 与直线 B1C 的交点 P1 在以圆心 C 和 A 为焦点，长轴长等于圆的半径的椭圆上。

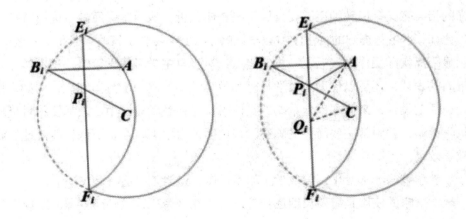

【追问 2】折痕和这个椭圆具有怎样的位置关系？为什么？

【问题2】你能用纸折出双曲线吗？抛物线呢？

案例分析

本节课在教学策略上，教师通过设置游戏环节，动手操作后，学生产生疑惑，激发探究的欲望，产生冲动，吸引学生迅速进入本节课的学习中。本节课所设计的教学活动，寓游戏于课堂，调动学生的学习积极性，让学生成为问题的发现者，使学生积极参与到课堂中。学生成功地应用定义解释了折纸活动所得曲线为椭圆，并且设计了双曲线和抛物线的方法。说明学生通过活动成功克服了综合情境下圆锥曲线定义应用的难点。提升语言表达能力、科学探究能力、团队协作能力等目标基本达成。

（二）选择教学策略容易出现的问题

教学策略的选择，不仅需要考虑学科课程标准、单元主题、教学内容、实际学情，以及具体教学环节等方面的内容，还需要考虑教师及学生的能力、性格等多方面的因素，更要考虑，如何把宏观理念上的教学策略分解细化为可以操作的教学策略。宏观理念上的教学策略，对于教学的设计与实施具有很强的指导意义，但如果策略太宏观，就会导致不易操作，也就是说，课堂教学虽然需要宏观理念的引领，但需要微观策略帮助实现。此外，同样一种教学策略，不同的师生，不同的教学背景，不同的主题内容，也会产生迥异的课堂效果。教师们在选择教学策略方面，经常会出现以下类似的问题。

1. 教师采用的教学策略处于理念层面，不宜具体落实

有的英语老师会把任务型语言教学、交际语言教学直接作为课堂教学策略，写在教学设计之中，有的物理老师会把行动研究、研究性学习作为课堂教学策略。以上策略只是简单呈现在教学设计里面，也没有较为细化的实施方面的表述。显然，以上策略都是理念层面的，是可以用于很多课的万能的教学策略，虽然对于微观教学策略的选择具有很强的指导意义，但教师还需要具体情况具体分析，从操作层面做出选择甄别。

比如，本主题提到的自主学习教学策略、深度学习教学策略，都和研究性学习有关，但明显距离实际操作更接近了一步。当然，对于自主学习教学策略、深度学习教学策略等策略的表述，还可以借助于教学目标和教学活动，进一步具体细化，例如，根据问题设计、活动设计，来体现以上策略的具体落实。在教学设计中，教师要尽量呈现较微观的教学策略，并附带一些简要的陈述，来说明该教学策略在本节课如何落地实施，以提升教学效果。

2. 教学策略经常变化，导致学生的不适应，课堂效果适得其反

教学策略的使用是需要长期逐步渗透的。在观摩优秀教师研究课的时候，我们常常发现，讲课教师在使用某个教学策略的时候得心应手，也取得了很好的教学效果，但切忌照搬照抄。

一般来说，优秀教师在选择教学策略方面，都有自己的独到之处。比如，有的老师善于激发学生参与的积极主动性，有的老师善于组织层层递进的活动，有的老师善于提问追问，有的老师善于借助一些学习工具，有的老师善于提供丰富的学习资源，这些都可以成为课堂实施的微观教学策略。熟练使用某个教学策略，是深入研究、日积月累的结果。所以，教师可以选择适合自己的教学策略，在教学中长期持续使用。一方面，教师对此教学策略的研究会越来越深入，使用起来，可以实现事半功倍的效果；另一方面，也为学生适应老师的教学策略奠定基础，不至于使学生在学习中产生茫然。

借用思维导图培养学生形成结构性知识框架，以及培养思维能力，大有裨益，是核心素养理念下的一个非常有效的教学策略，也是各学科教师经常使用的一种策略，因为它可以使抽象的思维问题显性化、具体化、形象化，引领学生深度理解、深度思考、深度表达。但对于思维导图的使用，一定需要长时间的坚持。在开始使用时，学生肯定会产生不知道如何使用等困难，随着使用频率的增加，学生会逐步适应，教学效果也会随之提升。尤其在指导学生阅读方面，使用思维导图做笔记，可以大大提高学生的学习效率和理解力。

3. 教学策略与教学目标及教学活动不匹配，导致策略的形同虚设

教学目标是教学活动的出发点和归宿，是教学活动的灵魂。教学策略在教学设计中起着重要的作用，体现着不同的教学目标，具有不同的教学规律，是达成教学目标的关键环节，是连接教学目标与教学过程的桥梁和纽带。可见，教学策略的选择与优化，必须基于具体的教学目标，还要有助于课堂教学活动的顺利开展。也就是说，教师为了达成教学目标而选择优化教学策略，从而拟定匹配的教学程序，以及实施教学过程中的每一个教学活动。概括而言，教学策略的选择必须置于整个教学设计的框架之下，不仅要适合教学活动的开展，还要有利于教学目标的最终达成。

一份规范的教学设计大体包括以下环节：呈现指导思想→分析教学背景→制定教学目标→选择教学策略→设计教学活动→设计教学板书→设计评价方案。我们可以看到，教学策略紧跟在教学目标后面，即制定教学目标后，紧接着就是选择与教学目标相匹配的教学策略。有了适切的教学策略，教学目标的达成才有切实的保障；有了适切的教学策略，课堂教学才能始终围绕目标推进；有了适切的教学策略，教学目标才能与教学过程紧密衔接起来，真正成为教学过程的一个有机组成部分，发挥教学灵魂的作用。

三、问题改进

了解教学策略的评价指标，就可以更好地选择教学策略，再通过开展有针对性地训练，就可以解决前面所提出的问题。

教学策略与学习策略在本质上是一致的，只是视角不同，前者是教师视角，后者是

学生视角。把教学策略转化为学生看得懂用得上的学习策略，是核心素养培养在课堂教学中落地的重要保障。选择学习策略的前提是选择好教学策略。

（一）选择教学策略

对于选择教学策略，现提出以下基本操作步骤，供老师们参考使用。

1. 学习并掌握核心素养理念的基本内涵

根据 2017 年版 2020 年修订的高中课程标准，各科核心素养不只是充分体现了自身的学科特点，更重要的是，均体现出学科育人的功能，即培养学生的必备品格和关键能力。部分核心素养内容见下表。

表 1-4-1 部分学科核心素养

学科	核心素养
高中语文	语言建构与运用；思维发展与提升；审美鉴赏与创造；文化传承与理解
高中数学	数学抽象；逻辑推理；数学建模；直观想象；数学运算；数据分析
高中英语	语言能力；文化意识；思维品质；学习能力
高中物理	物理观念、科学思维、科学探究、科学态度与责任
高中化学	宏观辨识与微观探析；变化观念与平衡思想；证据推理与模型认知；科学探究与创新意识；科学态度与社会责任
高中生物学	生命观念；科学思维；科学探究；社会责任
高中历史	唯物史观；时空观念；史料实证；历史解释；家国情怀
高中地理	人地协调观；综合思维；区域认知；地理实践力
高中思想政治	政治认同；科学精神；法治意识；公共参与

各学科教师在选择教学策略时，首先要认真学习领会核心素养的基本内涵，因为每一节课的设计与实施，都需要符合本核心素养培养的要求，也可以说，核心素养是教师落实每一节课教学行为的行动指南。只有充分领会和深入研究，才有可能把核心素养润物细无声地融入日常教学的每一个教学活动之中，也才能提高课堂实效性，培养出符合未来发展的合格人才。

2. 有针对性地学情分析

学情分析是伴随现代教学设计理论而产生的。有针对性地分析学情，有助于合理制定教学目标，并设计贴近学生实际需求的教学活动，是取得良好教学效果的重要因素之一。学情分析需要研究学生的能力水平、认知倾向及实际需要等，不仅需要分析学生的已知、未知、能知，还要预判学生学习过程中可能遇到的问题及预设的解决策略。在分析学情的基础上，选择适合学情、教学内容及教学活动需求的教学策略，力求实现，为学生的需求而设计教学，为学生的获得感而落实教学，从而更有效地达成教学目标，提高教学效果。

3. 在知识体系中分析教学内容

教学内容分析和学情分析综合起来，称作教学背景分析。没有学情分析的教学内容往往是一盘散沙或无的放矢的，因为只有针对具体学生的实际情况，才能界定具体的教学内容及重难点。目前我们所使用的教材，往往是几年甚至十几年前编写的，对于飞速发展、知识爆炸的今天而言，教师还需要根据教学的实际需求，融入一些紧跟时代的教学资源。为此，教师需要充分认识到，教材内容不等于教学内容，换句话说，教学内容的主要来源是教材，但还有一部分来自于网络等其他多种媒体。在做教学内容分析的时候，要做到在一定的知识体系中分析教学内容，同时还要考虑，选择怎样的教学策略，才能适应即将教授的教学内容。

4. 制定培养核心素养的教学目标

无论单元还是课时教学目标的制定，都是完全建立在教学背景分析基础上的。没有教学背景分析的教学目标，会成为空中楼阁，形同虚设。因为只有真正了解学生的现有知识经验和心理认知特点，以及教学内容本身，才能确定学生在不同学习活动中的最近发展区，也才能从知识、能力、素养等方面来阐述，最近发展区就是教与学的目标。在制定教学目标的基础上，教师需要针对教学目标，选择适切的教学策略。基于主题意义落实的教学目标，需要核心素养培养的教学策略与之匹配。

5. 设计与目标相匹配的教学活动

教学活动的设计，不仅需要基于教学背景分析和教学目标的制定，还要考虑以什么样的教学策略来落实教学活动。以学生为中心的教学，教学策略服务于教师的教学和学生的学，因为良好学习效果的获得，需要学生的主动参与。要想调动起学生积极参与的积极性，就要选择激发学生学习热情的教学策略。教学背景分析是教学策略选择和教学活动设计的依据。没有教学背景分析的教学策略，往往是教师一厢情愿的自我表演。选择适合学生学习的教学策略，是对"以学生为中心""以学定教"的教学理念的具体落实。

6. 将教学策略转化为学习策略

教学策略是从教师教的视角而确定的，而最终起作用的是学生能把老师的教学策略转化为自己的学习策略，这个转化的过程，需要教师把学习策略的引领渗透在每一个教学活动和教学问题之中。比如，教师如想培养学生的发散思维、分析归纳思维，就可以借助思维导图等信息结构图的绘制，学生在完成思维导图绘制的过程中，就会自然而然地将教师的教学策略，逐渐转化为自己的学习策略。久而久之，学生就会形成使用思维导图学习、工作和生活的习惯和素养。

（二）观摩案例

请阅读下面关于选择教学策略的案例。

案例8：多重视角看简·爱 ①

教学目标：

1.通过分析周围人眼中的简·爱形象，多角度理解简·爱的形象之美。

2.按照简·爱的成长轨迹，通过赏读简·爱的语言和内心独白，梳理简·爱形象的成长变化。

3.联系创作背景，理解作者塑造简·爱形象的意义。

主要教学活动：

1.分组活动，结合上节课的学习活动及课后作业，本节课分小组汇报他人眼中的简·爱形象。以里德太太、仆人贝茜、海伦、谭波儿小姐、罗切斯特先生、圣约翰表兄等六位人物的视角，做简·爱人物海报，内容包括：概括人物性格、典型事件、对简·爱的影响以及他人眼中的简·爱形象。

2.阅读原著和节选资料，独自思考后进行讨论并探究。按照简·爱的成长轨迹，通过赏读简·爱的语言和内心独白，梳理简·爱形象的成长变化。

3.针对"我眼中的简·爱形象"自由发言，发表自己的看法，要求有中心、有条理、有根据。可以选取感兴趣的性格特点来谈。如爱情观、自尊自爱、平等、仁厚……

板书设计：

	盖茨海德府	洛伍德学院	桑菲尔德府（包括芬丁庄园）	沼泽山庄
他人眼中的简·爱（里德舅妈、仆人贝西、海伦、谭波儿小姐、罗切斯特先生、阿黛尔、圣约翰表兄）	爱撒谎、没有闪光点、孤僻、胆小、可怜、反抗	乖巧、努力、真诚、有怜悯心、以德报怨、冲动	纯洁、不贪钱、有思想和追求、真挚、相貌平平、坚强、追求平等、不自卑、理智、宽厚、会教育、同情心	不贪恋钱财、坚毅、适应环境、反抗、自主
简·爱自我认知形象	可怜、孤僻、冲动	努力、真诚学着宽容	有才能、追求平等、独立、尊严	独立自主
我眼中的简·爱	自尊、强大、平等、韧劲、勇敢、抗争、宽厚			

课后作业：

请你为简·爱写一则评传。

要求：

1.分析简·爱人生经历和性格特点。

2.结合你的关注点进行探究，写出自己的思考和看法，不少于600字。

 案例分析

根据《普通高中语文课程标准》（2017年版2020年修订）的要求，在阅读教学中，

---

① 案例提供者为北京二中朝阳学校胡译文。

教师应注重培养学生感受、理解、欣赏和评价的能力，引领学生通过阅读思考、迁移应用，最终能以口头或者书面的形式，有理有据表达个人观点。

对于本节课的设计与实施，从教学目标、教学活动、板书设计，以及课后作业，均可看出，每一个教学环节都是在"多重视角看简·爱"这一主题下细化落实的，充分体现了结构化、自主学习、探究性学习、深度学习等教学策略的融合使用。

在整个教学过程中，教师引领学生不只是看到他人对于简·爱的看法，还要形成自己对于人物的看法及评价。三个教学目标之间、三个教学活动之间，以及板书设计与课后作业之间，互相衔接，前后印证，一脉相承。在第一个教学活动中，侧重使用自主学习教学策略；在第二个教学活动中，侧重使用探究性学习教学策略；在第三个活动中，侧重使用深度学习教学策略；从整体设计与板书设计方面，侧重使用结构性教学策略。如此读写结合的课堂，不仅可以引领学生深度审美鉴赏《简·爱》这一世界名著，更重要的是，可以帮助学生实现核心素养要求的语言建构与运用，学生的语言思维能力和审美鉴赏与创造能力也得到相应的提升与发展。

（三）训练任务

训练任务一：请在下面表格中的第一列，选择一种教学策略，并按照评价指标进行打分，来评判上课教师对于某个具体教学策略的选择和实施情况。每个评价指标最高可赋 10 分，满分为 100 分。建议在一节课中，针对上课教师所使用的数个教学策略，分别进行评价。

教学策略（单选划勾）	评价指标（要点）	一般 （1～4）	良好 （5～7）	优秀 （8～10）	得分
结构化教学策略 □ 情境化教学策略 □ 问题链教学策略 □ 自主学习教学策略 □ 深度学习教学策略 □ 探究性学习教学策略 □	教学策略的选择符合学科育人的基本理念				
	教学策略的选择体现核心素养培养				
	教学策略的确定依据对学情的实证分析				
	教学策略的确定结合对教学内容的分析				
	教学策略的表述微观具体				
	教学策略的表述附带简要的课堂操作说明				
	教学策略的实施有助于教学目标的最终达成				
	教学策略的实施有助于教学活动的有效落实				
	教学策略的实施有利于实现单元主题意义				
	教学策略的实施有助于提升课堂评价效果				
总分合计					

训练任务二：请针对本主题所分析的教学策略，填充与教学策略相匹配的单元主题及教学目标，并简要说明选择教学策略的原因，每个策略满分为10分，满分为60分。

教学策略	单元主题	教学目标	自评	他评	平均分
结构化教学策略					
情境化教学策略					
问题链教学策略					
自主学习教学策略					
深度学习教学策略					
探究性学习教学策略					
分数合计					

总结反思

1. 本专题聚焦阐述了哪些教学策略？

2. 本专题阐述的教学策略有什么样的共同特征？

3. 本专题阐述的教学策略对培养学生的核心素养有什么样的积极作用？

4. 你采用过本专题哪些教学策略？效果如何？请举例说明。

5. 通过本专题的学习，你对选择教学策略有何新的思考？

6. 关于选择教学策略，你还有那些困惑？

附录：

教学策略选择自查表

一级指标（要素）	二级指标（要点）	较好	一般	不符合	权重
策略选择	教学策略的选择具有科学的理论基础				0.3
	教学策略选择针对学生核心素养培养				
	教学策略的表述具体且方便操作				
策略实施	教学策略可以激发学生的课堂参与度				0.4
	教学策略可以促进教学活动的有效落实				
	教学策略可以促进教学重难点的突破				
	教学策略可以引领学生分析解决问题				
效果评估	教学策略的实施体现学科育人理念				0.3
	教学策略的实施体现单元主题意义的落实				
	教学策略与教学目标及教学活动相匹配				

主题五　设计学习活动

⚑ 学习目标

通过本主题的学习，学习者能够：

1. 了解学习活动的意义作用；
2. 体会设计学习活动的内涵；
3. 学会设计学习活动的过程和方法；
4. 能依据学习目标，有效设计学习活动。

一、问题聚焦

核心素养视域下，学习活动是引导学生建构知识、转化能力、形成素养的关键环节。初站讲台的新教师在设计学习活动时都会付出很多努力，也会遇到一些困惑，让我们以一个小故事进入本主题的学习。

在一位农夫的果园里，紫红色的葡萄挂满了枝头，令人垂涎欲滴。这种美味也逃不过农场狐狸们的眼睛，它们早就想好好美餐一顿了。第 1 只狐狸来到了葡萄架下，它一看自己的身高在葡萄架下显得如此的渺小，伤心地哭起来了，然后悻悻地离开了；第 2 只狐狸来到了葡萄架下，面对高高的葡萄架却没有气馁："只要我努力往上跳，我就一定能够够到葡萄。"可是事与愿违，它跳得越来越低，最后累死在了葡萄架下，献身做了肥料。第 3 只狐狸也来了，也很快明白身高的劣势，它认真地观察四周的情况，向树上的老乌鸦请教，老乌鸦给它讲了小乌鸦喝水的故事，并指引它找到了一根长竹竿。经过几次失败的尝试，狐狸提竿快步向葡萄藤奔去，竹竿头准确地插入了地面，竹竿将狐狸高高荡起，随着一个漂亮的抛竿动作，狐狸稳稳地落在高高的葡萄架上……

从教与学的角度审视这个故事，我们能看到智慧的老乌鸦并没有选择摘一个葡萄送给小狐狸，而是通过学习资源和探究支架，引导小狐狸在体验、实践中找吃到葡萄的方法。以此可见，如果把教学看做是学生与学习内容之间搭造的一座桥，教师要了解学生都知道什么，想要做什么，能做什么，然后认真审视内容的结构，才能设计出有效的学习活动。《庸言》说，"学而不化，非学也"，为此，我们需要弄清楚以下四个问题：

问题 1：如何理解学习活动？

问题 2：什么是"有效"的学习活动？

问题3：怎样设计学习活动？

问题4：如何指导学习活动的有效实施？

二、问题分析

在进行学习活动设计前，教师需要对学习活动的内涵及其要素有比较清晰的了解。

（一）如何理解学习活动

1.学习活动的内涵

何为学习？通俗地讲，学习就是弄明白不明白的东西，会做从前不会做的事情的过程。心理学将学习定义为"人类行为或行为潜力的持久变化"。在学科教学中，学生的学习指向人类积累下来的"社会经验"知识和能力的习得，如何习得？杜威指出，真正的知识应该是主体与客观对象在相互过程中，主体与经验材料紧密联系在一起的结果。完整地学习活动应包括实践活动（动手，感性）和认识活动（动脑，理性）两个方面。

由此可见，活动是学习的必要条件。从活动主体来说，既包括老师的活动，也包括学生的活动；从活动的形式来说，既有外在的行为动作，也包括内在的思维活动。虽然"学习活动"是教学中很常用的词，但是不同的人使用它，所指的含义却存在明显的差别，这里的学习活动是指教师围绕学习目标精心设计的、旨在引导学生参与活动、主动建构知识、发展思维，达成学习目标的活动系统。

新课程、新教材、新高考叠加推进，又有双减政策的加持，教学的首要任务是如何将外在抽象的学科知识转化为学生个体的内在素养。钟启泉认为，素养不是直接由教师教出来的，而是在问题情境中借助问题解决的实践培育起来的。张华也提出"知识＋实践＝素养"的公式，说明这就需要教师打破"带着知识走向学生"的教学惯性，走向"带着学生走向知识"的教学新思维，将教学着眼点放在学习实践和运用知识解决真实问题上，通过科学合理的学生学习活动设计，引导学生自主建构知识、转化能力、形成素养。

案例1：在学习实践中培养学科思想

学习内容：表面涂色的正方体（小学数学五年级——"探索图形"）。

学情分析：五年级的大多数学生还是平面图形的思维方式，没有形成立体图形的概念，空间想象能力也比较欠缺。对于探究本课中表面涂色的大正方体切成若干小正方体后，各小正方体表面涂色的情况、位置特征等难以理解。

学习目标：通过观察、列表、想象等活动经历"找规律"的全过程，获得"化繁为简"的解决问题的经验，培养学生的空间想象力，让学生体会分类、化繁为简等数学思想。

活动 1：充分感知，学会分类方法

教师通过动态展示 1 个棱长为 6cm 的正方体被线条切割成 1cm 的小正方体的三维立体图形，并提问："你知道一共有多少个小正方体吗？是不是小正方体的每个面都会被涂上蓝色？是不是涂色情况都一样？"

课件展示顶点上的 1 块小正方体，教师通过问题引导学生思考。

教师：这块小正方体有几面是涂色的？它在大正方体的哪个位置？

学生：在顶点处，它露出 3 个面，有 3 面涂色

教师：如果根据涂色的情况给这些小正方体分类，你想怎样分类？

学生：可分为 3 面涂色的、2 面涂色的、1 面特色的和没有涂色的。

教师：要研究这几类小正方体各有多少块，可以用什么方法进行研究呢？

学生：列表法。

教师：对，我们可以用列表法进行分类计数。

通过问题引导，学生明确了实践任务，学会了利用"列表法"进行分类计数。

活动 2：认知冲突，感受探究方法

教师：在这个大正方体中，每一类小正方体分别有多少个呢？如果请你来数一数，你有什么感觉？

学生：数量太多，数不清楚。

教师：这个图形比较复杂，我们数起来不方便，不便于我们发现规律，怎样才能解决这个问题呢？咱们可以先退一步，比如咱们可以先研究棱长是 4cm 的正方体均分成若干个小正方体涂色的情况，还是比较难数，那就再退一步，大家觉得我们从棱长为多少的正方体开始研究，便于我们找到答案、发现规律呢？

学生：2cm。

教师：回答得非常对。像这样我们可以把复杂的问题，转化成简单的问题去研究，发现其中的规律后，再利用规律解决复杂的问题。这就是数学常用的"化繁为简"的思想。

活动 3：设计实验，探索规律

学生分组，分别使用 2 阶魔方、3 阶魔方和 4 阶魔方，通过感知魔方，完成分类表格和发现数量规律 3 个实验任务，通过任务的驱动和问题的引领，让学生动脑、动手、动口，多种感官协调活动，充分感悟，让学生充分经历由简单到复杂，有具体到抽象的认知过程。

活动 4：展示交流，总结规律

 案例分析

《全日制义务教育数学课程标准》提出："学生的数学学习内容应当是现实的、有

意义的、富有挑战性的，这些内容要有利于学生主动地进行观察、实验、猜测、验证、推理与交流等数学活动,内容的呈现应采用不同的表达方式,以满足多样化的学习需求。"《探索图形》紧密联系学生生活实际，将静态知识动态化、可操作化，使抽象数学知识变得更具体，让学生在生活中、实践中学习数学，通过切、数、填、比、想、说等一系列学习活动，让学生在探索数学规律的同时，获得成功发现数学规律的愉悦体验，激发学习数学的兴趣，感受数学的结构美，发展数学思维能力和空间观念。

讨论交流

请思考：研读案例，体会教师由形象到抽象，引导学生走向知识的学习设计，理解学习活动的内涵价值。

2. 学习活动的要素

教学设计的关键就在于设计科学合理的学生学习活动，这需要考虑哪些基本要素呢？教师要想清楚如下几个问题：

学生的认知起点在哪里？本堂课要学习的目标和任务是什么？

学生要学到什么程度？学完之后能做什么？

为了实现这样的学习行为，需要设计什么样的学习支架？

如何证明学生达到了任务目标？用以证明的测评工具是什么？

基于这几点思考，我们可以梳理总结出学习活动设计的关键要素：

（1）有合适的学习起点。

认知教育心理学家奥苏伯尔在《教育心理学》中说："影响学习的唯一最重要的因素，就是学习者已经知道了什么。"

案例2：鱼形奶牛的启示

有一个非常著名的隐喻故事，说有一条鱼待在池塘里，它就很想知道池塘外面的世界到底是什么样的。它的一个小蝌蚪朋友会变成青蛙，于是它就跟那个小蝌蚪朋友说："你出去以后跟我讲讲外边的世界到底是什么样的。"后来这个小蝌蚪朋友变成青蛙跳出去并返回后，告诉小区自己所见到的奶牛的模样，青蛙把牛的外貌从头到尾仔仔细细描述一番，听的鱼是欣喜点头，但在鱼的理解中，奶牛就是长着两个巨大乳房的鱼。这个隐喻告诉我们什么呢？就是你没法告诉鱼，外边的世界到底是什么样的，因为鱼对外部世界所有的理解，都是从鱼的出发点来理解的。

这个故事充分说明，新知识的构建要基于学生原有的经验。因此要让学习真正发生，教师需要诊断和把握学生处在怎样的认知能力，学生拥有怎样的学习基础，学生具备怎样的关联前知识等，有意识地把学生经验作为学习活动的起点，才能高效合理设计和开展学习活动。

（2）有明确的学习目标。

学习活动不是为了活动而活动，要想让一个学习活动科学而合理地回应素养培养的诉求，教师要准确把握教学内容，制定科学合理的学习目标，这是学习活动设计的前提性工作。因为学习目标引领整个教学的整个过程，是学习活动的出发点（学的是什么），又是学习活动的归宿（学到了什么程度，达到了什么效果）。

案例3：以学习目标为核心设1计活动

学习内容：全民族浴血奋战与抗日战争的胜利（高中历史）。

课标教材分析：《普通高中历史课程标准》对本课的要求是通过了解正面战场和敌后战场的抗战，感悟中华民族英勇不屈的精神，认识中国共产党是全民族团结抗战的中流砥柱；认识中国战场是世界反法西斯战争的东方主战场，理解14年抗战胜利在中华民族伟大复兴中的历史意义。本课围绕着课标要求展开，重点讲述在抗日民族统一战线的旗帜下，正面战场、敌后战场、海外侨胞等同仇敌忾、团结抗战。中国人民在抗战中表现出了团结一致、英勇不屈、依靠人民等持久战精神。在世界反法西斯战争中，中国抗战时间最长，牵制并消耗了大量日军，是世界反法西斯战争的东方主战场。中国在经历了长达14年的艰苦抗战后，终于取得抗战胜利，实现了从百年屈辱到民族复兴。

学情分析：基于课前学情调查，学生在义务教育的基础上，学生对抗日战争的时间阶段、主要战役已有初步了解，有相关的知识储备，有一定的史料研读能力和探究思考能力。对于一些问题缺乏深入认识，比如全民族抗战的内涵、国共两党抗战的特点与作用等。

学习重难点：正面战场和敌后战场抗战的主要史实，中国共产党是全民族抗战的中流砥柱，中华民族的抗战精神。

学习活动设计思路：利用地图、历史照片、《为放弃武汉告全国同胞书》《论持久战》等多种素材，通过系列探究任务，引导学生理解正面战场"以空间换时间"的战略，了解敌后战场的游击战法及效果、百团大战的背景和重要意义，认识中国共产党在抗战的各个阶段都发挥了关键作用——在全民族团结抗战中起到了中流砥柱的作用；通过课堂讨论交流、合作探究等活动设计，引导学生感悟、深化对持久战精神的历史解释，升华爱国主义情感，坚定民族自信心，培养家国情怀。

案例分析

教师研读课标，厘清本单元内容对于培养家国情怀核心素养的重要导向，解读教材及相关材料，结合学情分析，明确学生学习的重难点。教师通过设计系列探究活动，适配学习支架，引导学生深化对中国抗日战争的认识和理解，成功突破学习的重难点。这个案例告诉我们，以精准的学习目标为导向的学习活动，才会更有明确的方向感，也直接影响着学习活动设计和实施的效果。

（3）有驱动性的活动任务。

2022 年版课程标准突出习得知识的学习方式，在知识运用中实现思维的发展、能力的提升和核心素养的涵育。因此我们设计的学习活动不是简单的知识传递过程，教师要了解认知负荷理论，分析内容的表里层次，将学习聚焦到核心内容，在学科知识与实践生活之间寻找触发点，形成驱动性问题或问题链，促进学生学习。

任务是学习活动的载体，围绕驱动问题而展开，教师需要将驱动性问题转化为一个或多个活动任务，引导学生在进阶探究和问题解决过程中凝练本质问题，让素养真正落地。由此可见，有驱动性的活动任务是推动教学的引擎。

值得一提的是，在开展学习活动时，学生也应该能够清晰地知道自己在一堂课中要做什么以及做到怎样的程度，教师可以在课堂中直接将其出示在投影设备上，并使用口头语言清晰地描述给学生，并对学习目标和学习任务进行一定的说明。

（4）有真实的学习情境。

世界是相互联系的，万事万物都有着直接或间接的联系，有些则具有惊人的相似性，地球的内部圈层与鸡蛋就是典型的一例。教学与现实生活连接，有助于真实地触动学习者认知世界，带动学习的迁移和转换。可以说，真实情境是联结学习活动和学习任务的重要桥梁，能够激发学习动机和兴趣，促进学生的知识理解。

案例 4：地球像一只煮得半熟的鸡蛋

驱动问题：有人用"半熟的鸡蛋"形象地比喻地球的内部圈层结构，你认为合理吗？

探究任务：结合课本提供的相应图标及文字描述，自主探究，完成学案上的填空题。

学案：结合鸡蛋的形态结构，记忆地球内部圈层的结构与物质组成。蛋壳代表地球内部圈层中的 _____，其物质状态为 _____ 态；蛋白代表地球内部圈层中的 _____，由于"半熟"，所以有些蛋白浆代表 _____ 层中的岩浆；蛋壳与蛋白之间的膜和鸡蛋壳合起来就代表 _____；蛋黄为 _____，物质状态为 _____ 态。

讨论交流

你认为这种比喻合理吗？你还有什么好的建议？

高中地理第四章第一节地球内部圈层的划分，由地表到莫霍界面为地壳，莫霍界面到古登堡界面为地幔，古登堡界面到地心为地核。讲述这些知识，由于非常抽象，学生很难掌握，经常出现记忆混乱的现象，成为教学上的难点。上课时，只借助一枚鸡蛋，就可以将抽象的地球内部圈层具体化、形象直观化、简明化，减轻了学生学习这部分知识的难度，再经过讨论交流，更利于学生的掌握，且具有记忆长久性。

案例5：在真实情境中学习数学

学习内容：直线与圆的位置关系。

学习目标：通过问题研究，体会数形结合思想，养成用坐标法解决几何问题的思维习惯，提升数学抽象、数学运算和逻辑推理等素养。

情景创设：一艘轮船在沿直线返回港口的途中，接到气象台的台风预报：台风中心位于轮船正西80km处，受影响的范围是半径长为50km的圆形区域。已知港口位于台风中心正北处60km处，如果这艘轮船不改变航线，那么它是否会受到台风的影响？

学习活动：基于情景，提出问题；探究问题，形成方案；归纳总结，迁移应用。

讨论交流

《直线与圆的位置关系》属于解析几何初步内容，是进一步学习直线与圆锥曲线位置关系的基础，通过创设轮船返港的真实问题情景，使得学生感受台风这个实际问题中蕴含的直线与圆的位置关系，体会生活中的数学；教师通过类比平面几何的相关知识，设计问题支架引导的探究活动，引导学生发掘问题的本质，思考解决问题的方案，突出直线与圆的位置关系的重要意义。

教学情境的形式有很多，可以是真实的物理情景，也可以是虚拟的问题情境。教师要积极找寻学习目标中的知识点、能力点和思维点，创设合适的学习情境将其融入学习任务之中，一方面可以激发学生学习的动机，另一方面学生通过真实学习情境亲历知识发现、习得和运用的整个过程，可以帮助学生构建知识，提升发现和解决问题的能力。

（5）有适配的学习支架。

常言道，巧妇难为无米之炊，即使学生具备开展活动的能力储备，但缺乏前序知识储备和学习工具，会影响驱动任务的有效完成。学习是一个过程，在引导学生完成具有一定难度、具有探究价值的任务时，教师设计并提供有坡度、有层次、有指向性的学习支架，显得较为重要。比如"以学习目标为核心设计活动"这个案例，教师在不同的探究阶段提供了不同的地图、历史照片以及《为放弃武汉告全国同胞书》《论持久战》等大量的文本阅读素材。依据遇到的问题的不同，提供学习支架的类型也不尽相同，教师要做的是怎样合理设计学习支架，让学习活动既富有成效又充满乐趣。

（6）可视化的学习成果。

衡量一个学习活动是否有效要看学生获得怎样的提升，教师在设计学习活动时要关注学习成果呈现形式的设计，让学生输出可见的学习成果，获得真实的学习提升。常见的学习成果形式有很多，比如作文、思维导图、实验报告、路线图等，设计时可以根据学习内容的文本类型合理匹配。

（二）学习活动设计和实施中容易出现的问题

现实教学中，教师的学习活动设计意识和能力跟不上时代的需要和学生的发展，活动的设计、实施和评价都表现出明显的不足。

1. 设计的学习活动容易停留在"浅活动"状态

案例6：学习活动关注的都是浅表知识

学习内容：小蝌蚪找妈妈（小学语文）。

《小蝌蚪找妈妈》这是一篇童话故事，讲的是几只天真活泼的小蝌蚪在寻找妈妈的过程中，了解了妈妈的样子特点，在不知不觉中自己的身体也发生了变化，最后变成了小青蛙，并和妈妈一起捉害虫。

本课主要落实生字生词，朗读课文，弄清楚青蛙的生长过程，懂得保护青蛙等学习目标。

有很多老师借助插图和汉语拼音，也会设计系列的学习活动。比如，引导学生进行的朗读、识字是学习活动，在提问中思考、发表自己的观点是学习活动，对文章进行理解、分析、反馈等都是学习活动。但经过反思我们会发现，在这些学习活动中，学生囿于字词中，纠缠于句段里，留恋于对浅表知识的学习，习惯于对问题的浅层认知，既不能把知识形成网络，又不能激发学生思维走向深刻，所以，学习的效度就会大大降低。像这样问题单一、思考单向、反馈单薄的活动我们称之为"浅活动"。

《小蝌蚪找妈妈》课文的巧妙之处在于将大自然中小蝌蚪发育过程和生化习性青蛙等小知识自然蕴含一个小故事里，采取"目标—试误—成功"的故事模式。教师如能将这个故事模式作为教学点，将学习目标定为：理解课文中"目标—试误—成功"的故事模式，学习活动可以设计为：模仿小蝌蚪找妈妈的故事模式创编一个小故事。

讨论交流

这样的学习活动对二年级的小学生有困难吗？如果你是这位语文老师，你将针对哪些元素进行改进设计？

当然，在教学中，教师过多地要求学生模仿文本进行写作，这对学生的思维发展也会有所影响。对此，对于高年级的学生，教师在设计活动时，需要引导学生发现文本中与众不同的内容、表达，领略作者的语言风格及主题意蕴，形成自己的有创意的表达。

2. 伪探究也属于"浅活动"

探究应该是学生围绕着问题或任务进行的一种探索活动，是一种思维的过程，因此提出关注学生已有的知识结构、生活经验和学生需求的探究问题是有效探究的重要前提，同时，教师还要关注活动时间的安排，是否留给学生足够的探究时间和空间。随着新课程的深入推进，以学生为主的探究式教学备受推崇，于是很多老师逢课必"究"，逢问必"究"。我们常常会看到这样的场景，教师抛出一个问题，几个学生立即围成一团分组讨论，待几分钟后，教师一声击掌，学生的讨论戛然而止，教师组织引导小组内的优秀学生发言交流。且不说问题是否有讨论的必要，短短的几分钟，尤其是学习有些困难的学生，是否真的能做到心到神到地参与讨论之中？是否学会了应该学会的知识、方法和技能？都不得而知，这样的课堂看似活跃、热闹，其实没有明显实效。

实践操作

请列举出教学实践中反映出伪探究的现象或例子，并阐述该如何调整。完成后请学习的同伴进行评审。

3. 学习活动在实施时难以聚焦推进

案例 7：《新潮冲击下的社会生活》高一历史

课标要求：了解近代以来人们的物质生活和社会习俗变化的史实，探讨影响其变化的因素。

教学重点：了解中国近代社会生活的变迁。

教学难点：探讨社会生活变化对人们思想观点的影响，分析归纳发生变化的原因。

为了激发学生的学习兴趣、增加学生的课堂参与度，在课前将学生分成了四个小组，通过一组同学表演的历史剧《相亲》进行导入，并向同学提问："通过刚才一组同学的历史剧表演，我们都看到了当时社会生活在衣、食、住、行、礼、俗、闲等方面分别有哪些新现象出现？又注意到了哪些政治、经济、文化方面的新潮？"在观看历史剧的 10 分钟内，学生都表现出了极高的兴趣，时不时哈哈大笑，课堂氛围十分融洽。但当历史剧结束后，只有个别同学能够回答出一些符合教学内容的社会生活现象，而更多的同学一直沉默。老师十分着急，开始重复剧本内容，要求同学根据剧本内容概括历史信息，学生依然不明所以。本来这位历史老师还设置了六个合作探究的问题帮助学生加深对该历史现象的理解，但是等到学生在老师的引导下勉强对新潮冲击下的社会生活有一个概况认识时，距离下课只剩 15 分钟的时间了。

讨论交流

试分析一下这堂课的教学出现了哪些问题？

这位历史老师非常用心地对《新潮冲击下的社会生活》一课进行了教学活动的设计，导入环节设计的历史剧的确起到了增加学生课堂参与度和激发学生学习兴趣的作用，但是却没有完成预期的教学任务，反而将相对简单的历史知识复杂化，使得教学效果不佳。教师精心设计的学习活动为什么没有取得良好的教学效果？从在长达 10 分钟的历史剧中，将那些一过即逝的有效信息全部挑选出来，需要建立在数量掌握相关历史知识的基础上才能完成，即使是一个有知识储备的成年人都很难 100% 的完成任务。教师对高一年级的学情分析不够准确，加之对教学活动的预设不够，没有做好时间把控，教师发现不对也没有及时调整活动，以至于影响了整节课的教学节奏。

（三）设计学习活动的流程与评价

学科教学的实质就是学习活动，包括教师教的活动和学生学的活动，其中学的活动是根本。无论是基于单元设计还是课时设计，都要强调其完整性和整体性，而不能是碎片的、局部的。从学生认知发展的角度来看，一个完整的学习活动要让学生经历从感性到理性、从现象到本质、从猜测到验证的过程，经历从片面到全面、从浅入深的思维发展过程。需要强调的是，学习活动的价值归宿是学生的发展，也就是核心素养的形成。

1. 设计学习活动的步骤

有效教学的根本是学生的有效学习，有效学习的核心是学习活动的真实发生。对于教学而言，学习活动设计的价值首先在于为学生构建一个促进其知识建构、情境认知、概念掌握和深度理解的学习支持体系，明确的关键内容、合理的时间切分、清晰的学习路径等都是设计学习活动注意的关键问题。基于此，如何设计课时学习活动？我们可以分为四个步骤进行。

（1）切时长。

根据课时总时长及学习目标，把教学时长细化为时间段。比如，课时时长为 45 分钟，如要讲多个小知识点，分别安排多少时间可以依据教学内容的重要性或难易程度。

案例 8：根据任务难度合理安排时间

学习内容：细胞中的无机物。

学习目的：帮助学生较为深入地认识水在细胞中的含量、存在形式及重要作用，以及无机盐的存在形式和生理作用，完善对"组成细胞的分子种类及重要作用"的整体认识，更深入地理解生命的物质性，也为学生学习细胞代谢奠定基础。

学习活动及时间分配：

学习任务	设计意图	时间分配
任务 1： 测量生物体中水的含量	感知水的重要性	8 分钟
任务 2： 探究水的存在形式	纠正学生的前概念	10 分钟
任务 3： 研讨水的重要作用	构建"水赋予细胞多种特性，在生命活动中具有重要作用"这一重要概念	8 分钟
任务 4： 感知无机盐的重要作用	了解无机盐与生命活动的密切关系	10 分钟

案例分析

本部分教材主要包括细胞中的水和无机盐两部分内容，探讨水和无机盐的重要作用是学习的重点内容，结合水本身的抽象性及学生前概念的干扰是学生学习的难点内容。教师针对本课较为抽象的知识内容，依据学生的认知特点，设计系列学生活动内容：通过动手测量"生物体的含水量"的任务，可帮助学生从宏观现象上感知水的重要性，实验探究"水的存在形式"的子任务，可以纠正学生的前概念，激发学生研究水的作用的思维桥梁；通过水的作用研讨任务，可帮助学生构建"水赋予细胞多种特性，在生命活动中具有重要作用"这一重要概念。而设计的任务是旨在帮助学生更具体地了解无机盐与生命活动的密切关系。教师通过合理的时间设计和把控，巧妙地在"探究水的存在形式"中、在以问题链激发学生探究欲望的同时，将科学探究和科学认识事物的过程渗入其中，润物细无声地落实学科素养。

（2）明分类。

依据知识点的类型选择不同的学习活动类型，依据学情和任务确定学生的分组方式。J.R. 安德森等人根据对人类学习的信息加工过程的实验研究结果，按照知识获得的心理加工过程的特点，将人的知识分为四类，分别是：事实性知识、概念性知识、程序性知识、元认知知识。

案例9：事实性知识的学习活动设计

学习内容：人民币的认识。

学习目标：认识各种面值的人民币。

学习活动：

任务1：了解不同面值的人民币。

活动：请同学们拿出人民币，和组里同学交流，你认识哪些人民币？你是如何知道的？

任务2：辨别不同面值的人民币。

活动：玩游戏《我来说，你来猜》，老师说出不同面值的人民币，请你快速找出并举起来。

任务3：多角度地认识人民币。

活动：理一理，说一说，将桌子上的人民币分类整理，并说说你是怎样分类摆放的？

讨论交流

《认识人民币》是一年级下册的内容，学生年龄较小，人民币知识属于事实性知识，比较适合采取观察、描述和重复等学习活动。认识人民币在日常生活非常重要，也是进一步学习的基础。如何真正的认识人民币，教师通过分析确定三个小目标，根据学生的生活经验，设计了相应的驱动任务：了解人民币—辨别人民币—整理人民币。三个任务都紧紧围绕目标，层层递进引导学生从认识不同面值的人民币，到会辨别和整理人民币。

拓展阅读

教师要根据不同类型的知识需要选择不同类型的学习活动。比如，事实性知识比较适合采取观察感性材料、阅读材料、描述现象、重复和复述等学习活动；对于概念性知识比较适合采取分析资料、观察探究、模拟实验、分析研讨、分类比较、正反例分析等教学活动，对于程序性知识就适合采取实际操作训练、强化、实践活动、探究实验、成果汇报、绘制流程图等教学活动，而对于元认知知识适合则适合采取情境体验、研讨交流、发表感受、学习反思、学习方法策略总结等学习活动。教师在设计学习活动时，尤其要考虑到学生的学习兴趣、年龄特点和已有的知识结构，灵活地运用知识迁移、感性材料等增加教学的生动性，以期提升教学设计的有效性，还应在设计教学活动时依据学生的认知水平和思维能力水平，充分考虑到学生可能遇到的困难，活动形式是小组还是个人等因素，进行一定的预设选择。

表 1-5-1 安德森知识分类框架

知识分类	具体界定
事实性知识	学习者在掌握某一学科或解决问题时必须知道的基本要素 （1）术语的知识 （2）具体细节和要素的知识
概念性知识	某个整体结构中发挥共同作用的各基本要素之间的关系 （1）类别与分类的知识 （2）原理与概括的知识 （3）理论、模式与结构的知识
程序性知识	如何做事的知识，探究的方法，运用技能的准则，算法、技巧和方法的知识 （1）具体学科技能和算法的知识 （2）具体学科技巧和方法的知识 （3）确定核实运用适当程序的知识
元认知知识	关于一般的认知知识和自我认知的意识和知识 （1）策略的知识 （2）关于认知任务的知识，包括适当的情境性和条件性知识 （3）自我的知识

（3）找路径。

一堂课通常是由若干个学习活动组成的，彼此间相互独立又相互联系。学习路径不仅指学生学习达到既定目标的轨迹，也指在实现目标过程中教师的一系列教学活动。学习路径设计是教学理念、课标把握、学情分析和资源掌握等诸多要素的综合体现，通常来说，较先展开的学习活动是相对来说比较容易完成，为后续的学习活动展开打下基础，再逐渐过渡到难度较高、具有挑战性的学习活动。由此可见，有序的知识安排和结构化的学习内容呈现是规划学习路径的重要前提。

案例 10：合理规划学习路径

学习内容：物体的浮与沉。

学习重点：教学重点是认识各种浮沉现象，发现并掌握物体的浮沉条件，能应用其解释有关现象。

学习路径：从生活和实验体验—画出受力示意图—问题引导思考形成结论。

案例分析

学生对物体的浮沉现象已有一定生活经验，但学习中更多表现出的是一些浅显、片面的经验认识，这些不科学的经验如何在教学中得以有效纠正？这就需要合适的学习活动为载体，以学生经验为主线，设计一条思路清晰、逻辑顺畅、简明扼要的学习路径，实现感性经验与理性思维的和谐统一，促进课堂深度学习的发生。本案例就是从学生最熟悉的泡沫塑料等漂浮在水面这一经验事实入手，通过教师设计的硬币下沉、土鸡蛋在盐水中漂浮等实验，层层递进丰富学生对浮沉现象的经验认识，通过系列问题引导学生在观察中，基于事实分析，自主归纳总结物体的浮沉条件，实现经验的改造与升华。

（4）定引导。

在以学生为主体的课堂教学中，教师的身份是引导者。教师的引导分为执行前、执行中和执行后。比如，在开展学习活动前，教师应该明确学习目标，让学生清晰地知道自己在一堂课中要做什么以及做到怎样的程度，如何评价等。教师可以在课堂中直接将其出示在投影设备上，并使用口头语言清晰地描述给学生，对学习任务、评价指标等进行一定的说明。活动实施过程中，教师要对学生参与和完成学习活动进行指导，比如明确活动规则，监督活动过程，提供学习支架，对于学习过程中所产生的学习成果、学习表现等各种信息给出有效反馈并及时传递给学生等，适时引导活动得以有序完成；执行后，总结经验，引导反思等。

案例 11：有效引导下的学习活动设计

学习内容：《学画写意花鸟画——菊花》（中学美术）。

学习目标：

1.初步认识写意画及其艺术特点，学会写意菊花的基本画法，能够运用花鸟画的构图方法，完成一幅小品。

2.理解植物的寓意，掌握相关笔墨知识，初步掌握写意花鸟画的构图和技法，增强用笔墨表现花鸟画的能力。

3.激发用写意花鸟画技法表现自然的兴趣，喜爱中国优秀传统绘画。

关键内容：本课程内容主要解决两个问题：一是掌握写意菊花的画法及布局方法，二是能用笔墨表现花、枝、叶的形态特征进行创作。

学情分析：学生在本课学习中可能遇到的问题：学生对中国画动植物形态的典型特征掌握不到位；学生缺乏对形式美学运用导致中国画中的不合理构图。

学习活动：

序号	教师引导的学习活动	时间安排
1	通过琴音绕梁、观察真花、品读诗词、名作赏析等活动，感受植物之美，感知植物寓意	10分钟
2	教师示范写意菊花的画法，学生观摩作画构图过程、理解技法要点	10分钟
3	学生创作实践，教师指导	20分钟
4	作品展示交流	3分钟
5	教师总结发言，点明本课重点知识和学习意义。	2分钟

案例分析

写意花鸟画的学习内容可为后面山水画、人物画的学习打下笔法和墨法的基础，为今后高中阶段对于中国画的学习做出了一个良好的开端。教师通过教材和学情分析，明确学习目标，并提取出关键内容，依据重难点做好时间切分，教师设计"琴音绕梁—观察真花—品读诗词—名作赏析—教师示范—创作实践—总结交流"的学习路径，通过教师在不同的环节给予学习支架支持和示范引导，让学生在实践中逐步感知传统书画的意境，形成传统文化认同感，充分落实美术新课标及美术学科核心素养的要求。

2.学习活动有效性的评价指标

学习活动的设计是所有后续学习发生的基础，也就是说设计越清晰，活动可操作性越强，越有利于学生参与，越会保证学生的实践，而学生实践是否丰富考验教师的评价反馈意识和能力，也能看出整个活动是否达成了最初的设计目标。

为了保障学习活动设计有效，教师在设计过程中必须对几个方面进行评价（见附录），即学习活动设计是否围绕学习目标；是否注重学科核心素养，有较强的育人价值；设计的驱动任务是否能够激发学生动机，是否可操作，能够引导学生主动学习；教师是否依据知识类型选择合适的形式，各个活动间是否关注逻辑性和整体性，时间切分合理有序；教师是否实时提供学习支架和过程性引导，促进学生反思内化，形成指向目标的可视化学习成果。

三、问题改进

了解学习活动的评价指标，就可以更好地设计学习活动，在通过开展针对性的训练，就可以解决前面所提出的问题。

（一）设计学习活动

我们已经知道，学习目标是学习活动预期达到的结果。教师在设计学习活动之前，要认真分析目标知识点的本质，能够针对知识技能进行分解，形成几个小目标，再围绕小目标中的知识点的难易程度和知识类型，设计可操作的驱动任务和学习活动

案例 12：程序性知识类型的学习活动设计

学习内容：探究二力平衡条件。

事实性知识：二力平衡的条件（大小相等、方向相反、作用在一条直线上、作用在同一个物体上）。

探究目的：

1. 经历探究二力平衡条件的实验过程，归纳、总结得出结论。

2. 通过认识平衡力和平衡状态关系，进一步体会力与运动的密切关系。

学习活动：

1. 提出猜想（5分钟）。学生根据已有的知识，猜想平衡和力会有什么关系。

2. 分组实验探究，验证猜想（30分钟）。

3. 总结反思（5分钟）。

案例分析

程序性知识则解答"如何做""按照怎样的步骤做"的问题，具有实际的操作性，能为需要所提取等特点。教师通过引导学生猜想，以实验验证猜想、从探究中得到二力平衡条件，这也是教材上的教学顺序。有教师对"猜想—实验—总结"的学习活动流程存有质疑，因为我们知道，高效教学的核心是有效调动学生思维，在核心知识学习前，我们给一点场景、或小提示，让学生先猜测一下，一般来说确实管用。但问题来了，有很多理科知识（如"二力平衡条件"）其本身并非"客观真理"，而是对现实进行高度抽象后、人为构建出来的理论模型（物理学中的"力"等）。既然是别人构建的理论模型，学生连理论模型本身（力的平衡的要素有哪些、条件有哪些）都还没有任何概念，此时的"猜"，只能是"瞎猜"。

👥 讨论交流

你同意哪一个观点？以本学科的程序性知识点为例，和同伴交流改进。

能猜想的学生，要么具备相关经验，要么需要教师为学生创设一个可供感知或思考的情景线索进行适当的提示和引导。二力平衡的条件是在学习平衡状态之后再进行的实验探究，教师可以通过生活中的情景现象引导学生从里的三要素角度进行猜想。因此，只有创设恰当的学习情境和探究活动，才能让学生有所体验，进而在探究和教师的指导下有所感悟，达到学习目标。

如何恰当的设计情境和探究活动？可充分考虑如下因素：

活动要贴合学习内容，有针对性和可操作性。

活动要从学生的生活实际出发，为学生的体验、实践和解决问题留有空间。

活动的设计要考虑知识点间的逻辑关系和难易程度，有梯度递进的安排课时时间。

在活动过程中教师要引导总结反思。一方面，要对学生在活动中的表现及时引导和点评，不断提高学生开展学习活动的能力；另一面，要引导学生在活动中体验感悟，将学习内容渗透其中，通过活动要有所提高。

案例 13：设计具有连贯性的学习活动

学习内容：世界上的文明古国。

学习目标：通过识读地图，知道四大文明古国，能够准确描述四大文明古国的地理位置。

学习支架：

1. 学习单。

文明古国				
地理位置				
小组（组长）				

2. 四大文明古国位置图，测试题库。

学习活动：

任务 1：识读地图，描述地理位置（25 分钟）。

活动：分组讨论，10 分钟填写学习单，15 分钟小组分享。

任务 2：测试学习效果（10 分钟）。

活动：闯关完成测试题（选择题）。

任务 3：拓展讲解（5 分钟）。

活动：教师介绍。

在接下来的几分钟里，教师在课件上出示了引文标注的文明古国图，并向学生介绍了古代巴比伦又被称为"美索不达米亚"的原因……

案例分析

教师能够围绕学习目标设计一张根据文明古国位置图来填写表格的学习单，并组织学生小组合作完成学习任务，促进学生之间知识和方法的交流。在活动结束，教师以选择题的方式考查了学生对四大文明古国及其地理位置的认知水平，完成对目标学习的效果检测，但任务 3 和任务 2 之间的连贯性和层次关系都有待改进。学习活动设计只有做到由浅入深、环环相扣，体现出连贯性和较为清晰的层次，才能使整节课更加紧凑高效。关于古代巴比伦又被称为"美索不达米亚"的原因，可以有两种方案进行改进设计，一种是在上一个环节中简要说明即可；另一种是结合古代巴比伦又被称为"美索不达米亚"的阅读素材设计一个讨论，从寻找不同文明古国的个性上升到探索各个文明古国的共性问题。

讨论交流

你同意哪一个方案？说说你的理由。

案例 14：为学习活动提供学习支架

学习内容："衣食住行"之"食"。

学习目标：了解宋代饮食状况，并理解该现象产生的历史背景。

学习活动：

材料一：据《东京梦华录》《梦粱录》《武林旧事》记载，宋代食品名目繁多。高档的大型酒楼，如汴京仁和店、会仙楼，杭州的武林园、熙春楼，饭菜酒一应俱全，店内长廊排阁，分有楼座及楼下散座，并有歌儿舞女演唱作陪。

材料二：临安饭店供应——稻米饭、脱粟饭、二红饭（麦豆煮饭）、胡饼、炊饼、汤饼、软羊面、鸡丝面、笋泼肉面、桐皮熟烩、十味馄饨、百味馄饨。

预设 1：学生对历史知识掌握程度较好并建立了一定的历史知识结构，对历史事物内部联系有一定的认识。

提问：与唐朝相比，宋代饮食业的明显变化是什么？为什么会出现如此的变化？

预设 2：学生在提取有效信息、概括材料时遇到明显困难。

提问：①以稻、粟、麦、豆为原料做饭说明……②饼、面、馄饨的原料是……③说明这种作物在江南地区种植的面积……④"胡饼"的称谓会让你联想到什么？

学习是一个过程，在引导学生完成具有一定难度、具有探究价值的任务时，教师设计并提供有坡度、有层次、有指向性的学习支架，显得较为重要。本课学习活动设计从切入点来看十分具有新意，在经过对两宋以前的社会综合实力及社会生活状况做出分析后，选定最具代表意义的唐朝作为同类背景的比较，足见其专业功底的深厚和对教材的准确把握，很容易激起学生的认知冲突，从而产生强烈的求知欲望，进一步积极参与到学习活动中来。

从本案例的教学资源选取上来看，教师引用的史料对于初中生来说相当具有吸引力，能够充分调动学生的学习兴趣，也能够为学生营造很好的学习情境，教学立意宏阔而独特，但也正因为此，该教学活动对学生的知识储备和思维能力水平有较高的要求。因此预设对于完成教学目标十分重要。在本案例中教师对学生的认知结构和学习能力做了充分的估计，对学生在学习中可能出现的"启而不发"的现象准备了预案，通过预设两种提问方式，为学生在学习过程中可能出现的困难提供了一条思维路径，保证了教学活动的有效性。

（二）观摩案例

学习活动的设计，要立足文本的表达逻辑，基于教师的教学逻辑，遵循学习的内在逻辑。要重点从学生的学习心理、学习的思维方式、学习的展开逻辑、学习的表现形式等角度加以综合考量，有效设计学习活动，让学的过程真正触及言语的深处、思维的深度，提升学生的学科素养。

比如，探究实验是在生物课上经常开展的活动，教师在设计探究活动时，课前工作要做得相当细致，首先要考虑的是教材的因素，大胆取舍调整教材中的探究方案，使探究活动非常有重点地围绕教学核心目标展开，使探究走向了深入，以非常有效的方式很好地实现了教学核心目标。

案例 15：有效设计探究活动

学习目标：通过一个模拟实验看看能否找到与生物进化有关的问题并做出合理的解释。

学习活动：

创设情景：

你（每个学生）充当目光敏锐的食虫鸟类，小纸片代表一种你非常喜食的昆虫。不同图案和颜色的织物是昆虫的生活环境。我们现在开始模拟一段鸟捕食昆虫的过程。

学生分组：6 人一组（围圈坐）。

实验材料：

1 块面积固定的织物；

40 个各种颜色的小纸片（每片 0.5 厘米见方，每 4 片一种颜色，放在一个培养皿内）；

1 个培养皿；

1 张白纸；

一套（10 个）装有备用小纸片的培养皿。

实验步骤：

（1）指定小组中的一名成员为看守人，其他所有成员都是"捕猎者"，他们的"猎物"是小纸片。看守人将时时注意每个捕食者取出的"昆虫"数和剩下的"昆虫"数。已捕食的"昆虫"放在"看守人"面前的培养皿内。

（2）看守人将小纸片均匀地撒在织物上（尽量散开，不要集中），不要让小纸片粘在一起。

（3）想象自己是一只"鸟"，小纸片是你的"猎物"，织物背景是你的"生境"。每选一个小纸片前先回一下头，以限定只用你的眼睛判定它的位置。当你选好一个小纸片时，就把它放在培养皿内并再回一下头开始下一轮。继续这样"捕食"，每只"鸟"选 6 个"昆虫"，直到织物上只剩下 10 个小纸片，看守人宣布捕食结束。

（4）小心抖动织物，取出"幸存者"，将这 10 个小纸片放在桌面上的白纸上。

（5）将"幸存者"按颜色归类，记录每种颜色"幸存者"的数目。

（6）假定每个"幸存者"都产生 3 个体色相同的后代。在每个"幸存者"下面放上 3 个从备用小纸片中拿来的小纸片。

（7）将"幸存者"和它们的后代充分混合，像"步骤 2"那样把它们均匀地撒在织物上（注意：不要用"已被吃掉"的小纸片）。

（8）重复"捕食"的全过程（即步骤 3 ～ 6）3 次。每轮开始时，必须记录各种颜色的小纸片的总数。

思考题：

（1）纸片的不同颜色代表什么？

（2）不同颜色、图案的织物代表什么？

（3）看守人代表什么？

（4）给每个幸存者增加 3 个同样颜色的小纸片代表什么？

（5）第二、三、四轮实验与第一轮实验有什么不同？

教师实验中指导：

（1）实验方法是否正确。如纸片是否撒匀，将幸存者放到白纸上清点，每一个幸存者产生3个后代，将幸存者与后代都放回到生境中，每一代开始时昆虫总数都是40个……

（2）组员间的分工配合情况。清点幸存者、补充备用小纸片、记录结果需要几个人共同协作。

（3）注意收集学生提出的问题。

（4）掌握实验进程，将小组数据尽快汇总。

实验结果汇报：

各小组展示花布与幸存者情况，汇报实验数据，并对数据作简要说明。

案例分析

教师根据学习目标，细化为学习活动，任务的每个环节都有明确的目的，在导入环节，教师通过提出生物进化的问题，激发学生来利用模拟试验进行研究。在模拟试验的设计中，教师关注了情景的创设，有利于学生进入模拟试验的状态，教师进行了分组安排和每组同学的角色安排，使模拟试验能够有序开展，教师列出了实验材料，有利于试验的准备和学生检查实验用具，教师清晰列出了实验步骤，有利于学生明确实验过程中应该怎么做，并根据思考题进行分析，教师还列出了实验中对学生的指导要点，有利于对活动过程的监控，所有的设计都围绕模拟试验展开，为学生理解模拟试验的过程、正确操作、合理对进化过程、原因做出解释奠定基础，整个活动设计目的明确，环节清楚，利于小组合作，具有很强的实效性。

（三）训练任务

概念是构成学科理论知识体系的基本单位，是最基本的学科理论知识，可以说，概念教学是基础知识和基本技能教学的核心。本训练以概念教学的活动设计为例进行实践探索和改进引导。

案例16：概念学习的活动设计

学习内容："基因突变"概念（高中生物）。

内容分析：本节内容是落实课标"遗传与进化"模块中概念3"遗传信息控制生物性状，并代代相传"主题下的"由基因突变引起的变异是可以遗传的"这一核心概念。基因突变概念的内涵丰富而抽象，包括DNA分子的多种变化情况，有利于训练学生的归纳与概括等科学思维；同时，基因突变概念的形成，有助于学生科学地解释生活中相关的现象和问题，理性地参与社会问题的讨论或决策，直观地感知生物学知识的实践价值，是培养学生核心素养的重要知识载体。

学习目标：构建基因突变的概念。

人教版高中生物学教材中对基因突变概念的形成思路大体如下：

活动1：创设情景引发问题。

活动2：分析实例（镰刀形细胞贫血症），感知基因突变现象。

活动3：归纳概括，得出基因突变的定义。

案例分析

从逻辑上看，这样的呈现思路符合概念的形成过程。但是教材只呈现单个碱基替换的一个例子，其他方面的例子用一句话简单告知："若编码蛋白质的DNA的碱基序列发生了碱基的增添或缺失，是否也会导致蛋白质的结构改变，从而引起性状的改变呢？答案是肯定的"。如果仅仅照本宣科地进行基因突变概念的教学设计，要让学生理解基因突变的概念，恐怕是不现实的。在教学实践中，我们有很多老师恰恰就是按照教材上的思路进行教学的，导致学生对基因突变概念内涵的理解比较片面。

概念不能给予，不能以实体的形式从老师的头脑搬到学生的头脑。我们知道，概念的形成需要两个思维基础，一个是综合（复合），一个是分析（区分和抽象），二者是彼此必须的，在发展复合思维的同时掌握抽象过程，促进概念形成。由此可以看出，概念不是一次就可以学会的，概念界定的学习只是概念形成和发展的开端，概念形成和发展过程的本质是新的思维定势的不断建构。每个人的概念形成都需要经历自己的分析与综合过程，是别人替代不了的。

加涅根据概念关键特征习得的方式，将概念分为具体概念和定义性概念。具体概念的关键特征通常可以通过感觉器官直接观察概念的正反例而获得，定义性概念的关键特征不能通过直接观察获得，一般先通过言语进行定义，再向学生呈现正反例对定义加以说明。根据基因突变的内容特点和学生关于DNA、基因、变异等已有的认知基础，对于基因突变概念的形成适于运用定义性概念的学习策略。

综合上述分析，本节课围绕基因突变概念的构建逐步展开教学，按照学生的认知规律引导学生从现象到事实再到概念，从宏观到微观进行分析、归纳和概括，实现概念的自主构建，巧妙设计和安排系列如下学习活动。

案例16续：基于概念构建的学习活动设计

活动1：通过病例创设情景，模拟医生角色扮演。

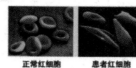

病名：镰刀型细胞贫血症
主要症状：易疲劳，发烧，肌肉疼痛；红细胞容易破裂，
　　　　　使人患溶血性贫血，严重时导致死亡。
镜检对比：

正常红细胞　　　患者红细胞
病理报告1

缬氨酸—组氨酸—亮氨酸—苏氨酸—脯氨酸—谷氨酸—谷氨酸—赖氨酸—
（正常血红蛋白β链）
缬氨酸—组氨酸—亮氨酸—苏氨酸—脯氨酸—缬氨酸—谷氨酸—赖氨酸—
（异常血红蛋白β链）
分析结果：
　　　β链上有个谷氨酸变成了缬氨酸
病理报告2

（设计意图：通过角色扮演，激发学生学习热情。）

活动2：分组讨论，分析并展示疾病原因。

蛋白质	正常	异常	【病因分析】
氨基酸	谷氨酸	缬氨酸	直接原因： 谷氨酸→缬氨酸
mRNA	G A A	G U A	
DNA	C A T / G T A	C A T / G T A	根本原因： 碱基对替换

医师结论：镰刀型细胞贫血症是由基因突变引起的疾病

（设计意图：病例分析，初识概念。）

活动3：分组从分子、细胞、个体水平等完善病理报告并进行展示。

(1)正常血红蛋白四聚体的形成

(2)异常血红蛋白的空间结构(形成线状凝集物)

(3)镰刀型红细胞的形成

（设计意图：通过问题和学习支架引导，完善病例让知识更加系统化，突破了重点和难点。）

活动4：小组合作，分析豌豆的圆粒和皱粒的形成机制及囊性纤维病的发病机理。

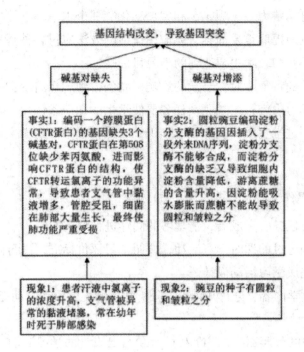

（设计意图：丰富对基因突变内涵的认识和理解，完善基因突变的概念。）

活动5：组织学生模拟医生会诊的方式，探讨问题："碱基的变化是否一定出现病症？"

（设计意图：拓展概念应用。）

 **讨论交流**

认真研读学习活动，对标评价指标，思考下列问题：

每个活动任务设计是否围绕目标？活动间的逻辑脉络是否清晰有序？如果以40分钟课时为例，4个活动时间该如何合理分配？

拓展阅读

情景与知识提取

我们都知道，要一个初学开车的新手边开车边谈话，是困难且危险的，但当司机有了丰富的经验之后就很容易做到这一点。其中缘故用认知科学专家知识理论可以解释：虽然新手和老司机都有可能具备汽车及驾驶的很多知识，但是只有特定的一部分知识与有用的驾驶情境紧密联系，我们称之为条件化知识。为了找到这些知识，并非把所有知识都搜寻一遍，而是能熟练提取与具体任务相关的知识，提取相关知识的能力一般表现为"费力""相对不费力"（顺畅）和"自动化"三个水平。老司机能够毫不费力地从自己的知识中随意地提取重要内容，能应用灵活的方法应付各种真实路况可能出现的新挑战，这何尝不是我们教学想要达到的学习目标呢？

综观专家知识的特征，对教与学的影响，我们得到三点启示：一是教学设计时要围绕核心概念组织学习内容；二是驱动任务要使学生的知识条件化，学会何时、何地和为什么使用知识，促进学生顺畅提取相应知识；三是教学中提高学生辨认有意义信息模式的模式识别能力。

实践操作

完成下列学习任务。完成后，请学习的同伴进行评审。

1. 任选以前制定过的课时学习活动，按照学习评价标准，进行修改。

2. 任选一课完成学习活动设计。

要求：分析教学内容，分解知识点；分析学生情况，设计驱动任务；根据知识类型，有序安排活动。

3. 对照附录中的《学习活动评价表》，评价自己设计的学习活动，并与同伴进行交流。

附录：

学习活动自查表

一级指标（要素）	二级指标（要点）	较好	一般	不符合	权重
目标	学习活动目的与意图明确，与学习目标一致				0.3
	注重学科核心素养，有较强的育人价值				
	依据知识点类型选择活动形式和组织形式				
	驱动任务符合学生实际情况，具有一定挑战性				
流程	能够根据知识点特点合理切分课时时间				0.2
	学习活动之间逻辑结构清晰，体现整体性				
引导	导入活动能激发学生学习动机				0.3
	能够实时提供学习支架和过程性评价，保证活动有序进行				
	学习活动设计能够引导学生主动学习，反思内化				
成果	能够有指向目标的可视学习成果				0.2

话题二 认真上课，实施有效教学

主题一 做好导入与结束

⚑ **学习目标**

通过本主题的学习，学习者能够：

1. 了解导入与结束的重要性；
2. 了解导入与结束的类型和操作方法；
3. 能根据技能评价要素，训练导入与结束技能并能在课堂教学中有效实施。

一、问题聚焦

人们常说"万事开头难""良好的开端是成功的一半"，导入就像是做一件事情的开头，就像一篇小说的开篇，往往能给人留下最鲜明、最有感染力的印象，将影响整个教学过程中的师生交流。古训有云："行百里者半九十。"可见在课堂教学中，一个好的结束同样重要。人们也会用"画龙点睛""余音绕梁"来形容那些给人们留下深刻印象的结尾。在你的教学过程中是否对导入和结束环节给予了特别关注呢？我们先来一起看一个小故事。

一堂精心准备的研究课

学校为了督促老师们落实课堂教学质量开展了教学研讨活动。小李老师在认真准备的基础上，上了一节研究课。上课伊始，小李老师提到了一部正在热播的电视剧并播放了其中的片断，引起了学生对剧情的兴趣。之后，小李老师又提供了一段文字材料。在阅读之后，学生发现文字材料与电视剧的剧情有所出入，其矛盾之处引发了学生的议论。由于学生参与的热情很高，待老师进入新课讲授时，时间已经过去了八分钟。新课讲授环节，小李老师按照教学设计有条不紊地组织教学活动。但是最后留给结束环节的时间不足两分钟，预计要开展的总结、练习等活动明显来不及了。小李老师为了上好这节课投入了很多精力，也想完整地呈现他的教学设计，所以尽管下课铃声响起，他还是坚持把所有教学活动全部实施了。三分钟后，小李老师的课结束了。听课的老师对小李老师的新课讲授环节给予了肯定，但是小李老师还是有些遗憾……

老师们不难看出，小李老师的"遗憾"大约与这堂课的导入与结束有关。有人说，一堂具有教学艺术魅力的好课犹如一支宛转悠扬的乐曲，"起调"扣人心弦，"主旋律"引人入胜，"终曲"余韵绵长。导入是"起调"，结束是"终曲"，完美的教学要做到首尾呼应、恰到好处、善始善终。

因此，在学习本主题前，请思考以下问题：

问题1：课堂教学中，导入与结束的作用是什么？

问题2：所设计的课堂导入与结束，真的发挥作用了吗？

问题3：在课堂导入与结束时，教师应注意把握哪些原则？

问题4：课堂教学中，导入与结束的技能要点是什么？

二、问题分析

（一）导入与结束的功能

1. 导入的功能

第一，集中注意，进入学习准备状态。学生在学习活动开始时对学习给予的注意程度，以及其思想、精力集中程度，是教师教学活动顺利进行并取得预期效果的前提条件。上课伊始，学生往往还沉浸在课间活动的余兴之中，思想和注意力还没有完全集中于新的学习活动。导入环节的首要功能就是要像磁石一样具有定向集中功能，在短时间内迅速将学生的注意力集中到特定的学习方向上来，并使之有效保持，以保证学习活动的顺利展开。

第二，促进认知衔接，实现自然过渡。学习是在原有知识和经验基础上知识再构建的认知过程。通过导入环节，组织学生复习旧知识，重温已有的认知，搭建通往新知识的桥梁，可以促进新旧知识的顺利衔接。

第三，创设学习情境，形成认知需求。采用学生所关心的问题，如社会问题、生活中的问题、生产实践中的问题来创设问题情境导入新课，往往容易引起学生的学习需求，产生好奇心或探究心理，产生急于想知道事情原委的愿望，从而自觉地将整个身心投入到学习中来。

第四，激发学习的兴趣和参与的愿望，产生学习期待。兴趣是学生主动探究知识的起点和内在的动力源泉。巧妙的导入环节可以更好地激发学生的学习兴趣，促使其产生强烈的学习期待，激励其愉快而又主动地投入即将开始的学习活动中去。

2. 结束的功能

第一，画龙点睛，突出学习重点，提升学科素养。对教学内容进行总结归纳，帮助学生对教学内容建立完整的印象，是结束环节教师首先要完成的任务。通过对重点概念、关键问题的梳理和解读，使学习重点、难点更加突出，也更有利于学生核心素养的培养。

第二，前后联系，构建知识体系，形成知识网络。研究表明，结构化的知识更容易"同化"到学生的认知结构中去。为此，在教学过程结束环节，教师不仅要让学生明了一堂课的主要内容，而且还要通过联系比较，揭示教学内容的内在联系，使所学知识形成"点—线—面"相结合的网络知识体系。

第三，及时反馈，了解思维进程，发展元认知。及时反馈是课堂教学的重要措施。通过提问、练习、实践、交流等方式对学习效果进行反馈，不仅可以使教师及时了解学生对知识思维加工的程度，从而反思教学的效果，为以后采取更加适合的教学策略积累经验教训，而且可以促使学生反思自己的学习过程，以促进其元认知的形成和发展。

第四，拓展延伸，升华主题，促进思维发展。囿于课堂教学的时间，教学过程中有些内容无法深入探究或进一步展开。通过结束环节，把知识与现象、实践联系起来，把书本上的知识向学生的实际生活、现实社会拓展，使课堂的学习延伸到课下，也有利于学生思维的发展和个性化学习。通过结束环节的总结提炼，升华主题，既有助于学生认识的提升，又有助于落实"润物细无声"的情感教育目标。

第五，承上启下，为下堂课的教学做好铺垫。结束虽是一堂课的收尾，但又不能仅仅局限于一堂课的内容。一个好的结束，不能让学生仅满足于一堂课的收获，还要能令其产生进一步探索的欲望。教师通过"欲知后事如何，且听下回分解"的悬念，为学生下一堂课的学习埋下伏笔，却引而不发，从而激发他们的学习兴趣，增强他们主动探究的欲望。结束也可以是一种过渡，"未成曲调先有情"，为以后的学习做一些铺垫。

（二）导入与结束的基本类型

1. 导入的基本类型

一堂课或者一个教学活动如何开头，没有固定的方法，正所谓"教无定法"。由于教育对象、教学内容不同，导入的方法也会不同。即便是同一教学内容，不同的教师也会有不同的处理。一般常用的方法有以下几种：

通过现实中的实际问题导入。在激活学生相关现实生活经验的基础上，以学生身边熟悉的、亲切的、富有感情的感性经验为依托，提出与学习任务相关的问题，引导学生在质疑讨论中明确新的学习任务，从而调动学生的生活积累，明确学习目标，激发学习热情。

案例 1：《细胞中的无机物》① （高中生物一年级）

岑老师通过创设情境，导入课题：

呈现图片：①怎样让干燥的种子萌发，呈现生机；②久旱的植物为什么会枯死；③人老后为什么皮肤松弛、满面皱纹。

提出问题：你能解释这些现象吗？（学生回答）

进入主题：看来大家都知道水很重要，但是不清楚水为什么重要，下面我们一起来深入认识细胞中的水。

案例 2：《善用法律》② （初中道德与法治八年级）

本课导入环节，杨老师设计了"舌尖上的美食——美食大'种草'"活动：

一、北京美食文化：

"包容"是北京这座城市特有的名片。南来北往，北京汇聚了全国各地的美食。北京形成了"荟萃百家、兼收并蓄、风格独特、自成体系"的美食文化特点。

二、"问题串"小采访：

1. 大家在北京生活这么多年，有没有珍藏的美食小馆呢？

2. 在打卡美食的过程中遇到过"特殊情况"吗？

3. 如果在打卡美食的过程中遇到侵权行为，你会如何处理？

案例分析

上述两个课堂导入的教学设计都是从学生的生活经验出发，意图通过生活化的情境唤起学生共鸣，激发学生学习兴趣，产生学习期待。

通过学生已有知识的拓展与延伸导入。教学过程中，一般来说，新知识是在旧知识基础上发展与延伸的。教师从已有的知识出发，通过知识的迁移，找准新旧知识的联结点，在旧知识的基础上启发引导学生发现相关联的新问题，可以使学生感到旧知识不旧，新知识不难，明确学习的思路，增强学习的信心。

案例 3：《I like winter》③ （小学英语二年级）

本课导入环节，李老师设计了"歌曲热身活动"：

T：Hello, boys and girls. Let's sing a song——Four Seasons.

（1）跟唱和自唱 Four Seasons。

---

① 案例提供者为中国科学院附属实验学校分校岑文。

② 案例提供者为中国人民大学附属中学朝阳学校杨玲。

③ 案例提供者为北京市第八十中学嘉源分校李永庆。

T：There are four seasons in a year. Do you remember them? Let's say together.

将四个季节的英文磁贴贴在黑板上，引导学生朗读。

（2）回顾已知，引出驱动问题。

Q：Do you remember that it doesn't snow in Taiwan province?

（3）呈现中国版图，标注北京市和台湾地区。

（过渡语）People in Taiwan province dream about playing in the snow one day. So winter is their favorite season. Which season do you like?（预设学生的回答包括 winter）

案例分析

本案例首先通过学生演唱歌曲，回顾本单元的主题——季节。之后，学生将已经学习过的与季节相关的英文单词呈现在黑板上，为接下来情境中的目标语言的学习作支撑。最后，通过观察地图，唤起学生对台湾地区冬季温暖无雪特点的回忆。热身活动的三个小任务都是为引出主题内容而在新旧知识间搭设的桥梁，以促进知识的衔接。

通过提供学习资料创设问题情境导入。教师要善于创设问题情境，通过信息技术为学生呈现图片、文字、视频等不同类型的学习资源，引起学生的注意，唤起学生的积极思维，启迪他们学习的愿望和探索的欲望，使学生成为学习活动的主动参与者。

案例 4：《直线与圆的位置关系》①（高中数学二年级）

邱老师通过创设情境，温故知新：

一艘轮船在沿直线返回港口的途中，接到气象台的台风预报：台风中心位于轮船正西 80km 处，受影响的范围是半径长为 50km 的圆形区域。已知港口位于台风中心正北处 60km 处，如果这艘轮船不改变航线，那么它是否会受到台风的影响？

问题：如何判断轮船是否受影响？

预设答案：几何画图求解，利用直角三角形求出台风中心到航线的最短距离。（学生投影展示）

追问：该情境本质上研究什么问题？

预设答案：直线与圆的位置关系。

追问：回忆所学知识，直线与圆的位置关系有哪几种？

预设答案：有相离、相切、相交三种。

追问：我们是如何判断直线与圆的位置关系的？

预设答案 1：通过直线与圆的交点个数来判断，如果有 2 个交点，则直线与圆相交；如果有 1 个交点，则直线与圆相切；如果没有交点，说明直线与圆相离。

---

① 案例提供者为中国人民大学附属中学朝阳学校邱畅。

预设答案2：通过圆心到直线的距离来判断，圆心到直线的距离小于半径，则直线与圆相交；圆心到直线的距离等于半径，则直线与圆相切；圆心到直线的距离大于半径，则直线与圆相离。

案例分析

教师通过创设问题情境，引导学生回忆平面几何中直线与圆的位置关系，直观形象的解决问题，发掘问题的本质，使得学生感受台风这个实际问题中蕴含的直线与圆的位置关系，体会生活中的数学，思考解决问题的方案。

通过游戏、实验或动手实践导入。别人说十遍不如自己做一遍感受深刻。学生由参与游戏进入教学活动，有助于激发学习的愿望和兴趣。学生自己亲手操作演示，因为有切身实践往往体会深刻，有助于学生尽快进入学习状态。以进行实验演示或学生实验的活动方式设置问题情境，通常是在新知识所要求的感性经验是学生所缺乏的，或在生活中虽有所接触但没有引起充分注意或思考的，或需要有鲜明的表象时采用，有助于激发悟性，增强思维力度。

案例5：《 "分小萌垃圾分类大讲坛" 游戏2——scratch 循环结构》①（小学信息技术六年级）

本课导入环节，贾老师设计了"游戏试玩、分享交流"活动：

学生先试玩《分小萌垃圾分类大讲坛游戏》，再根据试玩游戏的感受，回答老师提出的问题。

问题1：与上节课相比，这节课当中角色的移动方式有哪些变化？

（预设答案：角色持续移动，不是瞬间移动到某一位置）

问题2：游戏中有哪几种移动方式？

（预设答案：分小萌跟随鼠标指针移动，垃圾往返移动）

问题3：你能形容一下两种移动方式有什么特点吗？

（预设答案：不间断运动，运动中重复改变外观）

教师根据学生发言进行总结，引出"重复"这一概念。（进入新课）

案例分析

教师通过游戏导入，形式活泼，增强学生学习兴趣；以垃圾分类作为主题，贴近学生实际生活与当前热点问题。在游戏试玩过程中，通过一系列问题引导学生自主观察游戏，引出本节课的主要内容。学生在实践中很快进入学习状态，并产生学习需求。

2.结束的基本类型

一堂课如何结束，要根据教学内容、性质，教学对象等情况来确定。结束的类型很

---

① 案例提供者为北京市朝阳区实验小学左家庄分校贾泽宇。

多，概括地说，主要有封闭型和开放型两类。所谓封闭型结束，是对学习目标所涉及的知识、技能、方法等进行系统的总结，明确内容和过程，给学生以明确的结论。所谓开放型结束，是指在教学过程结束时，除了明确所学内容外，教师还会提出新的问题，引导学生开始新的探索，启发学生进行新的思考，激励学生的志向。

具体地说，课堂结束的形式主要有：总结归纳、分析比较、辨析求新、系统概括、深化升华、前后照应、巩固练习、悬念存疑、问题激趣、拓展延伸、体验励志、交流启发。当然，在实际的课堂教学中，单纯使用一种形式的现象是很少的，大多是上述形式的综合应用。

教师应该明确的是，结束环节虽然是一堂课的尾声，但也是一堂课的"点睛之笔"，在教学设计和实施的过程中一定不能掉以轻心，否则一堂课的教学可能会功亏一篑。

案例6：《增加船的载重量》①（小学科学五年级）

本课结束环节，薄老师设计了两个小活动：

（一）应用迁移

1. 展示图片《"辽宁号"航空母舰》，提问：你能用这节课的知识解释"辽宁号"吗？"辽宁号"有什么作用？

2. 爱国教育：工程师们正是应用我们这节课所讲的原理，制造出了超大体积的辽宁号，通过辽宁号承载的飞机，捍卫我国领土。相信同学们经过不断的探究，也可以成为小小科学家，也来保护我们的祖国母亲。

（二）课后延伸

请你思考：不同重量但体积相同的橡皮泥小船，也可以承载同样多的重物吗？

案例7：《学画写意花鸟画——菊花》②（初中美术七年级）

本课结束环节，由概括要点和拓展延伸两个主要部分组成：

（一）学生与教师一起回顾本节课的知识与重点。（板书：学画写意花鸟画）

（二）希望大家课下多加练习，创作出更多更生动的写意小品，送给家人装饰我们的生活，更希望大家回家多动动毛笔，体会和传承我国优秀的传统文化。

案例8：《合理表达情绪》③（初中心理健康教育八年级）

本课结束环节，由反馈评价和总结提升两个主要部分组成：

（一）教师提问

1. 学习了今天的内容，当你的朋友情绪激动、无法表达自己的需求时，你会怎么做？

---

① 案例提供者为北京市陈经纶中学分校望京实验学校薄祺音。

② 案例提供者为北京市第二中学朝阳学校崔经纬。

③ 案例提供者为中国教育科学研究院朝阳实验学校宋欣泽。

2.通过今天的学习，你有什么收获或启发？

（二）布置实践任务，并作总结

1.课后实践任务：①和父母分享今天所学，记录他们的感受与体会；②注意观察近两周发生的因为不合理表达情绪激化矛盾的事件，使用合理表达四步法进行分析，记录感受。

2.教师总结：①清晰表达需求是合理表达情绪的关键。当消极情绪"来势汹汹"，平静下来想想自己的"需求瓶"长什么样；在他人不合理表达情绪时，首先控制好自己的情绪，不激化矛盾，尝试换位思考，理解他人的"需求瓶"。②用温和而有技巧的方式表达需求（合理表达四步法）：观察、感受、需求、期待。

3.教师寄语：合理表达情绪，关爱自我，理解他人，塑造更加理性、平和的自我。

案例9：《阿长与＜山海经＞》① （中学语文八年级）

本课结束环节，由总结升华和布置作业两个主要部分组成：

（一）总结

作者以童年对阿长的情感变化贯穿全文，通过先抑后扬的手法，既刻画了阿长迷信粗俗的一面，又凸现了阿长善良慈爱的天性，同时表达了成年后的作者对阿长感激、愧疚、怀念之情。阅读这篇文章，要善于从"童年的我"和"成年的我"不同叙述视角去梳理分析文中的事与情，由表及里读懂作者在回忆中寄寓的情感，体会鲁迅对阿长深刻的怀念、感激和愧疚之情。联系到我们自身，我们要善于发现平凡之人的可贵之处，要尊重、爱护身边的每一个平凡之人。

（二）作业

1.学习完本课，你学会了什么？你还有什么疑惑没有解决？请完成表格并与老师沟通。

我期望学到的	我已经学到的	我的疑惑

2.我们每个人的生命中是不是也碰到这样一位长者，她（他）絮絮叨叨不懂你的品味，却一直全心全意地爱着你。你能从生活中举出一个例子吗？试着写成一篇小短文。

讨论交流

请在阅读的基础上，分析上述四个结束设计方案的类型，结合结束的功能说一说其设计是否合理。

① 案例提供者为北京市第八十中学嘉园分校刘佩杰。

（三）导入与结束在设计和实施中应注意的问题

在课堂教学过程中，导入与结束都是占时比较少的环节，往往容易被忽视，因而给许多课堂教学带来缺憾。

1. 导入应注意的问题

（1）用时过长，节奏拖沓。导入只是一堂课的序曲，要避免喧宾夺主，影响后续教学活动的节奏。一堂课的导入时间安排在五分钟之内比较适宜。教师要通过精炼的语言、精准的问题，引起学生的注意，让学生很快地进入学习状态。

（2）盲目求新，偏离重点。有的教师在课堂导入时为了体现创新性，尝试提供新材料，创设新情境，以达到另辟蹊径的目的。求新本无错，但要把握好分寸。"新"要为目标服务，"新"要与学情相符，否则不但无法引起学生的共鸣，还有可能造成南辕北辙的后果。

（3）媒体过度，舍近求远。数字时代，信息技术与学科教学的融合成为一种趋势。信息技术为教学创造了更广阔的空间，但也要考虑适度的原则。教师如果过于依赖信息技术，可能会忽略我们身边常备的教科书、地图册等纸质资源的便捷、严谨等优势。

（4）生搬硬套，脱离实际。新课导入要充分考虑学生现有的发展水平，要关注兴趣投入，更要生成学习需要；关注学生经验，更要促进思维发展；关注原有认知，更有利于知识建构。好的导入，既要找准切入点，又要找准需要点，具有明确的目的性。

2. 结束应注意的问题

（1）用时不当。有的教师在教学中未能合理控制课程结束的时间，有些过于拖沓，有些则过于仓促，有些甚至因时间计划不周导致没进行结束环节。课堂结束时间分配的是否合理会严重影响教学效果，在教学中应把课堂结束的时间控制在5~8分钟。如果课堂结束时间过短，只能三言两语仓促结束课程，则不能很好地对本节课所学的内容进行全面有效的总结或延伸。如果课堂结束时间过长，甚至造成拖堂，不仅会使学生产生厌烦情绪，还影响学生的学习思维和学习效果。

（2）重点不突出。一节课在结束的时候必须让学生知道这节课所学习的内容中哪些是要重点掌握的，哪些是要了解的。有的教师在结束时把所有的内容都强调了，但没有突出重点的内容；有的教师说到了这节课的重点，但没有明确其重要性，不能引起学生的足够重视。突出重点在结束技能中是非常重要的，语言一定要少而精，紧扣本堂课教学的中心，梳理知识，总结要点，形成知识网络结构，深化主题，让学生的认识产生一个飞跃。

（3）偏重知识目标的达成。有的教师在结束环节偏重于知识点的梳理总结、练习反馈，以知识点当堂背诵默写为主要目标，却忽视了知识点背后隐含的情感价值，忽视了学生情感目标的实现。帮助学生塑造个性品格，形成正确的价值观是发展学生核心素养的重要组成部分。情感目标的达成也是检验教师教学质量的重要标准之一。

（4）结论生硬，缺乏启发性。有的教师在结束环节进行总结归纳时，上演"一言堂"，重要的概念和结论全由教师来强调，几乎没有学生的参与。如果认为这样做更高效，恐怕只能是教师的一厢情愿。知识体系的构建最终还是需要学生个体的努力才能实现。教师要给学生留出空间，让他们在总结归纳的过程中加深对知识的理解，提升思维力；在分享交流的过程中提高表达力；在拓展延伸的过程中发展创造力。

三、问题改进

（一）导入与结束的技能要素

1. 导入的技能要素

导入的类型虽然很多，但是每种导入都应从教学目标出发，使学生明确学习目标和学习内容，启发他们学习的积极性和主动性，形成学习需求和学习期待。因此，典型的导入构成要素由以下几个方面构成：①

（1）导入的首要任务是使与教学无关的学生活动得到抑制，让学生迅速投入新的学习中来，并使之得到保持。

（2）兴趣是学习动机的重要成分，是求知的起点，导入就是要用各种方法把学生这种内部积极性调动起来。

（3）通过导入启发学生积极思考问题，为学习新知识奠定基础。

（4）在导入的过程中，只有使学生明确学习目标，才能将学生内部动机充分调动起来，发挥其学习的积极性和主动性。

（5）通过导入自然地进入课题，使导入和新的教学活动之间建立有机联系，发挥导入的作用。

📖 **拓展阅读**

对于导入技能的构成要素，也有学者提出不同的主张。李涛主编的《教师常用教学技能训练》（中国轻工业出版社，2014）一书中，将"问题情境""知识衔接""目标引领"列为导入技能要素。

2. 结束的技能要素

在一堂课的教学中，结束环节的教学活动形式也是多样的。结束技能的构成要素是这类教学活动中典型的、基本的成分，掌握这些技能要素将有助于实现结束活动的教学目标。②

---

① 孟宪凯. 教学技能有效训练——微格教学 [M]. 北京：北京出版社,2007：34-35.

② 孟宪凯. 教学技能有效训练——微格教学 [M]. 北京：北京出版社,2007：214. 略有改动。

（1）提供心理准备：教师通过提出概括任务和对照教学内容中的主要问题等方式，提示学生学习已达总结阶段，为学生主动参与总结提供心理准备。

（2）概括要点，明确结论：找出知识结论中的关键成分进行强调，并明确它们之间的关系。用肯定的语言揭示新知识和已有知识的联系与区别，从知识结构的角度给出明确的结论。

（3）回顾思路与方法：在得出知识结论后，适时地概要回顾教学过程中解决问题的思路和使用方法。

（4）深化拓展：引导学生通过结论运用条件的讨论评价，使学习拓宽、延伸、提高。创设一个新的问题情境，让学生认识知识的价值或把前后知识联系起来形成系统，或者将新知识的结论推广到同类事物中去或对反例进行判断等，把学习内容扩展开来，学到活的知识。

（5）组织练习、布置作业：教师必须有选择地、适量地组织和布置各种类型的练习或作业，使学生巩固知识和训练心智技能。

（二）导入与结束技能的应用原则

1. 导入技能的应用原则

导入做得好，往往先声夺人，能为新课讲授提供很好的基础。

（1）精简，有概括性。导入只是引路，开启思维，而不是正式讲授新课，因此要言简意赅，切中要害，而不能繁杂和冗长。莎士比亚曾说："简洁是智慧的灵魂，冗长是肤浅的藻饰。"导入要用最简洁的语言，缩短教师、学生与教学主题间的距离，将学生的注意力集中到听课上。

（2）精准，有针对性。不管哪一类型的导入设计都要有针对性、启发性、可接受性。课堂导入的内容要针对教学目标和教学课题，针对学生实际，力求具体、明确。切忌"下笔千言，离题万里"，兜了一个大圈子却没能触及教学内容的本质。同时要针对学生的思想、知识水平，密切联系学生的实际生活。

（3）精巧，有趣味性。导入的形式多种多样，设计要巧妙自然，教师要情绪饱满，语言要富有感染力，问题情境力求生动有趣，以调动学生学习的积极性。但也要避免华而不实、哗众取宠。

（4）精当，有科学性。导入设计不能模棱两可，含糊其辞。导入的语言和形式都应当恰当、准确，无论是设疑、引证、说明、比喻等都要明确，精当，不产生歧义，使学生思维准确进入轨道。

2. 结束技能的应用原则 ①

一堂课的结束，不仅能对教学内容或教学活动系统概括、提炼升华，而且能拓展延伸教学内容，激发学生持续的求知欲。

---

① 李涛. 教师常用教学技能训练 [M]. 北京：中国轻工业出版社,2014：192-193. 略有改动。

（1）水到渠成，自然妥帖。课堂教学的结束不仅仅是因为到了结课时间，也应该是教学活动的设计发展到了该告一段落的时候了。结束要根据教学时间与教学的逻辑发展而进行。教师要准确把握课堂教学的进程和时间，合理安排每一项活动内容，把结束控制得恰到好处，做到瓜熟蒂落、水到渠成。

（2）结构完整，首尾照应。课堂教学是由相互联系的若干环节组成的完整的统一体。结束是教学活动中不可或缺的环节，教师应充分考虑它的地位、发挥它的作用。结束环节要与前面的教学活动保持脉络贯通，注意前后联系。结束过程要与导入过程相呼应，前后一致使整节课浑然一体。特别是当导入时设置了悬念，提出的问题在教学过程中没有明确回答，就应该结束时讨论，使之明确。

（3）简明扼要，紧扣目标。结束要简洁明快，干净利落，要紧紧围绕学习目标，归纳总结，提示知识结构和重点，揭示规律，必须简明扼要。结束的语言不能拖泥带水，而应该是少而精，能够起到提炼主题、提升认识、升华情感的作用。

（4）内外联通，立意开拓。结束是对重要的事实、概念、规律等进行总结深化和提高，对有些内容要拓展延伸。结束时不能只局限于课堂本身，要注意课内外的联通，进一步启发学生的思维。把学生引导到更广阔的生活世界、知识世界里去学习。通过结束环节，引导学生在课外多观察、多思考，推动学生在更过阔的空间不断学习，不断进步。

（三）训练任务

请完成以下的训练任务，提升导入和结束技能的水平。

案例 10：哪个导入更高效？——《盐类的水解》①（高中化学）

案例	教学活动设计
设计 1	本周播报（两名学生担当播报员）：我们班的韩梅梅同学周末在户外游玩时被蜜蜂蜇伤，多亏了我们班的李雷同学沉着冷静，先将蜜蜂的毒刺拔出，然后用肥皂水清洗伤口，最后将韩梅梅同学送去医院检查伤口。医生检查伤口后夸奖李雷同学很棒，采取有效的措施及时清洗伤口，缓解了韩梅梅同学的疼痛。 科普时间：被蜜蜂蜇伤后为什么会疼痛？被蜜蜂蜇伤后感到疼痛，是因为蜂毒中含有蚁酸、神经毒和组胺，会引起局部炎症反应，机体就会充血水肿。 教师提问：（1）为什么肥皂水可以减轻蜜蜂叮咬的疼痛呢？（温馨提示：肥皂水呈弱碱性） （2）肥皂水为弱碱性，那 Na_2CO_3 为什么也叫碱呢？ 虽然我们都知道 Na_2CO_3 属于盐，但是俗名却叫纯碱，首先我们需要探究一下盐都有哪些类别。

---

① 严格，王卫. 新手型—专家型化学教师课堂导入策略研究 [D]. 林区教学，2020（08）.

续表

案例	教学活动设计
设计2	在必修一的时候我们就学过物质的分类，先来回顾一下物质的分类，根据物质的分类我们知道酸又可分为强酸和弱酸，强酸中我们需要掌握六大强酸，分别为：HCl、H_2SO_4、HNO_3、HBr、HI、$HClO_4$。碱也可分为弱碱和强碱，我们需要掌握四大强碱：$NaOH$、KOH、$Ba(OH)_2$、$Ca(OH)_2$。我们来回顾一下什么是盐——由金属离子和酸根离子组成的化合物。根据以上酸碱的分类，盐也可分为强酸强碱盐、强酸弱碱盐、强碱弱酸盐、弱酸弱碱盐。 在上节课的学习中我们知道水存在微弱的电离，可以电离出 H^+ 和 OH^-，向水中加入酸或碱抑制水的电离，那向水中加盐会有什么效果呢？接下来我们来完成书上的实验探究，探究以下盐分别属于哪种类别，思考盐的种类为什么有这么多？是由什么原因造成的呢？

讨论交流

请在阅读的基础上，分析上述两个导入设计方案的特点，结合导入技能要素说一说哪一个设计更高效。

实践操作

完成下列学习任务。完成后，请学习的同伴进行评审。

1.请选择一课时教学内容，撰写导入教案和结束教案。

2.将导入和结束教案应用于实践，同时进行录像。

3.请结合技能评价要素，对原有教案进行分析，并尝试进一步完善设计方案。

总结反思

1.在课堂教学中，导入的作用是什么？课堂导入的设计有哪些基本要求？在课堂教学中，导入技能有哪些应用要点？

2.在课堂教学中，结束的作用是什么？结课有哪些基本方法？课堂结束设计有哪些基本要求？在课堂教学中，结束技能有哪些应用要点？

3.通过本主题的学习，你有哪些收获？

4.关于课堂导入与结束的设计与实施，你还有哪些困惑？

附录1：

导入技能自查表

一级指标（要素）	二级指标（要点）	较好	一般	不符合	权重
问题情境	问题情境与教学目标密切相关				0.3
	能引起学生注意				
	激发学生的兴趣				
	在创设问题情境时富有情感，能感染学生				0.2
	引起学生思考，引发学习激情				
	时间把握得当				

续表

一级指标(要素)	二级指标（要点）	较好	一般	不符合	权重
知识衔接	能唤起学生相关的已有知识				0.3
	包含将要学习的新知识的核心问题				
	新旧知识之间有内在联系、转换到新知识自然流畅				
目标引领	通过一定的方式确认、强调学习目标				0.2
	对实现学习目标的方法和途径进行指引				

附录2:

结束技能自查表

一级指标（要素）	二级指标（要点）	较好	一般	不符合	权重
提供心理准备	客观时间与教学内容内在发展同时到了结束点				0.2
	通过一定的强调行为（语言、手势、音乐等）唤起学生的有意注意				
概括要点明确结论	通过恰当的方法概括突出重点、强化要点				0.2
	构建要点知识之间，以及与其他知识之间的联系，并用结构性的形式呈现				
回顾思路与方法	用合适的方法回忆解决问题的过程，并用一定的方式进行强化				0.2
	提炼解决问题的方法，分析方法的重要性				
组织练习巩固应用	选题有针对性，少而精的安排练习				0.2
	通过练习，发现存在的问题，并进行强化				
拓展延伸联系新的学习内容	创设新的情境，激发解决问题的欲望，尝试运用所学方法解决问题				0.2
	激发对未知问题获得解决的渴望，联系新的学习内容				

主题二　做好讲解与释疑

⛳ 学习目标

通过本主题的学习，学习者能够：

1. 能知道讲解的意义局限，会辩证地看待讲解；

2. 能体会讲解的内涵实质，会恰当地使用讲解；

3. 能说明讲解的方法策略，会有效地实施讲解。

一、问题聚焦

（一）案例品读

案例1："讲"还是"不讲"

小张是一名刚参加工作的新教师，一天一位学校领导来听小张的课。听完课后，领导对小张说道："张老师，新课程下我们要摒弃老师讲、学生听的灌输式教学，要多突出学生的自主学习和探究，因此课上老师要少讲，甚至不讲，要让学生多活动、多讲，这才符合新课程改革的理念啊！"小张觉得领导说的话很有道理，于是在课堂上开始尽量少讲甚至不讲，而更多的是让学生来讲，自己只负责设计一些学习活动，然后组织学生完成学习活动。过了一段时间，又有另一位领导来听小张的课。听完课后，这位领导对小张说："张老师，教师的职责是传道、授业、解惑，您在课上讲得太少了，全都让学生讲，学生讲得不到位、不深刻、不系统时，您也不点拨、不评价、不总结，有些重点难点问题您也不亲自讲解，这样的教学方式学生的学习效率太低了！"面对两位领导的不同要求，年轻的小张左右为难：自己到底"讲"还是"不讲"呢？

（二）引发思考

讲解是"教师通过口头语言向学生描绘情境、叙述事实、解释概念、论证原理和阐明规律的教学方法。它是教师使用最早的、应用最广的教学方法，可用于传授新知识，也可用于巩固旧知识，每一种教学方法的运用，几乎都需要同讲解结合进行"。[①]然而，伴随着新一轮课程改革的开始，自主、合作、探究等新教学方式逐渐走入了课堂教学，而讲解这一传统教学方法似乎被成为了讨伐、批判的对象。甚至在一些地区的学校，居然规定一节课上，教师的讲解时间不能超过15分钟，否则就是不合格、不符合新课程改革精神的教学。因此，小张遇得的情况在一些学校和一些新老师身上是普遍存在的。那么，是不是真的在新课程理念下，讲解真的是一种不合理、不合法的教学方法了呢？

事实上，无论古今中外，讲解都被视作是一种非常有效的学习方法。南宋理学大师朱熹对讲学非常重视，他认为"载之简牍，纵说得甚分明，那似当面议论，一言半句便有通达处，所谓'与君一夜话，胜读十年书'，若说到透彻处，何止十年之功"。[②]讲可以使知识条理化，讲便于化深奥为浅显，讲便于学生理解感悟，讲能活跃学生思路。美国著名心理学家奥苏贝尔也认为"讲授法从来就是任何教学法体系的核心，看来以后

---

① 中国大百科全书.教育[Z].北京：中国大百科全书出版社,1985：142-143。

② 朱熹.近思录[M].上海：上海古籍出版社,2010.

也有可能是这样，因为它是传授大量知识唯一可行和有效的方法""讲授法比发现法更为高级，因为它可以脱离具体情境的限制，从而使教学突破了个人生活的局限""讲授法是解决个体经验和人类社会历史经验之间矛盾的强有力工具之一。它突破了时间、空间的局限和个体经验的局限，扩大了他们的认识范围，赢得了认识的速度。"① 随着新课程的不断深化，教育界对教育规律的认识慢慢地回归于理性和科学，讲解的重要性被不断认可，其合法地位又重新被确认，国家在课程标准和中央文件中多次强调学生听讲和教师讲解的必要性和重要性。例如在《义务教育数学课程标准（2022 年版）》中强调"学生的学习应是一个主动的过程，认真听讲、独立思考、动手实践、自主探索、合作交流等是学习数学的重要方式"，《义务教育数学课程标准（2011 年版）》指出"教师的引导作用主要体现在：通过恰当的问题，或者准确、清晰、富有启发性的讲授，引导学生积极思考、求知求真，激发学生的好奇心；通过恰当的归纳和示范……"2019年 6 月 23 日，中共中央国务院颁布了《关于深化教育教学改革提高义务教育质量的意见》，文件中也强调"注重启发式、互动式、探究式教学，教师课前要指导学生做好预习，课上要讲清重点难点、知识体系，引发学生主动思考、积极提问、自主探究"。所以，我们可以说讲解是课堂教学中非常重要且必不可少的教学方法，因而也是新教师要成为一名合格教师所必须要修炼和提高的一项重要的教学技能。

人们之所以对讲解进行批判，首要原因是武断地将讲解与呆板的灌输式教学二者之间划了等号，将讲授看成是死记硬背、机械训练的代名词。事实上二者之间有着本质的区别。另外一个原因是讲解也有着显而易见的局限性。例如讲解要求教师对知识理解的深度、广度，教师的讲解技巧等要求水平比较高，讲解对学生的学习动机要求比较严格，容易受到学生语言理解和思维水平的限制。另外，正所谓"百闻不如一见"，即使最佳的讲解也无法取代一些亲身观察、实验、操作、讨论等的学习体验和真实感受。因此必须要与其他教学方法相互配合才能发挥讲授的最佳教学效果。

综上所述，讲解不是万能的，但没有讲解是万万不能的。因此讲解是重要的教学方法，讲解是新教师重要的一项教学基本技能，是教师能否上好课的关键要素之一。那么新任教师该如何提高自己的讲解能力呢？这需要教师首先弄清楚什么是真正的讲解、何时使用讲解这两个基本问题。

二、问题分析

（一）正确认识讲解

讲解是一种在课堂教学中经常使用、利用语言对知识进行描述和分析、揭示事物发

---

① 奥苏贝尔. 教育心理学 [M] 北京：人民教育出版社，1994.

生发展过程的本质，使学生把握事物的内在联系和规律的教学形式。讲解技能是教师利用口头语言并配合手势、板书和各种媒体等，阐释事实、揭示事物本质、引发学生思维发展的教学行为方式。[①] 对于讲解的认识要避免以下两种倾向：

1. 讲解不等于灌输

一些教师对讲解的认识存在误区，认为讲解就是灌输，事实上讲解不是不考虑学生的感受，不关注学生的主体地位，讲解要注重与学生的互动交流，注重启发学生的思考质疑，要符合学生的认知规律。甚至是在中国古代教育中，像孔子、朱熹等教育家讲解时，也都注意避免灌输。朱熹提出"书有合讲处，有不必讲处""某与人说学问，只是说得大概，要人自去下功夫……若不下功夫自去讨，终是不济事"。意思就是说要分清讲什么，不讲什么，讲多与讲少的关系，教师讲时要注意留白，有些讲的机会要留给学生。此外，朱熹还提出"讲要致思"。问答式是朱熹讲学的突出特点，他认为学而有问，学离不开问。他偏爱设疑、答疑，认为疑是前进的起点，小疑小进，大疑大进。因此，讲解绝不是压抑学生的思想，真正意义的讲解，其本质上属于启发式教学的一部分。

2. 讲解不是只依赖语言

讲解的主要手段是语言，因此锤炼自身的语言表达能力是非常重要的。但这并不意味着，讲解时只靠说话就可以了，好的讲解除了语言自身要有吸引力、感染力之外，还必须要与教师的表情、手势、动作、板书、教具、实验演示、音乐、信息技术等各种手段、媒体、信息传递方式结合在一起，彼此配合，融为一体。因此，讲解是以语言为中心，并与其他所有手段有机配合的一种教学技能。

（二）讲解的价值和作用

结合讲解的内涵以及实际教学，从学生的角度看，讲解具有以下五个方面的价值和作用。

1. 获取信息

在课堂上，学生获取信息的途径之一是来自教师的讲解，而讲解也是教师向学生传递信息的主要方式之一。学生通过教师的讲解，可以直接明确学习活动的要求、内容、过程、规则、方法、要点等直接信息。此外学生还可以通过教师的讲解，获取到大量课本以外、知识背后的间接信息。例如语文中作者的生平经历，文章的写作背景，数学中公式发明的数学历史，数学家的故事，数学公式在社会、生活、科技及其他学科中的广泛应用等。

2. 解疑释难

学生在学习过程中，难免会遇到疑难与困惑，这时教师通过有效的讲解和恰当的点拨，就可以帮助学生化抽象为具体，化复杂为简单，化繁杂为有序，将难懂的知识用浅

---

① 郭友.新课程下的教师教学技能与培训 [M] 北京：首都师范大学出版，2010.

显的语言进行解读，排除学生认识误区，解答学生心中的疑惑，让学生豁然开朗。相比单纯的让学生独立探索，教师适时、适度的讲解将大大提高学生的学习效率和学习质量。

3. 获得本质

学生学习知识与方法，只有把握本质才能触类旁通，举一反三。现象是指事物的外部联系，通过人的感官直接感知的事物个别的、多变的联系。本质指的是事物的根本性质，只有通过人的理性思维才能把握的共性的、相对稳定的内部联系。① 本质是深刻的、隐蔽的、抽象的、不易觉察的，因此本质一般是不容易被发现的。很多学生在学习时往往感悟不到知识的本质，这时就特别需要教师一针见血、醍醐灌顶的讲解，可以帮助学生透过现象看到本质，增强学生对知识理解的深度，特别是感悟到知识间的内在联系，知识的探索过程所反映的学科思想、学科观点、学科精神等。

4. 学会思考

林崇德教授指出"落实核心素养，思维教学是首要问题"。不同的学科有不同的学科思维方法，当然也有一些共同的思维方法。在课堂教学中，教师通过把讲解与提问、互动、阅读、实验、辩论、反思等学习活动有机结合，让学生经历面对一个情境，如何基于学科观点和生活实际提出有价值的问题，如何在已有知识、经验和学科思想方法的指导下，运用科学合理的学科思维方法灵活的分析问题，明确条件和影响因素，产生解决问题的思路与方法，并最终利用知识解决问题，再对解决问题的过程与方法进行反思、总结、拓展、迁移，等等。在此过程中，讲解在培养学生学会如何科学思考、理性思维，发展学生的思维能力，优化思维品质等方面都发挥着不可替代的作用。

5. 激发兴趣

有些教师讲解时，激情澎湃，声情并茂，学生被老师所感染，并透过老师的讲解发现了知识的美；有些老师知识渊博，讲解时旁征博引，洋洋洒洒，学生被教师带进了一个大千世界，感受到了世界的奇妙；有些老师通过巧妙的设问，触发了学生的认知冲突，激起了学生探究世界、改造世界的欲望；有些老师用巧妙的点拨或清晰易懂的讲解，帮助学生解决了他百思不解的疑难问题，让学生感受了成功的喜悦。因此，恰当有效的讲解对激发学生学习兴趣具有重要作用。

（三）讲解时机的选择

我们常说教师要讲在当讲处，要知道何时该讲，何时不该讲，因此如何恰当的选择讲解时机在讲解中非常重要。那么教师到底该何时讲解呢？孔子给出了答案，即"不愤不启，不悱不发"。朱熹在《论语集注》进一步阐述"愤者，心求通而未得之意；悱者，口欲言而未能其貌；启，谓可其意；发，谓达其辞"。具体的，当遇到以下情况时就需要教师进行讲解了。

① 梁小微. 浅谈现象与本质 [J]. 黑龙江教育学院学报，2010（4）.

1. 当学生思维受阻时

虽然我们提倡学生的自主探究，但有些知识学生由于受认知水平和已有认识的干扰，其探究的深度和广度还是十分有限的，有时会出现思维短路，有时会出现错误认识。这时就需要教师用科学的讲解、精辟的分析、形象的描述，帮助学生疏通思路、纠正错误。如果这时教师还不讲解的话，学生会因无法解决困难而彻底放弃思考或探究。同时由于课堂教学时间有限，此时教师不讲解的话也会大大降低课堂教学效率。但即使这时选择讲解，也不是意味着教师要立刻直接捅破窗户纸，把答案和盘托出直接告知学生，而是应该首先相信学生能在教师的启发下可以自己独立思考清楚或完成的。因此教师可先尝试通过点拨、启发式讲解，当发现学生确实在教师的启发下仍然一头雾水，找不到思考或完成任务的方向时，这时教师再直接进行全面系统的讲解。

2. 当学生意见分歧时

好的课堂教学，是开放的，思辨的，教师要鼓励学生独立思考，发表不同的见解，要善于引发学生之间不同观点的碰撞与交锋。但教师也要把握好度，观察学生是否已经处于"愤""悱"状态。当双方经过讨论谁也说服不了谁，无法确定是非对错，都把目光投向教师时，这时已达到了"愤""悱"状态了，此时教师就必须要通过讲解来澄清是非，指出对错，最终让学生达到认识的统一。

3. 当学生的思考或表达不够完美时

课堂上，有时学生或思考的不够深入系统，或表达的不够清晰严谨，或求解的不够规范完整等，总之会有各种不完美的时候，这时为了让学生学会如何深入、系统、严谨、规范、有逻辑、有条理的思考与表达，这时就需要教师对学生的回答进行补充、总结、梳理等。这时，教师的讲解就对加深学生对知识本质的认识、促进学生的思维发展、提高学生学习质量和水平具有重要意义。

案例2："美食家"奇遇记之一根头发引发的故事[①]

在八年级道德与法治学科的《善用法律——"美食家"奇遇记》这节课中，教师设计了这样一个学习活动：

创设情境：

学生作为小小美食家，在打卡老北京炸酱面时，在面条中吃出了头发。

角色扮演：

① 当遇到态度良好的店家时，学生演绎。

② 当遇到态度蛮横的店家时，学生演绎。

教师设问：

① 当遇到态度良好的店家时，你会怎么做？

---

① 案例提供者为中国人民大学附属中学朝阳学校杨玲。

② 申请免单、换一碗是否违背了善用法律的理念？

③ 当遇到态度蛮横的店家时，你会怎么做？

④ 你如何评价忍气吞声型、恶意报复型、维权型？

当学生回答完后，教师进一步总结与提升：

这样的举措不违背善用法律理念，反而将日常生活与法治意识进行了完美融合。在自我维权时我们的权益问题就得到了完美的解决，不仅维护了自己的权益，更向店家提出了建议，还节约了重要且稀缺的司法资源，正是我们法治意识的体现。当我们自我维权无法成功时，这时就需要寻求法律救助。

忍气吞声型自身权益得不到维护，还会让侵权者更加嚣张；恶意报复型不仅背离了维权出发点，反而触碰了法律的红线；维权型值得点赞，是具有法律意识的体现。

点评：该案例中教师在学生回答的基础上，进行了进一步的梳理、补充、提升，促进了学生对知识本质的理解。

4. 当学生需要增加拓展知识时

教材是学生学习的主要素材，但如果教师只是照本宣科，不敢越雷池半步，那么学生就只能坐井观天，学习的世界就会被局限在教材的一方天地里面。而如果教师能根据学生的学习情况，适时地做延伸或拓展性的讲解，这样不仅能帮助学生理解知识本质，而且还能开拓学生视野，增加学生见闻，发展学生智力，提高学生的学习兴趣。

案例3：观沧海 ①

在曹操的《观沧海》中，"日月之行，若出其中；星汉灿烂，若出其里"是抒发诗人远大政治抱负的。可是，由于诗句精炼深邃，加上学生与诗人的时代、经历、精神相去甚远，学生难以理解诗句的意蕴。所以教师先简要讲解了曹操做此诗时群雄并起的社会背景及诗人统一天下的政治抱负，然后教师再进行总结"诗人认为日月星辰的运行离不开大海的怀抱，大海宛如日月星辰的母亲一样。这样就写出了沧海吞吐日月，含孕群星的气派。作者以沧海自比，那么其建功立业的雄心壮志就跃然纸上了，这也是诗以言志的体现"。教师看到学生意犹未尽的神态，又及时补充"曹操的功过是非都随历史远去，他怎么也想不到千年之后，又有一位伟大人物登上了他当年观海的那片山，并且还写了一首诗回应他。诗是这样的：往事越千年，魏武挥鞭，东临碣石有遗篇，萧瑟秋风今又是，换了人间"。面对这样的文坛佳话，许多学生都流露出惊叹和神往之态。课后许多学生开始主动的阅读《三国演义》和毛主席诗词。

点评：该案例中教师适时给学生补充拓展性知识，既加深了学生对文本的理解，又开拓了学生的视野和见识。

---

① 张雪霞. 关于语文课堂讲解时机的几点思考 [J]. 中国校外教育，2012（8）：122.

三、问题改进

（一）讲解的基本方法

1.举例法

叶圣陶先生说"讲解其实质就是翻译"。当学生对一些抽象的概念、原理无法理解或记忆不牢时，教师可以借助比较典型的具体实例或生活事例对知识进行解读，达到化抽象为具体，化深奥为浅显的效果，来帮助学生理解疑难。例如通过举收入与支出的生活实例，学生就可以轻松理解为什么（-5）+（-2）=-7。再比如当学生总是混淆 $\sqrt{a}$ 与 a 的关系时，教师就以正方形的边长与面积间的关系为例进行讲解，学生立刻就明白了 $(\sqrt{a})^2 = a$ 的关系。除了举正例还可以举反例。当学生产生错误认识时，教师举的一个典型反例可以帮助学生立刻恍然大悟，自我纠错。例如，有学生认为"所有角都相等的多边形一定是正多边形"，教师反问"矩形一定是正多边形吗？"，学生立刻意识到只有所有角相等且所有边也相等的多边形才是正多边形。

运用举例法讲解时，例子的选择要注意典型、全面、准确、科学、简单、通俗。太难、太复杂的例子，反而不太利于学生理解。但如果一味地为了简单通俗，而过于随意，导致出现科学性错误，这样就更不恰当了。例如有教师为了让学生记住三角函数公式，同时为了展示幽默，就说是因为余弦符号 cos 中有个"0"，所以余弦有个嘴，把负号吃掉了，因此 cos（-α）=cosα，而正弦符号 sin 中没有"0"，所以正弦没有嘴，吃不掉负号，因此 sin（-α）=-sinα。有学生立刻反驳说："余切函数符号 cot 里也有个'0'，那为什么 cot（-α）=-cotα 呢？"老师哑口无言。

例子的数量也要因目的不同而不同。如果只是为了让学生借助例子增进对知识的了解，那么一两个即可。但如果是要通过举例，引导学生用归纳的方法抽象概括出概念或法则，那么一般就要举三个及以上的事例。例如，为了让学生能自己抽象出分式的概念，教师就需要多给一些实例，引导学生从这些实例中得出类似 $\frac{s}{a}$，$\frac{3}{m}$，$\frac{90}{30+v}$，$\frac{a-3}{a^2+3ab+b^2}$ 等式子，这样学生就可以通过观察分析这四个式子共同特征，进而完整、全面地抽象出分式的三个本质特征：每个式子都具有分数的形式或两个式子是相除的形式、分子分母都是整式、分母一定含有字母（单项式、多项式均可）"，从而准确归纳概括出分式的概念：分式是形如 $\frac{A}{B}$，A，B 都是整式，且 B 中含有字母的式子。倘若实例太少，学生就会无法看出共同特征，或者共同特征不准确、不全面。

2. 比较法

比较包括类比与对比两种情况。所谓类比是抓住研究对象 A 与 B 之间的相似性，帮助学生借助 A 研究 B，从而达到以旧引新的一种讲解方法。所谓对比，是指把相似或易混淆的知识放在一起，让学生对比他们的共同之处和不同之处，从而达到归纳共同特征，辨析混淆概念效果的一种讲解方法。教学中通过比较法进行讲解，一方面能帮助学生把握知识间的个性特征，更能够帮助学生建立知识间的内在联系，提炼一类知识的共性特征，从而把握知识本质与结构，实现将知识"先由薄到厚，再由厚到薄"的学习境界。

例如在讲解图形旋转时，可以类比图形的轴对称和平移。因为这三种图形变化之间具有很多相似之处。首先，他们都属于图形运动变化类问题。其次，三种变化的确定都与一些基本要素有关，平移可以由平移方向与距离唯一确定，轴对称由对称轴唯一确定，旋转由旋转中心、旋转方向、旋转角唯一确定。此外，它们的性质也都在内容本质和表现形式上类似，本质上它们都是"保角""保距"的全等变化，因此在性质的表现形式上都是从整体到局部的，整体上表现为是反映变化前后两个图形的形状大小的关系，局部反映的是变化前后对应点与基本要素之间的数量、位置间的关系。最后，在画变化后图形的思维方法上三者也完全类似。因此在讲解旋转时，一方面可以引导学生先类比轴对称、平移，去猜想旋转的性质，另一方面在课堂小结中，要引导学生对旋转、平移、轴对称进行对比，归纳提炼它们的相同之处与不同之处。

3. 归谬法

有时教师在讲解时，为了让学生自己意识到自己的错误，还常常采用顺着学生的思维方法进行推理，直到出现非常显然的矛盾、错误，或者荒谬的现象或结论，这时学生就会自己意识到自己的错误了，这种讲解的方法，我们谓之归谬法。

案例 4：人会掉到水里吗[①]

在物理课上，在学生学习惯性时，教师提出问题："一个人站在匀速前进的船尾，奋力向上跳起，落下时会不会掉在水里？"大部分学生认为会掉进水里，少部分学生认为会落在船上，大家争论不休，莫衷一是。由于学生对"跳船"没有亲身体验，因而很难自觉地用"惯性"来得出正确结论，这时教师根据惯性知识正面解释后，发现学生也很难接受。于是教师采用反例试一试。

教师：我们暂且不去争论人到底落在哪里，也不去评价谁对谁错，先来讨论一个别的问题。请问地球动不动？

学生：（齐生）动！

教师：对，地球不仅运动，而且运动速度相当快，地球赤道的自转速度达到 465m/s。

学生：（非常惊奇）哇！

---

① 陆勇. 初中物理课堂教学的重要方法——讲解法 [J]. 实验教学与仪器 .2019（6）：12-13.

教师：（抛砖引玉）由于地球是运动的，如果我站在楼顶奋力向上跳起后，楼房随地球转到别的地方去了，那么你落下来后必粉身碎骨啊，你见到过这种事情吗？

学生：（发出会心的大笑）没有。

教师：（趁热打铁）当篮球运动员高高跃起准备扣篮时，那好，有可能篮球架跟着地球跑了，结果扣到篮球场外去了。

学生借题发挥，笑得前仰后合。

教师：（水到渠成，言归正传）大家再回头去想一想，人到底是落在水里还是船上，为什么？什么原理？

到此，问题迎刃而解，学生也理解了是惯性在起作用，既知其然也知其所以然。

点评：本案例中，教师巧妙运用归谬法例，在轻松幽默中，打开了学生的智慧之门。

4.示范法

学生在学习时，有时需要教师对一些知识与技能把讲解与示范相结合。例如，在体育、美术、音乐等学科教学中，就需要教师对一些动作和方法进行示范。通过示范，学生可以直观了解到动作的要求。运用示范法时，需要教师边示范，边讲解，比练习，这样学生才能掌握动作要领、技术技巧、步骤方法、注意事项等。例如，在《双手从头后向前抛实心球》教学中，教师为了引导学生感受发力部位和发力顺序，使学生逐步掌握动作。教师就需要给学生一边示范讲解跪姿、站姿、左右开立、前后开立等姿势的动作要领，一边让学生模仿练习。

图 2-2-1 双手从头后向前抛实心球

5.问答法

讲解不是教师的独角戏，只有把教师的讲融入学生的学习活动和思考过程中，与学生产生语言的交互、思维的碰撞，通过教师的讲引导学生的自主探究，才是讲解的最高境界。问答法就是一种教师通过启发式提问，采取师生互动交流的形式进行讲解的方法。这时，教师提问的目的是引导学生自己意识到错误之处，自己探寻到思维的正确方向，从而帮助学生完成自主探究。

案例5：配方法解一元二次方程

教师：刚才同学们已经会解形如 $(x+m)^2 = n(n \geq 0)$ 的一元二次方程了，那么你能由此想到如何解下面两个一元二次方程吗？

（1）$x^2 + 4x + 4 = 9$

（2）$x^2 + 4x - 5 = 0$

学生：（部分学生没有任何思路，部分进行到一半无法继续求解，思路受阻）

教师：小 A，请你给大家说说你的想法和做法。

小 A：我想模仿上面方程的解法，想将方程（1）化为 $(x+m)^2 = n(n \geq 0)$ 的形式，于是将方程（1）变形为了 $x^2 = 5 - 4x$，然后开方得 $x = \pm\sqrt{5-4x}$，可下面就不知道怎么办了。

教师：同学们同意小 A 的这种思路和做法吗？

学生：（学生都沉默无语，觉得似乎有问题但又不知道问题出在哪里）

教师：小 A 同学的思路是对的，他想到了要类比形如 $(x+m)^2 = n(n \geq 0)$ 的方程的解法，并且要将方程的形式向 $(x+m)^2 = n(n \geq 0)$ 转化，但从做法上看，$x^2 = 5 - 4x$ 的形式完全符合 $(x+m)^2 = n(n \geq 0)$ 的形式要求吗？哪里符合，哪里不符合？

学生：方程左边符合，但右边不符合，$(x+m)^2 = n(n \geq 0)$ 要求右边是一个非负的常数，而 $x^2 = 5 - 4x$ 中右边是一个代数式，还含有未知数，并且也不确定 $5 - 4x$ 是否是非负数，如果是负数就不能开方。

教师：这是导致方程无法求解的主要原因吗？

学生：是的。假如等号右边没有未知数 x，而且是非负数，那么方程就可以求解了。

教师：那该如何怎么办呢？

学生：（沉默不语，完全没有思路了）

教师：其实，我们注意到 $(x+m)^2 = n(n \geq 0)$ 中，等号左边也可以是一个多项式的完全平方的形式，因此也可将考虑 $x^2 + 4x + 4 = 9$ 的左边化为一个完全平方的形式，你有新的思路了吗？

学生：啊，老师我想到了，$x^2 + 4x + 4$ 刚好是一个完全平方式啊，根据公式 $a^2 + 2ab + b^2 = (a+b)^2$，$x^2 + 4x + 4 = (x+2)^2$，于是方程（1）可化为 $(x+2)^2 = 9$，这样就完全符合 $(x+m)^2 = n(n \geq 0)$ 了！

教师：那同学们想到方程（2）如何解了吗？

学生：方程（2）与方程（1）形式类似，我们也可以考虑将 $x^2 + 4x - 5 = 0$ 的左边变形为完全平方的形式，或者化为 $x^2 + 4x = 5$，然后再想办法将左边变形为完全平方。

点评：上述案例中，教师通过提问，使学生自己探索出了用配方法解形如 $x^2 + bx + c = 0$ 一元二次方程的思路。

（二）优秀讲解案例分享

下面以北京市第八十中学管庄分校徐杏芊老师设计的《三角形内角和》① 为例，来介绍一节课中如何系统地设计和实施讲解。

1. 设计讲解目标

通过教师讲解，促进学生能：

① 体会三角形内角和证明的必要性。

② 自主发现三角形内角和的证明思路，体会转化思想。

讲解重点：自主发现三角形内角和证明思路。

讲解难点：理解为什么要添加辅助线，如何添加辅助线。

2. 设计讲解结构框架

教师可以通过设计出讲解的若干主要问题，来构建出整节课要讲解的结构框架

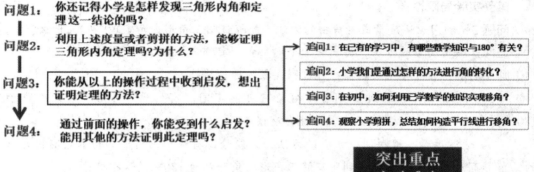

图 2-2-2 三角形内角和讲解框架

3. 讲解片段展示

片段一：为何要研究三角形内角和证明

操作回顾：

问题 1：在小学我们已经知道任意一个三角形的三个内角和等于 180°，你还记得是怎样发现这个结论的吗？请大家用手中的纸片进行探究。

问题 2：动手操作，汇报成果。

---

① 案例提供者为北京市第八十中学管庄分校徐杏芊。

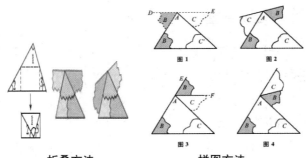

折叠方法　　　　　拼图方法

（1）通过度量三个内角，并把度数相加，得到结论。

（2）可以用剪图，拼图或者折叠的方法将三个角转化在一起得出结论。

讲解意图： 从学生已有认知出发，通过问题引导，不仅从知识上回忆定理内容，并从实验几何中回忆小学期间定理的发现过程，让学生思考实验几何在说理中的局限性，体会论证几何的必要性，另一方面可以实验为发现证明思路埋下伏笔。

感受实验局限性：

问题2： 利用上述度量或者剪拼的方法，能够证明三角形内角定理吗？为什么？

追问： 运用度量的方法，得出的三个内角和一定都是180°吗？为什么？

师生活动： 引导学生反思操，作过程，教师进行总结：

（1）不同同学通过测量得到的结论有可能不同，有的大于180°，有的等于180°，有的小于180°，因为测量可能会有误差。

（2）通过度量，剪拼图或折叠的方法，只能验证有限个三角形，而不同形状大小的三角形有无数多个，不能得到所有的三角形内角和都为180°的这个结论。

（3）正因为小学阶段的学习有这样的局限性，因此在中学，要运用数学的知识有理论依据的证明这一定理。

讲解意图： 引导学生探究，实验几何在操作过程中由于视觉误差、度量误差、实验有限性与三角形个数无限性和实验操作无依据之间的矛盾而具有局限性，进而了解论证几何的必要性。

片段二：如何想到三角形内角和证明方法

问题： 你能从以上的操作过程中受到启发，想出证明"三角形内角和等于180°"的方法？

追问1： 在已有的学习中，有哪些数学知识与180°有关？

师生活动： 学生回答，教师引导总结：平角为180°；两直线平行，同旁内角互补.

追问2： 小学我们是通过怎样的方法进行角的转化？为什么可以通过这样的方法发现结论？

师生活动：引导学生回顾总结，独立思考，教师总结：无论是通过拼折还是撕角的方法都是将三角形分布在不同地方的三个内角进行移动，将它们转化拼到一起，刚好形成了一个平角。

移动的过程中只改变角的位置，不改变角的形状和大小，因此则说明移动前三角形内角和为 180°。

追问 3：什么叫做移角？在初中如何利用已有数学的知识实现移角？

师生活动：引导学生回忆发现，独立思考，师生共同总结：

（1）移角就是指两个角在位置不同的情况下，但大小相等。

（2）两直线平行中，同位角与内错角，位置不同，但是大小相等。

（3）因此给予证明启示，如果有平行线就可以将角移动到同位角以及内错角的位置。

注意：若有学生回答利用对顶角进行移角，则给学生展示对顶角无法将三个角转移到一起，因此不适合本问题。

讲解意图：（1）通过分析证明目标，引导学生从数学知识上思考与 180° 有关的内容，明确三角形内角和的证明目标，体会数学的化归思想。（2）引导学生利用直观想象从小学折叠和撕角变化中，体会将分散的角移动到一起，形成平角，初步感受移动过程形状和大小不变，只有位置改变，感受几何变换的作用。（3）从实验几何中的移角到论证几何中"保证位置不同而大小相同"，利用平行线性质赋予小学移角操作以数学依据。

追问 4：观察小学剪拼的方法，总结如何构造平行线进行移角？

师生活动：引导学生依据作图痕迹，观察总结。

例如，图 2 终极目标就是把角都移动到 ∠A 的位置，因此过 ∠A 做了平行线，这样就可以通过内错角把 ∠B 和 ∠C 移过来了。因此考虑利用内错角只有过 A 点做 ∠B 和 ∠C 一边的平行线，这样可以把他们移上去。

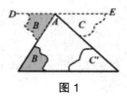

图1

再例如，图 2 想把角都移动到 A 点，因此过 A 点作平行线，由于想利用同位角和内错角将 ∠B 和 ∠C 进行转移，因此过点 A 作 ∠B 和 ∠C 边的平行线。

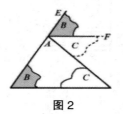

图2

做平行线方法总结：想把三个角移到某一点上，就在那一点做一条平行线；想移动三角形中的哪个角，就做这一点这个角某一边的平行线。

讲解意图：进一步引导学生通过观察实验几何的操作方法，总结移角方法——平行线，第二次突出培养学生的直观想象素养，最终形成添加辅助线的一般方法。

讨论交流

此讲解案例有哪些优点？对你有哪些启示？

案例分析

本案例讲解目标明确，讲解过程始终围绕讲解的重难点。能灵活采用问答法、示范法、比较法、演绎法、归纳法等多种讲解方法进行讲解，讲解方法适当。问题设计有特色，能根据讲解目标设计讲解的框架，核心问题指向三角形内角和为什么证明、怎样想到辅助线添加方法这两个关键问题，帮助学生有效建立知识间的联系，指向本节课内容的数学本质。讲解过程有逻辑、有层次、有深度，揭示了知识本质，有效地使学生感受到了演绎推理在数学研究中的必要性，对学生理解转化思想，提高严谨、发散等思维品质，培养逻辑推理、直观想象等数学学科核心素养—有很好的教育意义。

实践操作

录制自己某一节课的教学视频。

观察视频，对照附录中的讲解技能自查表诊断自己的讲解行为，分析自己讲解行为的优缺点，寻找存在的问题，并思考交流改进方案。

（三）设计讲解方案的一般流程

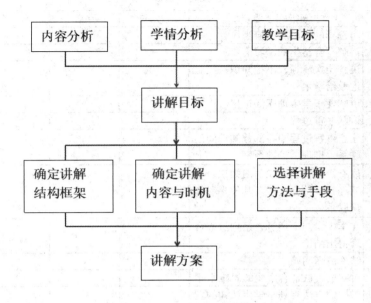

图 2-2-3 设计讲解方案的一般流程

总结反思

请结合以下问题，对话题学习内容进行总结：

1. 为什么讲解必不可少？

2. 如何恰当的选择讲解时机？

3. 讲解的常用方法有哪些？

4. 什么的讲解是好的讲解？

5. 怎样设计自己的讲解行为？

附录：

讲解技能自查表 ①

一级指标（要素）	二级指标（要点）	较好	一般	不符合	权重
讲解时机	所选择的讲解时机恰当				0.1
	讲解符合学生的学习需要				
内容条理性	讲解层次清晰，不把知识一股脑地教给学生				0.1
	讲解便于学生理解和记忆				
语言逻辑性	讲解注重过程				0.1
	注意讲解过程中各部分知识间的联系，推理、论证严密				
普遍联系	能有机地将新知识与旧知识、生活经验、社会实践及其他学科知识联系				0.2
得出结论	在学生参与下通过一系列过程合理得出结论				0.1
	结论清晰明确				
方法与学生	讲解的方法适合学生的思维水平				0.2
	讲解的方法有利于学生认知的发展，有利于学生掌握所学知识				
提供学习资源	能为学生的学习提供多种多样的学习资源，能促进学生的学习				0.1
学生参与	学生积极参与讲解过程				0.1
	充分发挥学习的主动性，主体作用明显				

主题三　做好提问与追问

学习目标

通过本主题的学习，学习者能够：

1. 了解提问与追问的内涵及功能；

2. 知道提问技能的构成要素及类型；

3. 能根据学科课程标准、教材和学情，设计合理的问题与问题链；

4. 提高对提问、追问的认识，重视学生问题意识的培养。

---

① 根据孟宪凯. 教学技能有效训练——微格教学 [M]. 北京：北京出版社，2007. 改编。

一、问题聚焦

案例1：结题会上的质疑声

C区D学校做了名称为《课堂教学有效提问策略研究》的课题，结题会上邀请了多个区县的教科所专家参会，会议流程是课堂教学观摩、课题负责人做课题汇报、邀请专家做点评指导。点评环节DX区教科所专家说："我带来了我们的课堂教学观察研究团队，今天听课时我们做了分工，有人负责统计提问的次数，有人负责统计提问的时机、提问问题的难易程度、提问的形式、学生回答的情况等，这节课在45分钟的教学过程中提问的次数共计有126次……我们团队对于今天这节课提问的有效性提出质疑……"

讨论交流

一所市级示范校的市级课题结题汇报会上，展示课却被同行提出了质疑，作认为讲课者与评课者的分歧主要体现在哪里？

二、问题分析

上面案例中课题名称是《课堂教学有效提问策略研究》，而DX区教科所专家认为观摩的这节课的问题恰恰出在了提问的有效性上了。

什么样的提问是有效的提问呢？

对于提问有效性的话题，国内外的很多学者和专家都有研究，主要研究内容包括课堂提问的内涵、类型、功能、影响因素、优化策略和提问有效性等。随着课程改革、教学改革的逐步深入，国内外对于课堂提问的评价体系研究也越来越多，研究成果更加丰富，越来越多的学者给出了比较严谨系统的评价体系和标准，并且给出了比较具体的课堂提问评价量表，感兴趣的读者可以查阅以提问为主题的专著来深入阅读，本主题笔者根据自己的学习体会进行概括式描述。

课堂提问是教师与学生之间交流互动的一种教学行为方式，提问是否恰当、有效，可以从问题的设计、问题的提出、达到的效果等方面进行观察。在问题的设计方面：教师设计的问题要能够根据不同教学内容设计不同类型的问题；设计的问题要紧紧围绕教学目标这个核心，要有利于教学目标的达成；有利于促进学生思维发展、素养的形成；各问题间彼此关联、层层递进、逻辑性强，能形成一个具有一定框架结构的完整问题链。在问题的提出方面：教师要注意提问的时机、提问的分布与指导、注意提问的反应与探询等；问题提出后要给学生留有足够的思维空间，要对学生的回答给出及时反应、探询与指导。在问题的效果上看：问题在帮助学生领悟教材知识、理解学科本质方面发挥积极作用；能帮助教师检查学生对新知的掌握情况，教师根据学生的接受程度以及回答的反馈情况更好地调控自己的教学等。

除了定性地去分析课堂教学过程中提问与追问的适切性和有效性外，还可以利用评价量表定量地评价提问与追问的有效性和适切性。提问与追问评价标准可参见附录。

做好提问与追问，首先需要搞清提问和追问的内涵、功能和要素。

（一）什么是提问和追问

提问是教师工具箱中最重要的工具（南希·弗雷，Nancy Frey，美国圣地亚哥州立大学教育领导系教授）。课堂教学中除了教师的讲解，提问也是很重要的教学方法，是教师必须熟练掌握的一项技能。

提问技能是教师运用提出问题，以及对学生回答的反应的方式，了解学生学习状态，组织学生快速进入学习状态，激发学生的兴趣，促进学生参与，启发学生思维，帮助学生理解和掌握知识，帮助学生形成探究的心态，发展学生核心能力的一类教学行为。

追问是提问的一部分，是在学生回答了教师提出的问题后，教师根据学生的回答，有针对性地进一步引申提问，从而深化问题、有效达成教学目标的教学行为。追问可以激发学生的兴趣，放大学生对问题的思考过程，通过追问教师也能够更加关注学生，启迪学生的思维。

（二）提问与追问的功能

1. 了解学情、组织教学

学情分析是了解学生已有基础和经验的重要方法，在本书前面话题一的主题二中有专门的章节论述学情分析，相关内容不再重复，这里强调的是在课堂教学中通过提问也可以了解学生已有的认知基础或带领学生对前面学过的知识进行回顾，为本节课的教学内容做好铺垫的作用。

一般情况下教师会在上课开始部分利用这一功能。通过帮助学生复习与即将学习的新知识有关的旧知识，温故而知新，从中找到新旧知识联系的连结点，合乎逻辑、顺理成章地引出新知识从而导入新课。

案例 2：复习旧知，引发思考——导入新课 [①]

（《5.3.1 平行线的性质（1）》，七年级数学，人民教育出版社，2012）

教师：上节课，我们学习了平行线的判定方法，分别是什么？

学生：1. 同位角相等，两直线平行。

---

① 案例提供者为中国教育科学院附属实验学校石亚晶。

2. 内错角相等，两直线平行。

3. 同旁内角互补，两直线平行。

教师追问（1）：三种判定方法中，条件和结论分别是什么？

学生：思考回答，其他学生修正或补充。

教师板书：平行线的判定：

　　　　同位角相等，两直线平行；

　　　　内错角相等，两直线平行；

　　　　同旁内角互补，两直线平行。

教师追问（2）：在三种判定方法的条件下，都可以由角的数量关系得到两条直线平行的结论；反过来，在两条直线平行的条件下，同位角、内错角、同旁内角又各有什么数量关系呢？

学生结合平行线的判定，考虑同位角、内错角、同旁内角。

教师：今天我们这节课就一起来探究平行线的性质。

讨论交流

思考：上述案例中教师的提问有哪些作用？

分析：教师通过一个提问和两个追问，在带领学生复习旧知的同时引出本节研究问题；为类比研究平行线判定的过程来进行平行线性质的研究做好铺垫。教师把追问（2）提出的问题作为这节课的主线组织这节课的教学，引发学生思考，引导学生画图、测量、猜想、证明，在过程中渗透判定与性质的互逆关系，培养学生发现问题和提出问题的能力。

案例3：不确定的学情确定化

在学生预习了课文《济南的冬天》后，教师提出问题：

教师：为什么把树上雪比成"看护妇"是恰当的比喻？

师生活动：教师连续提问五个学生，都回答不好。

讨论交流

思考：上述案例中教师的提问有哪些作用？

分析：教师根据以往的教学经验知道阻碍学生思考的并不是有关比喻的知识，而是学生对"看护妇"这个词语不理解，学情不同，学生的理解力也会有差别。这个班的学生对"看护妇"这个词语理解的怎么样呢？教师需要对自己的预设作出判断。因此提出此问题，从反馈信息中诊断出现在任教的班级学生对"看护妇"这个词语也不理解，因此学生找不出喻体与本体之间的联系点。于是，教师马上提示"看护妇"就是护士，解决了这个障碍，使得问题迎刃而解了。

2.指明方向，启发思维

教学过程中通过提问，吸引学生参与，促进学生学习、思考和评价，启发思维，帮助学生理解和掌握知识，帮助学生形成探究的心态，发展学生核心能力，是常用的教学方法。

案例4：引导学生探究总结法则

（《有理数的加法（第一课时）》，七年级数学教学参考书，人民教育出版社）

案例在引导学生探究、总结法则的过程中，设置了以下的问题和问题链，引导、启发学生积极思考，并总结出有理数的加法法则。

问题：一个物体作左右方向运动，我们规定向右为正，向左为负。向右运动 5m 记作 5m，向左运动 5 m 记作 –5m. 如果物体先向右运动 5m，再向右运动 3m，那么两次运动的最后结果是什么？可以用怎样的算式表示？

案例分析

教师借助学生熟悉的日常生活问题解释有理数加法，为学生探究加法法则指明了研究的方法和方向，让学生感受加法法则的合理性，并自然地接受这个法则。

追问1：上面我们实际上得到的是"正数＋正数"的情况。你能模仿上述过程，解决下面的问题吗？

如果物体先向左运动 5m，再向左运动 3m，那么两次运动后总的结果是什么？能否用算式表示？

案例分析

教师在通过上面问题用数轴自然地解释了学生小学已经学过的"正数＋正数"的情况下，巧妙利用"负数＋负数"的情况与"正数＋正数"完全类似的特性，引导学生模仿"正数＋正数"解决"负数＋负数"，既巩固刚学习的方法，又加深他们对法则的理解。

追问2：你能从"符号"和"绝对值"两个方面，用一句话概括一下上述两种情况吗？

案例分析

教师利用追问2引导学生对于同号两数相加的法则进行总结，既给学生独立思考、自主探究的机会，培养了学生的思维发展，又在研究思路上加以引导，为后面研究异号两数的加法法则做好铺垫，同时还渗透了从特殊到一般的思想方法。

接下来，教师又通过一组问题，环环相扣，层层递进，引导学生探究和总结出来异号两数的加法法则。

这样，教师通过一个完整结构的问题链作为引导，很清晰地给学生指明了有理数加法法则的学习思维方向，帮助学生探究、归纳出完整的加法法则。

3. 激发兴趣，促使参与

教学过程中通过创设情境，师生问答，可以激发学生的兴趣，引发学生的积极参与；当教师教学过程中发现有个别同学走神或者有交头接耳现象的时候，适当地穿插一个提问以引起该同学的注意，把同学自然地带入学习状态中，保持课堂教学顺利进行，保持课堂教学秩序。第二种情况是富有教学经验的老师经常使用的一种技巧。

创设情境激发兴趣，提出问题引发思考，这一功能在各学科的应用都很普遍，尤其是在物理、化学、科学、生物等学科上更为突出。

案例 5：制造认知冲突，激发学生探究兴趣[①]

（《再看 NO_2 与 H_2O 反应》，高一化学）

教师：请同学们预测将 H_2O 打入到 NO_2 针筒中将会出现什么实验现象？并书写 NO_2 与 H_2O 反应的化学方程式。

学生书写方程式：

$3NO_2+H_2O=2HNO_3+NO$

学生预测现象：红棕色气体消失，液面上升 2/3。

教师：请同学们观看 NO_2 与 H_2O 反应的实验视频并描述实际看到的实验现象。（播放视频）

学生：描述实际现象：红棕色气体消失，液面上升到针筒顶部，几乎无气体剩余。

教师：请同学们针对"该实验的异常现象"提出合理的假设，并从物理变化和化学变化等多角度对异常现象进行分析。

案例分析

通过提出问题预测现象，与 NO_2 与 H_2O 反应后出现的异常现象制造认知冲突，激发学生的探究兴趣。通过从物理变化、化学变化等多角度对异常现象分析并提出假设，培养学生的证据意识和提出合理假设的能力。

4. 获得反馈，调整教学

教学过程中通过师生问答，教师可以了解到学生对学习内容的理解和掌握情况，以不断调整自己的教学，教学过程中应用比较多的就是根据学生的反应情况，设计追问以做到有的放矢、因材施教；通过师生问答让学生也可以了解教师的意图，领会教师的点拨指引，并能检查自己学习的情况，发挥双方协调教学步骤，克服教学的盲目性，发挥双方的积极性。

[①] 本教学设计来自北京工业大学附属中学杨林丰。

案例6：随机应变，及时调整教学，尽显大师风范 ①

北京市特级教师北京四中数学教研组长谷丹老师在讲下面一道题目时的提问与追问：

题目：比较 $\dfrac{\sqrt{5}+1}{2}$ 与 $\dfrac{3}{2}$ 的大小。

学生：不会。

教师追问：那题目改成什么样子，你们就会了？

学生1：没有根号，就会了！

学生2：没有"+1"，就会了！

教师追问：那好，怎样才能没有根号呢？

学生：把5换成4或者9？

教师追问：行啊，咱们换一个试试？

学生顺利地应用放缩法得到正确的结论，而且总结道：换4行，换9不行！

教师追问：怎样才能没有"+1"呢？

学生：两边都减 $\dfrac{1}{2}$ ？

教师追问：行啊，咱们试试？

学生也顺利地得到了正确的答案。

案例分析

这是谷老师到一所普通学校支教时讲的一节课。谷老师没有想到学生会出现这样的困惑，但是谷老师获得反馈后及时调整教学，巧妙地利用追问引导、启发学生的思维，帮助学生联想到要解决问题相关联的已知已会的知识，再鼓励学生尝试应用合理方法解决问题，再自然地引导启发学生在将新问题转化为旧方法的过程中渗透了转化思想。题目虽小，但通过这个案例可以看出特级教师解题教学过程中的妙手所在。

三、问题改进

本部分将借助设计问题、提出问题、实践操作三部分内容讲述提问与追问的问题类型、问题的构成要素、问题的应用要点、对设计问题的评价等，进而解决教学过程中存在的与提问技能相关的问题。

---

① 案例来自北京教育学院顿继安教授讲座《数学教学设计的要素与要点》。

（一）设计问题

要使提问有更好的效果，教师必须在进行教学设计时精心设计好问题，只有问题设计得好，才能做好提问与追问，要设计好问题，首先要了解问题的类型和构成要素。

1. 问题的类型

不同的知识类型和不同的教学目标需要设计不同类型的问题。提问类型的分类由于分类标准的不同，可有不同的分类，通过阅读文献发现，对于提问的类型一般都是从认知层次和提问技巧两个方面进行分类。

（1）根据认知层次分类

① 识记提问

识记提问包括两种：

一种是判断性提问，这类问题只要求学生对提问作出反应，回答"是"与"否"即可，多是集体应答，不需要进行深刻地思考，这种提问明显不足就是不容易发现个别学生理解的情况。

另一种提问是要求学生回忆旧知识，如解释词语、术语，回忆已学过的事实、概念、定义，背诵课文等。这种提问主要是帮助学生回忆旧知识，为学习新的知识做好准备。

② 理解提问

理解提问包括三种情况：

第一种是一般理解的提问，要求学生用自己的话对事实、事件等进行描述，如用自己的话复述课文或者命题等。

第二种是深入理解的提问，要求学生用自己的话概括段意、中心思想、观察到的现象、抽象概括出的概念等，以了解学生是否抓住了问题的实质。

第三种是对比理解提问，要求学生对相关相近等有一定关联的内容进行对比，区别其本质的不同，达到深入的理解。理解提问主要是了解学生对教学内容的理解程度。学生要回答这类问题，必须调动已有的知识和经验，对新学内容进行重新组合，因而是较高层次的提问。

③ 运用提问

运用提问是让学生运用新获得的知识和回忆原有的知识来解决新问题，如让学生运用有关的语法知识、修辞知识等来分析文章的有关段落、语句，或是运用构词的知识来解释新的词语；用已有知识推导新的公式法则等。

④ 分析提问

分析提问是要求学生找出各事物之间的内在联系。学生要回答这一类型的提问，仅靠阅读教材文本或是记住教师所提供的材料是无法回答的。这就要求学生能组织自己的思想，寻找根据，进行解释或鉴别，进行较高级的思维活动。

⑤ 综合提问

综合提问要求学生进行创造性思维。学生要回答这一类型的提问，需要迅速检索认知结构中的有关知识和经验，进行分析、推理、想象、联想等思维活动，最后综合得出新的结论。

⑥ 评价提问

评价提问是要求学生对内容、方法、思想、表达形式等进行欣赏、鉴别和评价，作出价值判断。在进行这种提问之前，必须帮助学生建立起正确的价值观，或是提出判断评价的评价标准（或说评价量规），以作为评价的依据。学生回答这一类型的提问时要融进自己的感受，要综合运用新学的内容以及已有的知识和经验，进行独立思考。因此，对这类提问的回答，往往带有一定的主观色彩。

评价提问还包括，评价他人的观点，判定作品的思想价值，判断表现方法的优劣等。

借鉴布卢姆认知领域教学目标分类学的理论，根据学生认知水平可将提问分为六种类型。这种分类的提问是与学生认知能力提高同步的，是适合学生心理发展水平需要的。这六种类型的提问，是由低层次向高层次逐步排列的。学生的回答反应，必须经历由简单辨别、选择、回忆到逐步深入复杂，由具体到抽象，由分析到综合的这样一个思维过程。在使用这几种类型的提问时，教师要考虑提问的频率和时机，尽可能多地使用较高层次的提问，以不断加强学生的思维强度，提高学生的思维能力，提升发展学生的核心素养。

（2）根据提问技巧分类

① 诱导提问

诱导提问是启发学生学习积极性，创设问题情境，使学生形成问题意识，开展定向思维的提问。一般在某个新课题的起始阶段，教师为了引起学生的学习兴趣，进行定向思维，或为学生营造某种学习氛围，或是将学生的注意集中到某一特定内容，常常使用这一类型的提问。

② 疏导提问

疏导提问是学生在学习过程中，思路受阻或是偏离正确方向时，教师进行点拨、疏导的提问。

③ 台阶提问

台阶提问是设计一组层次分明、由易到难、由具体到抽象，由现象到本质，由局部到整体的问题，像阶梯一样，引导学生一个台阶一个台阶地攀登，以达到突出重点、化解难点的目的。

④ 迂回提问

迂回提问也称作"曲问"，即为了解决一个问题，折绕地提出另一个或另几个问题的提问。这种类型的提问意在增加思维强度，引导学生自己去解决重点和难点，使学生处于主动学习的地位。

技巧型提问的作用，是为了确保认知水平的提问目标得以实现。这类提问往往在启发学生形成问题意识、激发参与的积极性和不偏离方向，进行定向思考时起作用。

2. 问题的构成要素

问题的构成要素主要包括结构、措词、焦点化、分布、指导、停顿、语速、反应、探询等九个构成要素。

设计问题要注意关注以下几个方面。

（1）问题的结构

设计的问题要具有一定的结构。

所谓结构（现在很多书上也叫作问题链、问题串），是指教师根据教材内容和学生认知实际，以提问的方式，将与实现教学目标有关的问题排列成一个由浅入深、由易到难的系列，从而给学生提供一个连续思考的问题框架，使学生能了解到教学各个阶段所要解决的问题以及彼此之间的关系（如时间联系、空间联系、意义联系等）和解决这些问题与实现教学目标之间的内在联系，从而能沿着正确的方向，去实现教学目标。

完成问题框架的过程，就是学生学习和发展的过程，也是教师实现教学目标的过程。问题与问题链的设计成功与否往往是一节课成功与否的关键。在问题与问题链中，主问题和关键问题的设计又是重中之重。因此，如何把学生对教学内容的理解、学科本质的把握、能力的提升、素养的发展组织进来，教学过程中如何启发、如何激趣、如何组织教学等，教师都必须在问题设计过程中全面地考虑进去，也就是说每个问题的设计意图都要考虑清楚，写下来，多琢磨琢磨。

新入职教师在学习撰写教学设计时可以从模仿教学参考书配套的设计示例开始，先模仿后创新，先入格后出格，把设计示例中的问题抽出来，进行揣摩，体会问题框架的设计。

案例 7：先模仿后创新，先入格后出格 [①]

（《方程及一元一次方程的概念》（第一课时）教学设计示例，七年级教学参考书，人民教育出版社）

把教学参考书设计示例中的问题单独地抽取出来，就有了如下的问题和问题链（或问题串）。

问题 1：一辆客车和一辆卡车同时从 A 地出发沿同一公路同方向行驶，客车的行驶速度是 70 km/h，卡车的行驶速度是 60km/h。客车比卡车早 1h 经过 B 地。A，B 两地间的路程是多少？

追问（1）：你会用算术方法解决这个问题吗？

追问（2）：此题中涉及哪些量？这些量之间有什么关系？如何表示？

---

① 改编于人民教育出版社七年级教学参考书示范案例。

追问（3）：你认为应引进什么样的未知量？如何用方程表示这个问题中的相等关系？

追问（4）：列方程的依据是什么？

问题2：对于上面的问题，你还能列出其他方程吗？

问题3：比较列算式和列方程解决这个问题各有什么特点？

问题4：你能归纳出方程的定义吗？

问题5：略。

观察上面的例题，列出的三个方程有什么特征？

问题6：（1）怎样从实际问题中列出方程？

（2）列方程的依据是什么？

问题7：（1）本节课学习了哪些主要内容？

（2）一元一次方程的三个特征各指什么？

（3）从实际问题中列出方程的关键是什么？

案例分析

教学目标和学生已有基础是设计问题的基础和出发点。拿着这个问题和问题链再去对照本节课的教学目标和学情分析，认真揣摩设计者意图，可以看出范例中7个问题都紧紧围绕本节课的教学目标进行设计，7个问题间彼此关联、层层递进，逻辑性非常强，形成一个完整的框架结构。

年轻教师具有非常强的信息技术应用能力，在进行教学设计时可以借鉴思维导图类的工具列出本节课的框架结构、问题结构框架图，先从整体上去把握住这节课，然后再去填写更加详细的内容，也不失为一种好的方法。

（2）问题的措词和焦点化

问题设计要注意措辞和焦点化。

措词是指问题设计的语言要准确、简洁、指向性强且利于学生理解，问题的表述要适合全体学生的心理发展水平和知识能力水平，使他们能较快地作出反应。措词准确、简洁、指向性强包括三个方面的内容：其一，要理解教材、理解学生，对教学内容中的重难点、学生的思维障碍点究竟有哪些问题，抓得准，摸得透；其二，是问题的表述要指向性强且利于学生理解；其三，措词简洁，是强调问题文字表述要简洁，不啰唆。

所谓焦点化，就是一个问题要聚焦于某个点，任务不要太多太分散。焦点化包含两个方面内容：其一，一个问题中所包含的任务数量。也就是说问题的中心要突出，使学生能集中精力，全力以赴地完成一个任务。任务量过多，会给程序较差的学生带来消极影响，导致学生忙于完成两个以上的任务，而造成思维混乱，条理不清，以致失去信心。其二，教师要确定问题回答范围的大小即问题的开放度要恰当。回答范围大的问题，可以使尽可能多的学生参与；而回答范围小的问题，指向性强，能较有效地引入一个课题或帮助学生回忆。

和前面提到的台阶问题相结合，小问题多台阶这种化整为零的问题设计，任务量小又具体，学习困难生也可以经过努力完成，有利于学习困难生学习信心的树立和提升。同时，利于学生在逐步深入认识的过程中学会学习的方法，由简单到复杂，由具体到抽象，由局部到整体，获得较完整而又有深度的认识。

（3）问题的层次性

设计要有层次性，兼顾到学生的全体与个体。

一个班的学生其知识和能力并不在同一个水平上，因此教师所设置问题的难度要考虑不同层次的学生，一定要根据学生的年龄和个人能力特征，设计多种认知水平的问题，使多数学生能参与应答。一般情况下，所设置问题的难度应与中等以上学生的认知水平相符，所设置的问题能让中等以上学生"跳一跳"能摘到"果子"，中等以下的学生在老师的帮助下"跳一跳"能摘到"果子"。

（4）问题答案的预设

设计问题的同时，要有预设答案。

尽管我们无法预知学生会怎样回答问题，但是在设计问题时还是要根据教学设计时做的学情分析，根据已有的教学经验预想学生的可能回答，并预设处理方法。有了精心的预设，即便学生的回答不能符合预设或者不能完全符合预设，也会因为设计问题时已经做了深入的思考和分析，有助于教师在课堂上根据学生的反应快速地做出应答与反馈，及时调整教学或进一步的探询指导。

（二）提出问题

教学是一门艺术。有了好的问题设计，要想到达到好的效果，如何提出问题也很关键。在提出问题时要关注如下的应用要点。

1. 分布与指导

分布就是问题要针对全体学生，使全体学生都有回答问题的责任感，不能让任何同学有"反正不会问到我"的意识。问题针对全体学生提出，但在分组研讨等环节中可以让理解能力强、能积极回答的学生作为组长带头研讨，作为小组代表展示小组研讨结论等，让学习相对有困难的学生先回答比较简单的问题，给予困难生回答正确的机会，来调动他的学习积极性，使他们逐渐地赶上来。

指导主要是对不愿参加讨论被动回答的学生进行指导。在进行课堂提问时，教师可以提出一些简单一点的问题，引导他们参加活动。如果他们做出了回答，及时给予表扬和鼓励，并且把他们的答案引入讨论之中，使他们看到自己的价值。如果他们不能回答，可以给予适当的语言鼓励和提示，或者将问题更改一下再让其他学生回答，以保护他们的自尊心。教师对提问的指导还表现在必须会控制学生的回答。比如提问时把目光停留在不愿参加交流的学生身上，即有所指向地望着某个学生，促使他思考，但不一定要他回答。教师不要轻易接受和鼓励学生七嘴八舌喊出来的答案，以免使提问和教学都无法控制，造成教师不能发挥主导作用。

对于某个学生学习的困难，尤其对那些不爱发言的学生，强迫性的提问也是适当的。这就要求教师要查明这些学生不自愿应答行为的原因、学生的背景、教学内容的特点等，教师对于提问某些特定的学生必须要有计划、有目的地进行适当的分布与指导。

2. 停顿和语速

在进行提问时要有必要的停顿，提出问题后要留给学生以足够的思考时间，让学生作好接受问题、思考问题和回答问题的思想准备。

停顿对学生也提供了一定的信息，停顿时间长短表明了问题的难易程度，停顿期间也就是让学生思考和组织答案的时间。这段时间内教师应保持沉默，不要干扰学生的思维，更不要催促和解释。教师提出问题后可以环顾全班或走下讲台参与到学生的活动中去，观察学生对提问的反应，教师可以从学生举手的动作、面部表情、眼神的变化、小组讨论的气氛等来获取提问后的初步反馈信息，并迅速分析、判断，决定下一步行动，叫哪位学生回答较为适宜，追加什么样的问题能更好地启发学生思考和引导学生进行更深入的思考。

停顿可使学生提高回答的正确率，增强学习自信心，增加学生参与的广度和深度。当然这与问题的设计密切相关，问题本身要紧紧围绕教学目标和教学内容设计的有一定的深度、难度、开放度。如果忽略了必要的停顿，匆匆叫起学生，学生会因考虑不周，措手不及而回答不出或回答不完全，反而耽误时间，还会挫伤学生的积极性。

提问的语速由提问的类型决定的。一般来说，低级认知提问的语速可以快些，高级认知提问的语速缓慢些，重点的词语需要重复强调，使学生对问题有清晰的理解。如果以较快的节奏提出比较复杂的问题，学生很可能听不清题意，就会造成混乱或保持沉默。

3. 反应与探询

反应指的是教师对学生的回答做出及时、正确的反应。教师的反应对学生进一步参与起到重要的决定作用。教师做出反应之前要快速对学生的回答进行以下几个方面的正确分析。

（1）分析学生回答的正确程度

学生的回答可能是：完全正确；基本正确；完全错误；答非所问，文不对题；回答与预想答案有距离；回答超前即教师计划两、三步才能达到目的，而他一步到位；学生对提问没有反应等。

（2）分析学生回答的思路和误答的原因

不管学生的回答正确与否，都应重视对学生思路的分析。要弄清楚学生在思考过程中，在什么地方偏离了正确方向，以致离开了预想的答案；还要分析偏离正确方向的原因，只有找准了误答的原因，才会有相应正确的措施。学生思维走上岔路的原因归纳起来大体上有知识上的错误导致错误的判断、看不出部分之间的内在联系、在建立联系中的错误等三种情况。

（3）分析个别学生的回答与全班大多数学生的理解是什么关系

这种分析的目的是既要考虑全体学生，又要照顾到个别学生。个别学生回答得好，那么班上大多数学生的理解是否也达到这一水平；个别学生回答存在问题，需要采取相应的措施，那么他的问题是不是班上大多数学生的问题。只有搞清楚这些关系，才能采取恰当的措施。否则或者为了个别人的问题而耽误了大家的时间；或者忽略了全体存在的问题。总之，既要面向全体，也不能忽略个别学生。

作了以上分析后，教师应立即作出反应，或是对学生的回答进行恰当地评价，或是对问题本身做调整，再次提问或进行追问。

评价是教师快速分析之后做出的反应之一，评价有这样几种情况。

一是确认，即学生的回答是可以接受的，教师要予以确认。确认的方式有：重复学生的回答内容；对学生的回答加以转化；对回答作概括；对回答做进一步扩展；对回答思路做分析；对回答方法作出确认。除教师确认外，还可调动学生群体，师生共同确认。

二是有分寸地肯定或否定，并予以纠正。评价学生的回答应遵循以激励为主的原则，鼓励学生积极思考，主动参与。即使是回答完全错误，也要注意发现其中的积极因素，给学生以某一方面某种程度的肯定。教师在评价过程中的热情和公正，是使讨论深入下去的重要保证。

探询也是教师快速分析之后做出的反应之一。探询是教师引导学生更加深入地思考他们最初的答案，更加清楚条理地表达自己的思想，其目的是发展学生的评论、判断和展示交流的能力。探询过程中要做到：对于因思考不深入、视野狭窄、概念错误或不完全而导致的错误应答，通过探询使其明确哪里错了及为何错了，从而改善应答；促使学生能从不同的角度或从多方面来考虑问题，通过左思右想把应答与已学知识联系起来，使问题重点突出；促使学生明确应答的根据，通过再思考修正答案；促使学生根据别人的回答谈自己的想法，说明他的思考与他人想法的异同，对别人的应答进行修正和补充。

实践操作

1. 问题设计

每个学习者从自己的教学设计中选出一个教学设计，根据前面已讲的提问与追问的相关内容修改成一个 10 分钟左右的教学片段的设计。

要求：片段设计要能体现系列问题的结构，问题尽量包括多种类型。

2. 交流展示

学习者作为授课教师进行模拟教学片段展示，其他学习者扮演授课教师的学生。

要求：扮演学生的学习者要从普通智能学生的角度提供授课学习者练习提问的机会，对于问题的回答可假设有以下几种情况，看授课学习者如何处理。

（1）教师提问后没有任何表示，看他如何处理沉默。

（2）教师提问后告诉他你不会答，看他如何重复或重述。

（3）教师提问后告诉他你不明白问题，看他如何解释题意。

（4）教师提问后你支吾以对，看他如何启发诱导。

（5）教师提问后你的回答一部分正确、一部分似是而非，看他如何提示和探询。

（6）教师提问后迅速作出反应，要求回答问题，答案完全正确，看他如何评价和鼓励。

3. 评价与完善

（1）利用附录中给出的提问与追问评价标准对授课教师扮演者的提问做出评价。

（2）研讨如何修改授课教师扮演者的设计才能达到更好的教学效果。

总结反思

1. 通过本主题的学习，你有哪些收获？

2. 你认为自己在做好提问与追问方面，最需要提高的是哪些方面？

3. 关于做好提问与追问，你还有哪些困惑？

附录：

提问与追问自查表

一级指标（要素）	二级指标（要点）	较好	一般	不符合	权重
结构	能根据不同教学目标设计不同类型的问题				0.3
	每个问题都能围绕教学目标进行				
	问题链各问题间彼此关联、层层递进，逻辑性强				
措词	问题的措词指向性明确，启发思维				0.1
	问题的措词适合学生的理解水平，利于学生理解				
	问题措词简练，字面意义与要表达的意义一致				
焦点化	符合问题要求的答案范围				0.1
	问题中的任务数量适中				
分布与指导	问题设计有层次性，兼顾到学生的个体与全体				0.1
	提问某些特定的学生有计划、有目的地进行适当的分配和指导				
停顿和语速	根据问题难易注意适当停顿和语言速度，给学生思考时间				0.1
反应与探询	对于学生的回答都给予适当的评价，通过鼓励强化学生的学习				0.1
	在学生不能正确回答或有错误时，能及时从多方面进行提示，探询错误原因，引导学生的思维				
提问效果	有助于教师了解学情、获得反馈调整教学				0.2
	能激发学生兴趣，吸引学生参与				
	帮助学生领悟教材知识、理解学科本质				

主题四　做好观察与调控

学习目标

通过本主题的学习，学习者能够：

1. 体会课堂观察的内涵；
2. 了解课堂观察在课堂教学中的作用；
3. 能应用观察点的行为表现，做出正确的判断，调控教学行为；
4. 分析课堂观察技能的构成要素，掌握课堂观察调控的训练方法。

一、问题聚焦

一节课的精彩呈现，离不开师生配合，教师需要实时观察学生的反应，及时进行调控，才能使学生的思维在教师的引导、助力下，一步步向上，从而将课堂完美呈现。那么在课堂中，教师究竟应该如何进行课堂观察？又如何依据学生的反应进行相应的调控呢？

苏格拉底曾说过："教育不是灌输，而是点燃火焰。"这就要求教师面对众多学生时，能够观察和领悟到课堂上所发生的复杂行为，并及时做出反应与调控，让学生的思维和行为，在这个过程中不断被点燃与推动。

案例1：来自教学中的真实故事 ①

在教授《乘法分配律》一课时，教师A走进教室环顾整个班级，发现学生还停留在上节体育课后的兴奋状态中，有很多同学拿着书本当扇子扇，还有些人则在小声交流。面对学生这样的状态，教师A拍拍桌子，大声命令学生："安静了，我们要开始上课了！"紧接着便匆匆开始了这节课。

教师B面对这样的情形，观察到学生的状态后，思考怎样才能让学生快速进入本课的学习状态呢？灵机一动，用聊天的语气讲了一个与"乘法分配律"有关的小故事："以前我教过一个学生，在一次收作业时，我看到他的名字写的是陈火（2+3）。中国人哪有这样的怪名字呀？大家能猜出他到底叫什么吗？为什么这样写名字呢？"连着几个学生都没猜对，看到学生的注意力都转移到猜谜上，教师B神秘地说："等今天学习之后，大家就知道到底怎么回事了！现在我们就来学习今天的内容。"

①　案例提供者为北京中学二分校张珊。

讨论交流

请思考：对比教师 A、B 的应对措施，对于教师的课堂观察和调控你有什么想法吗？请你结合具体实例谈一谈。

观察往往是我们做出行动的第一步，在课堂中，全面观察学生的各种状态，并针对学生状态，进行恰当的调控，同时配合课堂教学的其他技能，迅速让学生的状态回归课堂，才能保证课堂教学效果最优化。

作为一名新任教师，必须学会如何在课堂中进行有效观察，并迅速做出调控。为此，我们需要弄清楚以下三个问题：

问题 1：什么是课堂观察，课堂观察有什么作用？

问题 2：在课堂中都需要观察什么，怎样观察？

问题 3：如何进行课堂观察的训练，对观察到的现象进行调控？

二、问题分析

要解决这些问题，就必须明确课堂观察与调控的意义价值，了解课堂观察的类型。

（一）如何理解课堂观察技能

1. 课堂观察的含义

课堂观察，是指观察者带着明确的目的，凭借自身感官（耳、目等）及有关辅助工具（观察表、录音录像设备），直接（或间接）从课堂上收集资料，并依据资料做相应的分析、研究。①

课堂观察不是随便看看、随便听听，课堂观察是一种有目的、有意识、长时间的知觉活动，是人对待客观事物整体、内在性质、与其他事物联系的主动感知，是在课堂上教师感知学生学习行为、课堂情绪、了解自身教学效果，并进行调控的一类行为方式。

《数学课程标准（2022 年版）》指出：学生的学习应是一个主动的过程，认真听讲、独立思考、动手实践、自主探索、合作交流等是学习数学的重要方式。随着课程改革的不断深入，小学数学教学中学生的探究活动、合作交流活动越来越多，尤其是数学核心素养的培养，更加需要在数学活动中感悟体验。教师要对学生的活动进行指导，就要了解学生的真实想法和存在的困难，而这些都需要教师对学生的观察。由此可见，课堂教学中的观察，以及根据观察结果进行的课堂调控，已经成为教师需要掌握的一项重要技能。

课堂观察的观察对象既可以是学生，也可以是教师。作为授课教师所进行的课堂观察，主要以参与本节课的学生为观察对象，而作为听评课教师所进行的课堂观察，则从

---

① 沈毅、崔允漷 . 课堂观察：走向专业的听评课 [M]. 上海：华东师范大学出版社，2008.

学生学习、教师教学、课程性质和课堂文化构建四个维度进行课堂观察①（听评课中进行课堂观察，可以参看学习崔允漷教授的相关文献）。话题四重点讲解作为授课教师所进行的课堂观察。

📖 **拓展阅读**

英国剑桥大学教授 W.I.B. 贝弗里奇指出："必须懂得所谓观察不止于看见事物，还包括思维过程在内。一切观察都含有两个因素：①感官知觉因素（通常是视觉）；②思维因素，这一因素如上所述，可能是半自觉半不自觉的。"这一论述打破了科学研究的方面关于观察是长期的、有目的的狭义界定，把观察感知与人的思维活动明确地结合在一起做了完整的表述，更符合课堂观察整体行为的特点，使课堂观察的思维判断找到了立足点。

2. 课堂观察的功能

作为授课教师，在一节课的时间里，能够运用课堂观察适时进行调控，对于整节课的顺利开展，有着不可忽视的作用。

课堂观察在教学中有两方面的作用：感知和调控。

感知包括感知课堂氛围和学生的认知状态。课堂氛围是班集体在课堂上所表现出来的心理气氛，通常是指课堂里某些占优势的态度与情感的综合状态。具体而言，是指课堂活动中师生相互交往所表现出来的相对稳定的知觉、注意、情感、意志和思维等心理状态。课堂气氛可以表现为积极的课堂气氛、消极的课堂气氛或对抗的课堂气氛。积极的课堂气氛是保障学生学习有效性的前提，教师良好的课堂观察技能可以及时感知班级的课堂气氛。而了解学生的认知状态是教师判断教学效果、及时调整教学活动的重要依据，课堂上学生的认知状态通常会表现在听课的表情上，回答问题的表达里，小组讨论争辩时，课堂练习的书写中。教师应用课堂观察技能能够透过这些现象准确地了解学生的认知状态。

调控则是在感知的基础上，发现课堂隐患，避免产生不良课堂氛围。学生在课堂上出现对知识接受不良的时候，往往会伴随着情绪的变化。如果接受不良的状况不能得到及时纠正，学生可能会放弃接受或拒绝接受，学生就会出现消极情绪，从而导致消极甚至对抗的课堂氛围。教师应用课堂观察技能能够及时捕捉到学生知识接受不良的苗头，发现学生认知的困难，采用一定的方法，帮助学生重新构建所学知识，提高学生学习的积极性，改变学生的消极情绪，避免产生不良的课堂氛围。

3. 课堂观察的类型

（1）讲解时的观察

讲解时的观察，一般通过观察神态表情，结合肢体动作进行分析。观察重点在于是

---

① 崔允漷，沈毅等．课堂观察 20 问 [J]．当代教育科学，2007（24）：8.

否形成良好的学习氛围，判断学习态度是否认真，分析学生的反应，注意力是否集中，是否有说话、做小动作的现象，是否影响其他学生学习，是否对学习内容感兴趣，思维是否积极参与，理解是否有困难。

（2）提问时的观察

提问时，要观察学生的神态表情，了解学生是否听清并理解自己的问题，是否积极思考，哪些学生有回答的愿望，有意愿回答学生的百分比，是否有学生对问题毫无反应。具体可以从三方面观察：一是目光，二是面部表情，三是肢体动作。

（3）练习时的观察

课堂练习是教学的重要环节，也是检验学习效果的重要步骤。观察可以从三方面着手。首先，学生的态度，是否愿意做练习，是否认真仔细；其次，练习的结果，正确率、错误率；最后，练习出现错误的原因，是否有共性，学生是否有畏难情绪。以上三种类型的观察是传统课堂教学中观察的重点，新课程下仍然需要。

（4）探究时的观察

学生开展探究活动时，既要做全班的观察，也要做个体的观察。可以从以下三方面观察：一是探究的计划过程，如，是否理解探究的要求，探究的方向、计划是否明确，所遇到的困难是什么等，只有摸清学生障碍点，才能针对性地解决；二是探究辅助工具的使用情况，如，小棒的摆、移、捆、拆，量角器、方格图等学具的使用，画图、列表等方法的使用；三是探究的结果，如，学习单的填写，探究结果的分析等。探究时的观察与前面三种观察不同，一般都是边观察边指导，有时也将指导放在探究活动结束之后的汇报环节。

（5）合作交流时的观察

学生合作交流时的观察，可以从两个方面进行观察。一是小组合作情况，包括小组内学生的分工配合、组织，不同水平学生的参与性。二是交流情况，互动交流时个体的表达，优秀学生的独特想法，学习困难学生的灵光一现。合作交流时的观察有时也伴随着指导。探究时的观察与合作交流时的观察是新课程下教师观察指导技能训练的重点。

（二）课堂观察实施中容易出现的问题

1.观察的目的不明，不知要观察的内容是什么。不同教学情况下，观察的重点不同，观察的方法也不同

案例2：教师的观察要点到底是结果还是过程？

《9加几》一课中，教师通过创设生活中的情境，引出了"9+4=？"的数学算式，紧接着让学生进行小组合作，交流如何计算，再通过比较算法多样化，得出了"凑十法"，然后教师让学生4人一组，通过"摆一摆"的方法计算"9+5=？"

教师巡视各小组的操作过程，发现同学们都能写出结果是 14，但是大部分同学是先写结果 14，再摆小棒，甚至有一个组的同学纯粹在玩小棒。

讨论交流

请思考：课堂中，教师的观察到底应该是得出"9+5=14"这一结果，还是观察操作过程？

课堂观察，不仅需要关注学生活动的结果，更需要关注学生解决问题的过程，否则难以了解学生对知识技能理解的真实情况。课堂中，学生在做练习或小组讨论时，教师要走到学生中间，观察学生对知识理解和应用的情况。在观察教学效果的时候，教师需要结合学生的表情和课堂上的行为表现、应答表现，进行综合观察。当教师发现与预设不同的生成时，应进一步思考出现此生成的原因，并有针对性地调整自己的教学，使教学顺利进行。

本案例中，教师发现学生活动时的异常表现——先写得数，再摆小棒，显示出该教师课堂观察运用较好。如果该教师能据此分析、判断出学生的整体情况，并进行相应调整，则说明该教师课堂观察技能表现良好。

很明显，通过案例中"同学们都能写出结果是 14"，可以确认学生已经会计算"9+5"，也就是说学生基本掌握了 9 加几的算法，不屑于摆小棒。

课堂的观察，绝不仅仅是计算结果，思维的过程更加重要。因此，本案例中教师除了要确认学生是否掌握"凑十法"外，是否理解算理是本节课的教学难点。因此，教师应该追问学生："你是怎么得到 14 的？"如学生没有用"凑十法"，则要求学生展示计算方法。如学生使用"凑十法"，则进一步要求：能边摆边说吗？然后根据学生的操作情况进行指导。

2. 在学生探究或讨论时，干预的时机和方法不当。有的过于关注结果，与预设不同就匆忙打断，将答案合盘托出，干扰学生的思考；有的则不知该如何干预，导致错失促进学生思维发展的良机

3. 观察时不知道该搜集怎样的学生作品，不能分析学生作品背后隐含的问题，在呈现学生作品时缺乏顺序

4. 不会对学生作品进行点评，只是单纯说好，或任由学生点评，不能及时指导

（三）课堂观察训练要素

1. 倾听

倾听是指在课堂观察的过程中，接收言语、文字、动作、表情等信息，进而通过思维活动达到认知、理解的全过程。倾听不同于简单的听，是带着思考地听、全身心地听、边听边思考。倾听不仅是教师的能力，更是教师的主观愿望，也是新时代对教师的要求。

案例3：认真倾听，体验作为学生的感受

在一节阅读课上，初读文章后，教师设计了一个环节，师生配合朗读。

师导读：当"我"手指砸伤时，生接着读：苏珊……

当"我"提问很多问题时，苏珊……

当"我"问金丝雀的死因时，苏珊……

读完后我问学生读到这里时，心中涌动着一种怎样的感情？我的课堂预设是"感动"，当出现这个答案时，我就可以让课堂沿着预定的思路展开。但是学生的回答却很不"理想"。有的学生说体会到了苏珊的善良，有的学生说感受到苏珊像母亲一样关爱着"我"，有的学生说心中对苏珊充满了感恩……等不到预设的我着实慌了，这时有个学生说她从苏珊的言行中感受到了温暖。

"温暖"一次瞬间占据我的大脑，我感受到了感动，学生就一定要感动吗？像母亲一般的温柔和善良，最能让孩子感受到的不就是温暖和爱吗？于是我改变了课堂的预设，就着孩子的话语，让大家去课文中寻找更多让人感到温暖的地方……

讨论交流

请思考：课堂中，你真正听懂学生的回答了吗？

课堂中，我们经常会遇到类似案例中的情况，左等右盼也听不到心中那个"完美答案"。有一些教师实在等不及，便将答案告知学生，让学生自己去理解和消化，随之而来可能会得到学生恍然大悟一般的"哦～"，看似明白了，但这种"强制性"的教学，实际上没有起到"点燃火焰"的作用。

其实，不论教师的教还是学生的学，最终目的都不仅仅是一个正确答案，而是在这个过程中思维的培养和不断提升。教师需要做的是"接过孩子抛过来的球，并抛还给孩子"。对于学生的回答，不仅仅是听到了而已，而是应该带着思考去倾听，去分析学生此时的理解与知识的生成路径有多大差距，并以学生的回答为切入点，判断学生的回答反映出来的问题：到底是概念理解有误、不知从哪里开始分析、思路正确但只是表达啰嗦，还是毫无条理性得想到什么说什么……针对反映出来的不同问题，给予学生相应的点拨和指导，从而找到学生此时的"最近发展区"，感受学生作为学习者此时的想法和理解，因势利导为学生铺设能够打开思路、开发潜能的道路，让学生一步步趋近知识的生成路径。

实践操作

在课堂中，尝试用多种方式理解所听到的回答。课下与学生沟通，回顾课堂中对学生的理解和处理方式是否正确，反思并提升课堂中对学生回答的倾听和理解能力。

2. 介入

介入是指在课堂观察的过程中，插入学生的活动之中进行干预，从而影响学生活动的教学行为。

3. 推介

推介是指有目的将学生活动中的某些案例向其他学生介绍，希望能够获得接受。这些案例具有典型性，能够促进学生的思考。

4. 点评

点评是指对学生的范例加以评价，通过说出的观点、看法、建议、意见等，促进学生对范例的理解，期待强化或改变学生的行为。点评的前提是认真倾听。

案例 4：这样的课堂点评可以吗？

师：请同学们观察图片，用算式来表示。

生：270+80=350

师：真棒！同学们知道这个式子叫什么吗？

生：这个式子叫等式。

师：同学们真聪明！（出示另外一张天平图）图中有个数我们不知道，就用"X"表示，你知道这个数我们叫什么吗？

生：未知数。

师：说得对，请坐！

讨论交流

请思考：你赞同这位老师在课堂中的点评吗？为什么？

这位教师的课堂点评存在两个问题：第一，课堂教学应该是师生之间、生生之间的互动，在交流中不断探索新知，但是教师没有平等看待学生，可能为了树立个人威严，课堂上的点评过于简单，甚至有学生正确、声音洪亮地回答了问题，得到的也只是老师简单的一句"说得对，请坐"，或者仅仅是一个摆手示意坐下的动作；第二，依据《数学课程标准（2022）》，"评价不仅要关注学生数学学习结果，还要关注学生数学学习过程，激励学生学习，改进教师教学……"但是有些教师就一股脑地把所有赞扬抛给学生，让教师的点评失去了作用，甚至让有些学生因为教师的表扬而沾沾自喜，产生了不少负面效应。

为了让课堂中教师的点评更加有效，对学生起到正向的促进作用，应该确保教师的课堂点评具有导向性、启迪性、互动性。

导向性。良好的课堂点评，应该及时让学生清楚地知道自己正确与否、优缺点分别是什么，以及如何做才能更好地规避错误，发扬优点。

启迪性。学生的回答一定是建立在他本人理解的基础上，可能会出现各种意想不到的情况，教师应该在认真倾听的基础上，对学生的想法不论对错都要予以点评，并且尽可能从学生自身的真实水平出发，让学生进行思考，有所启发。

互动性。当下的课堂更加注重学生的主体性作用，课堂中的生生互动也成为发展学生思维的重要途径。因此。课堂中教师与学生也不一定非得"一来一往"，适当的时候，将问题抛给其他同学，让其他同学来评价或者发表关于所讨论问题的个人观点，这样智慧的"点评"方式，巧妙的将"球"重新抛给学生，或许也能引发一场"踢球大战"，而学生的思维和问题的探究，都会在这个过程中得到进一步的发展。

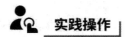 **实践操作**

在备课时，在每个预设的学生生成后，预设一下教师有针对性的点评语。

三、问题改进

弄清楚课堂观察的评价指标，并了解相应的调控策略，就能帮助我们在教学的过程中，更好地做好观察与调控。

（一）课堂观察要素的操作要点

1.倾听的训练指导要点

（1）倾听学生观点，随时观察活动状况

在小组合作交流或探究活动中，倾听要求教师以合作者的身份参与活动，不随意干扰学生之间的讨论，注意观察活动中每个学生的发言和表现，给予过程性评价。

首先是了解学生对所研讨问题的看法。学生与成人的视角不同，有时会有出乎教师意料的观点看法，这就要求教师耐心倾听、不随意干扰学生。讨论的目的不仅仅是得到结论，更是要促进每个学生的发展，所以要注意倾听不同层次学生的观点。

其次是分析学生的思考方向。学生的有些看法观点是幼稚的、不成熟的，但却是其真实想法，是其创新能力得以发展的基础。教师要注意提取学生观点看法背后的思想，适当予以回应，为后续的点评做准备。

再次是分析学生所发现的问题。由于视角不同，学生发现的问题与教师预设不尽相同，有些问题教师一时也难以回答。此时，教师应注意分析这些问题的意义和价值。有时可能会催生重要的观点，显示了学生的创新思维。有时则是学生的误解，根源在于情境和问题的设计不够严密，教师应反思如何修改。例如，"平均数"一课，教师创设体育比赛选派运动员上场的情境，结果发现有学生根据运动员心理变化状态选派运动员上场。这反映出教师创设情境时，忽略真实情境与数学情境的区别。数学情境是经过抽象的生活情境，需要去除无关因素的影响。教师应强调，选派运动员上场，应考虑多方面因素，本节课就研究根据得分高低选派运动员的情况。

最后是关注活动中学生表现出的情感。学生的情感态度是伴随着活动中的言语动作表情表现出来的。教师要注意观察不同层次学生在活动中的表现，体会他们的情感态度是快乐、厌烦、还是不愿参与。

（2）询问学生是否理解活动规则和活动内容

教师不是完全的旁观者，不能一言不发，适当地参与是必要的。教师应了解学生对活动规则的理解。对活动规则的理解直接影响活动的结果和效率，即使教师在出示活动规则时进行了解读和探讨，也不能保证每个学生的理解都是完全相同的。学生有时会出现自己增加条件，或忽视条件的情况。

教师还要询问学生是否理解活动内容。活动内容有时是以文字形式呈现的，有时是以主题图形式呈现的，包括图形、文字、数字、符号，更为复杂，学生都可能出现理解偏差问题。此外，有时还有一些隐含信息，可能会被学生所忽略。教师应确认学生理解活动内容，发现隐含信息。

（3）能提取学生发言中的核心观点

小学生的表达，特别是低年级的表达，往往比较啰唆。教师不但要耐心听取，更要仔细辨别，从中提取出核心的观点想法，为后续的介入做准备。遇到疑问，要及时询问，了解学生内心的真实想法，不要主观认定，因为学生的想法可能与教师所想完全不同。如果不是特别有把握，可以直接询问学生："你的意思是……对吗？"

2. 介入的训练指导要点

案例5：课堂观察中"介入"的使用

《三角形内角和》一课中，教师设置了探究环节：请你准备一个三角形，用你喜欢的方式，求出三个内角的和，再跟你的小组成员交流你的想法。在巡视时，教师发现一个小组内，有个学生的说话声音偏高，走到小组旁询问后得知：他和组内成员的结论不同，他认为三角形三个内角的和是270°。

师：你怎么得到270°的？

生：（出示自己画的图：一个锐角三角形，但是每个内角都标出了直角符号）我画了一个三角形，它的三个角都是90°，所以三角形的内角和是270°。

师：怎样才能得出角的度数？

生：用量角器量。

师：是的，有关度量的问题，像长度和角度，不能只用眼睛判断，必须要用测量工具度量。既然小组内的结论不一致，那就再互换一下，重新测量一下。

讨论交流

你认为案例中的教师，主要是运用了课堂观察的哪个训练要素？对于课堂调控的效果如何？

案例中，教师发现学生的错误原因之后，并没有进行直接评判，而是指出方向，引导学生在操作中自己认识错误，同时还强调了度量问题的研究方法，帮助学生认识理解探究，循循善诱的过程中，逐步培养学生的"量感"。

"介入"这一训练要素的界定如下。

（1）及时纠正学生对活动内容、方式的理解偏差

教师不但是学生学习的合作者，也是引导者。引导首先体现在纠正学生对活动内容、方式的理解偏差上。一旦发现，就要及时引导。可以用问题的形式引导，如，你们的操作和活动要求一致吗？又如，到底要解决什么问题？这样做，能达到目的吗？也可以进行提示：再看看题目，条件信息都找全了吗？还可以直接指出错误：如果把这些剪掉的部分都去掉，所得到的图形与原来的面积就不一致了。

（2）提供操作示范学生

由于学生之间的差异，学生的动手操作、画图、书写都可能会出现错误，这就直接影响活动的效果。此时，教师应直接示范规范的操作，并检查学生的修改。例如，低年级学生用皮筋捆小棒；画线段图时，上面写率，下面写量；不按要求书写等。

（3）为学生的联想、推理、分析、归纳等思维活动提供帮助

在探究的过程中，学生会遇到种种困难，教师应给予帮助。这种帮助，不是直接将探究的结果告诉学生，而是从思维的角度提供帮助，促进学生的联想、推理、分析、归纳。可以提示，也可以采用提问的方式。

3. 推介的训练指导要点

（1）发现活动中的难点问题

推介时，必须明确活动的难点问题，以便针对性地进行指导。例如，"条形统计图"一课，教师要求学生用自己喜欢的方法表示一个月的天气情况。在巡视的时候，教师发现有按天气情况写出数量的（没有使用表格），有列表的，有用象形统计图的，只有一个学生使用了条形统计图，但只完成了部分统计。通过案例中学生的表现可知：多数学生数据整理结果所采用方式的水平还停留在文字、象形统计等比较低级的层面上，对条形统计图缺乏认识。原因在于对不同呈现方式特点的认识不足。因此，教师应引导学生对比不同的呈现方式，体会它们之间的区别，然后再提出"哪种方式能直观看出数据大小"的问题，体会条形统计图的特点和作用。

（2）提取学生活动中操作和思考的典型案例。

在观察的过程中，教师要注意搜集学生的案例，展示给全班，以便促进全体学生的

发展。这些案例应具有典型性，代表学生的某类思考或某些操作，或是解决问题的各种思路。案例既可以是正面的，也可以是反面的。正确的案例不但可以示范研究思路和结果，而且可以规范书写格式。如果没有完美的案例，在分析的最后要指出存在的问题，并进行修改。错误的案例可以引发学生深入的思考，要尽量收集不同种类的错误。案例选择不当，会直接影响教学效果。

例如，"平行与垂直"一课，教师要求学生在数学纸上试着画出两条直线的位置关系，进行分类，然后小组交流。由于各组的结果都不相同，在展示环节，教师选择最复杂，但不够准确的一组进行汇报。结果，其他组学生对该组的分类提出很多质疑，耽误了很多时间，最后没有完成预定教学任务。

分类没有统一的答案，只要按照一个标准进行就是合理的。因此，教师应从最简单的分类入手，明确分类标准，再辨析其他分类方法，进而得到两条直线的位置关系。

（3）通过恰当方式向全班推介典型范例

向全班推介典型案例时要注意三点。

首先，推介方式。一般采用先收集案例，然后直接展示的方式，这样做的优势是可以按照教师的预设顺序进行。也可以不收集案例，直接按照预设顺序请学生展示案例。如果案例推介顺序并不重要时，还可以请学生自主申请呈现。

其次，推介的顺序。推介的顺序不同，得到的结果可能完全不同。大多数情况下，先呈现正确的学生作品，帮助学生建立正确的认识表象，然后再呈现有错误的作品，在前后对比的过程中，理解错误并矫正。如果相当一部分案例出现同一类问题时，可先呈现此类错误的问题，并组织学生进行讨论，在辨析中统一认识，再呈现正确作品。

最后，多种解题思路时的推介，遵循下面两个原则：一是先普遍后特殊，不论特殊的方法是否正确，都放在最后处理；二是先直观后抽象，先呈现与动手操作、画图有关的方法，后出现文字、符号表达的方法。

4.点评的训练指导要点

（1）对学生活动中好的观点和思路及时点评

推介典型案例之后，教师要对学生活动中好的观点和思路进行点评。点评的目的是掌控方向，使全体学生对案例的内涵有深刻的理解。点评时，可以教师直接点评，也可以先让学生发表观点，教师再做总结。好的观点和思路不但能帮助学生认识并理解学习结果，还能促进学生思维的发展。要结合实际情况，及时点评。

例如，"搭配"一课，在全班汇报环节，学生不仅将作品答案正确地表示清楚了，语言表达也很清晰。教师面向全班："这样搭配会不会出现重复或有遗漏？为什么呢？"一个学生回答："他是按顺序搭配的，所以，不会重复也不会遗漏。"教师顺势点评："非常好！要想既不重复也不遗漏，搭配时就要按照顺序，我们称之为——有序（板书：有序）。"本例中，通过对学生作品展示的分析，可以判断出答案正确，且有顺序。为进一步判断全班学生的理解情况，强调思路，教师进行了提问。通过分析学生的回答，可以确认学生主动运用"有序"的思维。于是，教师顺势点评了研究的思路——有序。

（2）对活动方式和操作及时点评

教师应对学生活动方式进行点评。例如，探究活动时，先确定探究方案，列出所有可能，再逐一尝试；小组合作探究时，先做好分工，再着手探究；小组交流时，按照一定顺序发言，并注意记录，等等。这些点评对学生今后的活动有所帮助。

教师还要对学生的动手操作、画图、书写格式等进行点评。这里特别强调规范的书写。有学生在考试时会出现不写单位，不写答题，或丢失步骤等现象。如果在平时的活动中强调规范的书写，就会有效减少此类问题。对活动方式和操作的点评要及时，介入阶段也可以点评。

（3）对活动中积极认真的态度进行点评

教师要对学生活动中表现出的积极认真态度进行点评，并举例说明，还要对学生的表达进行点评。要注意的是：点评时要以表扬为主，表扬能有效促进学生对学习的兴趣，但是，表扬要适度，尽量不要夸大。小学生心理易受外界因素影响，特别是低年级学生，过度表扬，可能会造成其过于兴奋，影响后续学习。

（二）课堂观察的调控策略

1. 冷静观察客观判断

观察是人对客观事物的主动感知。观察的时候容易受外界因素，特别是教师主观因素的制约。比如，对好学生有正向的期待，容易忽视他们的问题；对成绩落后学生有负面印象，不能积极评判。又如，用个别学生表现代替班级整体表现，用成绩代替对遵守纪律的观察，对成绩好的学生不遵守纪律的现象视而不见。还有，忽视课堂中比较轻微的声音变化。

2. 自觉进行观察、倾听、判断的训练

观察倾听同样需要在实践中锻炼。例如，在课下多和学生进行交流，分析学生的神态表情。再如，课上不便和学生直接交流，可以课下追问学生是怎么想的。

3. 根据探究类型进行观察指导

按照开放的程度，探究可以分为开放式、半开放半封闭式、封闭式三种。

开放式：学生自己设计探究方案，开展探究。这类探究往往会出现由于探究方案不明确，而影响探究效果的情况，需要教师更多地介入，理解学生的想法，再进行指导。例如，三角形的分类。教师不做任何提示，学生根据自己的想法进行分类。有些学生分类时，既考虑角的大小，也考虑角是否相等。这实际上是将按角分类与按边分类综合考虑，属于分类标准不一致。但在对探究结果的辨析中，能更明确探究方案设计的方法及其必要性。在实际教学中，部分教师有意无意地忽略了学生出现的错误。

半开放半封闭式：学生自己开展探究，但教师有所提示。这类探究在小学数学中较多，教师要注意搜集探究中的问题。例如，三角形的分类。经过讨论交流和教师提示，学生按照角的大小进行分类。

封闭式：按照教师要求开展实践，学生更多的是遵循教师的指令开展探究。从探究的角度看，学生更多表现为操作上，探究的意味并不浓，与师生互动式教学没有本质上的区别，常见于低年级。教师要注意学生对要求的理解。例如，三角形的分类，教师要求学生根据角的大小进行分类。

（三）观摩案例

请阅读下面有关课堂点评的案例。

案例6：《商不变的性质》教学片断①（人教版小学数学四年级上册）

吴老师以小猴分桃子的故事为情境，启发学生列出了两组算式后，提出了如下的问题。

师：这两组算式的商怎么就不变了？请你任选其中的一组算式，把你的发现表示出来。

（学生进行小组讨论，教师巡视）

学生展示作品：

$$6 \div 2 = 3 \qquad 10 \div 2 = 5$$
$$\times 10 \downarrow \quad \downarrow \times 10 \qquad \times 2 \downarrow \quad \downarrow \times 2$$
$$60 \div 20 = 3 \qquad 20 \div 4 = 5$$
$$\times 10 \downarrow \quad \downarrow \times 10 \qquad \times 2 \downarrow \quad \downarrow \times 2$$
$$600 \div 200 = 3 \qquad 40 \div 8 = 5$$

师：你能根据自己的这个发现，再写出几组这样的算式吗？

（教师巡视，发现大家写出了很多种不同的算式）

学生发言：

生1：$4 \div 2 = 2$ ，$40 \div 20 = 2$ ，$400 \div 200 = 2$

生2：$8 \div 2 = 4$ ，$16 \div 4 = 4$ ，$32 \div 8 = 4$

生3：$20 \div 5 = 4$ ，$40 \div 10 = 4$ ，$80 \div 20 = 4$

……

师：你们说得完吗？

生：永远都说不完，太多了！一辈子也说不完了！

师：这个一辈子也说不完的事，你们能不能用一句话或者一个式子来表示？

① 马芯兰,孙佳威.开启学生的数学思维[M].北京：北京师范大学出版社,2021.有改编。

（学生自己静下心来反思学习过程，尝试写出自己的感悟）

师：展示一下你们的想法。

生1：我发现怎么也写不完，永远也写不完。

生2：商与被除数、除数有关系。

师：你们想问他点什么？

众生齐问：到底有什么关系？

生2：我发现它（被除数）乘2，它（除数）也乘2，商就不变。

生3：被除数乘10，除数乘10，商也不变。

生4：被除数乘几，除数乘几，商就不变。

师：你看她就把你们所表达的意思总结出来了。3号同学，你面对4号的总结，有什么要说的吗？

生3：我说的没有说全，还有的不是乘10呢，4号的就是把所有的说全了。在总结什么时，要把所有的情况都包括进来。

（学生觉得自己的表达还不能够完全表达出自己的意思，于是夸张地做了一个手势，仿佛把一切事物都包在了一起）

师：对呀，要把所有的情况说全了，刚才有些同学的帽子有点儿小了。我看到有的同学还是这样总结的，你有什么想法吗？

被除数 ÷ 除数 = 商
×□　　×□　商不变

生：我觉得还可以把□变成"×x"　"×x"

师：你的x代表什么？

生：要是5就都是5，要是8就都是8。这个就是说，以后只要被除数、除数同时乘一个相同的数，商就是不变的。

讨论交流

请思考：这一案例中，教师在课堂中对学生的点评，有哪些值得你学习的地方？

教师在巡视的过程中，发现学生能写出很多种不同的算式，通过分享自己写的算式，让学生触摸到了"商不变性质"：这样的算式一辈子也写不完。紧接着，为了让学生清楚地认识"商不变性质"，吴老师问："这个一辈子也说不完的事，你们能不能用一句话或者一个式子来表示？"看上去很平常的问题，却给学生的思考指引了正确的方向，让学生不断深入问题的本质，不断探寻规律。

面对已经总结出规律的4号同学，吴老师没有匆匆进行小结，而是将问题又抛回给3号同学："3号同学，你面对4号的总结，有什么要说的吗？"让学生自己去对比和评价，在不断的互动对话中，引导学生自己总结出规律，并且吴老师在整个教学过程中，十分重视对学生数学表达的培养，在不断完善的数学表达中，其实也是学生思维的不断完善。

（四）训练任务

请完成以下训练任务，通过对课堂观察案例的研讨，检验学习效果，总结课堂观察的经验。

例1：在课堂变式练习的时候，教师发现学生知识掌握还有漏洞。如果进行纠正并针对性的练习，就没有时间做拓展训练了。此时，教师应该怎样做？

例2：离下课还有2分钟，还有一个练习没有做，教师应该怎么办？

例3：如果教师走到教室门口，发现有下列情况，该怎么办？有的学生在准备东西的同时，还在讲话；有的准备物品时速度慢，拖沓；还有的刚从厕所回来，所以准备物品晚了。

例4：借班上课的苦恼。

当教师布置小组合作任务之后，教师随机观察了两个小组：第一个组一直是一个学生在发言，其他学生只能当听众；另一个组几个人你一言我一语，但仅仅是流于形式。

请分析：这种情况说明了什么？教师应该怎么办？

例5：如何呈现学生的探究作品？

条形统计图一课，教师要求学生用自己喜欢的方法表示一个月的天气情况。在巡视的时候，教师发现有按天气情况写出日期的，有按天气情况写出数量的（没有使用表格），有列表的，有用象形统计图的，还有一个学生使用了条形统计图，但遗憾的是数据出现错误，且只完成了部分统计。

请思考：学生的表现说明了什么？教师应该如何呈现学生的作品？

实践操作

完成下列学习任务。完成后，请学习的同伴进行评审。

1. 任选以前上过的一节课，回看上课录像，对照课堂观察要素与指标，对自己课堂中的各项观察进行整体评价。

2. 任选一节课开展教学，记录在教学过程中自己进行观察和调控的过程、结果。

3. 对照课堂观察要素的操作要点，评价你的课堂观察与调控是否符合指标要求，并与同伴进行交流。

总结反思

1. 课堂观察有哪些作用？

2. 课堂观察有哪些要素？

3. 如何根据课堂观察，对课堂进行适时调控？

4. 通过本主题的学习，你有哪些收获？

5. 你认为自己在课堂观察方面，最需要提高的是哪些方面？

6. 关于课堂观察与调控，你还有哪些困惑？

附录：

观察与调控自查表

一级指标（要素）	二级指标（要点）	较好	一般	不符合	权重
视觉感知	目光亲切，敏锐				0.2
	对全班学生的行为、神态、情绪始终关注				
	对部分学生的行为、神态、情绪变化及时关注				
听觉感知	对学生的应答、回应能及时反应				0.2
	对教室中的异常音响能及时捕捉				
	对学生的情绪声音感觉敏锐				
需求判断	能根据学生的行为、神态、发出的音响，准确判断学生的学习态度、知识接受和掌握状态、学习需求、情绪和心理需求				0.3
策略调整	策略调整及时，能有效应对课堂变化，控制教学活动				0.3
	有利于学习活动的展开；能满足学生需求，教学效果良好				
	能满足学生需求，教学效果良好				
	能活跃课堂气氛，提高学生的学习积极性				

主题五 选择媒体与运用

⚑ 学习目标

通过本主题的学习，学习者能够：

1. 了解教学媒体的意义与作用；

2. 了解教学媒体在教学中的过程和方法；

3. 根据课程标准、学生情况及教材内容，选择适当的媒体开展教学。

一、问题聚焦

选择媒体及运用是课堂教学的重要组成。选择恰当的教学媒体并合理运用可以引起学生的学习兴趣，获得生动直观的感性知识，加深对学习内容的理解，提高教学效率。

我们在实践中能否选择合适的教学媒体？是否可以合理地运用呢？

下面我们来看几位年轻教师在教学中的具体表现：

小张老师要上研究课了，他上网搜寻了很多PPT课件，以及图片、视频等资源，精心制作了教学课件。在课上，小张老师克服了紧张情绪，认真讲解，PPT课件展示顺利，资源生动丰富，学生积极互动，很快到了自己设计的练习巩固环节，但小张老师突然发现，本以为学生可以很轻松地答出标准答案的习题，接连两个学生都没有回答到位，小张老师又紧张起来，好在第三个好学生回答得很好，课得以顺利进行，也得到了其他老师的鼓励，但小张老师觉得哪里可能出现了问题，但哪里出现了问题呢？

有的时候，教学只能用网上学习的方式，小王老师不敢有丝毫马虎，认真备课，上课时全力以赴，恐怕学生不能跟上进度或者开小差，全程讲解，没有丝毫懈怠，一堂课下来，甚至比面授还累，但是教学效果似乎总比面授差了一些，这是为什么呢？

小李是一位物理老师，面临着课时紧张及考试压力，为了提高教学效率，小王减少了学生实验和其他观察活动，改为教师讲授为主，在平时测验中，学生考试成绩没有波动，甚至还超过了老教师所教班的学生，但是学校要求他增加学生实验及其他活动，小李觉得有点委屈。小李老师的做法你赞同吗？

讨论交流

请思考：这三个小案例说明了哪些教学规律？这三个案例对选择媒体与运用有启示吗？请你结合具体实例谈一谈。

现在越来越多的教学媒体呈现在我们眼前，特别是信息技术带来的教学媒体越来越丰富，越来越高科技，甚至感觉我们常用的PPT媒体已经过时了，板书已经成了远古过去，实物、模型已经越来越少，面对这些现象，我们可以反思一下：现代媒体能完全取代传统的板书、实物观察和演示等所谓传统媒体吗？如果取消恐怕会有一些问题，再反观我们的课堂，问问自己：不同的教学媒体有着怎样的优势？我的课堂每一种媒体的运用是否必要、是否是最佳选择？组合起来是否能够达到教学效果的最优化、有没有增加学生的认知负担……

教学媒体是完成教学任务、达成教学目标的重要手段，作为新任教师，应该了解如何恰当选择教学媒体并合理运用。

在学习本主题前，请思考以下几个问题：

问题1：什么是教学媒体，教学媒体的作用是什么？

问题2：板书作为教学媒体之一，为什么要引起我们的重视？

问题3：如何运用各类教学媒体开展教学？

问题4：如何在智慧课堂环境下运用教学媒体开展教学？

二、问题分析

这几个问题都实际存在我们日常的教学实践，想要合理使用教学媒体，就需要了解教学媒体的作用和相关概念。

（一）如何理解教学媒体

1. 教学媒体及媒体运用技能的含义

教学媒体是为了实现教学目标，在教师教与学习者学之间携带并传递教学信息的工具。也是指直接加入教学活动，在教学过程中传输信息的手段。总之，教学媒体是传递教学信息的工具和手段，是为了更好地实现教学目标。为此，教师要掌握媒体运用技能。

运用教学媒体技能是教师使用实物、模型、板书等形式，并通过多媒体综合信息平台，统筹图片、图表、动画、声音等教学手段，开展教学活动的行为方式。教师运用教学媒体的教学行为，是运用媒体过程规范的动作技能，也是指导学生观察过程的心智技能；是教师演示的过程，也是指导学生进行观察的过程；是收集信息的过程，也是信息加工的过程。

2. 媒体运用的作用

（1）提供丰富的感性材料。

学习的过程是教师带领学生进行探究新知识的过程，需要教师提供丰富的感性材料，学生在对材料进行观察和分析中，发现事实，建构概念，树立观念。学生接触的感性材料应该是丰富的，教学媒体应该是多样的。媒体运用能够实现通过教学媒体提供丰富感性材料的作用。

（2）展示规范的操作。

由于媒体运用是教师通过规范的操作来完成，这样学生就能够观察到正确的操作技术和方法，是对学生进行正确的操作训练的重要步骤，是培养动手操作技能的基本环节。

（3）激发兴趣集中注意。

运用教学媒体可加强视觉效果，加深体验，能引发学生强烈的好奇心，集中注意力；适时地运用媒体能够使学习过程节奏适宜，有利于提高课堂效率。

（4）扩大学生的视野。

教学内容中有些是抽象的，如数学公式、语言规律等，有些被观察物体是微小、肉眼看不到的，如原子核外电子的运动状态等；有些学习内容处于不断运动中，难于观察到运动规律，如生物生殖过程中的精卵结合过程；有些学习内容中的一些背景知识是学生生活经验中不具备的、或者印象不深刻的。运用教学媒体，能够感知抽象、放大微观、凝固运动、扩大经验。

（5）发展学生的观察能力。

教师运用媒体进行教学的过程也是指导学生进行观察的过程，正确的演示和科学的观察方法指导，能够发展学生的观察能力，在各学科很多教学内容中都需要观察到位，才能引发学生的思考和发现。

案例1：增加船的载重量——初次体验教学媒体的作用[①]

小学科学《增加船的载重量》一课，一位老师设计的知识目标是"船的载重量与船的体积有关，同种材料制作的小船，它的体积越大，浮力越大，载重量越大"。为了达成此教学目标，这位教师选择了如下媒体：

教师准备：课件、橡皮泥、铝箔纸、实验记录单、报纸、吸水布、钩码、曲别针、盛水容器、水。

学生准备：橡皮泥、铝箔纸、实验记录单、报纸、吸水布、钩码、曲别针、盛水容器、水。

《增加船的载重量》一课部分教学媒体

在情境创设开始，教师展示材料，设计了一个挑战赛，需要学生用同样重量的材料：铝箔纸、橡皮泥，分别做一艘铝箔船和一艘橡皮泥船，并尝试小船可以承重一个钩码。

学生在完成挑战后，发出问题："你们的两艘小船是否都挑战成功？"根据学生的回答（投影展示），继续提出问题："通过挑战赛，你发现了什么？"学生发现铝箔船更容易挑战成功，而橡皮泥船比较困难，从而引出课题：增加船的载重量（板书课题）。

---

① 案例提供者为北京市陈经纶中学分校望京实验学校薄祺音。

讨论交流

请大家思考一下，本案例中，教师为什么要设计安排这么多的媒体，特别是有实物媒体的参与？这些媒体对学生知识的获得，特别是概念的习得起到了哪些作用？

各学科在教学实践中，关于媒体的选择和运用会有各自基于学科的考虑，自己学科教学媒体种类有哪些？最常用、最有用的媒体是什么？

在教学实践中，文科类教学媒体要考虑是否有必要选择实物媒体，再考虑选择图片、视频、音频媒体。理科类基于实验活动，首先应选择实物媒体；音体美示范作用，必须要考虑选择学科器具、器材。

实践操作

请结合案例 1，选择一节课，列出所需教学媒体，并尝试归纳这些媒体在本学科教学中的作用，并与同伴交流一下。

（二）我们为什么要重视板书？

现在课堂上是否还需要板书，特别是信息技术如此发达的时代，我们有多媒体课件、网络环境支持下的各种资源支持，板书是否还有必要，这可能是每个年轻教师的疑问。要回答这个问题，我们首先要清楚什么是板书以及板书的特点，理解了板书的重要性，才能让我们主动在教学中充分运用板书，才需要不断锻炼自己的板书技能，使板书达到理想的教学效果。在实践过程中，还应该学习一些教育心理学和学习心理学的相关原理及方法指导板书的设计和制作。

1. 板书的定义

板书是课堂教学中非常重要的组成，是教师传递教学信息、学生获得信息的有效手段。板书作为一种书面语言，与教师的口头语言相辅相成，可以使学生通过视觉、听觉等同时获得学习信息。

目前，我们的课堂教学环境从多媒体环境发展到混合课堂环境，甚至已经触摸到智慧课堂环境，但板书作为传统媒体，其传递信息的方式非常经典和有效，具有鲜明的特点：

恒长性：板书提供的信息可以长期驻留在学生眼前，不像教师讲解语言和 PPT 媒体等一直向前不停留，留在黑板上的清晰、简捷的文字、图表是对教学过程中重点、难点内容的重现，也是长久的刺激，便于学生理解和记忆知识，同时，也方便学生记录。

概括性：板书往往是教师语言、信息平台资源、教材内容高度概括，用简捷的文字、图表、图画等方式书写出来，特别是逻辑清晰、层次分明的板书，特别有利于学生理解和记忆。

生成性：板书的内容是在课堂随着教学过程中逐步生成的，精心设计的板书，可以使学生随着教师的书写生成问题，生成对问题解决的假设，生成问题的解决过程，生成学习的思路，也生成解决的方法。

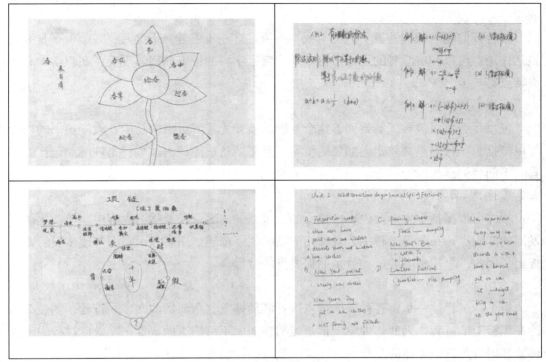

图 2-5-1 几位新教师的板书作品

讨论交流

这几位老师书写的板书有什么特点呢？首先我们感觉比较好看，比较"美"，板书美首先吸引学生的注意力，进一步引领学生的学习。板书的美来自哪些方面，我们如何才能做到板书美，可以参考一下特级教师刘显国老师在他主编的《板书艺术》一书中的描述①——板书要做到以下几点：

内容美：从用字遣词上看，准确无误，内容精当；从整体上看，线索分明，重点突出，这样的内容很精美。

形式美：布局合理，排列有序，条理清晰，具有立体美、对称美、奇异美、多样美、和谐美和造型美。

结构美：板书结构一求均匀，二求精巧。匀称可能很精巧、精巧的却不一定匀称，它可能是别出心裁的"出格"之作。可以说，结构美应体现在任何一则板书上。

除了板书的美这种整体形式外，从呈现方式看，板书一般分为提纲式板书、线索式板书、表格式板书、图示式板书、版画式板书等，每种板书呈现方式各有特点，提纲式

---

① 刘显国．板书艺术 [M]．北京：中国林业出版社，1999．

板书、线索式板书比较鲜明的呈现知识习得过程，表格式板书比较有利于归纳概念，图示式板书和版画式板书可以凸显学习对象的结构或主要特点，有利于帮助学生对重难点的学习。

结合我们刚刚谈到的板书的美与板书分类，进一步思考一下这四位教师板书有哪些教学作用。可以和本学科的老师交流一下，自己学科的板书如何体现美，在教学中有什么特点等。

2. 板书的作用

板书是否可以被替代？要回答这个问题，就要先了解板书的功能，教学板书的功能可以概括为：板书是具体走向抽象的桥梁；是复杂达成简捷的过程；是理解和记忆的工具。下面我们详细讨论一下。

（1）提示要点

板书可以概括学生学习内容中核心的、重点的内容，以及学习内容中利于学生能力发展的知识点。在学习过程中，教师用简洁的文字描述、图表和示意图等逐步展示在黑板上，因此，呈现板书的过程就是抽提要点的过程。

（2）抽象概括

板书的过程往往是将各种媒体信息进行简约抽象，用简洁的文字、符号、图表等表达在黑板上的过程，因此，抽象概括是板书技能中不可缺少的要素。在教学过程中，教师要在语言等其他媒体的配合下，完成抽象概括过程外显化。

案例2："人像如何物化"①

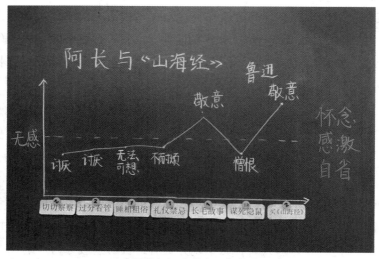

《阿长与＜山海经＞》板书

---

① 案例提供者为北京市第八十中学嘉源分校刘佩杰。

讨论交流

在一堂初中语文课《阿长与＜山海经＞》的学习中，教师要引导学生关注关键词句对表达情感的作用，要让学生通过阅读感知人物形象，该如何运用相关的媒体呢？针对板书，在本课中，教师利用线索式板书，将教学内容中的关键情感抽提出来，用坐标和箭头串联，将复杂丰富的情感概括形成简洁要素，最终将具体的人物形象、情感变化符号化、结构化。

和同伴交流一下对此板书的意见看法，建议和同伴共同找一节课，各自设计一个板书，然后从板书的类型、板书的作用等几方面讨论一下。

（3）回忆再现

记忆，是"记"和"忆"的完整过程，其中包括识记、保持、再认或重现三个基本环节。识记就是认识和"记住"事物，是记忆的开端，没有识记就不能形成任何经验；保持是巩固经验的过程；再认或重现是在不同情况下恢复过去经验的过程。

有经验的老师会精心设计一节课的板书，随着学习进程板书逐渐展开，一节课结束在黑板上的创造也结束。随着进程逐渐呈现板书，前面的重点学习内容在黑板上清晰地驻留，使得学习内容在学生的眼前，再现、重复、强化。

利用板书以视觉方式驻留信息的特点，实现教学信息的随时存储和及时调用，以此简化教学中口头语言的表述，同时可以促进学生形成连贯的思考。

（4）良好示范

教师能写得一手好字，能在黑板上一笔画出一个整圆，画出逼真的图像，学生一定会钦佩你，会模仿你。学生、教师自己，总会留下一位老师一笔好字、一笔好画的特别美好的回忆。

如果教师精心设计的板书，表现出简洁、明了、巧妙的特点，蕴育着教师缜密的思维，在帮助学生梳理了知识线索的同时，其对比、推理、概括等的思维方法同样给学生以良好的示范。学生会学着教师的思维方法，去发现问题和解决问题。

3. 如何写好板书

写好板书是教师应有的教学技能，所谓板书技能是指教师在课堂教学中，通过在黑板上书写文字、图表、图形、符号等与学生进行信息交流的教学行为方式。教师该怎样写好板书呢？

（1）锤炼板书板画

首先一定要写好字，特别是字不好的老师要练习写字，从现在开始关注自己的字，抓住一切机会练字，无论软笔或者硬笔字都可以，但一定要认真、坚持。写字时，先找规范的字帖临帖，练习时慢一些，专注一些，注意字的结构和笔顺，感觉有了提高以后，再逐渐加快书写速度，并尝试逐步脱离字帖。练字过程总会有反复，会发现自己的字似乎更不好了，但坚持下去，字一定会有长进。

其次要画好板图板画，无论文科教师还是理科教师都会有绘制板图板画的需求，一开始要求自己图形标准、符号规范、格式正确，规范学科教学绘图基本要求。逐渐熟练后，可追求一定的美感和速度，一定注意要练习边画边讲，讲和画图紧密结合。

最后要训练书写姿态，写和画都是为学习内容服务，教师板书时要边讲边写，边关注学生，我们在平常训练时，也要结合实践教学，可以讲完了再写再画，或者书写时要避免长时间背向学生，同时保持书写姿态自然。

（2）掌握结构与布局

结构是指板书的内容安排，包括标题的设计、板书类型的选择、板书内容出现的先后顺序、每个环节之间的联系，也包括文字和图画、表格的详略大小、符号的运用等。布局是指板书各部分在黑板上的空间排列，以及与语言、与其他教学媒体的合理运用等。在训练和实践教学中，我们要注意：

一是要有总体设计意识，写板书前先要想到自己的黑板有多大，可以写多少字，写多大字，文字简捷但又不失其意义，图表、图画的位置及内容如何有效地传递学习信息。二是要争取动态生成，板书一般是按照时空顺序生成的，从上到下，或者从左到右，学生根据教师板书，理解知识的同时，也书写完成自己的笔记。不管板书顺序如何，我们都要根据教学需要，在推进教学内容的过程中逐步展开板书。三是要注意和其他媒体结合开展，板书作为一种书面语言，必须与讲解紧密结合，与其他教学媒体紧密结合，与教学活动紧密结合，才能有效地发挥板书的作用，要达到此目标，我们首先要做到通过板演、板图、板画等分析到位。例如数学的板演过程、美术教师的演示绘画等，很多学科教师的板图、版画过程都是教师带着学生对问题的深入分析过程，需要教师具有良好的板演、板图和板画的能力，并且能够边演、边讲。这需要我们从平常开展训练，在每一堂课进行实践。

（3）落实概括要点

教学过程往往遵循从感性到理性，从分析到归纳概括。如果我们在教学中只做到分析，虽然能够阐明要点，但往往难以理解和运用。做到学习中学生概念落实，知识到位，学习必须要经过归纳概括这一过程。板书的过程往往是将图片、视频等直观信息，将教学语言等翔实的信息进行简约抽象，用简单的语言、符号、图表等表达在黑板上的过程，因此，抽象概括是板书技能中不可缺少的要素。教师要突出设计板书如何实现抽象概括的过程，尤其用简捷、结构化的形式承载教学内容，训练和实践时注意用简捷的文字呈现要点，用鲜明的符号呈现要点之间的关系。最后教师能够通过语言与板书和媒体运用的结合强化抽象过程。由于其抽提、概括要点的过程很重要，板书的过程还需要结合教学语言强化这一重点过程。

（4）强化回忆再现

板书具有驻留信息的特点，可以实现学习资源信息随时存储和及时调用，有利于学生掌握要点，强化知识。因此，我们的板书必须做到要点突出、观点鲜明。要点突出、观点鲜明的板书利于回忆和再认，利于识记。从事实分析，到抽提出要点，到通过板书对这一要点进行强化，其结果能够达到帮助识记的目的。还要做到板书结构良好、层次清晰。板书除了科学、鲜明的要点阐述外，要关注其内容内在的结构。要点和要点之间具有怎样的联系呢？要点一般用文字表示，而要点之间的关系就用一些符号和文字呈现。而这种呈现越简明，关系越鲜明，就越便于识记和再认。我们还要做到板书过程设计、随机生成。板书除了要点科学、鲜明，结构合理、完整外，还要设计在什么时候呈现板书，怎样将板书与讲解紧密结合，怎样将板书与其他媒体运用紧密结合等问题，这样才可以使学生识记和再认。

我们在训练和教学中使用板书时，总体上要注意两点，第一个是要注意板书要适时强化，可以在教学中通过重复进行强化，还有就是在教学内容完成后，需要利用板书进行复习。这时仅仅读一遍板书内容往往效果不理想，而教师如果采用彩色粉笔，对重点内容进行标注，这样既可以生成新的内容，又加深理解。第二个要注意通过板书训练学法。教师写板书，学生记笔记，这是经典而高效的学习方式。从教师写到学生写这一行为表现中，实现了知识由教师教到学生学的过程，学生的识记和再现就可以得到训练。

实践操作

选择一节课，提炼本课的重点内容，并将学习内容结构化，在 A4 纸上或黑板上进行书写展示，并将结果拍摄下来和同伴交流，讨论一下如何进行修改。

选择一个教学片断，设计板书后，进行训练，训练时用语言回顾总结，同时用板书概括和强化内容，进行边讲解边书写、边演示边书写的练习。可以考虑录下训练过程，和同伴进行训练评议。

三、问题改进

（一）如何运用各种媒体进行教学

课堂教学环境是复杂的，一方面课堂教学所运用到的媒体从来都不是单一的，也不应该是单一的，如何综合及合理运用？另一方面，多种资源愈加丰富，特别是我们目前运用最多的多媒体资源，方便快捷，并且随着网络技术的发展，为教师提供了越来越充足的备课和演示素材，但同时也使教师面临严峻的挑战：究竟如何选择教学媒体，如何准备教学素材，才能有助于教学目标的达成呢？教师要达到上述要求，必须具备相应的技能，即媒体运用技能，主要包括四个要素：根据内容，选择媒体；出示媒体，把握时机；正确演示，提供示范；指导观察，交给方法。

1. 如何做到根据内容选择媒体

（1）分析媒体特征

课堂教学中常用的教学媒体有不同的特性，即表现力、重现力、接触面、参与性、受控性等有不同表现，了解不同教学媒体的特征，有助于在教学中恰当的选择教学媒体。

表现力：指表现事物的空间、时间和运动特征的能力。视频媒体可以真实地表现对象的运动状态，比较有利于发现对象的活动规律；图片媒体可以以静态的方式反映对象的瞬间，可抓住典型状态，便于观察；模型可以将观察的重点更加典型化。

重现力：指不受时间、空间限制，重新再现信息的能力。教材是最便于重现的媒体，教师带领学生阅读教材是常用的手段，而多媒体课件常用但返回重复演示往往没有设计，因此重现力较弱，年轻教师表现尤其明显，经常直线播放。教学需要不断地进行重现，以加强刺激，强化重点内容。

接触面：指教学信息同时传播给学生的范围。互联网支持的各种平台的接触面相对广阔，可以超越时空限制，将信息传同步或非同步递给学生；而板书、脱离网络的多媒体课件等的接触面往往就只能在教室内，相对接触面较小。

参与性：指学生参与活动时媒体的有效性。实验（器材和观察实物等）以及活动器材、模型等媒体给予了学生自己动手操作的机会，同时，边动手操作，边提出问题，以及同时进行的讨论等，都使得学生有了极大的参与性。视频等媒体有较强的感染力，容易引发学生情感上的参与。智能网络和智能机器必将极大丰富学生的参与程度。

受控性：教师或学生操纵时的难易程度。板书、教材、练习册等最便捷，目前网络支持下的媒体比较难控制，需要做好预案。

（2）了解学生认知发展水平

教学媒体的选择同时要考虑学生的学习特征，不同年龄段的学生，应选择不同的教学媒体。小学生主要是形象思维，应该采用丰富、生动的媒体材料，这样能够引发学习兴趣，进而达成教学学习目标。因此，应以实物、图片、视频等媒体为主。从初中到高中阶段，学生抽象思维能力逐渐增强，学习时，就既要设计实物、图片、视频等媒体，又要合理使用多媒体课件、板书、网络资源等，帮助学生完成抽提概念，理解原理和规律。

（3）依据教学条件，合理选择媒体

教学媒体的选择受本校、以及各种条件的限制，需要综合考虑多种因素，开发现有资源，最大限度地满足教学需要。教师要尽可能地了解本地、学校、学生家庭资源现状。目前，网络资源、校外研究性学习资源等正越来越丰富，教师应在课堂教学资源基础上，充分加以考虑。

2. 提供心理预期

媒体出现在学生面前是要有设计的，在出示媒体的初始阶段，一般要使得学生明确观察对象、观察目的、观察方法及观察中应思考的问题，使学生有了观察的心理准备。

3. 把握出示媒体时机

教学设计时准备的媒体出现在什么时候？是学生学习起始阶段？还是提问环节？还是归纳总结阶段？需要根据学习内容，选择不同的出示时机。同时在出示观察媒体时，注意操作规范，如果是实物或者模型，应该将实物离手放置，同时要注意摆放位置，有适宜的高度、角度和亮度等，使教室里每一个学生在座位上都可以观察清楚。如果演示媒体较小，应该巡回演示或进行分组观察。在课堂实施时，常常伴随有生成性的教育时机，或突遇难点问题，教师要考虑或即时、或强化、或再现相关知识资料、图片或视频等媒体。

在教学时，还要根据学生当时的学习状态，调整媒体出示时机。虽然在教学设计的时候已经对学生情况进行了预设，但在教学中随时可能发生变化，如学生遇到回答问题困难、无关因素干扰等，可以选择其他适合的媒体资源出示，给学生提供支持或继续进行教学。在学生学习状态有些低迷的时候，也可以适当改变媒体出示时机，或者形式、内容和显示节奏，都会起到一定作用。

4. 提供正确示范

动作准确——操作与讲解语言紧密结合，有助于学生全面理解动作。

方法科学——示范程序事先要有设计，演示时动作要准确，这样有助于演示结果清晰呈现，学生可以观察清楚，帮助学生理解动作目的。所以教师要注意演示方法首先正确，并且与讲解语言、提示紧密结合。

熟练连贯——教师演示动作还应该纯熟，信手拈来，应该做到一上手就成功，要达到无论是常态课还是展示课都百分百成功，这也要求教师要在课下反复锤炼。

把握节奏——教师演示动作不仅仅是一以贯之，不仅有连贯要求，还要有分解，有适当的停顿，与明确的语言结合；还要注意要适时重复，特别是变换方式的重复。

5. 指导观察的方法

在指导学生观察前，教师要介绍观察对象的特点和结构组成。如使用模型时，要先说明模型指代实物，还要介绍和实物之间的比例，颜色意义，如果是内部剖面结构模型，要说明解剖的方向或角度等。教师要明确知道各类媒体的作用，为形象生动的实物媒体提供感性材料，支持学生充分感知；模拟类的媒体，能够引导从形象到抽象的思维过程，支持学生进行归纳、类比等学习思维；抽象类的媒体可引导学生完成概念学习，支持学生对概念、规律、观点的概括，完成从形象到抽象的学习。特别要重视的是，教师在指导观察时，需要留意这几个问题：学生看到了吗？学生是否喜欢看？学生看的同时在想什么？我该怎样运用媒体，支持学生完成学习任务？

案例3：凸透镜的成像规律 [①]

情境创设：为了在科技节上给小学部的同学们展示我们的科技作品——自制照相机，我们已经发布了课前任务，并提前在网上查阅了照相机的相关资料，大家现在知道照相机的结构了吗？其镜头是一个什么透镜呢？

展示学生拍摄图片，通过提问："照片中的像各有不同，那我们如何制作一个简易照相机"等问题引发学生思考——要了解成像物理原理。

引出模拟项目——照相机成像。

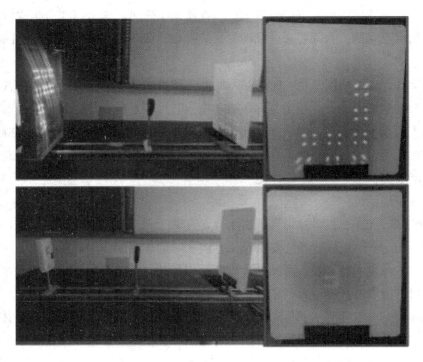

光源成像实验图

分析实验现象，学生继续探究，出示实验数据记录表（线上）。

---

① 案例提供者为北师大朝阳附属学校闫静雨。

	f=10cm,物高h= cm					
	物距u/cm	像高h/cm	像的性质			像距v/cm
			大小	正倒	虚实	
4						
5						
6						
7						
8						
9						

学生进行分组实验，分组利用手机在在线文档上输入实验数据，分析实验数据，继续开展成像规律探究——自制点光源实验及仿真物理实验室活动。

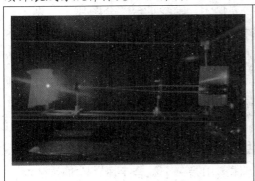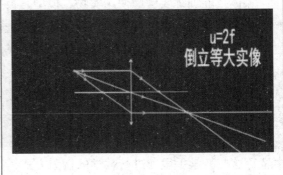

点光源实验及仿真实验室成像图

结合视频，通过板书及仿真实验室，归纳并总结凸透镜成像的规律。

	u与f的关系	像的性质			v与f的关系
		正倒	大小	虚实	
1	$u>2f$	倒立	缩小	实像	$f<v<2f$
2	$u=2f$	倒立	等大	实像	$v=2f$
3	$f<u<2f$	倒立	放大	实像	$v>2f$
4	$u=f$	不成像			
5	$u<f$	正立	放大	虚像	$v>u$

凸透镜成像板书及表格归纳

讨论交流

从上面凸透镜成像案例，我们可以初步感受到媒体运用和各种媒体合理使用的一些方法，我们可以记录一下有多少种媒体，每种媒体出现的时机，结合如何运用媒体技能中的内容，分析该如何做到根据内容选择媒体等媒体技能。

每个学科使用媒体有每个学科的特点，音体美学科强调技能，学科器具、工具的运用就应该突出；理科教学，观察、实验、活动重要，相应的实物、器材、模型的使用应该突出；文科教学，媒体运用相应平均一些，更强调综合使用。每个学科教学都是各种媒体的综合使用，请老师们思考以下几个问题：

1. 本学科中，常用的媒体有哪些？每种媒体在教学中的作用是什么？

2. 我们一般是以多媒体课件为中心展开教学，那么多媒体课件如何与其他媒体展开配合？

3. 自己在学校如何开展学科多媒体运用技能训练？

实践操作

媒体技能训练要考虑使用实物、模型、板书等媒体，围绕平台整合图片、图表、动画、声音，合理运用开展教学，在训练时先进行文本设计，根据本学科特点，选择一个主题，根据主题选择典型的教学媒体，研究媒体的性能，再考虑这些媒体在教学中的使用情况，还要考虑如何将学生的观察记录下来。设计完成后，再进行实际训练，进行训练的时候结合板书与语言讲解。利用摄像机或者手机将训练记录下来。在训练的时候可参考附表：媒体运用技能评价标准表。

媒体运用技能是教师运用实物、模型、板书，通过信息平台运用图片、图表、动画、声音等这些教学手段，进行教学的行为方式，媒体运用是一个综合手段，在训练的时候需要与板书、讲解结合。进行技能训练的时候既要关注自己怎样运用教学媒体，也要考虑关注学生怎样完成观察的、怎样在观察中思考的。

（二）如何在智慧课堂下运用教学媒体开展教学

什么是智慧课堂？智慧教育环境是《教育信息化 2.0 行动计划》明确提出的新的媒体运用环境，主要目的是实现从专用资源向大资源转变；从提升学生信息技术应用能力向提升信息技术素养转变；从应用融合发展，向创新融合发展转变。在此背景下，教师运用媒体的类型及运用媒体技能会不断发展，我们要做好充足的准备。

表 2-5-1 信息技术 2.0 下的多媒体教学环境

环境	多媒体教学环境	混合学习环境	智慧学习环境
环境特征	支持"集体教"，包括简易多媒体教学环境和交互多媒体教学环境	支持"集体学"，包括多媒体计算机网络教室、网络教学环境、移动学习环境	支持"个体学"，智能教育设备支持的、能够支持实现个性化学习与差异化学习
课件类型	多媒体教学环境课件、交互多媒体教学环境课件	多媒体网络教室课件、网络教学环境课件、移动学习环境课件	

1. 不断夯实常用的媒体运用技能

虽然信息技术日新月异，带来的教学媒体也越来越丰富，但是我们目前正在使用的教学媒体都有着重要的作用，相互配合可以有力支持达成学习目标，媒体运用技能是教学技能的重要组成部分，我们必须在掌握媒体运用技能的基础上，发扬发展。

我们要掌握实物媒体如何运用，图片与视频的运用，了解这些媒体时如何支持学生感知的。我们要掌握板书、实物模型和动画这些抽象媒体时如何支持形成概念，如何支持学生对规律、观点的概括。同时，我们还要掌握视频、音频的制作、格式转化、存储、转化等信息技术。对我们最熟悉的多媒体演示技术，从它的作用到展示技术都应该做到精益求精。

案例 4：媒体的综合运用——长江的开发 ①

教学环节	教学内容	教学意图	媒体运用
导入	通过宋诗《卜算子·我住长江头》及长江全景	创设情境	多媒体平台展示图片及板书标题
第一环节	展示长江流域地形图、年降水量图、1月平均气温图；展示长江流域水电站分布图；演示简易发电机工作及配合展示地形剖面图；展示长江干支流图及中国年降水量分布图；展示中国各水系水能资源比重	学习长江水能资源	多媒体平台展示各类图片；演示简易发电机，理解发电量与落差关系
第二环节	展示上中下游航道数据对比表格；展示中国1月平均气温图；展示长江各河段拍摄照片	学习长江航运价值	多媒体平台展示图片、表格，支持学生思考并归纳影响航运和发电的因素
第三环节	展示长江流域灌溉区图片；展示长江上中下游各河段不同的风景区图片；学生展示长江旅游图片；展示长江洪涝灾害材料图文资料等	学习长江灌溉及旅游价值	多媒体平台综合展示各类媒体，进一步加强学生对长江及其及资源的综合认识
总结归纳	结合板书归纳	归纳总结长江的资源认识、开发和治理的综合利用	板书结合讲解总结归纳

① 案例提供者为北京市第二中学朝阳学校苗颖茜。

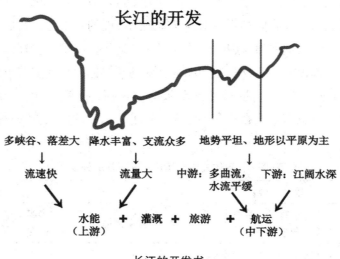

长江的开发书

讨论交流

长江的开发一课，涉及的知识众多，如果没有多种媒体的参与，很难想象学生在一节课中经历长江水文、航运、旅游价值等学习资源，也就不可能达成学习目标。在本课学习中，学生丰富大量的图片资源，尝试了简易发电机的运用，更加深刻理解长江的资源与经济开发的关系，同时随着板书逐步推进，将知识不断要素化、概括化，最终形成对长江整体认识及概念的落实。通过此案例，每位教师熟悉并掌握各自学科中通用媒体和学科特色媒体及运用技能，是每位新任教师必须达成的教学能力之一。

2. 不断深入了解快速发展的智能化、网络化的多媒体教育技术

（1）白板

多年前的交互式电子白板因为种种原因，没有被广泛使用，很多白板只作为单一显示屏使用，众多功能与技术并没有得到应用与开发。白板具有强大的交互与演示及平台承载功能，为了更好地用于教学及技术储备，我们应该对白板及其他学校现有的、没有进行充分利用的媒体进行技能研发与技术储备。

案例5：白板的初级运用——关节的角度与功能

教师在白板中导入肩关节实物图片，利用直尺和半圆仪工具，测量出肩关节的关节角度；测量髋关节角度；

将两个角度保留到新一个界面，对比观察；

讨论关节角度与关节强度、灵活度之间的关系。

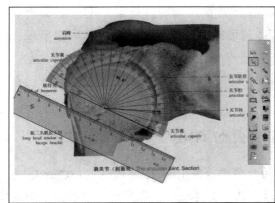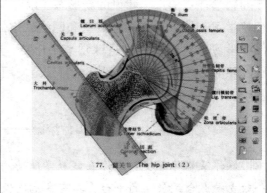

肩关节、髋关节关节角度测量

电子白板中内置了三角板、量角器、直尺、圆规、公式编辑器等数学工具，根据教学内容综合运用可让学生加深理解。在本例中，关节头和关节窝的结构特点决定了关节的灵活性与强度，但无法直观观察。运用直尺和量角器，测量关节角，通过角度的大小判断关节的特点，进一步体会关节的结构与功能适应关系。

讨论交流

交互式电子白板还未普及就被放置到了一边，但其强大的交互功能不能被忽视。在本例中，人体的关节头和关节窝的结构特点决定了关节的灵活性与强度，但无法直观观察。运用直尺和量角器，测量关节角，通过角度的大小判断关节的特点，进一步体会关节的结构与功能适应关系。除了直尺和量角器工具外，白板中内置了三角板、圆规、公式编辑器等多种数学工具，还具有探照灯、遮幕、实时测量等多种演示功能。白板演示软件可以在个人电脑上安装，大多数功能可以模拟呈现，我们可以很快熟悉操作。熟悉操作后，我们可以考虑白板还有哪些功能可以在教学中运用？本学科是否可以运用白板开展教学？

（2）在线课堂

目前腾讯课堂、超星平台、雨课堂等线上课堂为我们提供另一种课堂教学环境，在线上课堂中，不仅课堂内的各种工具成为媒体，课堂本身也成为媒体，参与学生的学习。

一般的线上课堂都具有前端分析、教学过程设计和混合式学习评价设计理念，都具有高效快捷，互动性强的特点，有些还具有全周期采集课堂数据，操作基于 PPT 和微信，可以随时推送语音、视频、习题给学习者。特别是一些小工具可以使师生在课前、课堂和课后高效互动，提升学生的参与度，为学生有效学习提供了有力保障。教师利用线上课堂，可以促进混合式教学方式向智慧式学习方式过渡。

智慧环境既指学习环境，也指学习方式。智慧环境是指为教学活动提供智慧应用服务的教学环境空间及软硬件装备的总和，是在物联网、云计算、大数据等信息技术推动下的教学环境信息化建设的新形态。以此基础上形成的所谓智慧教室，是一种典型的智慧学习环境，是多媒体教室和网络教室的高端形态，可以更加优化教学内容呈现，便于学习资源获取，促进课堂交互开展，具有情景感知和环境管理功能的新型教室。硬件环境会逐渐落实，软件环境特别是使用者的教师，"新媒体"运用技能应该在已有基础上，不断寻求发展。

案例 6：溶解——揭开去油的奥秘 ①

媒体及媒体环境：本课在线教学所使用的软件平台是 ClassIn 在线课堂。ClassIn 是一款支持混合式教学的平台，具有多元化教学工具，支持板书、激光笔、计时器、抢答器、随机选人、播放视频等功能，辅助教师进行线上教学；竞争性课堂氛围，拥有奖励等课堂调控功能，支持实时查看课堂学习统计数据，便于教师营造竞争性的课堂氛围。

学生在可以通过电脑、平板、手机等方式进入课程内容学习，并且支持课程内容的回放功能，便于学生温故知新。学生通过"举手""抢答"等方式积极参与课堂学习活动；通过师生互动、生生互动向教师和同伴学习，调动学生学习的积极性与主动性。

线上教学环境：

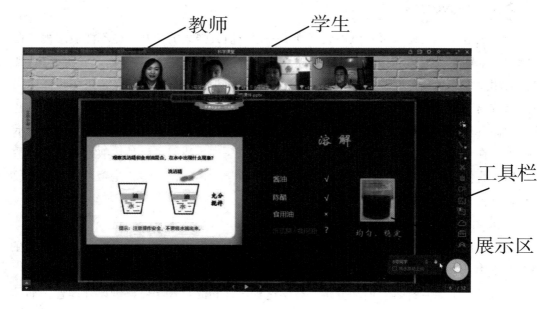

教学过程：

教师播放视频（小女孩餐后洗盘子）。

---

① 案例提供者为北京朝阳区中国人民大学附属中学朝阳学校徐玉红。

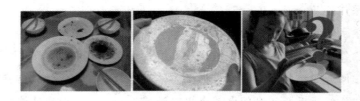

学生线下对盘子上的油进行观察

教师提问：盘子看着很干净啊，为什么摸起来油乎乎的？

教师提问：到底哪种液体可以溶解在水里，哪种液体不溶解在水里呢？（出示课题：溶解）

播放演示实验视频，学生自主开展探究实验。

教师提问：哪种液体可以溶解在水中，哪种不可以？

三种液体的不同结果图

学生通过观察实验现象，发现食用油不溶于水，找到未洗干净盘子的原因。在这个过程中，引导学生建构液体溶解的概念——"均匀、稳定"分散在水中。

教师小结：酱油和陈醋经过搅拌后，形成均匀、稳定的液体，容易溶解在水里，而食用油在水中静置一会，油又浮在水面上，分层了，不是均匀的液体，也不稳定，所以不容易溶解。

教师继续提问：现在我们回过来看看这个问题，为什么盘子看着很干净，摸起来油乎乎的？

信息技术操作：抢答功能。

验证实验：洗洁精与食用油混合能否溶解在水中

提问：同学们有办法帮助小女孩去除盘子上的油渍吗？

追问：如果是洗洁精帮助食用油溶解在水里，那应该是什么样的？

提问：我们怎么来验证洗洁精是否可以帮助食用油溶解在水中？

溶解结果展示图

学生实验操作。

教师监控学生的实验操作，进行指导。

信息技术操作：计时器；将学生的视频画面放到台上，放大画面。

归纳总结：像酱油、陈醋，还有我们之前学习过的食用盐、红糖这样，形成均匀、稳定的液体，即使经历再长的时间也不会出现漂浮或者下沉，是容易溶解在水里。这里的食用油、洗洁精和食用油混合经过一段时间又浮在水面了，所以是不容易溶解。

线下作业——红糖的分层现象图

提问：通过本节课的学习，你有什么收获呢？

信息技术操作：随机选人。

课后探究：红糖可以溶解在水中，为什么水中出现分层呢？

任务：课下完成，上传到 ClassIn 班级群中。

讨论交流

云课堂技术到底带来了哪些变化？首先可以带来对学情分析的不断深化，学生反馈的结果可视化、数字化、智能化，为教师设计教学目标和教学活动提供更科学的支持，同时，学生反馈结果也成为媒体资源的一部分，为教学服务。

云课堂环境支持教师实时观察学生活动过程，并随时互动。对个人、小组活动成果实时共享，实现在个人学习的基础上全体参与。在学习中，所有的环境和工具都可以成为媒体，特别是在类似的云平台上，社区、家庭资源都可以成为媒体被整合到课堂教学中。这样，云课堂可以有效支持学生和教师开展探究性学习，

3. 了解媒体运用的心理学基础

无论媒体技术如何发展，其心理学理论依据都是最基本的基础，我们应该将其储备，以待智慧学习环境带来的挑战。

（1）媒体运用技能与认知心理学。

① 注意

媒体运用的心理学基础之一是认知心理学，我们已经知道，学习过程不是从外界刺激产生感觉开始的，而是从个体首先产生学习动机，及由此发生的，对于感觉信息的选择性注意才开始的。因此，只有产生注意才开始启动学习过程。注意分为以下几个方面：

资源的整体性：知觉对象是由许多部分组成，但学生并不会将对象感知为多个独立的部分，而总是把它感知为一个统一的、有意义的整体。无组织的刺激是难以理解和记忆的，教师必须精心设计和组织媒体呈现的内容，减轻学生信息加工的负担。如将分析某篇文章的中心思想、解题过程、完成一个跳跃动作等一系列步骤，按照逻辑次序、因果关系、层次结构，呈现复合对象的各个组成部分等标上序号。

资源的相对性：知觉不能像数学一样可以用绝对值表示，只能通过比较来相对的衡量。教师在设计教学媒体呈现方式时，必须考虑知觉的这种特性。例如，学生如果比较某两个对象，但如果这两个对象都是不了解的、不熟悉的，这时学生是不能判定其大小的。

资源的对比性：当两种实物的属性难以区分时，应该将它们放在一起呈现，而不是分开。如学生在区分苹果和梨这两种果实时，教师应将苹果和梨同时呈现给学生，并在提示学生可以用不同的颜色、字体或者符号标出它们的不同点，或者将苹果和梨的图片放大，由此将细微的差别放大，便于学生观察。

② 记忆

记忆有两个特性：

模块性：具有不同认知结构的学生，在记忆同一事物时所用的模块内容有差别。学生一般是将当前呈现的信息内容，划分为适合自己的记忆模块。因此，教师在运用教学媒体时，要预设学生对当前学习内容有自己记忆的模块，并以此对欲呈现的媒体内容，进行预先组织。模块可以用空间模块、时间分段或者根据有关概念进行语义分类。

有限性：大量的心理学实验证明，人类的短时记忆容量是 7±2 个模块，所以记忆容量是有限的；但是同样的内容，只要改变模块的形式就有可能大大扩充短时记忆的容量。因此，教师在运用教学媒体时，一次呈现的学习类别，一般应在 5 个以内，如果类别较多，就要根据其内部逻辑关系，先分层，再分类，仍然保证每一类不超过 5 个类别，这样便于记忆。

③ 概念形成

学生习得概念，往往是以实例—属性—定义—名称这样的顺序进行的。

教学中既要使用正面案例，也要使用反例，而反例中的一些特征应该与正例相似，这恰恰是学生难以辨别的、容易引起混淆的，只有将正例和反例有效结合，学生才可以较完整地、准确地掌握一个概念。

（2）媒体运用技能与学习心理学理论

① 观察

学生在学习活动中，要大量运用观察，观察是一种有目的、有计划、比较持久的知觉活动。学生在进行观察时，需要运用比较、分析、综合等方法，因此，观察不是被动地注视客体，而是一个积极主动的思维过程，所以观察又被称为"思维的知觉"。

感觉是人脑对客观事物个别属性的反映，如对声音、颜色、气味反映等，而知觉则是人脑对客观事物各个部分和属性的整体反映。知觉是观察的生理基础，是由多种感受器共同参与的分析综合活动。学生在学习活动中一般要经历从感觉到知觉的过程。

② 观察的能力

观察的能力是人在观察活动时的一种心智活动，观察能力与求知欲紧密相关，是一种力求对对象进行深入的认识。观察的根本特点是具有输入性，即人从外界环境中要接纳信息，是对深入认识事物的开端。我们知道，观察是有目的、有计划的、比较持久的知觉，学生要对客观事物进行感知，就离不开感觉器官，而观察中的目的性和计划性，又是意识中的决策观念，所以观察能力不仅是一种感知能力，同时具备特殊的意识力和思维力。

③ 观察的特性

观察是一种与思维活动联系在一起的知觉活动，观察除了具有知觉的一般特点外，同时还更具探索性，并且与积极的思维活动密切相连。了解知觉的一般特性，能够帮助我们更加全面地了解学生的学习过程，同时对学生提高观察能力是十分必要的。此外，观察还具有层次性、目的性、客观性、全面性和典型性。

实践操作

结合本节所介绍的媒体运用的心理学基础知识，并阅读信息技术 2.0 下的 30 个微能力点说明和实践考核建议，设计一节智慧课堂下的教学设计，体现 2 ~ 3 个微能力点。完成后和同伴交流，评价一下微能力点的实施情况。

总结反思

1. 教学媒体的种类有哪些？

2. 教学媒体在教学中的作用有哪些？

3. 板书在教学中究竟起到了哪些作用？

4. 在教学中板书如何配合其他教学媒体？

5. 教学媒体多样，有没有规律可以运用？

6. 调查一下学校所有的媒体，这些媒体是否都有利用价值，是否有的应该被淘汰？

7. 在信心技术 2.0 的推动下，我们将更多的拥抱智慧课堂，你认为智慧课堂会昙花一现，还是媒体运用的未来呢？

附录：

媒体运用自查表

一级指标	二级指标（要点）	较好	一般	不符合	权重
选择媒体	能够理解各种媒体特征，恰当选择媒体				0.2
出示媒体	出示教学媒体时机巧妙，恰当强化重点				0.2
	能够根据学生的反馈迅速调整媒体内容和媒体播放的时机、顺序等				
演示示范	演示动作熟练准确，演示正确，方法科学				0.2
	边演示边依据学生情况，合理运用语言和板书强化演示操作				
指导观察	演示中及时判断学生的观察情况，并适时给予有效回应				0.3
	演示过程及时指导观察方法，并适时强化				
板书使用	板书设计突出教学重点、难点，很好体现生成性；板书设计美观大方、结构清晰				0.1

话题三 精心评价，提高教学质量

主题一 了解教学评价

⯅ 学习目标

通过本主题的学习，学习者能够：

1. 了解教学评价的概念；

2. 了解教学评价的类型与功能；

3. 了解教学评价的发展、原则与前景展望。

一、问题聚焦

无论你现在已经是一名在岗的教师，还是一名即将上岗的准教师，都需要对教育评价有所了解。不过，教育评价领域里的知识浩如烟海，很多教育工作者倾注了毕生的精力对此进行深入钻研。一个明显的事实是：每个个体能够掌握的评价知识是有限的。关键的问题是：哪些内容是任课教师们必须予以了解的呢？在这个主题内容里，我们将一起了解教学评价的产生、发展、概念界定以及教学评价的分类、功能、原则、前景展望等相关内容。

二、问题分析

（一）教学评价概念解读

评价是主体在事实基础上对客体的价值所做的观念性的判断活动。它是与价值紧密联系在一起的。[①] 凡是有一定价值的事物都存在着评价行为。

现在教育评价的界定还在不断的发展和完善中。现代教育评价之初，泰勒曾经明确

[①] 曾雪艳.对教学评价的探索 [M]. 呼和浩特：远方出版社，2005.

提出，"教育评价的过程从根本上讲是一个判断课程和教学计划实际达到教育目标程度的过程。但是，这是指的人的行为变化过程。因此，这种评价是一种判断行为实际发生程度的过程"。[①] 我国国内一些学者也一直探索教育评价的界定，教育界一般把教育评价定义为："在系统地、科学地和全面地搜集、整理、处理和分析教育信息的基础上，对教育的价值作出判断的过程，目的在于促进教育改革，提高教育质量"。[②] 这是在一定教育价值观的指导下，依据确立的教育目标，通过使用一定的技术和方法，对所实施的各种教育活动、教育过程和教育结果进行科学判定的过程。纵观教育评价理论与实践的历史发展，一般认为大致经历了古代的传统考试、近现代的科学测试和当代的科学评价三个不同时期。

教学评价是依据教学目标对教学过程及结果进行价值判断并为教学决策服务的活动，是教学过程的重要组成部分，是对教学活动现实的或潜在的价值做出判断的过程。教学评价是研究教师的教和学生的学的价值的过程。课堂教学评价实施可以为被评价者设计教学、改进教学，激励其进行创造性的教学提供依据。

教学评价一般包括对教学过程中教师、学生、教学内容、教学方法手段、教学基本功、教学效果、教学环境等诸因素的评价，但主要是对学生学习效果的评价和教师教学工作过程的评价。

教学评价贯穿教学的全过程，只要有教学相关的活动，就离不开评价。教师教学评价中可能涉及多元主体，专家与教学督导、领导与管理人员、同行教师、班级学生、家长也有可能成为评价主体，那么评价的标准也可能多样化，评价内容、评价体系的载体都可能存在差异。评价主体的多样性，就会基于自身的经验与角色，对教师教学会有不同的价值判断。比如，专家比较关注教师的教学方法和策略，而学生更关注师生关系、教师态度等。此外，不同学科课程有不同的特点，新入职教师与教龄长的教师的授课方式与风格不同，不同类别、不同学段的学校具有很大的差异性等，更不能把评价体系过于统一，否则将无法反映客观真实的评价结果。因此本话题将针对新近入职的教师，从教师的教和学生的学的评价过程进行探讨供新教师思考研究。仅从教师教学课堂评价的角度出发，着重评价与实践的关系，进行价值判断，认识教师教学的优长和存在的问题，了解教学实践、教学规律，从而不断地改进教学实践。教学获得不断进步，"以评促建"发挥教学评价重要作用。

（二）教学评价的产生

对教育进行评价的起源在中国，中国的科举制是公认的世界上最早的比较完善的教育评价制度，对世界教育评价也产生了较大的影响。但评价作为一个正式的学术概念进

---

① 拉尔夫·泰勒. 课程与教学的基本原理 [M]. 北京：人民教育出版社，1994.

② 胡中锋. 教育评价学 [M]. 北京：中国人民大学出版社，2013.

入教育研究领域并进一步为教育实践者所采用，却是20世纪初才发生。20世纪30年代，美国"进步教育协会"选择了30所高中参加课程改革实验，这就是教育评价史上著名的"八年研究"（1934—1942年）。为了帮助和指导学校的实验工作，"进步教育协会"成立了各种委员会和分支委员会，其中泰勒领导的评价委员会的工作最为出色。八年研究之后，1942年评价委员会发表了"史密斯·泰勒报告"，第一次系统地提出了评价的基本思想和方法，从而奠定了现代教育的评价基础。泰勒认为，评价必须建立在清晰地陈述目标的基础上，根据目标来评价教育效果，促进目标的实现。1949年，泰勒出版了其代表作《课程与教学的基本原理》，提出了课程编制与评价的基本原理，奠定了其课程理论和现代教育评价之父的历史地位。从此，教育评价的思想和方法得到很大发展和不断完善。

20世纪90年代全面实施素质教育以来，越来越多的教育工作者意识到单一的纸笔测验及标准化考试带来的弊端。评价过程和教学过程相脱离，测量的结果是学生"知晓什么"，而不是学生"能做什么"，所测量的许多内容是被肢解的知识片段，难于评价创造力等综合运用知识能力；评价的导向功能使得教学为了追求标准化考试成绩，教师的教学必然会坚持传播以应试知识为主的教学，从而忽略学生能力的培养。因此课程教学改革与传统测验方式的教学评价矛盾的存在，促使教学评价的变革成为教育改革不可回避的问题。随着新时代的到来，教育改革的推进，新课程标准的发布与实施，教学评价的模式、内容、目的、方式等进入不断的完善和发展中。

（三）教学评价的发展历程

教育教学评价第一阶段主要从19世纪末期，至20世纪30年代结束，该阶段主要为测量和测验时期，主要关注学生对学习知识的记忆程度，并且检测学生的学习情况主要以考试为主，学生的测试结果则代表学生对知识的理解和掌握程度。采用测试的形式能够反映学生对学习知识的记忆熟练程度，能够提高学生的记忆力，但也存在一定的不足，因教师没有对测试的结果进行全面的分析，因此无法了解学生对学习内容的掌握情况，同时一次性测试无法反映学生平时的学习情况，对教育教学没有产生较大的促进作用。

教育教学评价第二阶段从20世纪30年代开始，至20世纪50年代结束。在这一阶段，主要围绕泰勒模式进行教育教学评价，该阶段强调了教育教学的目标与教育教学结果的一致性，并且在教育教学中注重学生的学习规律和认知规律，教师在教学中根据学生的认知规律进行教学，但对学生的学习评价依然采用测量的方式进行评价，但优于第一阶段的是，能够对教育教学期间存在的问题进行全面反映。

教育教学评价第三阶段主要指20世纪50年代至80年代，该阶段的评价重点为教师的教学评价，是对教学方法的评价内容，需要对教师的教学能力加以度量，并就教育内容的价值予以判断。因此教师的教学作为评价的重点内容，主要检测教师的教学能力和教学水平。但在教师教学水平的评价方式方面，依然以学生的考试成绩为评价依据，针对教师教学水平的评价，能够提高学校教育教学的质量，但因学生的成绩与教师的教学质量挂钩，因此教师在教学期间以考试为目的，因而减少课堂教学的乐趣，同时也导致教师在教学期间只关注学生的成绩，而忽略了思想品德教学。

教育教学评价第四阶段主要指20世纪80年代至今，该阶段以现代教育理论为主的发展阶段，在该阶段的教育教学评价，主要将师生关系作为评价的重点，并在教育教学中提倡尊重学生，将学生作为教学的主体，立德树人的根本任务变得更加重要，教育教学关注的重点上升到学生个体，并且该阶段的评价方式和评价对象均发生变化，该阶段的评价效率显著提高，评价的结果能够直接作用于教育教学中，因此教学教育的评价效果显著体现。[1]

（四）教学评价变革进程

1. 教学评价的理论体系不断地吸收并完善

经过几十年的不断探索和实践，我国的基础课程与教学评价体系日趋完善，大量的教育学者围绕中小学课程与教学评价的概念理论、基础支撑、实施方法以及类型和原则进行了深层次的探讨和研究，整体上建立起了完善的基础课程与教学评价体系。明确了基础课程与教学评价对于教学活动的进行起到了信息分析以及价值判断的作用，也是对于教学活动和特定目标进行数据采集以及整个学校实施教育评价的过程。是对课程内容、教学效果以及学生的成绩进行综合性的评价。基本上形成了我国当代中小学基础课程以及教学评价体系，这为我国后来的教育实践活动的开展提供了基础。

2. 教学评价主体、对象和方式走向多元化

对于教育体系整体而言，需要的是多层次、全面化的评价，只有多样化的教学评价才能够保证教学体系健康平稳的发展，及时地发现其中存在的问题和不足之处并加以改正，使之更加完善。随着多年的改革和完善，我国的中小学课程与教学评价体系由单一逐渐走向了多元化，这不但包括评价主体多元化以及评价对象多元化，还包括评价方式多元化。第一，评价主体多元化。是指传统的教育评价方式过于单一，课程教学评价过于注重政府部门对于教育整体质量的评价，忽视了来自社会以及个体的评价，缺少民主性的评价体系不利于教育水平的整体提升。为促进教育主体的多元化，大量的研究学者通过实践探究将教育活动的决策者、实施者以及教育成果使用者之外的第三方评价机构共同组成了多元教育评价主体，保证学生自评、互评、家长、社会共同参与的多元化评价模式。第二，评价对象多元化。我国早期的中小学基础课程与教学评价体系过于注重对学生的学习能力培养，但忽视了学生思维模式、探究意识以及创造性和思想价值理念

---

① 林丽娟.新时期下教育教学评教的发展历程和改进措施[J].教育研究，2020（41）.

等方面的培养。随着时代的发展学生整体素质多元化评价已成为当前的主流模式。对学生的评价不再局限于学习成绩，而是从学生的思想道德素养、创造思维能力以及教学质量等多方面实施相应的评价。现代化的中小学课程教学实践活动包括课程设计、教学方案、教师实施、教学质量以及教学评价等多个方面，学生的核心素养则是其中的重中之重。第三，评价方式趋于多元化。传统的中小学课程评价方式采用定量定制的评价方式，过于单一的评价方式不仅仅影响了学生的全面发展，也影响了教育水平和质量的提升。量化的评价方式对于学生的课业以及科学的测试进行数据收集并分析，进而得出相应的最佳价值判断，但学生的个人心理、情感价值以及性格等方面的因素却无法进行相应的量化处理，因此需要引入定性评价方法。即采用观察、访问、参与和经验等方式获得相对应的评价资料，随着学生的成长以及学习体验，等级以及评语的结合，对学生的思想价值情感做出相应的评价，引导学生思想价值理念的确立以及认知水平的提升。

3. 教学评价的重心由知识到学生全面发展

自 19 世纪末 20 世纪初教学评价体系成为独立的研究领域以来，经历了测验、评价、描述和判断、构建等四个阶段，不同阶段的价值取向都有所不同。随着时代的发展以及教育理念的革新，现代课程与教学更加注重学生的自主学习能力、创新思维意识、分析和解决能力等综合培养。

进入 21 世纪，十八大和十八届三中全会提出的关于立德树人的要求落到实处，2014 年教育部研制印发《关于全面深化课程改革落实立德树人根本任务的意见》，提出"教育部将组织研究提出各学段学生发展核心素养体系，明确学生应具备的适应终身发展和社会发展需要的必备品格和关键能力，突出强调个人修养、社会关爱、家国情怀，更加注重自主发展、合作参与、创新实践"。[①] 注重学生应具备的核心素养的培养，评价体系则更加关注学生的全面发展。可以说当前的教学评价更加贴近于教育的本质以及学生成长的核心需求。才是现代化教育所注重的。

4. 教学评价的功能由分等鉴定到诊断激励

传统的教育评价注重对象的分等鉴定，即对学生选拔、对教师评级以及奖惩等活动提供相应的鉴定管理信息，是以判断优劣为目的的终结性评价。随着我国教育实践活动的不断深入，积累经验的增多，对于评价的功能人们也有了新的认识。合理的评价可以激励学生更好地成长，促进教师不断提高自身的教育水平，从而全面提升学校的教育质量，这一观念已成为社会的共识。由传统的优劣选拔、淘汰评价到反馈、激励、改进，教育评价的中心逐渐转移到促进学生自主学习和完善上，旨在促进学生的全面发展。可以说，我国中小学课程与教学评价体系朝着综合性、多元化、发展性的方向发展。

---

① 教育部关于全面深化课程改革落实立德树人根本任务的意见. 中华人民共和国教育部 http://www.moe.gov.cn/srcsite/A26/jcj_kcjcgh/201404/t20140408_167226.html.

（五）教学评价的分类

1. 基于评价目的的分类

概括地说，教育评价的目的可以分为选拔、监控、引导三个方面。根据这一分析，可以从评价目的的角度，将教学评价分为选拔性评价、监控性评价和引导性评价三种类型。然而，从实践来看，一些教学评价活动的目的并不是单一的，因此，通常可以结合评价实施的时间或功能，将教学评价分为定位性评价、形成性评价、诊断性评价、总结性评价四种类型。

定位性评价又称为安置性评价、预备性评价。是在教学活动开始之前，对学生的前期准备所做的评价，它要解决的问题是学生是否已掌握了预定的教学活动所必需的知识与技能、在多大程度上可以达到预设的教学目标、学习兴趣培养、学习习惯养成以及人格品质发展需要何种教学模式更好，即根据学生的个别差异而选用适当的教学方案等。

形成性评价又称过程评价，是在教学过程中进行的评价。目的是监控教与学的过程，不断地获得学生学习的信息，发现每个学生的潜质，强化改进学生的学习，并为教师提供反馈。及时强化成功的方面、改善失败的方面引导。按照需要采取适当的修正措施，使教学成为一个"自我纠正系统"。

诊断性评价是在教学开始前或教学过程中实施的，针对学习困难学生的专业化程度较高的评价，目的是了解学生学习困难的原因，从而选用适当的教学措施引导，或者采取适当措施加以补救监控。可以检查教学目标是否定设得太高或太低；教学内容选择是否恰当，是否适合学生的水平及兴趣；可以根据不同的内容和不同的学生的特点选择不同的教学方法和组织形式。

总结性评价，也称终结性评价，是在一个完整的教学完成后，对教学效果的评价。从而达到了解教学是否达到预期的目标监控。

2. 基于评价内容的分类

对于教学活动而言，评价内容包括教学条件、教学过程和教学效果三个方面，与此相适应，可以将教学评价分为教学条件评价、教学过程评价、教学效果评价运价三种类型。

所谓教学条件评价，就是指对教学活动实施的各种条件进行的评价。教学条件包含的内容是非常丰富的。从形态上看，不仅包括教学材料、教学设施等有形的条件，而且包括学生先前知识、学习经验、学习兴趣等无形的条件。从地域上看，不仅包括学校内部的各种学习场所、设施和图书资料，也包括学校以外的社区学习资源和家庭学习资源。从媒体性质上看，不仅包括图书、报纸杂志等文字和图形类资料，而且包括录音、录像、DVD 等音频和微视频等视频资料。此外，教师、家长，以及其他成人，甚至同学，也都是教学条件的重要组成内容。由于教学条件是一个复杂的系统，对教学条件的评价也是一个系统性的工作。

所谓教学过程评价，就是对教学活动的实施过程的评价，既包括对预先计划的教学过程的评价，也包括对实际执行的教学过程的评价。值得注意的是，由于各种因素的影响，实际执行的教学过程经常不能与预先计划的教学过程保持完全一致。因此，在评价教学过程时，应尽量将计划的过程与执行的过程结合起来进行评价，关注两种过程之间的差别，以及导致这些差别的原因。

所谓教学效果评价，就是对教学活动的实施效果的评价。在教育评价的发展历程中，对教学效果的评价关注是最突出的。无论是早期的考试和测量，还是泰勒所创立的基于教育目标的评价模式，都是针对教学评价效果的。在教学效果评价中，根据判断教学效果时依据的参照不同，可以分为常模参照评价、标准参照评价和自我参照评价三种类型。常模参照评价主要用于以选拔为目的的总结性评价，标准参照评价可以用于诊断性评价以及以监控为目的的总结性评价，自我参照评价则主要用于形成性评价或诊断性评价。

3. 基于评价基准的分类

评价方法按照评价标准可以分为绝对评价、相对评价和自身差异评价，是从不同角度对同一个被评价对象的评价。

所谓绝对评价是指根据教学目标对教学设计方案，教师的教学的教与学生的学的成果所作的评价，以判断哪些目标已达到，哪些目标没有达到。它反映了一个学生经过教与学以后，在指定的范围内达到目标的程度、还存在的问题以及学习中的困难所在。绝对评价标准比较客观。如果评价是准确的，那么评价之后每个被评价者都可以明确自己与客观标准的差距，从而激励被评价者积极上进。但是绝对评价也有缺点，最主要的缺点是客观标准很难做到客观，容易受到评价者的原有经验和主观意愿的影响。

所谓相对评价是指对各个评价对象进行比较，以确定个人的相对位置的评价。它是在被评价对象中集合选取一个或若干个个体为基准，然后把各个评价对象与基准进行比较，确定每个评价对象在这个集合中所处的相对位置。相对评价可了解学生的总体表现和学生个体之间的差异，或比较不同群体之间优劣。缺点是基准会随着群体的不同而发生变化，因而会容易使标准偏离教学目标，不能充分反映教学上优缺点，为改进教学提供依据。

所谓自身差异评价是指被评价者对自身的不同方面进行的纵横比较，以确定自己的进步情况和各个方面的能力的评价。

4. 基于评价方法的分类

概括地说，评价方法主要包括测试、调查、观察、鉴定四种方法。与此相对应，可以将教学评价分为定性评价和定量评价两种类型。

所谓定性评价是指对教学要评价的内容，通过观察法、调查法等收集教学信息，运用分析和综合、比较和分类、归纳和演绎当逻辑方法，筛选出集中趋势的判断，舍弃非本质的离散现象，对事物本质进行决策性判断。即定性评价是用非量化手段索取教学过程中各种信息，对教学对象做出价值判断。

所谓定量评价是指对教学要评价的内容，通过教学测量、统计等方法和手段，收集数据材料，进行定量分析、处理，找到集中趋势的量化指标和离散度，给出综合性定量描述与判断。即定量评价是综合各种信息进行量化统计的过程。

由于教学涉及人的因素，各种变量及其相互作用的关系是比较复杂的，因此为了提示数据的特征和规律性，定量评价的方向、范围必须由定性评价来规定。可以说，定性评价和定量评价是密不可分的，两者互为补充，相得益彰，不可片面强调一方面而忽视了另一方面。

案例分析

案例1：课堂教学中的检测教法的实施评价

在体育课堂教学中，教师通常会在一个课堂教学内容学习即将结束时，安排一个检测教法来实施教学，评价和考察学生的教学目标达成度。简述教师教学设计如下：

学习目标：

1. 了解全程助跑的挺身式跳远的完整动作技术和丈量步点的方法。

2. 能做出全程助跑并在起跳区起跳接挺身式跳远的完整动作，远度能达到2.95米（女）、3.85米（男）以上，发展速度、力量、协调等素质的和跳跃的能力。

3. 培养勇敢、果断、互相合作等优秀品质。

主要教学过程：

1. 进行30～50米节奏跑练习。

2. 1～3步、3～5步助跑起跳腾空步放摆动腿练习，连续进行30米。

3. 丈量助跑点（走步丈量法2～3人组合）练习。

4. 全程助跑挺身式跳远练习。

5. 小组自主合作练习

6. 检测：全程助跑起跳区起跳，挺身式跳远比远、挑战同伴。

实践操作

教学评价有多种分类依据，因此教学评价方案的类型也会多种多样，你认为以上教学案例属于哪些类型的教学评价？你主要的判断依据是什么？

1. 基于评价目的的分类：＿＿＿＿＿＿＿＿＿＿＿＿＿＿＿＿＿＿＿＿＿＿

判断依据：＿＿＿＿＿＿＿＿＿＿＿＿＿＿＿＿＿＿＿＿＿＿＿＿＿＿＿＿＿＿

2. 基于评价内容的分类：＿＿＿＿＿＿＿＿＿＿＿＿＿＿＿＿＿＿＿＿＿＿

判断依据：＿＿＿＿＿＿＿＿＿＿＿＿＿＿＿＿＿＿＿＿＿＿＿＿＿＿＿＿＿＿

3.基于评价基准的分类：_____

判断依据：_____

4.基于评价方法的分类：_____

判断依据：_____

讨论交流

本案例的教师教学设计和实施中，我们看到该教师在教学目标设计时，对学生技能目标表述时有关于这样的表述："能做出全程助跑并在起跳区起跳接挺身式跳远的完整动作，远度能达到2.95米（女）、3.85米（男）以上，发展速度、力量、协调等素质的和跳跃的能力"。课堂教学实施教法时有"检测：全程助跑起跳区起跳，挺身式跳远比远、挑战同伴"这样的有针对性的设计。我们按照不同的角度、不同的分类方法来看，这个评价可以称为以下评价方式。基于评价的目的来说可称为诊断性评价，在教学内容即将完成时，可以检查教学目标是否定设得太高或太低；学生的达成度是否能够完成设定的"能做出全程助跑并在起跳区起跳接挺身式跳远的完整动作，远度能达到2.95米（女）、3.85米（男）以上"这个教学效果，做出诊断性评价，为下一节课该内容的继续教学做出教师教学设计的调整方案；基于评价内容的来看是对学生学习内容效果的评价，属于教学效果评价；基于评价基准的分类来看，教师是把各个评价对象与基准进行比较，确定每个评价对象在这个集合中所处的相对位置，了解学生的总体表现和学生个体之间的差异。可以为下一步教学做准备，属于相对评价；基于评价方法的分类来看，是对教学要评价的内容，通过教学测量、统计等方法和手段，收集数据材料，进行定量分析、处理，找到集中趋势的量化指标和离散度，给出综合性定量描述与判断，属于定量评价这个学习集体的方法。因此，往往一个评价方式可能从不同角度或维度来说课称之为不同的评价名称。我们教师在教学中应该关注评价的功能与实施的恰当与否更为重要。

（六）教学评价的功能

1.导向功能

教学评价体现着教学评价工作的指导性和权威性的作用，是依据学科课程标准，国家教育目标导向为准的。应是以一定的教学目标为依据，通过教学评价中强化教学目标的导向功能，使评价对象的思想和行为不断地向评价标准靠拢。为此，在建立现代评价标准时应做到体现全面和谐发展的培养目标，培养符合科教兴国要求、具有开拓创新精神的高素质人才，以及学生良好的品格，较强的社会适应能力。应体现正确的教学观念，建立科学评价标准，培养德智体美劳"五育并举"全面发展的社会主义建设者和接班人。

2. 反馈调控功能

通过教学评价为教学活动提供反馈信息，以便调节教学活动，使教学能够始终有效地进行。从教学评价活动中，我们可以获取学生对教学内容结构、教材处理、教授方法、教学语言和技能等各方面的反映，由此了解到自己的教学能力和水平，同时，也了解到学生的理解程度、学习习惯、心理要求等。通过分析，充分利用这些信息来调节和改进自己的教学工作，从而间接地提高学生的学习效果。另外，还可以从领导、同行、学生的评价中，了解和认识自己，知道哪些是自己的强项，哪些是自己的弱项，以便进行自我调节，加强自我修养。通过教学评价所提供的反馈信息，可以进一步明确教学目标，了解教学目标的实现程度和教学活动中所采取的形式与方法是否有利于促进教学目标的实现，同时，积累资料以提供关于如何才能更顺利地达到教学目标和修改教学目标本身的依据。[①]

3. 鉴别功能

教学评价可以帮助教师借助评价确定未来的教学起点、预见未来的教学成果的作用。有利于调节教师的工作和学习。通过教学评价可以了解教师教学的质量和水平，优点、缺点、矛盾和问题，以便对教师的考察和鉴别。通过教学评价还可以考察和鉴别学生的学习能力和潜力、学业状况和发展水平，有一定的选拔功能，也能够促进学生全面发展和差异化发展，为师生改进、调节以后的教与学能够提供必要的依据。

4. 激励功能

激励功能主要体现在评价对教学过程有监督和控制作用，对教师和学生是一种促动和强化。通过评价反映出教师的教学效果和学生的学习效果。通过教学评价肯定学生的达标速度，使学生及时看到自己学习的成绩，获得成功的体验，激励学生的自信。在一定限度内，经常实行记录成绩的测验学生的学习动机具有很大的激发作用，当评价较高时，能够使教师和学生在心理上和精神上得到鼓舞，可激发他们向更高目标努力的积极性；评价较低则能够催人深思，激发教师和学生奋进的情绪，起到推动和督促的作用。

（七）教学评价的原则

1. 发展性原则

有效教学评价绝不是将学生甄别为三六九等，给学生贴上标签，而是从根本上促进学生的发展，这是有效教学的根本要求，也是素质教育和基础教育课程改革的根本要求。发展性原则是有效教学评价的根本原则，不仅要关注学生的知识和技能是否得到了提高，还要关注学生在知识技能、过程方法、情感态度价值观三个维度是否得到了发展，要通过及时的评价，给课堂教学指明正确的发展方向。有效教学评价要关注师生的共同发展。第一，要将核心功能定位在促进学生作为完整的人的发展上，尊重学生在教学过程中的

---

① 李颖 . 教学评价的意义和功能 [J]. 北京教育学院报，1994（1）.

主体地位，对教学能否促使学生取得预期的进步和发展进行评估，考察学生在认知、情感、人格、意志等各个方面素养是否得到充分发展。第二，要关注教师教学效能的有效发展，促进教师的专业成长。[①]

2. 过程性原则

实施的教学是一个过程，学生的发展也是一个过程。课堂教学要以学生为中心，就必须要让学生的发展和成长有效果，让学生有进步的体验。有效教学评价要体现预设和生成的平衡、短期效果和长期效果的统一、过程价值和结果价值的统一，就必须注重对教学过程的评价，必须关注学生学习、探究、思考、发现和合作的过程，还要重视学生在课堂教学中的经历、体验和表现。更要充分发挥评价对教学过程的激励作用和教学结果的导向作用。

3. 整体性原则

进行教学评价时，要对组成教学活动的各个方面作多角度、全方位的评价。由于教学系统的复杂性和教学任务的多样化，使得教学质量往往从不同侧面反映出来，表现为一个多因素组成的综合体，因此必须对教学活动从整体上进行评价。有效教学评价既要评价"教"，也要评价"学"；既要评价"教师"，也要评价"学生"；既要评价"人"，也要评价"物"；既要评价"知识能力"，也要评价"过程方法"。总之，要全面考虑整个教学系统中的所有要素。评价主体既有教师也有学生，高质量的实施教学评价。

4. 有效性原则

有效教学评价要在最大限度上关注课堂教学的效率、效果、效益和效应，追求教学的有效性。评价标准要科学，不仅要求评价目标标准的科学化，而且要求评价的程序和方法的科学化、客观化、有效化。评价标准在效果上要体现高效率，即花尽可能少的精力和时间取得尽可能大和尽可能好的效果；在结果上要体现高效益，即教学结果能使学生有多少成就感和获得感；在长期影响上体现高效应，即通过教学，能对师生的认知、能力、人格、情感、态度、价值观等方面产生良好的长期效应。[②]

三、问题改进

我国社会经济的发展速度不断加快，人们的生活水平也不断提升，并且人们的物质生活越来越丰富，与此同时，人们注重精神方面的追求，并且对教育教学的重视程度越来越高。同时社会对人才的需求量越来越大，为了满足社会的需求，学校教育教学改革和发展，新的教学理念和教学方法的运用，以及新的课程标准发行与实施，对提高学校教育教学的质量，对教育教学情况进行评价变得非常重要。因此，作为我们新时代的

---

① 辜伟节.关于中小学课堂有效教学评价的建议 [J].基础教育参考，2008（3）.
② 席作宏.有效教学评价的理念、原则与策略 [J].洛阳师范学院学报，2020（7）.

新教师更加需要了解教育教学评价，探究教学评价发展新变化。

在信息技术高速发展的时代，在线教学已经产生，以及现在的智能化的教学管理平台为教学评价提供了信息整合和反馈的便利。开发和研究综合教学评价的前景可期。管理平台可以将随堂评价、教师评价、领导评价、督导评价、同行评价、教师自评等各类评价进行有效的整合，也可以通过移动端、二维码、微信群等帮助教师快速高效地开展问卷调查、测验、抢答、分组讨论等过程评价，及时掌握课堂的反馈信息。利用平台进行数据和文本分析，可以为每位教师出具个性化评价报告，帮助教师持续改进教学，提升育人质量。同时实现多主体、多维度、多方向、多功能教学评价的新模式。展望未来，教学评价会在快速发展中不断完善和推进。

2020年10月，中共中央、国务院印发《深化新时代教育评价改革总体方案》，这是指导深化新时代教育评价改革的纲领性文件。这也是新中国第一个关于教育评价系统性改革的文件。以立德树人为主线，着眼于全面贯彻党的教育方针，牢记为党育人、为国育才使命，把落实立德树人根本任务，培养德智体美劳全面发展的社会主义建设者和接班人作为主线，贯穿于教育评价改革各项任务始终，引导确立科学的育人目标，确保教育正确发展方向，坚定不移走中国特色社会主义教育发展道路。

以破"五唯"为导向，从党中央关心、群众关切、社会关注的问题入手，紧扣破除"唯分数、唯升学、唯文凭、唯论文、唯帽子"的顽瘴痼疾，立足基本国情，坚持积极、稳慎、务实，改进结果评价，强化过程评价，探索增值评价，健全综合评价，既大力破除不科学、不合理的教育评价做法和导向，又着力建立科学的、符合时代要求的教育评价制度和机制。

以五类主体为抓手，立足全局，坚持整体谋划、系统推进，针对党委和政府、学校、教师、学生、社会不同主体，充分考虑基础教育、职业教育、高等教育不同教育领域和大中小幼不同学段特点，分类分层研究教育评价改革思路、提出改革措施、明确实施路径，增强改革的系统性、整体性、协同性。系统推进教育评价改革，发展素质教育，引导全党全社会树立科学的教育发展观、人才成长观、选人用人观，培养德智体美劳全面发展的社会主义建设者和接班人。

总之，教学评价随着新时代的到来，探索基于在线教学、大数据、人工智能的学习评价新方式。数字技术及其伴随的人工智能分析技术正在改变教与学的评价方式。数字化评价将更具实施效率，更容易推广，能更有针对性地反映个体层面的表现，更贴近学习环境，更具互动性，并且支持更具想象力的、丰富多彩的、互动性强的、及时的反馈。未来，利用人工智能对教学过程产生的大数据进行更深入、透彻和高效的分析具有广阔的前景，为发展教学评价和学习评价的方法将会提供新的范式。

 **资料卡**

1. 中华人民共和国教育部官网《教育部关于全面深化课程改革落实立德树人根本任务的意见》http://www.moe.gov.cn/srcsite/A26/jcj_kcjcgh/201404/t20140408_167226.html。

2. 中华人民共和国教育部官网《深化新时代教育评价改革总体方案》http://www.moe.gov.cn/jyb_xwfb/xw_zt/moe_357/jyzt_2020n/2020_zt21/。

3. 中华人民共和国教育部官网《义务教育质量评价指南》http://www.moe.gov.cn/srcsite/A06/s3321/202103/t20210317_520238.html。

总结反思

本主题交流和表述的内容中，哪些内容给你留下了比较深刻的印象？哪些内容启发了你比较深入的思考并值得你继续深度学习的地方？简要地描述一下对教学评价方面感到困惑的问题。基于本主题的学习、研讨和交流，了解了教学评价的产生、发展、功能与作用，懂得教学评价的原则、分类和应用，初步形成所教学科的教学评价体系建构意识，分析不同评价方式、类型的特点与作用，确定将要重点研究和实施适合本学科的评价方式的探索方向。

主题二　开发评价方案

学习目标

1. 把握设计教学评价方案的基本原则；
2. 了解开发不同类型评价方案的基本要素及实施要点；
3. 依据教学目标和教学内容特点设计科学恰当的评价方案。

一、问题聚焦

"立德树人"教育根本任务的提出，对课程改革和教育教学改革提出了新的要求，"学业评价促发展"是新课程标准的基本理念之一。因此，教学评价也理所当然地要与这样的任务和要求相匹配，服务于学生的德智体美劳全面发展，促进学生核心素养的提升。《基础教育课程改革纲要（试行）》也明确提出："要建立促进学生全面发展的评价体系；评价既要关注学生的学业成绩，也要发现和发展学生多方面的潜能；要了解学生发展需求，帮助学生认识自我，建立自信；要发挥评价的教育功能，促进学生在原有水平上的发展。"传统的教学评价存在着"重知识考查轻能力发展、重视甄别与筛选忽视诊断与激励、重结果轻过程"等诸多弊端，缺乏对学生的信任和尊重。基于教育的根本任务，面对教育教学改革的方向和要求，作为新时代的教师，究竟怎样深入研究和开发科学的、促进学生全面发展的教学评价方案呢？

二、问题解析

（一）概念解读

👥 **讨论交流**

你怎样认识和理解教学评价的含义和基本功能？你认为设计一份评价方案应遵循哪些方面的基本原则？

1."开发评价方案"中"评价"的含义

这里的"评价"指的是教学评价。评价的基本含义是评论价值高低。教学评价是指按照一定的教学目标，运用科学可行的评价方法，对教学过程和教学结果给予价值上的判断，为改进教学、提高教学质量提供可靠的依据。[①] 教学评价具有诊断、激励、调控、指导、区分和鉴别等诸多重要功能。通过主题一的学习可知，评价的类型多种多样，不同类型的评价方法也会彼此交叉，互相融合。本主题中探讨的教学评价主要指向教学过程中，依据特定的教学目标，采用一定的手段和方法，对教师的教学行为和学生的学习效果进行系统评价，目的是促进教师和学生双方的自主学习和自主发展。

2.评价方案

方案指的是从目的、方式、方法、进度等进行具体、周密的部署，并有很强可操作性的计划。将操作方法呈现在案前，案前得出的方法即为"方案"。教学评价方案是依据特定的教学目标对教学相关过程及各种教学结果进行价值判断并为教学决策服务的活动方法和程序。实施教学评价前要明确系列基本问题，例如为什么评价（目标）、评价什么（内容）、谁来评价（主体）、怎样评价（操作性计划）以及评价结果的分析处理（导向）等，并研究出解决这些问题的途径和方式，这些预设的操作方法和相应的活动即为评价方案。教学评价既要有系统的方案，也要有具体的方案。系统评价方案是基于阶段性目标从整体上评价教学的计划（例如表3-2-1），具体评价方案是在特定的时间、空间、阶段，针对特定的教学目标而制定的评价计划。系统评价方案要进一步分解成阶段性的具体评价方案。

---

① 王汉澜.教育评价[M].郑州：河南大学出版社，1995：181-182.

表 3-2-1 系统评价方案的主要评价项目及评价要素举例

要素 项目	目标指向	评价内容	评价主体	评价方法	权重	反馈方式及 预期作用
学习过程		课堂评价				
		作业评价				
		实验、实践评价				
		……				
学业测试		单元测试				
		期中测试				
		期末测试				
……		……				
综合评价						
……						

本主题探讨的评价方案主要指教学过程中的具体评价方案，评价内容主要指向教师教学行为的反思评价以及学生学习效果的评价。为了开发科学有效的评价方案，更好地发挥评价的多重预期功能，教师需要把握设计评价方案的原则、理解各种评价方式的含义、设计评价方案的要素，以及对评价结果进行科学地处理。

3. 开发评价方案的主要原则

（1）评价方案的目标要体现立德树人的素养导向

新的历史背景下，国家教育方针政策将育人目标明确指向"立德树人"这一根本任务。专家学者通过研究达成共识，"核心素养"培养成为落实"立德树人"根本任务的桥梁和纽带。我国教育专家对核心素养概念的描述虽然异彩纷呈，但又殊途同归。核心素养共同指向了 21 世纪基于中国国情、对作为发展主体的人的需求，包括适应个体需求和社会需求的必备品格和关键能力。必备品格主要体现在健康生活与成长的知识与技能、积极参与社会讨论与决策的知识与技能、支配思想与行为的科学世界观和方法论、支撑创新的民主意识和行为等。关键能力主要表现在问题解决能力（包括个人问题和社会问题）、学习与创新能力、信息与技术能力、表达与沟通能力等。所有学科有着共同的责任和目标，指向中国学生发展核心素养，但是每个学科又有其自身的特点和独特的价值。例如，生物学科在培养学生正确的生命观念、健康的生活方式和卫生习惯，培养学生科学的思维方法、严谨求实的科学态度、勇于探索的科学精神，培养学生保护环境、维护生态平衡、关注生物安全性等社会责任，形成科学的自然观、世界观、价值观等方面具有不可替代的作用。教师要深入挖掘显性知识背后的隐性素养，基于立德树人的素养导向设计评价方案，促进学生的成长和发展。

（2）评价方案的内容要与教学目标和教学活动保持一致性

有效教学必须把握三个首要问题，一是教师要有正确的、适切的目标定位，二是要有符合目标维度、符合学生认识特点的教学活动和方法策略，三是重要的改革和探索内容，即围绕教学目标体系以及学习活动效果设计评价方案的组成和结构，摒弃与目标脱离、与活动分割的单纯做题和考试的评价方式。这是测评学生素养水平和指导学生发展素养的重要保障。

基于教学目标和教学活动开发评价方案，可保持测评与目标和教学活动的一致性。受传统观念的影响，评价方案与教学目标和教学活动脱离、用对考试的预测指导评价方案设计的现象仍比较普遍，这些现象使评价的效果大大降低。这样的评价使得学生无法逃脱题海的深渊，而且也无助于从根本上提升学生的学业成绩。基于对教学目标体系的分析设计评价方案，会大大提升评价的针对性和有效性，使得评价不再是游离于课堂教学之外的独立环节，与课堂教学形成一个有机的整体。

逆向教学设计可大大增强评价的针对性和有效性。教师常规的备课思路往往是按照"确定教学目标→设计教学活动→测评课堂效果"的顺序进行的。事实上，教学目标确定后，应该是评价方案的跟进。教师需要将不同类型的目标转化为相匹配的评价方案，以判断学生是否达标以及在多大程度上达标。然后再考虑如何设计教学活动，以促进学生的学习并完成部分目标的测评，如思维方法和某些科学探究能力目标的测评。这种设计思路被称为逆向教学设计。实际上教学过程是落实目标、评价目标并在此基础上及时调整教学活动和教学目标的过程，具体操作步骤及作用如图3-2-1。这样一方面克服了教学目标模糊、泛化、抽象的弊病，另一方面也促进了三者的统一，保持了内在一致性，有利于提高教学效果。

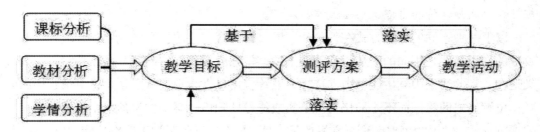

图3-2-1 逆向教学设计操作流程

（3）评价方案形式要与评价内容相匹配

核心素养理念下的教学目标具有多元化的特征，设计评价方案的目的是测评教学目标的达成状况，判断学生在学科核心素养各方面的发展状况。不同内容的教学目标，需要与之相匹配的评价形式。以知识目标为例，事实性知识的评价可以通过不同情景中的辨别或回忆效果较好，而概念性知识则需要通过对新例证进行分析和判断，思维方法和探究能力等维度的目标则需要通过具体任务驱动下的思维外显或行为表现才能获得客观的评价效果。

研究目标行为动词的含义和行为表征是设计有效测评方案的重要依据。各学科课程标准中用了很丰富的行为动词体现相应知识、方法、能力或责任态度等所应达到的认知水平。但实践研究发现，教师对行为动词的理解并不统一，评价方案设计也差异显著，这将严重影响评价方案形式与目标内容的统一。研究和把握目标行为动词的含义和行为表征，是设计科学的评价方案形式的重要依据。

案例分析

案例1：怎样设计操作技能评价方案？——评价形式与评价内容的匹配（七年级，生物）

在初中生物教学内容中，显微镜的使用是一项重要的学科技能，对于"应用显微镜观察各种玻片"教学目标的测评方法，不同的教师呈现了不同的评价方法。有的教师按照教材上的图文内容和顺序依次讲解和示范显微镜的结构及功能，然后指导学生通过练习观察玻片熟悉显微镜的使用方法，一节课的时间学生只能练习一次完整的过程。教师的评价方法主要是课后练习题，通过识图填写显微镜的结构名称及作用，或者给出一些操作描述让学生判断对错，根据习题的正确率对学生使用显微镜的情况做出评价。有的教师则先通过调研，摸清学生使用显微镜情况，发现超过80%的学生在小学科学课中已经使用过显微镜观察玻片，于是课上采用小组成员演示、其他同学挑错的互评方式聚焦学生存在的问题，通过精讲显微镜的工作原理纠正存在的问题，通过条件限时操作训练纠正和强化关键操作步骤，最后分组推荐比赛选手，进行条件限时操作比赛，通过全班互评、教师评价和自评反思给出综合成绩。

以上两种不同的评价方式在评价相同的目标内容"应用显微镜观察各种玻片"时，发挥的作用显然是不同的。从行为动词来看，目标内容属于"应用"操作技能类，其含义是在真实的情景中学生能够独立选择并熟练应用显微镜观察特定材料，对情景中的问题作出解释或回答，而不是回忆再现事实或符号性知识。第一位教师采用纸笔测验为主的评价形式，学生的表现无论是良好还是不良，都不足以判断学生操作技能的应用状况，也不利于激励学生的自信和兴趣。第二位教师的评价过程贯穿了整节课，以学生的初始操作表现为依据，激励成就、发现不足，通过限时、限制条件进行操作练习，提升了练习的针对性，通过小组竞赛的形式测量最终操作水平，激发了学生精益求精、合作探究的意识和习惯，学生在展示的过程中体验成功的愉悦，进一步激发了反思和改进的信心和质量。直观的操作表现对目标内容的评价精准无误。不同类型的目标内容，需要教师研究和设计相匹配的评价方式方法。

要保证评价形式与被评价目标的类型相匹配，需要学习和研究知识分类的相关理论，建立知识类型、学习过程和条件、行为表征之间的内在一致性。

拓展阅读

1.《布卢姆认知目标分类学》（修订版）（洛林 .W. 安德森等编著，蒋小平等译，2009，外语教学与研究出版社），关于知识的类型与含义，认知目标的类型与表征等内容，为一致性提供理解和支持。

2.《教什么知识》（季平著，2009，教育科学出版社），关于知识的四个层面和四个水平，为目标定位和测量提供理论依据。

（二）不同类型教学评价方案的开发与实施

讨论交流

教学评价有多种分类依据，因此教学评价方案的类型也多种多样，你认为哪些类型的教学评价能够显著地帮助你提升教育教学效果并促进你的专业成长？怎样设计并实施这些评价方案呢？

1. 教师自我反思评价方案的开发与实施

在教与学这个相互作用相互影响的系统中，教师作为学生成长和发展的终端设计者和实施者，理应成为评价的对象。为了提升教学评价的效果和质量，教师在实践过程中进行自我反思和自我评价意义重大，尤其对促进新任教师的专业成长举足轻重。在教学实践中，教师的自我反思和评价可以重点关注以下方面的要素。

（1）自身职责与态度的反思与评价。

教师职业的特殊性要求教师在工作的全过程不断反思，是否做到了深入学习并积极贯彻党和国家教育方针政策，并严格遵守各项法律法规；是否形成了强烈的责任意识；是否做到了关爱学生，尊重个体差异，保护并鼓励学生的个性发展，尊重学生独立人格，平等对待每一个学生，信任学生，积极创造条件促进学生自主学习和发展；是否善于激发学生的求知欲和好奇心，培养学生兴趣爱好，营造开放的学习氛围和安全的心理空间，促进学生创新思维发展；是否做到了践行育人为本、德育为先的理念，并重视知识、能力、品德的融合，促进学生全面发展；是否积极探索引导学生文化自信、制度自信、道路自信的内容与途径；是否做到了衣着整洁得体，语言规范健康，举止文明礼貌；是否能够做到理解并认同教育工作的意义，热爱教师职业，具有为职业理想奉献的精神；是否理解教师职业的独特性，认同育人方向的重要性，是否清晰个人的专业发展规划，并有计划、有目的地实施规划。并通过不断反思、评价和改进提升个人的职业素养。

（2）自身专业知识结构的认识与评价。

教师职业的专业性要求每一位教师都要具备专业的知识结构。因此，踏上教师岗位并从事教育教学工作的实践中，要不断反思自己是否能够科学、深入地理解所教学科内容的基本概念和基本原理；是否清晰学科的历史及发展过程；能否把握学科的研究热点和前沿；能否构建所教学科的知识体系、提炼学科的基本思想和研究方法，能否把握学科内容的核心教育价值；是否能够描述与本学科发展密切相关的其它学科概念与作用，并建立学科间的联系；是否能构建起所教学科的生活实践应用价值体系，是否建立了学科与个人和社会的密切联系；是否能够结合学生的生活实际开发恰当的课程资源。这些专业的学科知识是实现课程目标的前提和基础。

关于学生的认识也是教师必备的专业知识，教师要反思自己是否了解所教学生的身心发展和认知发展的一般规律与特点，是否了解学生学习本学科的认知基础及前概念，是否了解学生的兴趣爱好，学习方式、学习能力及学习需求的差异性，是否了解特殊学生的真正问题和实际困难，以及设计的活动和任务对学生是否具有挑战性和吸引力，这些都是提升教学活动针对性的必备基础。

在教学方法或策略方面，是否了解学习的过程和本质，是否了解不同类型知识、不同水平能力的学习过程、本质和条件，选择的教学方法或策略的有效程度如何，教学方法是否多样化等，这些方面能够为设计有效的学习活动提供支持和视角。

（3）自身专业技能的反思与评价。

在某种程度上讲，教师进入教室前，一堂课的教学效果就基本决定了。虽然课堂生成很重要，但是教学设计是否科学，很大程度决定了学生学习的方向和效果。因此随时反思和评价自己的教学设计、教学实施和教学评价能力对提升教学水平至关重要。评价教学设计可以主要从以下方面进行：

首先，是否能够根据教学内容特点、素养培养要求和学生特点准确定位教学目标，以体现教学内容的核心教育价值；其次，是否实现了根据教学目标的要求层次或水平、目标所涉及的知识类型特点以及学生学习的规律设计恰当的学习任务或学习活动，是否有效地组织了教学内容结构，使其具有逻辑性和连续性，启发了学生的深度学习；最后，是否基于目标达成度和学习活动效果设计了恰当的过程评价和结果评价方案，并有意识地预设课堂生成的问题及解决方案，设计的过程性评价是否达到了预期的目标，设计的结果性评价是否具有层次性和进阶性，是否符合目标的知识类型，是否对学生的学习发挥了正确的导向作用和引领作用。

以上自我反思与评价内容，评价主体除教师自身外，也可以参考学生的反馈与意见建议。作为新教师，评价指标也可以聚焦在关键的教学技能的核心要素上，如讲授能否做到生动清晰、揭示知识的本质特征和内在联系，演示技能上能否做到内容呈现详实、有效感官聚焦，在课堂互动上能否做到激励学生参与、启发批判思维等。评价方式以质性评价为主，采取过程记录和效果总结相结合，让反思评价伴随职业生涯，成为专业成长的助推剂。

📖 **拓展阅读**

1.《幼儿园教师专业标准（试行）》《小学教师专业标准（试行）》和《中学教师专业标准（试行）》。

2. 2019.11.15 教育部等七部门印发的《关于加强和改进新时代师德师风建设的意见》。

👥 **讨论交流**

你认为学习的过程和本质是什么？怎样设计评价方案评价学生的学习过程？

1. 学生学习效果评价方案的开发与实施

学生学习效果的评价是教学评价的核心内容。这里的学习效果评价指向学生所有的学习过程和学习结果。评价的目的主要指向两个方面，一是测量学生达成教学目标的程度，为教师反思和改进教学提供帮助，实现"以评促教"；二是激励学生的学习和指导学生的学法改进，实现"以评促学"。

2. 学习过程评价方案的开发与实施

（1）确定学习过程评价要素。

基础教育课程改革纲要明确提出，要关注学生的学习过程，关注学生在学习过程中的学习体验、学习感悟及心理变化。对于学习过程中学习效果评价重结果轻过程，与核心素养培养不符、与立德树人的育人理念不符的现象要更加引起重视。为了推动教育教学方式的改革，促进核心素养落地课堂主阵地，探索和研究发展学生核心素养培养的学习过程评价体系，凸显学业质量评价的过程取向显得尤为重要。学生的学习过程主要包括课堂学习过程、课后迁移应用过程和课外实践创新过程。无论何种学习过程的评价，教师都要确定过程评价要素、明确要素的评价指标和表现。

学习过程的本质是思维过程。参考常珊珊、蒋立兵的研究结果，笔者初步构建了面向核心素养发展的学习过程评价要素及其关键表现。该评价体系包括四个一级指标和十二个二级指标，比较全面地涵盖了学习过程的要素及表现（表3-2-2）。

表 3-2-2 基于学科核心素养发展的学习过程评价要素及其关键表现 ①

过程维度	过程要素	关键表现
思维的基础（学习条件要素）	学生参与学习活动的意识	1.明确活动目的 2.明确活动内容、活动方式及需要做什么和怎么做 3.积极主动地参与活动
	学生参与学习活动的程度	1.参与活动的次数多少 2.参与活动的时间是否充分
	学生参与学习活动的逻辑结构	1.基于学科认知发展规律 2.基于学科本身的逻辑规律
	学习活动与学科素养的匹配状况	1.学习活动内容指向素养提升 2.学习活动方式指向素养发展
思维的深度（思维过程及结果要素）	整合与反思学习	1.与原有认知发生联系并整合 2.自主构建知识体系 3.善于自我反思和改进
	批判与创新学习	1.善于质疑 2.善于提出不同的见解 3.善于从多个视角思考问题
	问题解决与迁移	1.应用知识解决具体问题 2.在新情境下迁移应用知识解决问题
思维的广度（思维过程及结果要素）	学科认知的获得	1.获取了表象知识 2.理解、掌握了学科概念性知识 3.学会获取和分析学科信息的方法 4.独立描述并解释学科现象 5.获取了学科思维方式方法
	学科技能的获得	1.模仿学科技能活动 2.独立完成学科技能活动 3.获得了学科实践技能
	学科情感态度变化	1.对问题或学科产生浓厚兴趣 2.养成求真、求实、严谨的学科态度 3.建立学科与人类生活、生产、经济、生态、环保等的密切联系，认同学科价值
学习调控（元认知发展要素）	监控调节	1.清晰学习过程，把控学习进度 2.基于遇到的难点，获得他人帮助
	评价反馈	1.反思学习过程，改进学习方法 2.总结学习结果，重建知识结构

　　面向学科核心素养发展的学习过程评价指标体系具有学科相通性，能够为各学科优化学习过程评价提供参照和依据。但在应用过程中需要将该框架进行学科化处理，体现学科的特点和核心素养培养要求。

　　（2）学习过程评价方案的开发与操作程序。

---

① 常珊珊,蒋立兵.面向学生学科素养发展的学习过程评价指标体系建构[J].教育科学研究,2020(9).

过程性评价指标体系为开发过程性评价方案提供了框架和视角，对于不同的评价要素及其指标，还要进行具体的评价实施过程和方法设计。在不同时间、不同内容及不同学习空间的教学实践中，往往涉及不同过程要素的评价，因此系统地设计并实施学习过程评价方案是进行有效评价的保障。

设计和实施过程性评价方案，可以从两个方面考虑。一是过程性评价体系的构建，二是各项评价指标的落实方法策略。前者主要包括清晰学习内容、分析学习者特征以及要达成的教学目标；基于目标的行为预期，设计评价的内容和评价方式；基于目标预期设计教学活动的组织方式，将过程性评价整合在教学活动中。评价指标的落实方面，评价信息的收集与教学过程同步进行，对于不同的评价要素，可以通过灵活多样的指标进行记录，例如等级分析、量化分数、质性描述等。用图 3-2-2 表示过程性评价体系的设计与操作流程。通过分析评价结果得出结论，为进一步改进教学和评价提供依据。

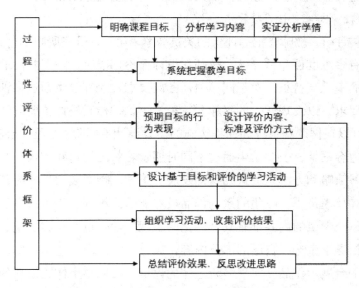

图 3-2-2 过程性评价体系框架及操作流程 ①

另外，为了更加客观、真实地反应学生的学习效果，在实施评价方案的过程中将量化评价和质性评价有机结合起来，动态、全面地了解学生的学习表现和学习效果，分析、评估学生素养的发展和变化。

（3）例析学习过程评价方案的开发与实施。

学习过程和学习结果存在直接的因果关系，高质量的学习效果需要科学严谨的学习过程支持。学习过程的含义较为广泛，既包括课前预习、课堂活动及课后巩固等小单元学习过程，也包括系统性、阶段性的大单元学习过程，二者相互依赖、相互配合才能客观地评价学习过程。

---

① 王鑫，刘力 . 过程性评价的含义及概念辨析 [J]. 中国教育技术装备，2020（22）：11.

档案袋设计及评价

档案袋评价是指通过对档案袋制作过程和结果的分析对学生的发展状况做出判断的评价方式。档案袋也叫成长记录袋，用一系列的表现、学习作品、评价结果以及其他相关资料信息的汇集来显示学生的学习和发展状况。档案袋内容的选择与评判标准都有学生参与，同时也含有学生的问题和自我反思。[①] 这种评价方式的优点是内容丰富、主体多元、过程开放、注重发展。档案袋作为一种系统评价学习过程的管理和记录手段，可以有效地帮助教师、家长和学生自身了解学习和成长过程。

教师在设计档案袋内容时，要考虑核心的教学目标、学习活动或学习任务的价值、以及学生的学习状况等综合因素，确保内容指向学生的学科概念构建、学科技能形成、学科思维发展、学习习惯态度、价值观念等核心素养，通过横向、纵向的分析和对比，对学生的学习过程和发展状况做出价值判断，帮助学生通过运用元认知策略反思和改进自己的学习过程，学会自主学习。

实施档案袋评价，教师要把握评价的关键要素。第一，研究所教学生的个性化特征。学生的发展具有多维度性和差异性，教师在设计评价标准时，除了共性的评价目标外，还要考虑学生的个性与特长，对于同一项任务或要求，允许学生通过多种形式、多种方式表达任务或要求，以发现学生的兴趣和特长。第二，档案袋评价要以学生的纵向比较为中心。教师可以根据课程目标和课程实施的需要设计不同阶段、不同层次的学习任务，作为档案袋的内容框架，引导学生通过不同时期学习状况的自我比较，总结成绩、发现不足，调整学习策略和方法，促进元认知发展。第三，档案袋评价要充分发挥成果展示对学生的激励和反馈作用。收集的系列作品虽然能够让教师和学生自身了解其学习过程和学习效果，每个学生的内容都有其个性化的表现，学生也有自我实现、体验成功的需要，教师可以指导学生选择自己的部分内容，通过校园橱窗、艺术长廊、科技活动日、家长开放日等平台展示作品，实现多元主体的评价，帮助学生体验成功的快乐，激发自信心和自主意识，实现认知因素和非认知因素的统一，激发学习和发展的内驱力。第四，不断提升档案袋评价的效度和信度。档案袋评价是一个多元评价主体参与、并且随学生的学习阶段不断变化的动态过程，教师需要根据学生的具体情况，及时对评价目标、评价标准进行修改和完善，体现目标的进阶性，同时建立健全评价诚信体系，让评价结果客观地反映学生的真实学习过程和发展变化，真正发挥档案袋评价的诊断、激励和指导作用。

---

① 施章清.论档案袋评定与学生评价[J].课程.教材.教法，2004（1）.

案例分析

案例2：高中化学学科档案袋设计的项目和内容①

材料项目	材料内容	要求	评价方式
自制个人档案袋	个性化档案袋	封面特色及信息说明	量化评价与质性评价相结合： 1. 多元主体参与评价：自评、互评、师评、家长评 2. 每项设置权重，采用百分制，记分起点为60分 3. 突出成果展示权重 4. 开展档案交流展示会介绍自己的作品、展示自己的才能 5. 评选创新奖、艺术奖、实用奖，颁发荣誉证书 6. 档案袋成绩占学期总评的20%
作业	部分单元作业	各单元最精彩和最不满意的作业各一份，并附解释说明	
学习总结	单元学习总结	包括知识结构图、解决的生活现象和问题梳理、存在的疑惑	
阶段性测验成绩	单元、期中、期末成绩试卷	体现成绩分析和纠错方法	
实验室实验效果	学生实验	各单元最成功的实验描述及经验分享，以及失败的实验原因分析	
家庭实验效果	实验设计方案、现象及结论	学校作业或自创家庭实验报告及视频或照片	
实践操作	小制作、小发明	应用化学知识解决生活问题的发明与制作模型或照片	
课后调查报告	与化学知识有关的生活或社会问题	如特定区域水污染、空气污染、粉尘污染的原因调查报告及假设	
学习资料的收集情况	网络平台、图书馆收集的有价值的资料	描述主要资料对学习理解或问题解决发挥的价值	
生活中的化学知识	剪贴各种与化学有关的食品、饮料、药品包装等	分析、归纳相关信息与化学知识的关系	
反思与感想	感悟、反思、随笔	化学学科带来的认识或情感变化、学习过程中的总结反思、学习方法的进步、材料不足或不够好的项目及替换作品等	
……	……	……	……

　　该档案袋的设计和实施，很好地指向了化学核心素养的评价，体现了学习化学的价值和意义，也必定会大大激发学生对化学学科的学习兴趣和学习积极性，有助于学生清晰认识自己学习上的优点和不足，并能及时调控做出修改和完善。教师、家长也能够动态地了解学生的学习和成长状况，提供适时指导和帮助。

① 多个文献分析综合形成，例如：法号，庄启亚.高中化学学习档案袋评价[J].课程与教学，2016（2）：48-52.

e—评价

这里的 e—评价指的是基于数字化背景下的教育教学评价。疫情的突然袭击改变了所有教师的教育教学模式，应用各种在线教育资源和信息平台开展网络教学成为常态。随着信息技术的发展和互联网的推进，学生的学习资源、学习方式和学习途径逐渐多样化和丰富化，开发并实施以信息技术和大数据为基础的新型评价方式显得越来越重要。大数据正在对教育教学产生着巨大的影响。首先，它改变了人们的思维方式，从演绎推理变为归纳总结，教育决策的依据正在由经验感知转变为数据分析；其次，大数据更加具有真实性的特点，用数据分析并说明问题，使得决策者能掌握事情的真相；再次，利用基于人工智能的学习分析系统，能够及时发现问题并快速介入，将问题消灭在萌芽状态；最后，通过数据能够客观地了解每一个受教育个体的真实情况，真正实现教育的个性化和差异化。

这里，用于评价的 e—数据是在教育教学过程中产生的与学生学习过程和学习效果相关的信息数据总称。教师获取 e—数据的途径多种多样，包括平时的课前调研、课堂检测、课后作业、单元学习检测以及期中期末总结性考试等纸笔测验数据，也包括在线交流研讨、学科课外实践、以及其他实践活动等。数据信息可以是文本、语音、视频、作品等多种模态。教师要有目的、有规划地收集并存储相关数据。

第一，教师要注重日常教育教学过程中 e—数据的收集和利用。电脑、平板、手机等都是教师教育教学常用的移动设备，借助互联网或物联网，可以不受时间和空间限制地收集学生各方面的数据，如学生日常学习与生活产生的信息、学生的考试成绩、成长记录等，通过这些数据了解学生的学习和发展状况。

第二，e—数据的收集和利用依赖于数字化的学习环境。教师要改进传统的教师为中心的教育教学理念和思想，精心创设有吸引力、有挑战性的学习环境和学习任务，充分利用相关信息设备和技术手段展现学生的研讨交流、方案设计和个性化表达等自主学习过程，并有选择地存储相关信息或数据。还可以利用诸如钉钉、爱学平台、moodle 等的平台测试、讨论、日志、互动评价与电子档案袋等功能，实现对学生在线学习活动的跟踪。结合学生的面授学习表现，做好数据的综合分析和指导应用，促进学生的成长和发展。这样，数据的产生、形成、获取、评价、应用等环节，都在数字化的环境中进行，既保证了学情的真实性，也避免了人为采集数据以及手动录入数据的烦琐过程。但是这样的过程需要教师具备相关的信息技术手段和数据处理方法，这也是当前教育背景下教师应当具备的基本素养。

案例分析

案例3：显微镜观察洋葱表皮细胞——课堂教学中基于数据的评价方案设计
（七年级，生物）

教学环节	主要任务	呈现方式	评价对象
课前预习	观看"制作口腔上皮细胞"微视频，完成测试题	在平台上完成	统计学生的观看情况及习题正确率，了解认知基础
复习巩固	完成即时练习	平板推送测试题	检测已学内容的掌握情况，暴露存在的问题，及时纠正强化
情景导入	依旧拓新：植物细胞—人体细胞		
制作口腔上皮细胞装片观察细胞	2人一组合作完成操作，拍摄错误操作	平台上传错误操作照片，上传多的同学获得奖励	激发学生严谨、细心的操作习惯和认真观察发现问题的态度
记录观察结果	独立绘制视野中口腔上皮细胞形态结构图	平台上传细胞形态结构图照片，对照样例互相批改，圈出错误之处，并改正	通过平板的即时护批功能，帮助学生了解自己和他人的差异，促进学生自我反思和互相学习；帮助教师监控所有学生的学习效果，从整体上评价学生的参与度、概念构建理解情况，给予肯定、鼓励和指导。
归纳总结	口腔上皮细胞有哪些结构？观察过程中出现了哪些困难？怎样解决的？	口头表达	训练归纳、概括综合等思维能力
拓展延伸	内容及操作难点的练习题	平板推送，限时作答	即时统计正答率，检测重难点的突破效果，通过即时反馈巩固重难点
布置作业	自选材料，制作动植物细胞结构模型，要求：科学、美观、材料简易	上传模型照片及模型材料说明	检测学生对细胞结构的理解及动植物细胞的异同，锻炼动手操作

下面的图形选自教学过程获取的数据信息：

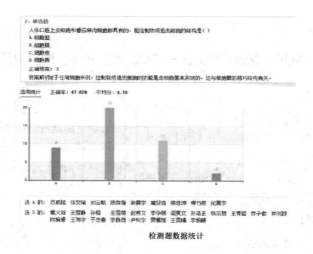

检测题数据统计

　　基于数据的 e—评价方案体现了学习过程评价的客观、精准、及时、方便的突出优点（如下图所示），使教师能够基于数据、基于实证调控教学过程、指导学习方法，大大提升了教学效果。除了课堂教学过程的数据收集外，教师还可以设计不同阶段、不同群体学生的过程性资料，通过分析和对比，动态了解学生的发展变化过程，提供多样化、差异化的指导策略，帮助学生提升能力、发展素养。

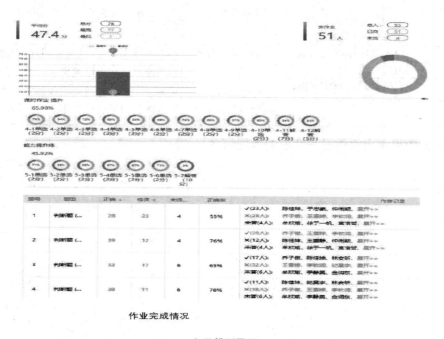

作业完成情况

细胞模型展示

　　再如，句酷批改网是一款基于语料库和云计算的英语作文批改在线服务系统，教师通过批改网可以创建班级并布置作文，学生在完成作文后提交到网上对应的班级，批改网自行从"内容关联、文章结构、语句表达、词语搭配、词汇和流畅度"等六个大维度和众多小维度对学生的作文进行智能评价，并对用词、搭配、表达等方面提出修改意见，学生可修改完善作品后重复提交。另外，批改网还提供了"按句点评""按段点评""学生互评""论坛"等功能，可以很方便地帮助教师查看全体学生的得分情况和修改意见，并可以在此基础上添加修改意见，打通了人工批阅和机器批阅的壁垒，创建多角度、综合性、智能化的学习任务评价模式，使评价走向真实化、科学化和个性化，真正做到因材施教。①

北京师范大学武法提教授等以学生电子书包中电子学档系统所记录的大数据信息为分析对象，以学生个性化学习、个性化心理和学习分析为理论依据，构建的基于电子书包大数据的学生个性化分析模型，可以实现以学习内容个性化、学习活动个性化和学习方式个性化的分析维度，对电子学档中数据进行汇聚分析，为学生提供个性化的学习评价，系统还能够根据上述测评结果，为每个学生推送个性化的学习资源，并在知识讲解方面给予学生个性化的指导。这些基于数据的智能化评价对教师了解学生、提升教育教学效果将会提供巨大帮助。

可视化的思维过程追踪

课堂教学活动最本质的任务是培养学生的思维习惯和思维能力。不同阶段学生的认知特点各不相同。例如，学龄前的孩子主要通过获得经验、整体感知的方式进行学习，凭借图像开展想象，形成对世界的初步认识。初进入学校的学生需要从以图像为主的直观学习转向以文字和符号为主的相对抽象的学习，教师需要借助图像想象的时空帮助他们从图像过渡到抽象符号。初中阶段应在完善学生形象思维的基础上，进一步发展其形式逻辑思维，高中阶段应在形式逻辑思维的基础上进一步发展辩证逻辑思维、发散思维、批判性思维和创造性思维等。另外在同一学段不同的年级，思维训练也有侧重。以语文学科为例，初一年级主要结合记叙文的教学，对学生进行形象材料的分析、综合、抽象、概括，形成抽象的思想。初二年级主要结合说明文教学进一步增强思维的抽象性，不仅能够应用抽象的思维方法，而且在思维形式上进一步深化，能够正确地运用概念进行初步推理，把握事物的内在联系和因果关系。初三年级的议论文教学则向学生提出了更进一步的要求，由对具体的物的说明上升到抽象的概念，并通过严密的推理初步论证自己的观点。学生的形式逻辑正是通过这种由低到高的训练不断发展的。因此，教师应根据学生所处的年龄阶段，依据学生的认知规律有计划、有目标地设计学习活动，训练学生的思维。

这里需要教师思考的是，进行了相关的思维方式方法训练，是不是学生就能够达成相应的目标？教学活动后在多大程度上达成了目标？怎样帮助和指导学生达成相应的目

---

① 顾艳琼. 浅谈小学英语数字化背景下的 E 评价 [J]. 基础教育参考，2016（14）：47-49.

标？这些问题的解决和回答还要回到评价与反思上来。首先，教师要设计将学生思维过程外显化的学习活动，可以是语言表述，也可以是问题解决的流程图，还可以是思维导图，以及活动设计思路等，让学生充分展示自己的思维过程，通过生生交流和师生交流反馈存在的问题，帮助其修改思路、完善认知，并通过一定的形式外显出来。教师要有目的地保留和存储这些物化材料，作为后续学习过程中对比的载体。通过追踪学生的思维过程可以客观地评价并促进学生的思维发展过程。

 案例分析

案例4：思维过程的追踪与评价方案设计（七年级，生物）

观察细胞的主要材料有洋葱表皮、番茄果肉、人口腔上皮、血涂片永久装片等，如图所示。

可以通过下面的学习任务外显、评价和指导学生的思维过程：

学习活动或任务	设计意图（思维过程的外显与评价）
观察情景创设：谁能用生物学科术语准确说出这些物品的名称？	用术语表达名称
回忆再现：这些物品分别属于动植物体的不同器官，这些器官都是由什么构成的呢？构成它们的细胞一样吗？	调出已有经验
问题探讨：构成它们的细胞有什么异同呢？怎样能够知道它们的异同呢？小组讨论后分享你们的想法和做法	外显思维过程，暴露存在的问题
问题小结：激励、肯定学生的想法，并指导、启发学生改进和完善研究思路，完成实践过程；通过制作临时装片观察每种器官的细胞，画图记录细胞结构组成，比较出相同点和不同点	评价学生的思维过程，指导学生修改完善研究思路，形成较为稳定的解决一类问题的方法策略
变换学习情景，解决新的问题：提供苹果果肉、绿萝叶表皮和叶肉等生物材料，启发思考：你认为下列材料的细胞应具有哪些结构？通过实际观察检验你的推测是否正确	促进思维方法的迁移应用，实现测量、评价、启发指导思维方法的一体化
归纳总结，提升认识：通过本单元的观察活动，你对不同类型生物体的结构有哪些新的认识？用概念图或思维导图等其他形式表达你的认识	外显、固化思维模式：生物体形态、结构多样性——基本单位：细胞都有细胞膜、细胞质、细胞核；植物细胞还有动物细胞不具备的细胞壁、叶绿体等；细胞形态结构的差异与其特定的功能或环境有关；这是分析细胞形态结构的依据

观察这些细胞的主要目的：一是练习使用显微镜的技能，二是认识不同种类细胞的形态和结构特征，更重要的是第三方面，比较动植物细胞的异同，形成基本概念：细胞是生物体结构和功能的基本单位。在实际的课堂教学中，多数教师也准备了丰富的观察材料，安排了相应的动手观察活动，但是关注的重点却集中在是否看到了观察目标，是否能够画出视野中的细胞结构图，至于观察过程中的分析、归纳、抽象和概括等思维过程，关注不够、评价指导缺失。"细胞是生物体结构和功能的基本单位"这一抽象概念是在观察获取事实、比较异同、归纳共性、抽象概括本质属性的思维程序中构建的，因此评价和指导学生的思维方法显得尤为重要。培养学生的思维能力，需要让学生经历科学思维的过程，思维过程可以外显化在基于问题解决的思路表达、操作程序、以及结论的得出等学习过程中，教师基于学生的思维状况给予指导帮助，可以促进学生思维的发展。思维的训练和评价需要与之相对应的教学活动支持，该评价方案的设计理念和实施过程凸显了基于思维训练的教、学、评、导的一体化。需要教师长期坚持，并关注学生的阶段性思维过程和思维方法的变化，实现以评促教，以评导学，发展学生的思维。

（2）学习结果评价方案的设计与改进。

讨论交流

你认为学生的学习结果应体现在哪些方面？怎样设计评价方案评价学生各方面的学习结果？

学习结果是指学习活动结束后，学生在认知、心理、行为等不同方面发生的变化。加涅将学生的学习结果分为言语信息、智慧技能、动作技能、认知策略和态度五大类。不同的学者对学习结果的分类不尽相同，但是都涉及知识、技能、态度、认知策略等共同的领域。各学科的课程目标都体现了相应的学习结果类型。当前这些学习结果集中地体现在学科核心素养的描述中。不同的结果类型需要与之相匹配的评价方式。例如，基础知识的理解和掌握常以纸笔测试为主，动作技能评价则以操作效果为主，思维方式评价则需要多种评价方式有机结合，情感态度价值观的评价则需要生活中的行为表现支持。

① 纸笔测验评价方案的设计与改进。

纸笔测验是一种历史悠久、高效便捷的结果性学习评价方式。由不同类型试题组成的试卷是纸笔测验的重要载体。相比传统的纸笔测验，当前的纸笔测验除了要关注试题的效度、信度、区分度等要素外，还需要重新定位试题的属性，其指导思想应指向核心素养的测评。不同学科测验的内容不同，但是核心素养的根本指向具有共通性，各学科应深入理解和把握学科核心素养，理清中国学生发展核心素养与学科核心素养之间的内在联系，清晰国家培养人才的要求和方向，凸显学科的核心教育价值，促进学生的成长和发展。为了有效地测评学生的素养状况，在命题过程中要力求基于真实情境，体现应用学科基本概念和跨学科概念解决不同层次、不同领域的实际问题，将核心素养的测评整合成层次性、阶段性的学业质量水平框架，充分体现所学知识的实践价值。

案例5：它是什么？ ——纸笔测验方式的分析与改进（八年级，生物）

某同学在野外进行自然观察时发现了一种开白花的藤蔓植物，生命力旺盛。在有些蔓藤基部发现连接着如图中A所示物体。于是该同学产生疑惑：这是什么呢？是生物吗？若是生物，是哪一类生物呢？

着生在藤蔓植物上的物体A

对于这样的问题情景，可以编制以下两种形式的试题：

试题编制方式一：为了判断物体A的属性，某同学将标本带到实验室进行了如下研究：

① 取材制作物体A不同部位的临时装片并显微观察，视野中发现有多种多样的构成，因此物体A可能是某种生物。（细胞）

② 观察发现，物体A基部着生于藤蔓上，与真菌的子实体形态差异显著，筒状的中心似花蕊，有柱头，可初步判断该生物可能是：（C）

A.自养型植物　B.大型真菌　C.寄生植物

③ 切取一小块物体A，在温暖、湿润无菌的营养基质上培养，足够长的时间内没有观察到菌丝的出现，进一步排除了＿＿＿＿＿＿＿。（大型真菌）

④ 进一步分离并提取细胞壁，通过鉴定发现其主要成分由＿＿＿＿＿＿构成，因此判断物体A为一种寄生植物。（纤维素）

试题编制方式二：请尝试判断物体A是否是生物？若是生物，是植物、真菌、还是其他生物？写出你的判断思路和操作方法（假设条件可以满足）。

讨论交流

两种不同形式的试题考查和评价的目标有什么区别？

在第一种方式的试题中，看似涉及分析解决问题的思路和方法，但是框架是教师给定的，学生只需要记住相关的知识点即可完成填空，学生即使能够顺利地填完所有的空，也很难去从整体上思考解决问题的方法思路，至于是否能够灵活应用基本知识和基本技能解决实际问题，还是无法测量的。

对于第二种方式的试题，学生要列出问题解决的思路，首先要具备重要概念"细胞和生物体结构与功能相统一""细胞是生物体结构和功能的基本单位，生物由细胞构成；细胞具有多样性和统一性，植物细胞的结构、真菌细胞结构不同，不同类群生物的营养方式各不相同"等，在这些视角下才能形成解决问题的思路，再应用一定的操作技能完成鉴定，具体思路如下：第一，根据有无细胞构成，判断是否是生物；第二，借助放大镜观察分析个体、器官的形态特征，初步判断营养方式；第三，搜集资料，获取真菌细胞的形态结构特征，然后用高倍镜观察、分析细胞的形态结构特征，初步判断是植物还是真菌；第四，组织培养，观察结果，判断是植物还是真菌；第五，制作研磨液，提取并鉴定细胞壁成分，确认寄生植物。

试题方式二与方式一相比，更能考查学生对学科重要概念的理解程度，以及灵活应用学科概念解决问题的思维视角和思维过程，更能体现学科教育价值，在编制试题时教师需要认真研究和实践。

在试卷研制时，首先要依据课程标准和测试内容范围定位好测量与评价的目标，确定好试卷的结构层次，结合素养要求选择测验材料，确定试题形式和数量，研制好试题双向细目表，通过草拟试题、评估分析、修订试题等环节形成最终试卷，还要编制好试卷试题使用说明、研讨试题答案及评分标准，确保试卷的内容、结构和呈现方式能够最大程度地测量学生的学科素养，通过评价指导学生学习方法的改进，促进学生素养的形成和发展。

除了阶段性测试的试卷外，纸笔测试的形式还包括课前调研已有基础、课中和课后反馈课堂效果为目的的小测验，小练习、课后作业等，不同规格的评价内容需要合理搭配、相互补充，为整体的测量与评价目标提供支持。

②作品表现评价。

这里的表现性评价主要指向质性评价，主要有三种类型，一是问题的构答反应，如图表、图解、概念图、流程图、网络视频等；二是实践、探究等活动形成的作品，如实验报告、情景短剧、研究记录、项目方案、制作模型等；三是在学习、生活或实践中的行为表现，如语言表达、问题讨论的表现、朗读效果、表演效果、辩论中的表现、音乐演奏等。通过这些形式测评学生的思维程序和思维结果，测评学生的想象力和创造力表现，测评学生的综合应用能力及实践效果。表现性评价的设计和实施需要教师把握科学、清晰的教学目标体系，并密切关注学生的学习过程。

案例分析

案例6：概念图的评价方案设计（七年级，历史）

制作概念图能够在很大程度上优化学生学习历史知识的思路和方法，促进学生的全面发展。例如，学生在学完新课《民族政权并立的时代》内容后，教师要求学生用概念图的方式表达对学习内容的认识和理解，下图选自学生的作业。

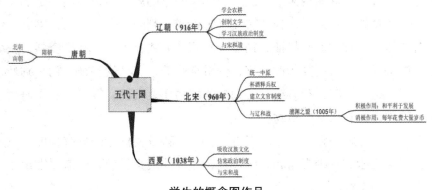

学生的概念图作品

针对学生的作品表现，教师可以从历史事件理解、事件间关系构建、学科思维方法、知识的实际应用价值等方面，客观地评价学生的表现，充分表达学生的优点和智慧，激励学生的个性化思维和创新意识，同时也要启发学生思考局限性和不足，指导学生深化对概念图的理解和认识，改进并完善构建概念图的方法策略和呈现方式。

例如，在本作品中，可以充分肯定学生的如下优点：一是知识内容非常系统全面，反映了对本节内容知识点理解和记忆的准确性和全面性；二是对于每一部分的学习，能够关注知识的内在联系，非常有利于历史事件的深入理解；三是注重相关事件的纵向联系，逐级理清内容的来龙去脉，非常有利于从整体上识记和理解单元知识内容。这些都是应当坚持的。

在充分肯定以上优点的基础上，更重要的通过小组讨论、教师追问等评价方式启发学生思考问题和不足。例如，对历史事件及相互关系的描述不够精炼，隋朝、唐朝与五代十国的关系错乱等，从而将概念图的评价要点聚焦在核心词语的表述、相关事件的包含及从属关系确定、历史事件的纵向联系与横向联系、不同事件间的差别与共性、不同事件带来的思考和价值判断等。通过这些要素提升学生制作概念图的综合学习能力，打破思维的局限性，激发并指导学生用历史的眼光认识问题和解决问题，不断改进学习方法。这也是评价最核心的功能。

案例分析

案例7：模型作品的评价方案设计① （四年级，科学）

小学科学课程标准要求学生能够制作、并对自己或他人的想法、模型等提出改进建议。在防疫背景要求下，为学生布置了动手实践作业，制作油菜花的结构模型，下图来自某学生的作品。对该作品的评价过程见下页表格。

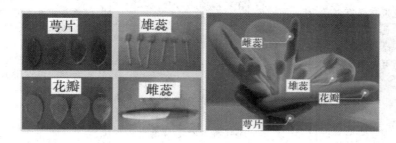

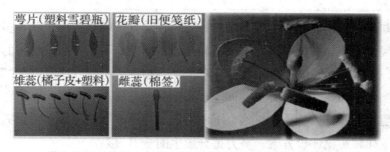

学生用不同材料（上黏土和下塑料片）制作的油菜花模型

在不同学科中，教师为了提升学生的学习效果，会设计丰富多彩的学习活动，让学生制作个性化的作品展示学习成果，怎样设计评价方案评价学生丰富多彩的作品，才能科学地引导和改进学生的学习方法，并深化概念的理解呢？分析下面模型的评价方案能给你带来哪些启发。

---

① 刘仁路. 面向深度学习的小学科学课堂教学与实践 [J]. 实验教学与仪器，2021（10）：59-61.

评价要点	评价过程	评价方式	素养目标指向
模型各种结构的数量是否准确 模型各结构的形状及顺序是否准确 模型的选材是否环保有创意 模型各结构的色彩和形态是否美观有艺术感 表达是否清晰有条理	自评	制作者进行模型介绍并描述模型的优缺点	科学概念理解 探究能力测评
	学生互评	结合评价要点质疑或提问	科学、社会与环境理解
	自我反思改进设想	基于同学的质疑及自我反思，给出改进模型的初步想法	想象力和创造力激发 发现问题、清晰表述问题的能力状况 初步的分析与综合训练
	师评	优点和经验： 肯定对结构与功能理解和记忆的准确性，选材的可行性，对教材图形模拟的相似性，及一定的创造性	激励学生的成就感和自信心，激发创新意识和想象力，强化善于学习和借鉴他人经验的态度和习惯
	师评	问题与改进，启发与指导：用自己喜欢的色彩还是逼真的色彩？选塑料材料有哪些弊端？怎样表示不同结构之间的真实联系？	启发和指导学生养成在功能基础上呈现结构的思维习惯 指导学生思考动态生命过程和静态模型的关系 启发学生形成简易科学环保的选材原则

　　科学实践作业或作品是学生理解概念、应用科学方法以及操作技能等多维度学习结果的综合表现，能够集中反映学生的成绩和经验、问题和不足。通过材料的优点分析、结构的布局、空间位置的设计、科学性与美观性、实用性、简易性及环保性等多个视角，以及自评、互评、师评、展览等多种评价形式让学生充分总结和固化经验、开阔认识视角，发现问题和不足，调整认知思路，不断发展和提升学习能力。教师要抓住这样的机会，科学地设计和实施评价方案，努力提升学生的学习效果。

　　③生活行为表现评价

　　从生活走进学科，还要从学科回归到生活。这是核心素养视角下不同学科的共同要求。学科知识的核心价值在于形成特定的学科思想、观点和方法，形成科学的价值观、人生观、世界观，能够负责人地工作和生活，面对现实生活场景，能够科学地解释各种现象，能够科学地决策，解决生活中的实际问题。

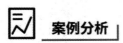 **案例分析**

案例8：怎样对待转基因食品？——评价学生基于知识学习的生活行为
（八年级，生物）

　　作为学习主体的学生，学完转基因技术相关知识后，在生活中应该有怎样的表现或导向呢？有待于教师设计特定的评价方案（如以下表格），测评并引导学生的表现，以体现学科知识的实践价值。

评价内容及程序	评价目的
1. 结合学生的生活场景，给出几种转基因作物的图片和名称，让学生写出其生产的大致流程	检测学科知识的理解和识记
2. 交流超市调查或网络搜集的生活中常见的转基因食品，介绍其特点或生产背景	扩展转基因技术的实践价值和意义
3. 交流调查结果：收集周围人群对转基因食品的态度和行为，基于结果发表自己的见解。对超市中特别声明的"非转基因商品"，发表自己的看法。对学生的见解做出评价和引导	通过表达见解，测评学生对技术的迁移和理解程度，以及关注生活、关注社会的意识
4. 交流信息：提供阅读资料，各国对转基因生物的态度和行为，尝试解释不同行为的背景，给出自己的倾向	检测学生的批判性思维能力，为个人决策提供支持
5. 根据提供的科研资料，结合对转基因概念的理解，讨论和表达怎样科学引导人们对待转基因生物和食品的态度和行为，制作引导广告牌	自省个人行为，纠正错误认识和行为，并用科学的态度和行为引领周围的人

转基因技术是一个较容易理解的具体概念。转基因生物也早已进入大众的视野和生活。自1983年世界上首例转基因烟草试种成功以来，在短短20多年里，转基因生物已达数百种，其中大部分为转基因作物，主要为玉米、棉花、大豆、油菜、小麦、马铃薯等。主要生产国为美国、阿根廷和加拿大、巴西、中国等。我国转基因研究启动于20世纪80年代后期，列入国家"863"高科技发展计划。经过多年研究和发展历程，取得了显著成效。多种转基因作物已批准进入商品化生产，例如抗虫棉、转基因番茄、转基因抗病毒甜椒、转查尔酮合酶（CHS）矮牵牛、高致病性禽流感基因工程疫苗等。但是人们对转基因生物尤其是转基因食品的认识、态度和行为五花八门，褒贬不一。影响了人们对转基因的认识和行为选择。

通过这样的评价，帮助学生深入理解了转基因技术的本质和内涵，深入认识转基因技术的价值和意义及存在的安全隐患。通过探讨一段时间内我国的转基因技术停滞不前的原因，认识到人们错误的意识和行为对科学技术发展的限制和阻碍，通过反思自身行为，体验到对科学技术的片面认识，促进形成客观、辩证看待新技术的科学态度和价值观。促进了科学、技术和社会关系的理解，深化了学科的实践价值和社会价值。

评价学生在生活中的行为表现属于高阶任务评价，可以聚焦以下评价要点：是否能够基于重要概念的学习反思自身行为的正确或错误；是否能够应用学科概念对行为表现的正确与否做出理论或理性解释；能否通过调查和研究汇总并描述对学科重要概念或跨学科概念存在误解和曲解的大众行为，并能够自主拓展相关概念的学习产生纠正行为的途径和方法；是否能够在周围的人群中宣传、引导正确的行为；是否能够关注社会上存在的热点和焦点问题，尝试探索和研究问题的结论和解决策略。

需要说明的是，不同类型的评价方案存在着一定程度的相互交叉、相互重叠，这也是由于各种学习过程和学习结果互相包含、互相支持所决定的。本单元的评价方案类型是从大方向上进行区分的。另外，评价方案的类型也并非文中所限，不同的学科、不同的教师可以根据学科特点、课程育人目标以及教师的风格特色，设计丰富多彩、科学有效的评价方案。

三、问题改进

系统了解教学评价的含义、类型以及开发不同类型评价方案的方法策略，对改进评价方式、发挥评价的功能具有重要意义。改进开发评价方案、实施评价方案的常见问题应注意以下方面的事项。

（一）始终把握评价的基本功能

评价的目的不是为评价而评价，不是为了简单地测量学生的表现和程度，也不是为了给学生划分等级。对教师而言，评价的目的是在测量学生表现的同时，评估教学目标的达成程度，反思教学中存在的问题和不足，改进教学方法和手段，激励学生的学习兴趣和志气，引导学生学习的方法，从而提升教学的有效性。对学生而言，评价的目的让学生体验成功和成就带来的快乐，评估自己的学习效果，发现学习过程存在的问题，改进学习方法，发展元认知能力。过程性评价的主要功能是体现学习活动的深层意义，揭示"当下"学习与"未来"发展的关系。其功能除了指向学生学习状况的评估和判断外，更重要的帮助学生对学习过程产生积极反思，找到有价值的学习方法，养成科学的学习和思维习惯、思维方式方法，促进学生的可持续发展。另外，教师也可以通过评价进行反思并促进教学方式的改进和优化，更好地提升育人品质。

（二）系统设计和实施评价方案

为了提升评价的效果和质量，实施评价前要精心设计评价方案和实施过程，并进行必要的修订。例如，对于档案袋评价，可以先设计初步方案，然后进行阶段实验、修订和完善评价标准、尤其是要让学生理解收集作品的内涵与要求，如作业内容、评价维度及标准、注意事项等,并设法得到学生的认同,让评价方案成为指导学生学习的系统规划。

（三）对学生进行必要的培训

设计好评价方案后，对学生进行必要的培训，让学生明确评价内容和评价标准，明确作业或作品的内涵与要求，做到有标准、有期待、有激情地实施评价要求，让学生在评价过程中提升成就感。

（四）合理规避不同评价方式的弊端

各种评价方式都有其特定的价值和作用，但同时也存在一些缺点和问题，使用过程中教师要发挥其优点避开不足，或者将缺点转变为优点。例如，档案袋评价能够让学生体验成功，感受成长与进步，能让教师更开放、更全面地了解和评价学生，但是其标准化与客观化程度较低，在一定程度上加重了教师和学生的负担，但是学生在完成小制作、获取照片图像、视频、调查报告、问题解决方案、剪辑等作业任务中，真正培养了学生的自主学习能力和问题解决能力，使核心素养培养落地学习过程。在纸笔测验中标准化程度很高，学生的演绎推理能力能够得到有效测评，但是解决实际问题的能力测量效度较低。因此教师要在特定的阶段、特定的空间有效地组合应用不同的评价方式，使各方面的素养得到全面测评和指导。

总结反思

　　本主题交流和表述的内容中，哪些内容给你留下了比较深刻的印象或启发了你比较深入的思考？哪些内容是你不太认可的？简要描述分歧的原因。基于本主题的学习、研讨和交流，初步形成所教学科的教学评价体系，分析不同评价方式的优点和不足，确定将要重点研究和实施的评价方式。

实践操作

　　在即将实施的教学内容中，选择一个教学单元（或一节课），系统地设计教学评价方案，通过实施方案反思总结经验、问题及改进设想。

单元主题（或教学主题）：			
单元目标（或课时目标）：			
评价内容	评价指标	评价方法	目标指向

主题三　优化作业设计

⚑ 学习目标

通过本主题的学习，学习者能够

1. 明确作业的内涵与外延；

2. 深刻理解作业的功能与设计作业的原则；

3. 通过对优秀案例的解析，逐步掌握有效设计作业的基本策略。

一、问题聚焦

（一）作业的内涵

什么是作业？古今中外对作业内涵的界定存在一定的差异。

1. 从作业发展的历史阶段看

在古代作业原指奴仆的劳作，是个贬义词（陈桂生，2009）。德国学者莱辛和康德率先把"作业"应用于脑力劳动，形成"书本作业""精神作业"的概念（姜琦，1935）。到了近代，"作业"这一概念在教育领域被充分拓展。人们把作业视为教育教学的有效补充手段，以弥补课堂教学的局限性。从现代的角度看，《辞海》中给出"作业"定义为："人们为了完成生活生产实践及学习等方面的既定目标而从事的活动。"从定义当中可以看出，它鉴定的范围很广，包括一切生产生活实践活动，不单单指教育领域。《中国教育大辞典》中将作业分为课堂作业和课外作业，对"课外作业"，这样定义到：课外作业又被称之为"家庭作业"。它指学生利用课外时间，根据教师要求自主完成学习任务的活动。它是教学总活动的重要组成部分，具体作业过程不仅包括作业布置和完成，还应该包括作业检查和评价。

2. 从国内外对作业内涵的界定看

国外对作业内涵的界定：19世纪，德国教育家赫尔巴特正式提倡学生在课后要运用和实践所学的知识，之后家庭作业越来越为人们所关注，逐渐成为课内学习的继续。值得一提的是国外大多数教育家、思想家强调课外与课内作业的互补以及作业的实践性。最典型的代表是美国的杜威，他倡导"做中学"和开展"活动课程"等做法。

国内对作业内涵的界定：我国古代最早有关"作业"一词的文字记载出现在先秦文献《管子的·轻重丁》中，文中出现的"作业"一词有"劳作"意思，即把"作业"视为体力劳动。而到了《学记》中有关作业的记载，其内涵是指课外作业，是对课内学习的延续和补充。这时候作业已经演变为一种"脑力劳动"了。到了近代，不少学者在古人认知的基础上进一步强调作业的实践性，认为实践是获得真知的可靠途径，因此作业也应该是一种实践。从整体而言，国内比较权威的对作业内涵界定聚焦在：一是课堂教学与作业的关系上，即作业作为课堂教学的组成部分，包括课内联系和课外作业，而课外作业主要是课堂教学的延伸和巩固；二是从作业的形式上看，存在两种认知——或是认为作业是练习，或是认为作业是一种学习活动、一种实践。[①]

综合古今中外对作业内涵的认知，我们可以将作业的内涵归纳为：作业是教师依据学情、教学目标、教学内容布置给学生在课内或者课外必须完成的学习任务。这一学习任务具有目的性、实践性等特点。同时具有巩固课堂教学的知识与技能，通过不断实践培养学生核心素养的功能。从本质上看，是学生自主学习内化的过程。

（二）作业的分类

作业的分类方式很多，如果采用多维界定的方式，可以将作业划分为书面作业与操作方式两个维度进行综合分类。[②] 书面作业可以分为客观题、主观题两大类。其中的主观题可分为开放题、半开放题与闭合题。从操作方式角度可以将作业分为听说类、动手操作类、社会实践类、合作类、综合应用类等。听说类作业主要包括听力、朗诵、背诵、表演等；动手操作类作业主要包括实验、制作、观察记录、家务劳动等；社会实践活动类作业主要包括组织学生参观各类场馆、参与各类社会活动等；综合应用类作业主要包括运用所学的理论知识发现、分析并有效解决生活中的实际问题等。上述作业的分类并不是绝对的，因为有些作业可以从一个维度界定，有些作业需要从几个维度界定。

（三）作业的功能

作业是课程内容的补充和延伸，对于有效教学具有重要意义。作业功能主要包括以下四个方面。

1.巩固功能

作业巩固功能指的是学生在完成作业过程中，能够进一步巩固课堂所学知识，查漏补缺，深化相关理论知识的学习和积累。知识巩固是知识积累、迁移应用的前提，而知识的巩固仅仅依靠课堂教学很难实现，必须依托于作业的有效设计进一步促进课堂知识的理解与巩固，促进基本技能的形成。

2.育人功能

作业育人功能是指作业要以学生为本，促进学生的全面发展，帮助学生形成探索兴趣，培养学生的必备思想品格，提升学生学习能力，形成正确价值观，培养学科核心素养。作业育人功能是所有功能当中的核心功能。

①　王月芬.重构作业 [M].北京：教育科学出版社，2021.
②　王月芬.重构作业 [M].北京：教育科学出版社，2021.

3. 发展功能

作业的发展功能是与新课程改革目标相契合的，是新课程追求的主要目标之一。作业发展功能是指学生在完成作业过程中所形成的各种能力的提升，以及必备品格的形成。作业发展功能的培养对于推动学生的发展具有重要意义。

4. 反馈功能

作业反馈功能是一个双向的功能。教师通过学生作业反馈，了解学生的学习状况，及时发现学生学习中存在的问题，发现自己教学过程中存在的问题，从而调整自身教学，更好的达成教学目标；学生通过作业，了解自身的学习状况，体验知识的价值与迁移运用，明确自身学习中存在的知识漏洞，明确自己的不足，推动学生的进步。通过作业反馈的双向功能，起到一个沟通交流的桥梁和纽带作用，加强师生的交流互动，推动师生的共同发展。

二、问题分析

（一）核心素养背景下作业设计的基本特征

1. 作业设计的基础性

核心素养背景下作业设计的基础性特征是指在强调巩固知识、训练能力、培养习惯的基础上，更强调核心素养背景下，培养学生具备终身发展和社会发展的基础知识、基本技能、基本素养和价值观念。因此，作业内容的选材既要联系教材中的理论知识又要紧密联系学生生活，让学生在理论联系实际的过程中夯实基础知识、增长见识、提升能力、形成正确的价值观，以促进学生的全面发展。因此，核心素养背景下作业设计的基础性就不仅仅局限于单纯的知识与技能了。

2. 作业设计的综合性

核心素养背景下作业设计的目的是考查学生的关键能力与综合素养。因此，作业的内容应该具有跨学科、多维度、多视角的综合性特点。即作业应该起到启发学生运用多学科的知识、多种思维方式去发现、分析、解决生活中的实际问题，在解决问题的过程中不断提升综合能力，形成正确的价值取向。

3. 作业设计的实践性

学生关键能力与必备品格的形成与发展，与他们的独立思考与社会实践密不可分。实践活动是教学的重要组成部分，是课堂教学的必要延伸，设计实践性作业对于落实课程的基本理念，全面达成教学目标具有重要意义。实践性作业主要是通过确定主题、明确任务等环节帮助学生在亲力亲为的实践活动过程中不断提升收集和处理信息的能力、获取知识的能力、分析和解决问题的能力以及交流与合作的能力，从而不断促进其核心素养的形成与发展。

4. 作业设计的情境性

加德纳认为，学生能够将课堂上学习到的概念和原理应用到新的情境中，才是对学科核心素养的真正落实。学生的学习是基于情境的学习，学生的学习也是为了解决境况，为解决现实中存在的问题而学。因此，教师在充分考虑学生完成作业的环境、心理等因素的前提下，要增加作业内容和过程的情境性。在作业内容设计上应该适时引入具有真实的、贴近学生生活、引发学生思考、激发学生兴趣的具有层次感的情境。成功的情境设计必然会蕴含着多种信息与资源，为学生的探究与学习创设良好的学习氛围，调动学生的情感体验，从而助推学生思维的进一步发展。

5. 作业设计的开放性

教师依据学情设计具有情境性的开放性作业，有利于学生拓展思维、展现智慧、锐意创新。开放性作业的设计以主观性试题为主，不设置"标准答案"禁锢学生思维。题目的设计采用多角度的方式，让学生探究各种合理性并尝试各种可能性。学生在不断的探究与尝试的过程中运用所学知识解决相对复杂的现实问题，以提升其独立思考的能力与批判性思维的水平。开放性作业需要教师制定科学的评价标准，要求突出评价的过程性与评价主体的多元性。

6. 作业设计的差异性

每个学生都是独特的，教师的作业设计必须以学情为出发点，例如，根据每个学生的所处的学段、学习基础、认知能力、学习习惯、学习风格、学习动机、承受能力等，进行有效的分层设计。又如，可以根据不同学段的学生考虑作业的时长；可以根据学生的学习基础与学习能力将作业划分为基础性作业、发展性作业、创新性作业等不同层次，供学生自主选择。总之，作业设计的差异性能够帮助教师根据学生的实际情况精准的选择考查学生学习情况的内容与方式，从而进一步有效地促进学生的发展。

案例1：生命观念的分层评价①（人教版普通高中教科书，生物学必修一《细胞呼吸》）

如图是培育的长春冬小麦在不同时期的含水量、自由水量、结合水量和呼吸速率随时间的变化情况：

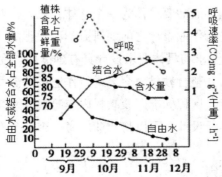

---

① 案例提供者为北京市朝阳外国语学校迟茜。

1. 在 9 ～ 12 月，随着气温的不断下降，结合水的含量相对_____，由于结合水与亲水性物质结合而不易结冰，所以结合水含量的相对增加有利于提高冬小麦的_____性。

2. 大约从 10 月 9 日开始，冬小麦的呼吸_____，植物细胞消耗的有机物_____，有利于糖分积累，使冰点（结冰温度）_____。

3. 在 9 ～ 12 月，自由水与含水量的比值不断_____，新陈代谢不断_____。

4. 因此，对于培育长春冬小麦的可行做法还可以是_____。

案例分析

层次一：题 1 的设计是依据学生的学习基础设计基础性作业任务——概念明确，了解细胞内所含物质的种类及功能，以及自由水结合水的概念、对细胞的生命活动有什么作用和影响。

层次二：题 2、3 的设计是培养学生运用已掌握的基本知识解决现实中生产生活问题的实际能力，并检测学生对日常生产的关注程度，属于发展性作业任务。

层次三：题 4 的设计引入问题的开放性，对概念有一个更加深入的理解。呼吸作用是生物知识中非常重要的一个知识点，也是日常生产生活中非常受关注的问题点所在，通过适当调整影响因素指标，达到增产的目的非常有必要，让学生通过训练形成结构功能观等生命观念。这一作业问题的设计具有创新的特点，即从现实生活中提炼的有价值的研究问题或课题，学生需要运用所学知识与技能，并通过各种科学的研究方法进行发散性思维对问题发展的方向以及可行性做法进行探究并得出一定的研究成果。

（二）作业设计的基本原则

1. 作业设计的整体性原则

作业设计的整体性原则主要是基于学科核心素养、课程内容、教材内容三个角度而言的。首先，教师在进行作业设计内容与形式设计的过程中要系统研究本学科的核心素养，把学科核心素养的不同层面的要求作为一个整体，融入作业设计，成为作业设计的最终目标；其次，教师在进行作业设计之前要研究学科课程的全学段的整体框架与不同学段的具体要求，根据整体要求与具体要求设计具有延续性与发展性的作业内容；最后，教师还要依据课程标准分析并整合教材内容，进行作业设计。总之，作业设计的整体性与学科核心素养、课程内容、课程标准以及教材内容等具有密切关系。教师从上述各要素入手，从整体着眼进行作业设计，可以将作业的每一个部分有机地联系在一起，发挥整体功能。

2. 作业设计的递进性原则

学科核心素养的培养不是一蹴而就的，需要循序渐进的以各种方式和途径进行培育、观测与检验。而作业设计就成为上述途径之一。作业设计可以根据不同学段学生认知水平、情感态度水平以及能力水平设计不同层次的具有梯度的内容与形式。例如，从内容的角度可以设计从基础性作业—发展性作业—创新性作业；从形式的角度可以从理论性作业—实践性作业—理论联系实际的作业；从核心素养发展梯度的角度可以设计从考查学科知识整合能力—考查学生语言表达能力的—考查学生学科思维水平提升的作业。

3. 作业设计的活动性原则

作业设计中的活动既可以是思维活动，也可以是社会实践活动。这里的思维活动并不是从理论到理论的抽象思考过程，而是学生在教学过程中对社会现实从感性认识到理性认识的思维进阶过程。而作业中社会实践活动的设计着眼于学生的真实生活与长远发展，在真实的生活情境中选取作业素材，提出作业任务，创设良好的氛围与环境，提供学生完成作业的各类支持条件，使学生在真正的社会实践活动中得到历练，不断提升关键能力，形成良好的品格。学生在完成教师设计的活动型作业过程中，会经历一个从发现问题—分析问题—解决问题的过程。

案例2：《猎人海力布》作业设计[①]**（人教版《小学语文》五年级上册第三单元第9课《猎人海力布》）**

本单元的语文要素是"了解课文内容，创造性地复述故事"。这是在中年级"详细复述""简要复述"的基础上提出的进一步要求，旨在让学生把故事讲得更生动，更有吸引力，发展创造性思维，培养丰富的想象力。"创造性复述故事"的方法，在《猎人海力布》的课后题中有相关的练习。

本单元的习作要求是"提取主要信息，缩写故事"，旨在引导学生通过摘录、删减、改写、概括等方法简要地介绍故事，完成《猎人海力布》或其他民间故事的缩写。教材在《猎人海力布》的课后题的学习提示中都提出了概括内容的要求，为缩写故事作铺垫。

作业布置：1. 简要介绍"海力布"石头的来历；2. 把课文《猎人海力布》缩写成一个简短的故事；3. 绘制《猎人海力布》连环画。

案例分析

上述作业设计符合新课程重视学科知识与社会生活、学生经验整合的要求，加强学科之间的互相渗透，属于实践活动类作业，突破传统作业的形式，使以往的单调、枯燥、乏味的作业变得生动、活泼、有趣，并有效锻炼了学生的动手实践能力，实现了"做中学"。

三、问题解决

在作业设计的实践过程中，存在两种不同的作业观，一是基于教学视域下的作业观，

---

① 案例提供者为北京市朝阳区芳草地国际学校日坛校区马岩。

二是课程时域下的作业观。[①] 基于教学视域下的作业观把作业视为课堂教学的延伸或上课的延续，强调课堂教学知识与技能的巩固，成为单纯的应试训练环节。而基于课程视域下的作业观则把作业作为达成课程的一个环节或组成部分。在作业设计中更加强调从学习者的角度出发，注重依据学生的学习表现和学习结果，对作业目标和作业内容进行反思与完善。因此更倾向于扩展性与创造性的作业，要求课外作业应有助于学生知识和技能的应用与迁移。强调作业要实现多方面的功能和作用，尤其是能力、实践、价值观等方面。比较而言，课程视域下作业观更加有助于解决目前的作业设计问题，回归作业本质属性，同时更加有助于发挥作业对于课程整体育人功能的实现。[②] 新课改背景下，核心素养成为课程的核心目标。如何在课程视域下有效设计指向核心素养的作业成为教师的教学基本功，也是教师专业能力的重要标志之一。课程视域下作业设计的实践策略大致概况为以下几个方面：

（一）以课程核心素养、学业质量评价标准为导向，确定作业设计的目标

与 2011 版国家课程标准相比较，新课改下的课程标准发生的两大变化：一是核心素养概念的提出，二是学业质量标准的出现。学业质量指向的是学生通过课程或学科的学习所发生的行为变化。这种变化涉及量和质两个方面的变化。其中，量的变化侧重关注于学生在学科学习中习得了多少；质的变化侧重关注于学生在学科学习中学得好不好。学业质量是学生在完成课程学习之后的学业成就综合表现，不是知识点学习之后的成就表现，而是知识的综合运用。学业质量标准是对学生在完成阶段性学习后学业成就表现的总体刻画。学业质量标准用于综合评量学生的核心素养的达成度。

因此，教师在设计作业目标时，教师要以学业质量标准为依据，全面、合理预设学科课程核心素养培养目标，在作业的情境设置中有效表达课程核心素养的内涵。

以初中历史时空观念素养为例，有研究者提出的基于关键能力（即核心素养）培养的初中历史作业设计目标，可以作为进一步研究的参考和借鉴。

指向关键能力（即核心素养）培养的年级目标及作业设计一览表 [③]

核心素养	学生学业表现（关键能力）	七年级目标	八年级目标	九年级目标
时空观念	水平1 在特定的时间和空间中叙述历史	识读历史时序性图表，并讲述历史事件。学会计算历史年代，能够画出朝代更替图	把历史人物、现象、事件放入历史时空中观察，并能准确讲述	在时空范畴中认识历史人物、事件，经过分析、综合、概括、比较等思维过程，形成历史概念

---

① 王月芬.课程视域下的作业设计研究 [M].北京：教育科学出版社，2021.

② 王耘，课程视域下的初中历史作业设计初探。

③ 朱桂芳.基于关键能力培养的初中历史作业设计 [J].中学历史教学参考,2020(6):74.

续表

核心素养	学生学业表现（关键能力）	七年级目标	八年级目标	九年级目标
时空观念	水平2在特定的时间和空间中叙述历史，并分析史事出现的原因和发展过程	能够分析历史事件出现的原因及发展历程。能够说出中国古代史时期（阶段）的大致特点	在认识历史事件的基础上，能够叙述或解释其变化的特点和线索。能够理解中国近代史时期（阶段）的大致特点	认识时代特点和历史趋势。初步了解历史人物活动的时代背景和历史地位

（二）依据学习内容确定作业主题

作业的主题是作业设计的灵魂，主题的准确定位对实现学习目标、落实学习内容起着至关重要的作用。教师在确定作业主题之前，要对学生学习的内容与水平进行细致分析。例如，要归纳提炼学习内容中的核心概念、理论等相关知识，还要进一步分析学生在学习相关内容时的兴趣点、发展点等，从而依据教学的主要内容与学生的兴趣点、发展点等设计作业的主题。

案例3：《我眼中的共享单车——有规矩才能骑得更远》作业设计①（人教版《道德与法治》八年级上册《遵守社会规则》）

教师在深入分析、整合教学内容的前提下，依据所教年级学生的实际情况对这一单元的学习任务进行如下设计：

《我眼中的共享单车》综合实践小组活动任务单

研究主题	
具体内容	
研究方法	问卷调查、实地考察、访谈、文献研究法、观察法、拍照摄像、数据分析、动手制作等
课题研究计划	1.任务分工：包括资料搜集、整理、摄像、数据分析、调研员、采访员、联络员、后勤、汇报员等 2.活动步骤 3.预计困难
我们小组预期成果的展示形式：研究报告2、幻灯片3、心得体会4、手抄报5、图片6、影音7、表演8、实物模型9、网页10等其他	

---

① 案例提供者为北京市人大附中朝阳学校张艳。

案例分析

在单元教学的第一课时，学生已经完成对教材知识的学习，第二课时将根据上述任务单以及单元知识的内容、自己的兴趣所在确定个人研究的主题。教师引导学生在活动前、活动中都制定了相对完备的活动计划书与作业任务单，这不仅能够激发学生的参与学习与研究的热情，还能保障后续活动的有序开展。

（三）依据作业主题选择具有真实性的作业情境

在确定作业主题的基础上，教师应选择具有真实性的情境作为作业设计的背景材料。情境的选择要贴近学生实际生活、要围绕社会热点、要能够激发学生的学习兴趣，还要根据学科核心素养水平的划分设置不同层次的情境。

以思想政治课中政治认同素养为例，课程标准将政治认同划分为四个等级。因此，在设计作业情境的时候，教师应课标要求分别设计由简单情境——一般情境—复杂情境—具有挑战性的复杂情境。通过作业情境的难易程度与结构化程度可以考查学生政治认同的不同成都，并可以循序渐进地引导学生实现认识的不断深化。

（四）依据作业情境材料设计具有挑战性的作业问题

问题是学生学习的动力，也是贯穿于学习过程的主线。整个学习的过程就是在一个个问题任务驱动下不断发现问题、提出问题、分析问题和解决问题的过程。作业问题的确立源于学生的生活体验、建立在学习者现有知识储备和能力水平的基础上。而对作业主题的深入研究则需要教师通过对作业问题链的设计将核心任务细化分解为具体任务，从而驱动学生积极主动投入学习研究过程中。据此，教师在进行具有挑战性的作业问题设计时应该注意以下问题：一是确定合理的问题框架；二是突出核心问题；三是建立问题间的内在逻辑关系；四是形成具有梯度的问题链条。

我们依然以思想政治课"政治认同"素养中价值观认同为例：教师可以根据课程标准中对核心素养划分的四个水平层级的要求，在主观题的设计上确定四个层级的问题——第一，解释国家层面的价值标准；第二，结合中国共产党的奋斗历程，解释中国特色社会主义道路、理论、制度、文化的价值表达；第三，论述社会主义核心价值观体现文化自信的意义；第四，洞察不同价值观的影响，揭示其根源……由此，可以看出作业问题设计开始是简单的"解释"，之后不断提升，直到最后达到"洞察""揭示"与"阐明"，这其中体现了问题的逻辑与层级，同时也体现了认识不断深化的过程。

（五）依据学生差异设计作业层次

学生是作业的主体，而每个学生在学习基础以及学习能力等方面表现出来的差异要求教师在进行作业设计的时候要做到分层，即具体问题具体分析。设计分层作业的基本步骤如下。

一是分析学生的学习水平，即可以通过对学生知识技能、情感态度等方面的分析将学生划分为不同层次。

二是确定分层作业目标，即可以根据学科的教学目标与学生学习水平的差异确定作业目标。如基础性目标、发展性目标以及创新性目标。其中的基础性目标是每个学生必须达到的作业目标，发展性目标和创新性目标是可以选择的目标。

三是设计分层作业内容，即教师根据课程内容以及分层作业目标设计出有难易梯度的作业内容。如基础性作业（要求学生必须掌握的基本知识与技能等）；发展性作业（应用实践操作性的作业内容）；创新性作业（从现实生活中提炼的有价值的研究问题或课题，学生需要运用所学知识与技能，并通过各种科学的研究方法对问题进行探究并得出一定的研究成果）。

案例 4:《中国古代钱币》作业设计①（人教版历史七年级教材《中国古代史的综合》）

考查内容	中国古代钱币	
作业材料	半两钱、汉五铢钱、交子、明清银锭等中国古代钱币图片	
		难度
作业要求	将钱币与所属朝代相对应；或将钱币按时序排列	I
	选择一两种货币，说明其出现的必然性并分析其作用	II
	概括中国古代货币的发展历程	III

案例分析

上述作业的设计既体现了作业要求的层次性，同时又为学生提供了更多选择，学生可以发挥自身优势，满足个性化的需求，同时也助于增强趣味性，尽可能避免作业的枯燥感。以下是实践活动类作业中的一个实例，为学生自主学习提供了多种方式，搭建展示的平台。

（六）依据课程目标确定作业评价

新课改背景下，教师要以课程视域观作为作业设计的指导。因此，课程目标就成为指导作业评价设计的主要依据。新课程各学科课程目标强均强调从学生的角度出发，注

---

① 案例提供者为北京市朝阳区教育科学研究院郭大维。

重依据学生的学习表现和学习结果，对作业目标和作业内容进行反思与完善。因此，教师在作业设计中要加强作业评价环节，评价作业结果，也要评价完成作业的过程；评价知识掌握，也要评价核心素养的达到的程度；评价作业中存在的问题和错误，也要评价作业中体现出的亮点和特色。结合作业的具体内容，可以通过多维度的作业评价，培养学生的课程核心素养，帮助学生形成自主学习习惯。在自主学习的过程中对学习策略的把握决定着学生自主学习的效能，这是帮助学生形成学会学习能力甚至是帮助学生拥有学习能力的重要途径。因此，在作业评价中，教师应该与学生、与家长展开广泛的交流，深入了解学生在完成作业过程中所应用的策略，通过对学生策略性知识的了解和评价，帮助学生学会调控自己的学习进度、掌握自主学习的技能。

案例5：《走近动物园 感受生命尊严》作业设计 ①（人教版《道德与法治》八年级上册《平等尊重》）

常老师将本课的教学目标进行了如下设计：

一、教学目标

1. 能够说出动物园的历史和世界各地有特色的动物园，了解什么是动物园丰容，知道购买野生动物制品和观看动物表演是对野生动物的残害。

2. 提高在实践活动中获取有效信息的能力，对资料的搜集整理能力；有意识地进行过程性记录的能力。

3. 树立科学的保护野生动物的观念，坚定不购买野生动物制品、不看动物表演的意识；能领会生命平等的意义、确立保护动物、保护自然就是保护人类自己的观念；在实际生活中践行生态和谐的核心价值观。

二、教学活动设计

环节一，邀请博物老师杨毅到校进行《动物园——有生命的博物馆》的讲座。

环节二，学生到动物园对动物行为、动物园丰容、游客不良行为进行实地考察并撰写实验报告。

环节三，学生对活动主题进行作品交流和动手体验动物丰容的实践操作。这三个环节分别针对学生"了解动物园的丰容""树立科学的保护野生动物的观念""领会保护自然就是保护人类自己的观念"等核心目标，提供了真实学习的情境和场所。

三、作业评价设计

在展开动物园的实地调查之前，常老师就给学生下发了一份精心设计的《社会实践活动课作业指导》的任务单，涉及以下内容。

1. 在动物园或小区内，观察描述三种动物行为。

2. 动物进化历程示意图：观察五种动物，在进化树上找到它们的位置。

---

① 案例提供者为北京市清华大学附属中学朝阳学校常鸣。

3. 动物园的发展历史。

4. 世界各地的动物园及其特征。

5. 观察记录动物园丰容（环境丰容、行为丰容、食物丰容、感官丰容、社群丰容）。

6. 动物园参观的规则及游客不文明行为的记录。

7. 野生动物保护（不观看马戏表演，禁止野生动物贸易，不把野生动物当宠物）。

8. 其他……

四、作业形式：

1. 写作（600字以上，手写版，用作文纸）。

2. 手抄报 A4 纸。

3. 宣传画 A4 纸。

4. PPT（包括封面不得少于10张，封面要求题目、班级、姓名）

5. 视频（要求不得少于两分钟 在视频中有解说）。

6. 其他。

在这一作业任务单的引导之下，教师带领学生们进入北京动物园，在这个真实的学习探究情境中，学生走到真实的小动物们身边，近距离的用自己的双眼去观察、用相机去记录，在实地考察的过程中，学生提升了知识建构和探究的能力。

作业完成情况评价量表

评价主体	参与度	贡献度	合作度	总分
教师				
家长				
同伴				
自评				

案例分析

上述单元教学设计中的作业设计，体现了作业内容与形式的多样性与开放性。学生在自主学习探究的过程中，可以根据自身实际情况有选择地进行学习，对激发学习热情与兴趣起到了至关重要的作用。特别值得一提的是，对作业完成情况的认可度，教师广泛联系学生周围的多元主体进行评价，无疑对作业完成情况的综合全面评价以及过程性评价起到了助推的作用。

总结反思

通过上述学习结合自身教学实践总结课程视域下作业设计的策略与方法：

1. _____

2. _____

总之，在"双减"背景下，教师更需要理解课程视域下的作业观，将以往作业设计中的创新性成果进行总结提炼，逐步形成作业设计新的总体思路，提高学科整体作业设计质量。这些有助于真正实现学生学习的减负提质，充分发挥学科的育人价值，提升学生的学科核心素养。

主题四　做好考试分析

学习目标

1. 了解本学科的测评框架和测试工具；
2. 掌握测试结果诊断与分析的基本方法；
3. 能基于考试结果的分析，提高教学改进的针对性。

一、问题聚焦

回顾学生经历，你们一定历经过中高考、四六级英语考试、教师资格考试等；如今，作为新教师，你一定会参与命制单元测试题或者期中考试题。在这些应考与命题的经历中，你会不会产生以下问题：

为什么要考试？

应该考什么？

怎么考？

如何看待考评结果？

考评到底应发挥怎样的作用？

走进"做好考试分析"这一话题，我们将从"核心概念解读""测试结果分析""教学改进探索"三个方面，努力回应以上问题。

二、问题分析

（一）核心概念 1：教育考试

教育考试是一定组织中的考试主体根据考试目的的需要，选择运用有关资料，对考试客体某方面或诸方面的素质水平进行测度、甄别和评价的一种社会活动。[①] 教育考试

---

① 王后雄. 全球视域下教育考试及其功能述评 [J]. 中国考试（研究版），2008（01）:16-25.

的主办方，通常是国家考试管理中心或地方政府教育考试院。按照考试目的划分，一类是效果考试，一般包括期中期末考试、课堂学习测验等。这类考试的目的是检测学生现有的学习水平，根据测试结果对之后的教学行为或学习方略作出决策。另一类则是资格考试，一般分为普通高中专业技术水平考核、普通高级会考、研究生考试、普通教师资格会考等。这类考试目的在于评价考生具备某个高一级学习资格或职业资格的能力。教育考试的测试框架和测试工具，主要依据课程文件、课程标准与学业质量标准进行设计和开发。教育考试考查的主要内容是课程标准规定的学科知识、技能与素养。

"十四五"时代，在我国正加速形成的以国内大循环为主导、国内与国际双循环互动的新型发展布局趋势下，中国高等教育考试机构将抓住机会，主动加入国际双循环新发展布局，构建更加公平与高质量、更加高效、更有品质、更加开放的教育考试体系，推动我国教育高质量发展。[①] 随着教育考试改革的持续推进，深化考试招生制度改革，学科教学也将在促进学生健康成长，促进教育公平上作出相应的调整。

📖 **拓展阅读**

钟秉林，刘海峰，辛涛，马陆亭，包雷，黄腾蛟，郑方贤，侯杰泰，孙昌华，刘红云，袁建林，罗冠中，黄荣怀，吴晓如.教育考试"十四五"发展愿景笔谈 [J]. 中国考试，2021（02）.

"十四五"教育考试的定位、前景和发展究竟如何？众多专家学者从理念、体制、技术等层面给出意见。请阅读《教育考试"十四五"发展愿景笔谈》，从中摘录对你有启发的研究成果。

1. 学者：＿＿＿＿
主要观点：＿＿＿＿＿＿＿＿＿＿＿＿＿＿＿＿＿＿＿＿＿＿＿＿＿＿＿＿＿＿＿＿＿＿

＿＿＿＿＿＿＿＿＿＿＿＿＿＿＿＿＿＿＿＿＿＿＿＿＿＿＿＿＿＿＿＿＿＿＿＿＿＿＿

2. 学者：＿＿＿＿
主要观点：＿＿＿＿＿＿＿＿＿＿＿＿＿＿＿＿＿＿＿＿＿＿＿＿＿＿＿＿＿＿＿＿＿＿

＿＿＿＿＿＿＿＿＿＿＿＿＿＿＿＿＿＿＿＿＿＿＿＿＿＿＿＿＿＿＿＿＿＿＿＿＿＿＿

3. 学者：＿＿＿＿
主要观点：＿＿＿＿＿＿＿＿＿＿＿＿＿＿＿＿＿＿＿＿＿＿＿＿＿＿＿＿＿＿＿＿＿＿

＿＿＿＿＿＿＿＿＿＿＿＿＿＿＿＿＿＿＿＿＿＿＿＿＿＿＿＿＿＿＿＿＿＿＿＿＿＿＿

（二）核心概念2：教育测量

教育测量是通过量化手段，将教育相关事物以数的形式展现出来，为教育价值的判

[①] 胡向东.新发展格局下国家教育考试的定位与发展——"十四五"国家教育考试发展战略的思考[J].中国考试,2021（01）:13-18+22.

断提供事实依据。① 教育测量具有以下四方面特性。第一，通过设计测量方案、开发测试工具和施测，观察学生的学力表现，收集证据。第二，建立学生的学力表现与学生个体、群体及相关因素的联系。第三，教育测量专家、课程专家和学科教学专家运用测量数据，集体协商数据报告和决策建议。第四，评价测量数据资料的关键指标，以及教育决策的优化和价值导向，即评价测量的效度。

未来教育测量的特征是：以技术为依托；测量"新"构念；建立在更深入的理解和学习模型的基础上；更充分利用复杂任务；更"个性化"；试图改善学习；更好地考虑学生的背景；"嵌入"教学活动并分布在不同时间；采用自动评分；把新的探索方法整合到建模和分析中；提供更有效的测量报告。②

问卷、访谈设计属于实证研究，是教育测量的主要研究方法。教育调查一般涉及学生、教师、学校和家庭四个领域。例如学生的学业成绩、认知水平、个性特征、心理健康、学习兴趣、学习态度、学习习惯、课业负担等；教师的知识水平、课程理念、专业素养、教学行为等；校园文化、学习资源配置、学校管理的效率；家庭社会经济地位、家庭人口、亲子关系等。

案例分析

案例1：家庭作业影响学业成绩的实证研究③

在当前以学生学习成绩为主的教育评价制度下，家庭作业是否会对学生的学习成绩产生影响，是学校管理者、教师和家长都非常关心的问题。因此，我们以学生学习成绩为切入点（将学生学习成绩分为优、良、中、差四个等级。"优"指学习成绩在85分以上，"良"指成绩在70～85分，"中"指成绩在60～70分，"差"指成绩在60分以下）。从家庭作业时间量、作业环境的设计与布置、教师批改时间与评分以及学校老师对待学生家庭作业的态度等四大层面获取实验数据，探讨作业对学生的学习成绩造成影响。

本研究的调查目的是探讨家庭作业和学生学业成绩之间的关系。研究假设是家庭作业会影响学生的学业成绩表现。围绕家庭作业的特点，社会调查主要从以下四大方面进行：家庭作业完成的时间、家庭作业的布置方式与作业设计的形式、家庭作业的批改方式与评价结果、学生对家庭作业的态度。

统计数据显示，学生的学业成绩与家里作业完成的时间以及学生对待中小学生家庭作业的态度存在显著相关。其中，学生学业成绩与家庭作业完成的时间存在显著的负相

① 张皓彦，马玉慧. 基于深度学习的个性化教育测量综述 [J]. 软件导刊,2020（03）：281-284.

② Randy E.Bennett. 教育测量的未来趋势 [J]. 教育测量与评价,2019（03）：3-14+18.

③ 李佳,徐建平. 家庭作业影响学生学习成绩的实证研究——以浙江宁波市为例[J].中小学管理,2012（12）：4-6.

关关系。这说明，完成家庭作业所需要的时间越长，中小学生对家庭作业的就越烦躁，愈加消极抵触，学生的学习成果也会越不好。而学习成绩和学生对家庭作业的心态相互之间具有着正向关联性。这也说明，当家庭作业适量时，中小学生对待作业的心态就更积极，学习成果也会更好。

		家庭作业时间量	家庭作业的布置和设计	家庭作业的批改和评价	学生对家庭作业的态度	学习成绩
家庭作业时间量	Pearson 相关性	1.000	.011	.045	-.176**	-.253**
	显著性（双侧）		.847	.442	.003	.000
	N	290	290	290	290	290
家庭作业的设计与布置	Pearson 相关性	.011	1.000	.058	.132*	-.057
	显著性（双侧）	.847		.324	.025	.331
	N	290	290	290	290	290
家庭作业的批改与评价	Pearson 相关性	.045	.058	1.000	.184**	-.094
	显著性（双侧）	.442	.324		.002	.111
	N	290	290	290	290	290
学生对家庭作业的态度	Pearson 相关性	-.176**	.132*	.184**	1.000	.395**
	显著性（双侧）	.003	.025	.002		.000
	N	290	290	290	290	290
学习成绩	Pearson 相关性	-.253**	-.057	-.094	.395**	1.000
	显著性（双侧）	.000	.331	.111	.000	
	N	290	290	290	290	290
**. 在.01水平（双侧）上显著相关						
*. 在.05水平（双侧）上显著相关						

统计数据还提示，中小学生对待家庭作业的态度和完成家庭作业的时间、作业内容的设计和布局、批改时限与评分存在相关。特别是，学生对家庭作业的态度与家庭作业的时间、批改作业和评价之间存在着显著正向相关性。这就表明，家庭作业的完成时间适宜，教师批改作业和评价合理可行，学生对家庭作业的态度也就越积极主动，学生的成绩也就会更好。

（三）核心概念3：测试框架

在构念或内容范畴的概念形成和研制评估构念的测验之间常常会有微妙的相互作用发生。测验框架将这个构念或内容范畴如何体现在测验中具体描述出来。用于出题、制定评分规则和检查试题特性的步骤常有助于阐明框架的内容。[①]

"构念或内容范畴"是测试框架的核心，不仅要凸显学科的核心思想，还要能体现

---

① 美国教育研究协会，美国心理学协会，全美教育测量学会.教育与心理测试标准[M].燕娓琴，谢小庆，译.沈阳：沈阳出版社，2003：66.

最新的课改理念。"构念或内容范畴"与"测试"关系复杂，前者指导、引导或规定、评价后者。测试框架的建构，通常吸收了教育目标分类学的最新研究成果，体现各学科课程标准和学业标准，落实学科培养目标，成为各学科命题的指南。

案例分析

案例2：基于核心素养的小学、初中、高中数学测评框架 ①

数学内容		数学核心能力/素养		表现水平	
一级指标	二级指标	一级指标	二级指标	一级指标	二级指标
常量	数与运算	研究对象	数学抽象	标准运用	1a
未知量	方程与代数		数学运算		1b
变量	函数与分析	运演法则	直观想象	变式运用	2a
			逻辑推理		2b
随机量	数据整理与概率统计	工具运用	数学建模	反思运用	3a
图形	图形与几何		数据分析		3b

核心素养的测评是目前考试与评价的研究热点。基于核心素养的小学、初中、高中数学测评框架以数学学习为核心，打通了小初高的学段壁垒，整体架构了数学核心素养测评框架。

首先，在数学内容维度，建构了两级指标。其中，一级指标揭示出数学学习的五个关键内容：常量、未知量、变量、随机量、图形。二级指标，对应一级指标揭示了数学学习的基础知识。在核心素养维度，根据数学内容在数学学科中的作用，二级指标六个核心素养被归为三大类一级指标：数学研究对象、数学运演法则、数学的工具运用。在表现水平维度，根据学生完成任何一个数学测评的题目的应然状态，确定了标准运用、变式运用、反思运用三个一级指标，并在二级指标划分了两级水平 a、b。

在小学、初中和高中三个学段，测评框架的结构在保持统一的前提下，也各有侧重点。在内容层面，小学、初中、高中都呈现出逐渐扩大的态势；在能力层面，小学、初中、高中均以问题的解决为主要测试形式，并形成了比较统一的各有侧重的六个数学核心素养。

---

① 朱娅梅,刘姣,陈林山.基于核心素养的大规模数学学业水平测试框架[J].教育测量与评价,2018（09）：18-24.

案例分析

案例3：PISA2015科学素养测试框架 ①

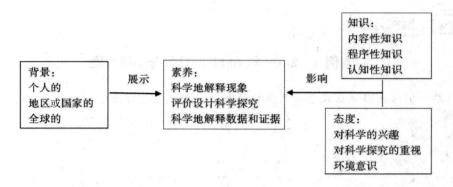

PISA 被喻为"教育界的世界杯"竞赛。在过去20年，OECD 发起的国际学生评估项目（PISA）已经成为全球评估学校系统质量、公平与效率的首要尺度。PISA 参与国根据学生在 PISA 中表现的国际比较，反思本国教育的不足，实施改革措施。PISA2015测试了全球72个国家和经济体大约54万15岁学生的科学、阅读与数学及合作问题解决能力。

2006年，PISA 第一次开展有关科学方面的测试，距离最近一次的科学测试（2015年）已经过去了将近10年。在以往测试框架基础上，PISA2015科学素养测评体系框架调整为，将科学素养的内涵解读为与背景、素养、知识、态度的相互关联。要求15岁的学生能在个人的、地区或国家的、全球的背景中，根据对科学的兴趣、科学探究的重视和环境意识，运用内容性知识、程序性知识和认知性知识解决生活中的科学问题，从而科学地解释现象、评价设计科学探究、科学地解释数据和证据的素养（能力）。在对科学知识的三种划分中：内容性知识指科学研究中已形成的有关自然界的事实、定义、看法和理论；程序性知识指理论和实验科学研究中的核心概念和方法，如通过反复测试可以减少偏差和不确定性、控制变量等；认知性知识指对科学技知识生成过程中重要的概念和特征，如相关问题、观点、理论、假说、模式和论证的概念以及它们在科学研究中的重要意义。

（四）核心概念4：测试工具

测试工具以真实测量学生的学科能力为目的，选择学科核心知识为内容，基于学科

---

① OECD.PISA 2015 Assessment and Analytical Framework:Science,Reading,Mathematic and Financial Literacy[M].OECD Publishing,2016.

能力模型编制双向细目表，历经严格规范的开发流程，根据测试目的，考虑多种因素修改调试，最终确定。测试工具的开发不仅要测评学生学会了什么，而且还测评教师教了什么。其归根结底是为了更精准地测量教与学两大关键要素，从而使得教学能够更好地为学习服务。

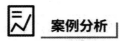 **案例分析**

案例4：2008年LMT项目公开的第2题

想象一下你的班级正在学习两位数的乘法，在学生的作业中，出现以下的结果：

学生 A	学生 B	学生 C
35	35	35
×25	×25	×25
125	175	25
+75	+700	150
875	875	100
		+600
		875

你怎么判断这些学生使用的方法可以用于任何两位整数相乘？（请对每个问题分别选择有效、无效或不确定）

	方法可以用于任何 两位整数相乘	方法不可以用于任何 两位整数相乘	不确定
a) 方法 A	1	2	3
b) 方法 B	1	2	3
c) 方法 C	1	2	3

这是数学教学中一个非常经典的教学法案例。题目出示的三份学生作业，反映了教师在两位数乘法教学过程中可能遇到的真实问题。针对三种方法，教师首先要回应方法所反映出的数学思维是否正确。同时，教师要判断这三种方法对于一般的两位数的乘法是否适用。

案例说明，数学教师们所掌握的一般的数学教育内容知识，无法处理关于二位数乘法问题如何去教的问题。所以懂得如何去提问和如何去解决这样的数学上的问题对数学教师在教学效果上的判断是必不可少的。

📊 **案例分析**

案例 5：生物学科能力测评工具的开发 ①

迁移与创新（C3 科学探究）：（C-4）某同学在一种绿色植物上，采摘了大小、叶龄和外形均一致的两个绿色叶子，并完成了下列试验：

a. 将叶片分别置于盛有乙醇的小烧杯中，隔水加温约 5 分钟；

b. 将树叶取出后，用清水漂洗，然后将其放入培养器中，向叶片上滴加碘溶液；

c. 稍等片刻，再用清水冲掉剩余的碘液。

实验结果：甲叶片大部分时间呈淡褐色（与稀释的碘液颜色接近），并且在叶子上出现了一种深蓝色的老人头像；乙叶子则呈现了淡褐色。结果如图显示。试着分析这两种叶片，在被摘除之前各自进行了哪些处理方法。写出两种可能的处理方式。处理方法1：_____。处理方式 2：_____。

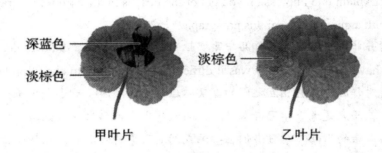

例题中介绍了某同学所做有关光合作用淀粉染色的实验过程和实验结论，需要学生正确运用有关光合作用的核心概念与理论知识，并根据所给出的实验条件和实验结论，设计实施和推理该研究或实验方案中可能采用的处理方法。但由于影响实验结果的原因并不是唯一，而影响光合形成中淀粉含量从而遇碘变色的因素还有许多，因此学生可从影响光合效果的条件（光照条件、光的波长、CO_2 的供应等）方面来考虑，并需要学生按照光合作用的科学定义和基本原理正确完成了科学的实验操作程序，对学生的创新能力要求较高，从而构成了生物学科能力系统中的迁移创新水平中的复杂推理层次。评分时实行等级赋分原则，如学生从"光照有无"的角度回答，但描述不够完整，得 1 分；从"光照有无"的角度回答，且描述完整，得 2 分；从非"光照有无"角处理问题，如光质、二氧化碳的供应情况等，且处理描述完善，得 4 分。

---

① 李洋,黄紫筠,王健.生物学科能力评价工具的开发 [J].生物学教学,2020（01）:16-19.

案例分析

案例6：英语学科核心素养测评 ①

阅读材料是一个名为"Chosen"的短片作品的节选（650个英文单词）。作品的大意是，一位14岁的少女如何违背母亲的意志选择了一只小狗。下面是作品的第一个自然段，以及关于这段的最后一道考题：

It was my father who decided we must have a dog, but choosing one turned out to be more difficult than we thought.After my mother had turned down a dozen puppies, we asked ourselves if any dog, anywhere in the world, could possibly be good enough.But, when we found it, this new puppy was to be my dog.I had decided this.And the fact was that I didn't want a good, noble and well-bred dog-the kind that my mother longed for.I didn't know what I did want, but the idea of such a dog bored me.

Question:Explain one impression you get of the girl's mother from Paragraph 1.Support your answer with a quotation from this paragraph.

这道试题并非考查学习者对作品中事实性信息内容的掌握（如 Who decided that the family should have a dog？ 或 Why was it difficult for the family to choose a dog?），也并非考查学习者对作品中角色相互之间的真实心理情感的了解（如小女孩子对其母亲的真实心理情感），而只是考查学习者本身对作品叙事中角色形象的认识与把握，即了解作品中女孩子的母亲的形象。学习者们在归纳或阐述形象特点之时，往往还必须摘引作品中的有关消息，来支持自己的看法。

就考核内容而言，这道试题考查了学生对作品中人物的认识与掌握，有着相当的主观性。从试卷形式出发，这道试题为开放型试卷，在评分标准的编写方面要兼顾多立场多角度多因素。

总结反思

掌握教育考试、教育测量与教育评估三个核心概念，是做好考试分析的理论基础。那么，这三个核心概念之间是什么关系呢？请看图3-4-1。

---

① 程晓堂.英语学科核心素养及其测评[J].中国考试,2017（05）:7-14.

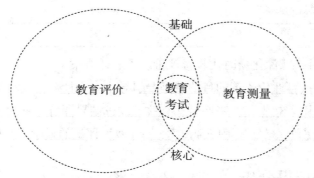

图 3-4-1 教育考试、教育测量与教育评价的关系

教育考试是一种重要和方便的测量手段，是整个教育评价的核心内容。通过纸笔、口语或实践操作考试，获得学生在某一学习阶段学习过程表现和学习结果的测定，以此评估学生达到预定的标准的程度。教育测量是教育评价的基础和前提。教育测量通过量化研究，获得学生学业表现的客观数据，依据影响因素的分析，教育评价作出相应的主观价值判断。

新课程时代，我国教育评价工作要全方位落实党的教育方向，落实对德智体美劳全方位发展的需要。习近平总书记在全国教育工作会议上明确提出新形势下党的教育方针，学校授业与教学工作必须从坚定学生理想信念、厚植爱国主义情怀、增强品德修养、增长知识见识、培养奋斗精神、增强综合素质等几个重要方面下功力。上述规定紧扣新形势下的青少年发展特征，更加体现了国家对少年儿童的希望与成才需要，也更加充实了学校德智体美劳"五育并举"的教育方针，目标导向更加清晰，操作性更强。

拓展阅读

为了更好地理解核心概念，我们有必须要阅读与"考试"相关的课程文件。请参考示例 3 和 5，分别摘取各个文件中与"考试评价"相关的要求。

1.2014 年 9 月，《国务院关于深化考试招生制度改革的实施意见》。

摘抄：_____

_____

2.2014 年 12 月，《教育部关于普通高中学业水平考试的实施意见》。

摘抄：_____

_____

3.2019 年 6 月，《国务院办公厅关于新时代推进普通高中育人方式改革的指导意见》。

摘抄："把综合素质评价作为发展素质教育、转变育人方式的重要制度，强化其对促进学生全面发展的重要导向作用"。

4.2019 年 7 月，《中共中央国务院关于深化教育教学改革全面提高义务教育质量的意见》。

摘抄：＿＿＿＿＿＿＿＿＿＿＿＿＿＿＿＿＿＿＿＿＿＿＿＿＿＿＿
＿＿＿＿＿＿＿＿＿＿＿＿＿＿＿＿＿＿＿＿＿＿＿＿＿＿＿＿＿＿＿＿

5.2020 年 10 月，《深化新时代教育评价改革总体方案》。

摘抄："开展教育评价改革的目的就是要引导全党全社会树立科学的教育发展观、人才成长观、选人用人观。""坚持科学有效，改进结果评价，强化过程评价，探索增值评价，健全综合评价，充分利用信息技术，提高教育评价的科学性、专业性、客观性。"

三、测试结果分析

考试结束后，为了解学生的学科优势与不足，发现教师教学中优势与问题，使考试真正为教育服务，我们有必要对测试结果进行精确的定量分析。这种分析一般包括以下几方面：

（一）总体分析：用描述统计方法说明考试成绩的总体情况

全班考试成绩的原始分一般是没有规律的，散乱的成绩无法显现整体测试结果的显著特征。这就需要通过变量分布数列的编制，用各种描述性的统计指标来反映测试结果。即对学生总体按成绩分组，形成各个考生在各个成绩组之间的分布。

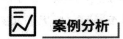 **案例分析**

案例 7：体育中考成绩现状（共时）

共时，指的是不同学生（班级）在同一时间节点的测试截面数据的对照呈现。后图显示，当年参加体育中考的各分数段人数分布状况。此次参与体育中考的人员为 409 人，其中达到及格及以上水平的 404 人，达到优秀水平的 78 人。26 ～ 35 分达到良好水平的学生，其中 31 ～ 35 分的人数最多，为 214 人。36 ～ 40 分的优秀学生相对比较少，但 31 ～ 35 分这一类学生成绩尚有一定的上升空间。31 ～ 40 分学生的成绩，在一定程度上影响了学生的总体学业表现。这说明关注潜在优秀学生的培养，有利于整体提升学生的体育中考成绩。

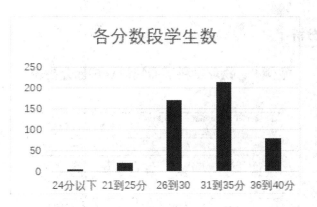

各分数段学生数

案例分析

案例8：物理成绩现状（历时）

　　历时，指的是同一班级（学生）在历次时间节点的测试数据进行纵向时序数据对照呈现。分析下图可知，从时间的纵向变化来看，三所学校初中阶段学生物理平均成绩整体呈下降趋势，并在初二下学期末出现最低点。就不同学校之间的横向比较看，不同学校物理平均成绩差距很大。综合来看，三中整体表现较为稳定，二中九年级整体表现好于八年级。

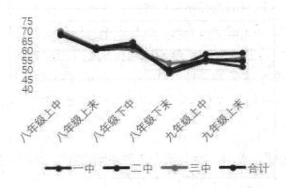

（二）单科分析：用描述性统计说明单科测试内容各部分的具体表现

　　一份考卷的内容构成，一般可分类为内容结构、知识结构、认知结构、核心素养、题型结构等。以中考物理学科为例，内容结构即知识结构，一般包含力、热、电、光等。认知结构一般分为理解、应用、分析与综合、实验基本技能、实验探究五级。物理学专业的核心素质分为四个方面：物理观念、科学思维、科学探究、科学态度与责任。

案例分析

案例9：物理学科不同知识点指标分析表①

题号	满分值	平均分	难度系数	优秀鉴别指数(D)	知识块	能力特征	知识点
29	3	0.68	0.23	0.51	力	分析与综合	摩擦力、功与能
11	2	0.98	0.49	0.50	力	应用	杠杆平衡条件
13	2	1.10	0.55	0.41	电	应用	欧姆定律、电功率
14	2	0.86	0.43	0.36	力	应用	液体气体压强
10	2	1.36	0.68	0.35	力	理解	浮力与密度
28	3	0.95	0.32	0.34	热	分析与综合	升华、凝华
3Ⅰ	6	3.19	0.53	0.31	电	科学探究	焦耳定律探究
6	2	1.58	0.79	0.23	电	应用	电磁感应
27	8	6.13	0.77	0.23	力	分析与综合	固体压强、功、机械效率
22	2	1.51	0.76	0.22	光	科学探究	凸透镜实验
32	2	2.61	0.52	0.20	力	科学探究	动能实验探究
21	2	1.61	0.81	0.20	电	理解	安培定则
19	2	1.60	0.80	0.20	光	科学探究	平面镜实验

案例呈现的是测试原始数据的统计。根据试卷题号，对应统计了班级均分、难度，并标注了试题的优秀鉴别指数以及其归属的知识领域、能力特征和知识点。在此基础上的深度分析，可根据测试目的选择不同的维度，用可视化图形呈现测试结果。例如，教师想了解不同知识领域学生的学习表现，可根据第六列"知识块"标注力、电、热、光四部分内容分别统计。其中涉及"力"学的试题有6道，赋分22分。参考难度系数②可知，难题为第29题，偏难的题有28、11、14题，中等难度的试题为第10、32题，容易题为21、19题。从优秀鉴别指数看，第29和11题具有良好的区分度，能良好区分优秀水平和良好水平的学生。

（三）寻找问题：学生学科测试成绩的比较和影响因素挖掘

学生的学科测试成绩反映了学生阶段性学习的结果。我们应该运用统计分析，处理测试数据，用可视化数据呈现对学习结果的分析，从中获得有效的信息，为改善教学和优化学习过程提供决策支持。

---

① 邹丽华.中考物理学业成就水平优秀学生的表现探析[J].大连教育学院学报,2015(03)：69-71.

② 一般用试卷（题）的得分率或答对率表示，所以难度事实上是容易度或通过率。其值在0～1，数值越大，说明试卷（题）越容易。

案例分析

案例 10：甲乙两位同学在数学测试中的核心素养表现[①]

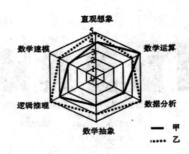

雷达图是一种综合评价方法，其指标呈现的是测试框架的评价指标。在教育测量中，雷达图可以用多元数据呈现两个班的成绩分布。例如，教师教授两个教学班，可以用雷达图分析两个班期末考试各个学科的成绩分布。可视化图形有利于教师直观发现班级学科优势和不足。雷达图可以用于比较多个学生的多学科的学业表现分布。

分析上图可知示，乙生雷达图形状较为丰满，且大多数半径范围都很大，表明该生学业成绩好，素养发展也比较均衡。在直观想象、逻辑推理和数据分析的学科素养上表现优秀，对数学建模和数学运算、数学抽象上表现一般。甲生雷达图体积比较小，与重心偏离也比较明显，表示该生数学与核心素养水平发展的不平衡。特别是数学建模、数学抽象和数据分析表现较差。甲乙两生的表现不同，教师就可以根据每个人的具体问题，后续学习给予针对性的指导。

① 2020 年长春模拟题 [EB/OL]. https://www.zujuan.com/question/detail-37398872.shtml.

 案例分析

案例11：四年级学生个体因素与体能成绩的关联 ①

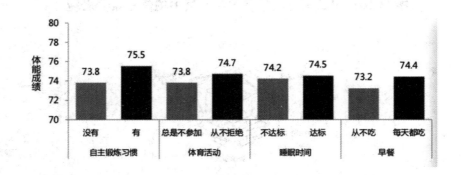

2018年，有116527名四年级学生参加了国家义务教育体育与健康质量监测项目。统计发现，四年级学生个体因素与体能成绩的存在关联。可视化数据呈现了学生"自主锻炼习惯""体育活动""睡眠时间""早餐"四个维度与体育健康的关系。

统计表明，有无锻炼习惯的中小学生，其体能成绩差距最大，为1.7分；，每天有没有时间吃早饭的学生，体能成绩差异是1.2分；有没有主动进行体能活动的学生，体能成绩差异为0.9分；睡眠是否充足学生，其体能成绩差异为0.3分。由此可见，对于具有主动锻炼身体的良好习惯、经常参与体育活动且睡眠较丰富的四年级学生，体能成绩更高。找到了影响体能的关键要素，教师既可以整体持续关注图示的四个方面，也可以先抓住主要问题"锻炼习惯"重点培养。

（四）举例说明：选择典型例题深度分析

案例分析：分析是对数据统计结果的进一步具体化分析。根据测评数据发现学业表现的典型优势和问题，再选择存在显著性差异的试题，根据评价框架对典型例题进行内容分析和测试结果分析。

 案例分析

案例12：2017年陕西省高中学业水平测试生物学试题第7题 ②

试题：夏季晴朗的一天，某种绿色植物叶片光合作用强度（以O_2的释放量表示）

---

① 2018年国家义务教育质量监测——体育与健康监测结果报告[R].北京：中华人民共和国教育部，2019.

② 任媛媛，刘杨，李高峰.高中生物学"坐标轴"试题的分析及启示——以2017年陕西省普通高中生物学业水平测试第7题为例[J].中学生物教学，2017（17）.

的曲线图如下，据图分析下列叙述正确的是：

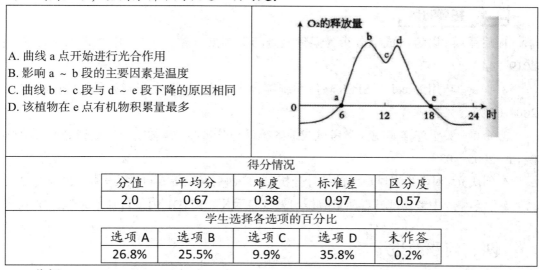

A. 曲线 a 点开始进行光合作用
B. 影响 a ~ b 段的主要因素是温度
C. 曲线 b ~ c 段与 d ~ e 段下降的原因相同
D. 该植物在 e 点有机物积累量最多

得分情况				
分值	平均分	难度	标准差	区分度
2.0	0.67	0.38	0.97	0.57
学生选择各选项的百分比				
选项 A	选项 B	选项 C	选项 D	未作答
26.8%	25.5%	9.9%	35.8%	0.2%

分析：

（1）数据分析。2017 年，陕西省普通高中生学业水平测验生物试题 I 卷选择题的信度为 0.955，表明该卷试题能客观评价普通高中生的生物学专业的实际水平。而 I 卷选择题的总体难度系数为 0.638，其中第 7 题的难度系数最低，为 0.38，表明该试题难度较高。该题得分为 2 分，均分为 0.67 分，表示部分学生在这道题上失分严重。该题的区分度则较好，为 0.57。

（2）测试内容分析。本题主要考查了对影响光合速率的环境因素的综合运用，及其光合速度和细胞呼吸曲线综合的分析方法。图显示了以氧释放量表示的净光合作用速率，因为净光合作用 = 总光合作用 - 呼吸作用，在 0 点到 a 点进程中，净光合作用速率慢慢提高，而呼吸作用不变，表明了总光合速率度是在逐步增加的，即标明 a 点之前，光合作用已经发生。所以，A 选项错误。a ~ b 段光合作用速率在不断提高，但影响其的最主要原因是光照强度，B 选项错误。b ~ c 段降低的原因是外界气温过高，绿色植物为了减少蒸腾作用，部分气孔封闭，CO_2 降低，光合速率降低；d ~ e 段降低原因主要是光照强度减弱，所以 C 选项错误；a 点光合作用速率与呼吸作用速率相等，之后光合作用速度等于呼吸作用速度，植株开始积累有机物，到达 e 点光合作用速率与呼吸作用速率再次相等，之后嗯呼吸作用速率等于光合作用速率，植物开始消耗积累的有机物，因此 e 点时有机物累积数量最多，D 选项正确。

（3）测试结果分析。根据学生所回答的具体情况，分别有 28.6% 和 25.5% 的学生在错误选择了选项 A 和 B。学生选 A 项的因素，一般是没有掌握题干中"O_2 的释放量"所蕴含的语意。他们还未能分析明白"总光合作用"和"净光合作用"这两个概念及概念间的关系。学生选择 B 项和 C 项的原因主要是没了解各个阶段产生影响光合作用速率的因素，对"影响光合作用速率的环境因素"的考查也是常规性的。

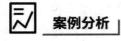
拓展阅读

1. 胡雪瑛. 以考试成绩分析为案例检查与提高方法教学质量 [J]. 教育教学论坛，2019（44）.

2. 李良. 巧用 Excel 与 SPSS 软件系统综合分析成绩 [J]. 金华职务科技院校学报，2008（02）.

3. 金敏. 关于怎样实现大学考试成绩的统计与分析 [J]. 桂林航天工业高等专科学校院刊，2005（03）.

4. 何庆光. 对学生考试成绩的统计分析 [J]. 广西财经高等专科学校学报，2004（02）.

5. 刁云英. 中考物理试卷质量解析与教育启示及经验 [D]. 内蒙古师范大学，2020.

四、问题改进

《深化新时代教育评价改革总体方案》指明开展教育评价改革的目的就是要引导全党全社会树立科学的教育发展观、人才成长观、选人用人观。[1] 同时明确提出要求：保持科学有效，完善成果评估，强化过程评估，探讨增值评估，完善指标体系，充分运用计算机技术，增强教育评估的科学化、专业化、客观价值。由此可见，加强考试对学生立德树人、健康成长、科学成才的引导是"十四五"时期教育考试改革发展的方向。

（一）综合测量数据，明确改进目标

随着我国教育信息化的不断发展与教育大数据的不断累积，未来的教育教学改革与发展将进入一种数据驱动的范式。对教师而言，数据驱动的教育实践是指借助学习过程或学习活动的数据获得目前学习成效的判断，并借由数据预测其未来演变趋向，由此作出精准教学，为教育决策提供参考。教学实践不再凭借直觉或经验驱动，而是由其当前数据引导启发。

案例分析

案例 13：语文教师阅读教学理念与课堂教学行为差异的研究[2]

为了掌握当前语文课程阅读教学的状况，在中国基础教育质量监测协同创新中心总项目组的协调下，全国语文课程工作组调查范围包括江苏省、洛阳市、沈阳市、石家庄

---

① 中共中央国务院印发《深化新时代教育评价改革总体方案》[EB/OL].（2020-10-13）[2020-11-08]. http://www.gov.cn/zhengce/2020-10/13/content_5551032.htm.

② 陈沛. 语文教师阅读教学理念与课堂教学行为差异的研究 [J]. 中小学教师培训,2017（02）：56-59.

市、锡林郭勒盟、郑州市商城、株洲市等 1051 所学校。参加有效问卷回答的八年级以上语文老师共计 4557 名，有效答卷文章共计 4557 篇。

调查表明，从语文老师的认知出发，多数老师能够根据各种类型文本的文字特点，准确判定其语言特征。大约 80.0% 以上的中国语文老师都可以对"实用类文本是不是带有强烈的抒情性与叙事性"的作出准确的评价。不过，值得注意的是仍有接近 20.0% 的老师对实用类文本的语言特征并不确定，或作出了错误的评价。

通过观察实用类文字教学的课堂设计发现，部分老师的课堂设计中并未重视文字特征，而仅仅将实用类文字看成是一般的现代文来教。

阅读教学的教学理念和阅读教学实践导向完全对立、相悖，实施和操作行动都与主体的意识与信仰相脱离、相互背叛，两者无法取得某种均衡、统一与调和。问卷调查数据与六人访谈结论的基本一致，表明语文老师的课堂教学基本理念是准确而清晰的。但问卷调查数据、六人访谈结论与课堂实际情况的不一致性，则表明了很多数语文老师的课堂理想和实际课堂教学行为之间出现了反向背离。

通过大数据的检测和数据分析，能够明确课程改进目标：通过内化的阅读教学理想，反复实施、不断改进阅读教学行动。但课程理解和教学行为之间差距，问题的真实症结所在从根本上讲还是教育理念、教育观的问题。"课标"里的相关条目，背得滚瓜烂熟，不能说明就知道课改的宗旨了。听了教育专家、课标修订、解读专家、教研员、培训者的讲座，也不代表就真的明白了课改的宗旨。读了课标解读、课标分析与课堂教学指南的书，也不见得能确保我们可以真正地实践课程变革的理念。教师应随时持有一种警醒。反复阅读并记忆"课标"里提供的课程基本理念，并通过课标专家学者的讲授深入掌握这些教育思想。用逐步内化的教育基本观念引导课堂教学实践，通过反思教育活动的效果，进一步调整教育基本观念与课堂的关系。最后，力求推动教育基本观念真实内化，从而达到教育基本观念和课堂教学实践的统一。

（二）多轮实验，改进关键教学行为

课堂提升是通过专家学者支撑和同行协作的一种校本研修模式，以推进学生课程关键能力快速发展作为课堂设计和实施的基本宗旨，以先进科学的教师教育理论与方法为引导，以学生课程关键能力快速发展的薄弱点为提高的关键，以专家学者支撑的教师探究性集体备课与教学"临床问诊"的方式，力求达到从教师教育理念向课堂行动的高效转变，从而推动学生课程关键能力的全面快速发展。

例如，古诗文阅读理解，主要问题表现为一是会背诵经典诗句，默写有错字；二是能梳理背默诗文，理解浅表化、程式化。为解决第一类问题，教师展示了优秀诗文积累的不同学习路径。例如给出几组古诗文，要求学生按照一定的规则或主题归类，并解说归类的理由。归类的核心要素大致有：作者、题目、意象、主题、朝代、情感、典故、关键词等。学生可以调动以往的学习经验，按照自己喜欢的方式或方便记忆的方式去积累古诗文，进而在比较中确认适合自己的积累方式。教师对学习方法、学习路径的引导，从更广远的意义来看，搭建了实现语文核心素养"文化理解和传承"的支架。为解决第二类问题，教师有意识地设置了言语积累与运用的实践情境，旨在唤醒学生的古诗文积累，强化优秀诗文的实用性，促使"文化的积累与传承"，进而提升学生语文核心素养。例如营造学生经历过或未来将会经历的生活、学习、社会情境，目的在于调动学生自身的优秀诗文积累，强化古诗文的现实运用。或是营造与诗句内容相应的情境，目的在于考查学生对诗句的理解能力。关注诗文默写的情境营造，能帮助学生在"情境"中生成对诗词的长时记忆，并通过"情境刺激"，唤醒、调动学生的已有记忆[①]。

针对学生的具体问题，教师应不断通过行动研究，实现教学活动的反思及改进，促进学生不断发展、螺旋提升学习成绩。

（三）采用多元评价，支持教学改进

单一的评价方式难以全面评价课程实施的效果。况且问题的产生，源于多主体多因素。因此，问题的解决也应吸引学生、教师以及教育管理者，都参与教育评价中来，参与问题的解决中来。通过这些多元评价，学生明确课程的教学目标，了解自己当前学习状态，强化任务驱动的目标式学习；教师则更清晰地了解学科教学成效，反思教学关键点，促进自身的专业学习。对于各种评价结果，都应积极应对，教研团队有必要帮助教师进行针对性的改进，促进教师的专业发展，提升学生的学习成就。这样将评价结果作用于学习过程的评价方式，有利于满足教与学两方面的实际需求，达成课改要求与实现培养目标。

■ 总结反思

本主题交流和表述的内容中，哪些内容让你对考试分析有了较为深入的思考？哪些分析方法会给你未来做考试分析提供参考？基于本主题的学习、研讨和交流，理解与"考试"相关的核心概念，参考具体的案例理解考试分析的常用方式，找到精准教学改进的方法和策略。

■ 实践操作

阅读《中国义务教育质量监测报告》的相关数据统计。从中选择 1 ～ 2 幅图，完成数据分析，写出改进的方向，并与骨干教师交流讨论你的理解。

---

① 陈沛.关照现实运用 涵养人文素养——2017 年中考语文优秀诗文默写试题述评 [J].语文学习，2017（10）：72-75.

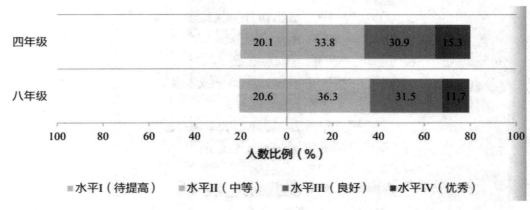

图 3-4-2 四、八年级学生科学学业表现水平分布情况

数据分析：

_____

_____

_____

_____

改进方向：

_____

_____

_____

_____

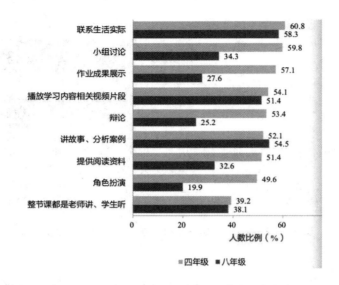

图 3-4-3 四、八年级道德与法制教师经常使用的教学方法

数据分析：

_____

_____

_____

_____

改进方向：

_____

_____

_____

_____

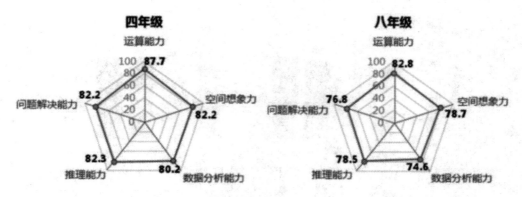

图 3-4-3 四、八年级数学学业各项能力达到中等及以上水平的比例（%）

数据分析：

_____

_____

_____

_____

改进方向：

_____

_____

_____

_____

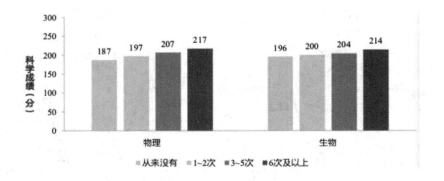

图 3-4-4 八年级学生在物理、生物课上动手实验的频次与科学成绩的关系

数据分析：

_____

_____

_____

_____

改进方向：

_____

_____

_____

_____

📖 **拓展阅读**

1. 语文：柳玉芝，丁秀芳，夏传胜，武明珠 . 培根铸魂 落实立德树人根本任务 启智润心 聚焦语文学科核心素养——2021 年山西省初中学业水平考试语文试题分析 [J]. 教育理论与实践，2021：41（32）.

2. 数学：王亮亮 . 数学学科（北京中考）评价的初步探究——2015 年数学学科《考试说明》调整的分析 [J]. 数学通报，2015：54（01）.

3. 物理：顾健，陆建隆 .PISA 视角下物理学业考试的认知需求分析与启示 [J]. 物理教师，2017：38（12）.

4. 化学：申燕，解慕宗，徐俊龙 . 高考化学信息型方程式复习备考策略研究——基于 2018 年深圳市高三第二次模拟考试数据分析 [J]. 化学教学，2019（05）.

5. 生物：颜悦 .2020 年云南省初中生物学学业水平考试分析与教学建议 [J]. 云南教育（中学教师），2021（05）.

6. 政治：郭林 .2021 年八省市新高考适应性考试政治试卷比较分析 [J]. 思想政治课

教学，2021（05）.

7. 历史：胡军哲 . 问题情境：学业水平考试命题的重要特征——基于对 2020 年高考历史试题的分析 [J]. 基础教育课程，2020（19）.

8. 地理：曹军 .2013 年上海市普通高中学业水平考试地理试卷分析 [J]. 地理教学，2013（19）.

9. 美术：高钰涵，高明伟 . 艺考背景下美术教育的问题及对策 [J]. 艺术评鉴，2021（20）.

10. 音乐：郑佳欣 . "美育进中考"背景下音乐课程考试的几点思考 [J]. 艺术评鉴，2021（18）.

11. 体育：孙永，周学荣 . 江苏省体育术科高考足球专项考试分析 [J]. 体育成人教育学刊，2009：25（02）.

12. 信息技术：范谊 . 广州市初中信息技术考试研究与分析 [J]. 数字教育，2018：4（01）.

话题四　深入思考，研训提升自我

主题一　做好观课议课

学习目标

通过本主题的学习，学习者能够：

1. 理解观课议课的内涵及对新任教师专业发展的意义；

2. 了解课堂观察的程序要求、课堂观察框架及观察工具；

3 掌握一节好课的标准、评课议课的基本原则与方法。

一、问题聚焦

观课议课，约等同于老师们通常所说的听评课，是我国中小学普遍开展的一种教学研讨活动，也是区域教研或者教师培训活动中经常采用的一种组织方式。此处用"观课议课"替代"听评课"的表达方式，是想突出其科学性、研究性，而非随意性；突出其学习性、研讨性，而非评价性。对新任教师来说，观课议课是帮助他们快速熟悉教学场景、学习处理教学问题、参与教学研讨的重要途径，是他们专业成长的"加速器"。朝阳区2016年至2020年新入职教师培训需求问卷调查显示，88.84%的教师非常需要或需要提供"观摩优质课"的帮助，在各项需求中占比最高。笔者对新任教师的访谈也显示，几乎所有的教师都表示观课议课是他们最喜欢，也是最有效的培训方式。然而，不少新任教师对什么是观课议课，为什么进行观课议课，以及如何进行观课议课，即观什么，议什么，怎样议，怎么议得好还有不少困惑。

请阅读下面一位新任教师第一次参加观课议课活动的感受，然后参与讨论交流。

今天上午全校语文大组教研，还请来了区里的教研员进行听评课指导。首先，全体教师在多功能厅听了一节语文课，授课教师是我校的骨干教师，授课内容是《木笛》。在婉转哀伤的笛声中，我们和学生一起翻开南京大屠杀的历史之页，在悲愤中感受着一份深沉的爱国之情。教师语言精练、感人，多媒体课件的展示也为本课营造了恰当的氛围。在我看来，真是很不错的一节课。接着，教学主任和教研组长组织老师们一起进行了评课研讨。上课教师先进行了说课，然后大家发表意见建议，最后教研员进行了评析。由于是第一次参加如此大规模的教研活动，我还真有点紧张，不敢发言，生怕说得不对。听了别人的评课，我觉得把该说的话都说了，到我评课时，我只能简单就自己的听课感受说了几句，就没词了。①

讨论交流

请思考：读了以上案例，你是否也有过类似的经历？请和同伴交流一下你第一次参加观课议课活动时的感受与困惑。

不少新任教师第一次参加观课议课活动时都有过类似的感受，那就是紧张、胆怯，不知道自己的观点是否正确，因此不敢表达看法，或者自己看到的课都感觉不错，根本挑不出问题来，不能形成个人的评判性见解。针对诸如哪些教学环节不错，你是怎么知道的？背后的原因是什么？哪些教学环节效果不太好，证据是什么？可能的原因是什么？怎样改进可能会取得更好的教学效果等问题，新任教师往往没有能力做到全面、清晰、深入地思考与评判。面对复杂的教学场景，新教师常常感到不知道如何进行课堂观察，即应该观什么，关注哪些问题或方面；也不清楚应该议什么，如何恰当地评价课堂教学，观课议课效果往往大打折扣。因此，新任教师需要聚焦解决以下几个问题：

问题一：如何理解观课议课的内涵？

问题二：观课议课对新任教师有何意义？

问题三：什么是一节好课？

问题四：如何做好课堂观察？

问题五：如何做好评课议课？

二、问题分析

（一）如何理解观课议课的内涵

1. 观察与课堂观察

观察是人们认识和分析事物的重要方式。在课堂教学中，教师需要具有良好的观察技能，才能及时准确地了解学生的学习状态、学习行为以及学习效果，从而对自身的教学行为进行及时校正或调整，以保证学生取得良好的学习效果，高效达成课堂教学目标。在观摩他人的课堂教学中，教师同样需要良好的观察技能，通过观察记录获取课堂教学的多种数据信息，在理性分析的基础上，审视教师的教与学生学的效果，提出对课堂教学的评判性意见，促进教与学的改进，提升对教学理念与教学实践的深刻理解。因此，

---

① 张彩云.初为人师第一年：小学版 [M].北京：中国轻工业出版社，2010:1.

观察是分析与研究课堂教学、审视教师的教学行为与学生的学习效果的重要途径与方法。

什么是课堂观察呢？陈瑶将其界定为研究者或观察者带着明确的目的，凭借自身的感官（如眼、耳等）及其辅助工具（观察表、录音录像设备等），直接或间接从课堂情境中收集资料，并依据资料作相应研究的一种教育科学研究方法。[①] 该界定更多指向教育教学研究，把课堂观察看作是获取课堂教学数据的研究方法和工具。

郭允漷等认为，课堂观察是通过观察对课堂的运行状况进行记录、分析和研究，并在此基础上谋求学生课堂学习的改善、促进教师发展的专业活动。[②] 该界定更侧重于教育实践取向，将课堂观察作为一种教学研究活动，目的是促进学生的学，改进教师的教，促进教师的专业发展。

费伦猛认为，课堂观察是教师或研究者通过自身的感知器官或者借助有关辅助工具（如借鉴学生行为量表、自制观察表格、采用计时器和录音录像设备等），有目标、有计划地关注课堂真实教育教学情境中的教育问题（现象或行为等），直接或间接地进行资料收集、记录并研判，旨在对课堂教学进行诊断分析并提出改进建议，以实现促进学生学习和教师发展的行动策略。[③] 该界定对郭允漷等学者的界定进行了更具体化，指明观察对象既可以是一线教师，也可以是研究者，通过观察获取课堂教学数据，诊断分析教学并提出改进建议，从而促进学生的学和教师的专业发展。

从以上几个课堂观察的界定可见，首先，对一线教师来说，课堂观察的主要目的是诊断和改进教学，是有明确目的、有计划的、在课堂情境中的观察行为。这就要求我们在做课堂观察前要明确观察目的，不是盲目的、被动地进行观课。其次，在进行课堂观察时，需要调动视听等多种感官并借用辅助工具进行课堂观察记录与分析。因此，在观课前我们需要确定课堂观察记录的方式以及所需使用的观察量表等工具，做好充分的观课准备。最后，我们要根据收集的课堂教与学证据，结合整体的观课感受进行分析诊断，对课堂教学进行评判、解释、提出自己的观点与改进意见，以促进学生的学与教师的教，促进师生共同成长。

2. 评课与议课

什么是评课议课呢？评课的过程是教师处理、分析课堂信息的过程。评课的过程是一个互动的过程，通过互动，人与人之间的态度、情感与行动相互影响，进而改变彼此的教学信念和行为模式。评课集中地体现了教师对课堂、学习、学科本质的个人观点，带有较强的个人色彩。教师的个人教育教学素养，乃至人格魅力，影响着评课的质量和效果。学养深厚、经验丰富的教师，在评课中常常能够产生精辟、富有洞见的评论或建

---

① 陈瑶.课堂观察指导.[M].北京：教育科学出版社，2002：1.

② 沈毅，郭允漷.课堂观察：走向专业的听评课[M].上海：华东师范大学出版社，2008：74.

③ 费伦猛.如何做课堂观察——中小学基于课堂观察的课例研修多维解读[M].长春：吉林大学出版社，2014.1-2.

议，引发参与者共鸣，促进对教学的深入反思与实践改进。

《中小学英语教师培训课程指南》指出，评课是教师同行间为了改进课堂教学，对教学中的亮点进行交流，总结经验教训，提高教学认识，以更好促进学生学习和教师发展的专业活动。① 而议课更强调教师围绕观课所收集的课堂信息平等交流看法、提出问题、发表意见的过程。议的过程是参与者围绕共同的话题进行平等交流，展开对话，共同研究讨论的过程，超越了通常评课时"专家说了算"的权威价值判断，改变了教师在评课活动中的"被评"地位和失语状态，更强调彼此的平等交流，共同反思改进教学实践。

评课议课是课堂观察中一个重要的组成部分。在观课之后，观课者要对观课所得数据进行整理分析，通过集体交流研讨，以达到相互学习，诊断教学和改进教学的目的。如果只有观课，没有之后的评课议课，对深入理解课堂教学会是很大的缺失。因此，新任教师要充分认识评课议课的重要意义，评课议课过程并不亚于观摩一节好课。在倾听别人评课议课过程中，新任教师可以增强对教学理论与教学理念的理解，与授课教师一起提升教学实施与改进能力，共同促进专业发展。

（二）观课议课对新任教师有何意义

观课议课是教师职业生活中最常见的一种专业研讨活动，也是促进教师专业发展的一种重要的教研与培训方式。每个学期，我们都会走进校内外各种类型的课堂教学，进行实地课堂教学观察，或者观看教学录像，或者进行在线课堂教学观察，参与校内外组织的多种集体观课议课活动。对新任教师来说，多听课，会议课，将抽象的教学理论和具体的教学实践有机地结合起来，对提升自身的专业水平有很大帮助。观课议课对教师对新任教师有何意义呢？

首先，观课议课可以帮助新任教师快速提升教学实施能力。对刚刚走上讲台的新任教师来说，处于生存挣扎期，缺乏对课堂教学的感性认识和实践经验，站稳讲台是最迫切的需求。观课议课他们是快速熟悉教学场景，解决教学实践问题，学习优秀教学方法，掌握教学实施技能的重要渠道，是提升教学理解和施教能力的重要学习方式。通过观摩优秀教师的课堂教学，他们能够真切地感受到别的教师是如何进行课堂教学的，比如，优秀教师是怎样导入新课的，怎样提问和讲解的，怎样对学生的回答给出反馈与评价的，怎样组织小组讨论活动的，怎样运用信息媒体的，怎样设计教学板书的，怎样进行课堂小结与结课的等多种教学技能。课堂观察可以帮助他们获得最直观的感受，教学效果好的方式方法会成为新任教师模仿教学的范例，拓展他们处理同类教学问题的思路，提高驾驭课堂教学的能力，增强教育教学信心。高水平的集体议课，使新任教师在倾听和表达中提高对课堂教学理论与实践的理解，澄清自身认识不清的问题，强化正确的教学观、学生观以及教材观，加速教学理论与教学实践相融合的进程。

① 李宝荣等.中小学英语教师培训课程指南[M].北京：北京师范大学出版社，2014：127.

其次，观课议课可以帮助新任教师提升教学改进能力。课堂观察的重要品性不仅是获得数据，而且是解释数据，解释这些数据对教师专业成长和学生学习的意义，运用这些数据发现教师教学的不足和学生的学习起点与特点，从而制定有针对性的改进方案。① 观课议课的最终目的是持续改进课堂教学，促进师生的共同发展。观课是获取课堂教学数据的重要途径，而获取的数据只有经过观课者的独立思考与分析，通过集体的议课交流才有价值，才能充分发挥出其诊断教学、改进教学的目的。对于新任教师来说，在参与观课议课的过程中，一定要善于思考，授课教师的哪些优秀的教学方法或教学活动可以借鉴到自己的课堂教学中？哪些还需要进行改进以适应自己的学情？如果教授同样的教学内容，还可以设计哪些教学活动，采用哪些教学方法可能会收到更好的教学效果？此外，还要善于倾听不同评课教师的观点，并与自己的观点进行批判性对比分析，不断修正个人的教学理念，丰富教学实践经验，提高教学改进能力，最终实现促进教师的教、促进学生的学。

最后，观课议课可以帮助新任教师提升教育教学研究能力。课堂观察具有诊断教学问题、发现教学问题、解决教学问题、改进课堂教学的作用，同时，课堂观察也是进行教育教学研究的方法与工具。教师可以借助课堂观察开展形式多样的教育教学研究，比如，记录教师专业成长的个案研究，描述课堂教学改进的课例研究，聚焦课堂教学突发事件的教育教学案例研究，教师还可以撰写课堂观察实践的反思总结。总之，课堂观察是连接教学与研究的桥梁，课堂是最直接的研究阵地和最有价值的课程资源，教学研究要根植于真实的课堂教学。郭允漷等学者指出，观察者即研究者，教学即研究，观察即研究，教育研究要成为教师日常生活的一部分，使教师在自发与合作的研究中获得针对性的发展。② 新任教师应该在入职之初即树立教育教学研究意识，将研究渗透到自己的日常教学实践中，要努力成为具有反思意识、有研究精神和研究素养的反思性实践者，立志成为一名研究型教师。

（三）什么是一节好课

进行观课议课之前，首先要对什么是一节好课有比较明确的认识。当然，对于"好课"的标准，不同的人因为关注点不同会有不同的见解，众多研究者也从不同的研究视角表达了对一节好课的看法。有的以经验总结为基础，提出教学实践中好课的标准；有的从有效教学的视角提出好课的标准；有的基于特定的教学理论分析好课的标准。华东师范大学教授叶澜认为，一堂好课没有绝对的标准，但是有一些基本要求，她提出的好课的"五实"要求，即扎实、充实、丰实、平实、真实，值得我们深入思考与借鉴。

① 夏雪梅.以学习为中心的课堂观察[M].北京：教育科学出版社，2012：28.
② 郭允漷，沈毅，吴江林，等.课堂观察Ⅱ走向专业的听评课[M].上海：华东师范大学出版社，2013：8.

一是有意义，即扎实。学生上课，"进来前和出去的时候是不是有了变化"，如果没有变化就没有意义。二是有效率，即充实。整个过程中，学生都有事情干，通过你的教学，学生都发生了一些变化，整个课堂是充实的，能量是大的。三是生成性，即丰实。一节好课不完全是预先设计好的，而是在课堂中有教师和学生真实的、情感的、智慧的、思维和能力的投入，有互动的过程，气氛相当活跃，既有资源的生成，又有过程状态生成。四是常态性，即平实。教师不要上表演课，要上平平常常、实实在在平时能上的课，不是很多人帮你准备才能上的课。要为学生上课，不是给听课的人听的，要"无他人"。五是有待完善，即真实。真实的课是有缺憾的、有待完善的课，十全十美的课造假的可能性最大。有了问题，才有进步的开始，不能把自己装扮起来、遮掩起来。①

从叶教授的观点中，我们可以看到她把一节好课的标准首先定位在了学生是否有所得，即学生的学习是否真正发生了，学生是否通过课堂学习获得了知识、能力、情感、态度。学生的学习首先是有意义的，有意义的课应该是一节扎实、充实、平实、真实的课。"五实"说起来容易，真正做到却很难。但正是在这样的一个追求的过程中，教师的专业水平才能提高，才能真正享受到教学作为一个创造过程的喜悦。

其次，还有一些研究者将"好课"与学科特点相结合，探讨"好课"的标准。新教师可以从各自学科教学的角度进行思考与借鉴。比如，曹一鸣针对数学学科教学的逻辑性强、重在培育抽象思维和数理运算思维的特点，认为评价一堂数学课应该关注教学目标、教学方法和教学重难点。具体来说，"一堂好的数学课"的标准应包括确切的教学目标、有效的教学方法、准确的教学重难点、教师流畅的语言表达，以系统的学科知识促进学生的学习积极性。②

再比如，特级教师于漪在思考语文课应该追求的境界时曾提出，语文课要实现动听、动情和动心。动听意味着教师以其通俗易懂、清晰明白的语言表述课堂教学内容、引导学生的学习和思维过程，激发学生求知的热情与愉悦；动情指的是教师能够深刻领会文本所蕴含的情感，同时通过默读、朗读、品味、鉴赏等种种教学手段，传送到学生的心中，让学生有所体验；动心指教师要千方百计地引导学生学会思考，在思想深处留下难以磨灭的印象。动听、动情、动心并不是教师唱独角戏，而是师生互动，各尽其责，以达到"三动"境界。③

此外，《中小学英语教师培训课程指南》中也谈到了一节好课的四条基本标准。首先，目标达成度高：有明确、具体的教学目标，基本达成目标或有新的生成；其次，教学方法恰当：教师有方法，有激情，有讲有练，有述有评；再次，学生参与度高：学生是学习活动的主体，有多种互动方式；最后，教学环境适宜：师生关系融洽，教学氛围

---

① 叶澜.扎实 充实 丰实 平实 真实——"什么样的课算一堂好课"[J].基础教育.2004（7）：13-16.

② 曹一鸣.数学教学论[M].北京：高等教育出版社，2008：58.

③ 于漪.课要追求"三动"的境界[J].中学语文教学参考，2005（12）：3-6.

良好，情境适宜学用。① 以上四条标准简单明了，是评课议课中首要关注的几个问题，新任教师可以先从以上四个方面进行观课议课。随着自身教学经验的积累，再逐渐过渡到对更多维度的观察与思考，比如，从"教—学—评一体化"的角度进行更全面的课堂观察与议课。总之，一节好课应该是一节实实在在的课，是充满生长气息的课，是积极思维的课，是师生共同成长的课。

三、问题改进

（一）如何做好课堂观察

1. 课堂观察的程序与要求

课堂观察的程序有不同的名称和方式，但相对集中的观点认为课堂观察的全过程可分为三个阶段，即课前—课中—课后，也有学者从任务性质出发将其命名为准备—观察—反思。课堂观察通常包括三个流程：课前会议、课中观察与课后会议。课前会议是观课前的准备阶段，通常由授课教师先介绍授课的内容和主要教学活动设计，然后与观课教师及研究者等参与人员讨论并确定课堂观察点，明确课堂观察的目的，确定课堂观察工具与任务分工，做好课堂观察准备；课中观察，主要是进入课堂教学现场，运用课堂观察工具进行课堂观察、记录与分析，做好看、听、记、思；课后会议，主要对围绕观察点收集到的数据进行分析与反馈，对整节课的亮点与不足进行交流研讨，提出改进措施与建议。课堂观察构成了确定问题，收集信息，解决问题的工作流程。

在实际操作中，由于教师工作繁忙等各种原因，往往没有时间组织单独的课前会议，导致很多教师只知道去观课，但对授课情况了解甚少，观课具有一定的盲目性。为弥补这一缺失，观课组织者要尽量提前为观课教师提供更多的观课信息，比如，授课教师、授课内容、教材版本、教学设计文本等必要材料，或者提出明确的观课要求，进行必要的观课引导。同时，作为观课者，尤其是新任教师一定要设法提前了解授课信息，分析授课内容并进行独立思考"如果自己执教，我会怎么教？我会如何设计教、学、评活动？"要带着充分的准备去观课，再与授课教师的教学方法进行对比分析，思考背后的教学理念。

此外，观课者还要提前几分钟进入观课现场，选择不影响学生学习，又便于观察学生的学和教师的教的位置，做好观课准备。在观课过程中，教师要注意力集中，专心投入课堂教学，不要与其他教师交头接耳进行讨论，也不要做其他无关的事情，要专注课堂观察，捕捉课堂教学中的每个细节，进行观察记录与积极思考，之后再结合集体评课

---

① 北京教育学院英语教师培训课程指南项目组.中小学英语教师培训课程指南[M].北京：北京师范大学出版社，2014:128.

议课，验证自己的看法，调整修正错误的认识，这样的课堂观察才能真正促进新任教师的教学理解，提升教学能力和专业发展水平。

2. 确立课堂观察点

课堂教学是个复杂、变化的教与学、师生多维互动的过程，需要关注和处理的问题很多，作为新任教师，很难在课堂观察中做到面面俱到，往往有手忙脚乱之感，不知道应该观察什么是很多新教师的困惑。因此，观课前确定好观察点对于取得良好的观课效果非常重要。

对于新教师而言，课堂观察是他们学习如何教学的最直观有效的方式，他们更迫切想学习、吸收和借鉴授课教师是如何展开教学的。具体而言，他们更关注教师的教学过程、教学活动、教学方法等。比如，本节课有哪些教学环节，教师设计了什么问题或教学活动，怎样进行的提问与反馈，是如何布置学习任务的，如何应答学生的提问或处理突发学生问题的，板书是如何设计的，布置了哪些家庭作业等，都是他们想了解和看到的。笔者认为，尽管最新的课堂观察理念更关注对"学生的学"的观察，但对于入职初期阶段的新任教师来说，关注教师"如何教"是符合他们本阶段现实需求的，可以先把"教师的教"作为初期阶段的课堂观察点，进行重点关注。

随着教学实践经验的积累，新任教师对课堂教学的感知将会更加丰富，课堂观察的视野也会变得更加宽广，可以在关注"教师的教"的同时，逐步扩展到关注"学生的学"，从"学生学"的角度去验证、检验"教师教"的效果，进行相互印证。教师好的教学方式会影响学生学的效果，学生往往表现出较高的学习兴趣，积极参与课堂活动，学习产出结果出色，比如学生能够表达自己的观点，能够运用所学解决新的问题，能够完成新的学习任务等。新教师要逐步学会从观察"学生的学"，从学生学的效果反思"教师的教"，即教师的教学方式方法是否合理，是否符合学情的需要，进而更好地理解课堂教学，从而能够对课堂教学进行更准确、更全面的评判。

最后，新任教师要从关注"教师的教"、关注"学生的学"，再逐渐学会从整体上对课堂教学进行观察评判，包括师生、生生间的互动和人际关系、课堂学习氛围等，即在观察"教师的教"与"学生的学"的同时，要考虑到教学的整体环境和学习氛围，师生的关系是否融洽自然，学生学习是否投入等更广阔的维度，良好的课堂教学氛围有利于学生投入地参与课堂学习，提升课堂教与学的效果。总之，观察点的确定要依据教师的观课需求和观课目的而定，不同发展阶段的教师可能会有不同的观课侧重点，但众多学者认为，观察点的确定应遵循可观察、可记录、可解释的原则。观察量表的设计、选用以及记录方式的选择必须与观察点相适应，要便于观课者操作使用。

3. 课堂观察框架

课堂教学的复杂性需要一个简明、科学的观察框架作为具体观察的"抓手"，以避免课堂观察陷入随意、散乱。课堂观察框架为教师理解课堂教学提供了一个支架，为教师选择观察点、选择或开发课堂观察工具提供了参照体系。

（1）LICC 课堂观察框架 ①

当前应用比较广泛的是由华东师范大学郭允潨教授及其团队开发出来的 LICC 课堂观察框架（如图 4-1-1 所示）。LICC 将课堂分解为学生学习（Learning）、教师教学（Instruction）、课程性质（Curriculum）、课堂文化（Culture）四个维度，每个维度由五个视角构成，例如，学生学习维度包括准备、倾听、互动、自主、达成五个视角，每个视角由 3 ~ 5 个观察点组成，合计 68 个观察点。这些观察点不再以评价标准的方式出现，而是以问题的方式呈现，旨在引领教师思考某个视角的属性。

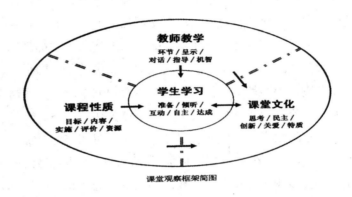

图 4-1-1 LICC 课堂观察框架

课堂观察的 4 要素 20 视角 68 观察点（如表 1-1-1 所示部分内容），为我们理解课堂、确定研究问题、明确观察任务提供一张清晰的认知地图和一个实用的研究框架。当然，并不是每堂课都需要观察 68 个点，只是说明课堂是非常复杂的，充满着丰富的信息，为观察者开展课堂观察提供了知识基础或问题基础。因此，我们在进行课堂观察时，可以结合自己的观察目的和需求，对不同维度，或者同一维度不同的观察点进行有侧重、有选择的课堂观察。

表 4-1-1 课堂的 4 要素 20 视角 68 观察点

要素	视角	观察点举例
学生学习（L）	准备；倾听；互动；自主；达成	以"达成"视角为例，有三个观察点： •学生清楚这节课的学习目标吗？ •预设的目标达成有什么证据（观点、作业、表情、板演、演示）？有多少人达成？ •这堂课生成了什么目标？效果如何？

---

① 沈毅、郭允潨.课堂观察走向专业的听评课 [M].上海：华东师范大学出版社.2008：107.

续表

要素	视角	观察点举例
教师教学（I）	环节；呈现；对话；指导；机智	以"环节"视角为例，有三个观察点： • 由哪些环节构成？是否围绕教学目标展开？ • 这些环节是否面向全体学生？ • 不同环节、行为、内容的时间是怎样分配的？
课程性质（C）	目标；内容；实施；评价；资源	以"内容"视角为例，有四个观察点： • 教材是如何处理的（增、删、合、立、换）？是否合理？ • 课堂生成了哪些内容？怎样处理？ • 是否凸显了本学科的特点、思想、核心技能以及逻辑关系？ • 容量是否适合该班学生？如何满足不同学生的需求？
课堂文化（C）	思考；民主；创新；关爱；特质	以"民主"视角为例，有三个观察点： • 课堂话语（数量、时间、对象、措辞、插话）是怎样的？ • 学生参与课堂教学活动的人数、时间怎样？课堂气氛怎样？ • 师生行为（情境设置、叫答机会、座位安排）如何？学生间的关系如何？

 拓展阅读

请阅读《课堂观察：走向专业的听评课》（沈毅，郭允漷主编，华东师范大学出版社）第 104 页至 107 页内容，全面了解 LICC 课堂观察框架的 4 要素 20 视角 68 观察点。

（2）以学习为中心的课堂观察框架。[①]

夏雪梅基于"学习"是课堂观察的核心的理念，构建了一个以学习为中心的课堂观察框架（如图 4-1-2 所示）。

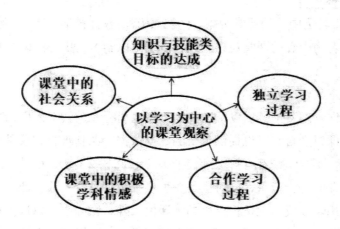

图 4-1-2 以学习为中心的课堂观察框架

该框架包括观察知识与技能类目标的达成、独立学习过程、合作学习过程、课堂中的积极学科情感、课堂中的社会关系五个方面，同样值得我们关注。该框架认为，学生

---

① 夏雪梅. 以学习为中心的课堂观察 [M]. 北京：教育科学出版社，2012：29.

学习是一个复杂的连续体，以学习为中心的课堂观察不仅要观察认知与技能类的学习结果的达成，还要观察学习的认知过程和课堂中的其他学习结果。该框架不是完整地包含所有的学习要素，只涉及了一些比较重要的领域。以学习为中心的课堂观察有如下四个特征：

第一，理解学生的学习。了解儿童，了解儿童的学习过程，是教师专业发展的基础。我们要直面、观察学生的迷思概念、多样化的认知，了解"他们"何以与"我"不同，从而产生"为他们"的教学，而不是"我"的教学。

第二，在真实自然的环境中获取学习的多种数据。要尽可能减少听课对学生的干扰，让学生感觉不到是在为了别人的听课而上课。这就意味着公开课不是"表演"和"欣赏"，而是教师共同"研究学生学习"的过程。

第三，观察认知学习与其核心要素之间的整体关系。学习是一个整体，认知学习是学习的重点，但却不能独立存在。如果只关注认知学习，而不观察与之相关的要素，课堂的改进很难发生。

第四，基于学习证据推论学生的学习和教师的教学质量。通过学生的所做、所说、所写、所造推断内隐的学习。

总之，以学习为中心的课堂观察需要深入理解学生的学习，每一个观察领域都需要在深入理解学习及影响学习的关键要素的基础上，提出可行的观察方案，并进行深入分析。

拓展阅读

请阅读《以学习为中心的课堂观察》（夏雪梅著，教育科学出版社）第25页至30页，第三章：以学习者为中心的课堂观察，进一步理解以学习为中心的课堂观察理念及框架内涵。

4. 课堂观察工具

选择恰当的课堂观察工具可以帮助我们更好地捕捉课堂教学信息，收集第一手资料，为课后的评课议课以及自我反思提供扎实的数据依据。课堂观察记录是最常用的、有效的课堂观察工具，不少学校都有自己的校本听课记录本或手册，设计一定的听课记录项目，要求教师听课时进行记录，同时也是一种检查教师是否完成听课任务的教学管理评价方式。除了使用学校或培训机构提供的观课模板外，教师也可以选择自己习惯、喜欢的方式进行听课记录。可以采用田野观察方式记录，也可以采用白描或深描方式记录某个教学片断，也可以使用一些自己理解的简写符号进行记录。作为新任教师，做好课堂观察记录尤其重要，它可以帮助我们随时回顾课堂情况，以便对教学活动进行深入思考与分析。

听课记录一般包括与本课相关的基本信息，比如，听课日期、授课教师、授课班级、授课内容等教学过程及听课感受记录。记录完整的教学过程对新任教师来讲是有困难的，可以根据听课目的与授课内容进行选择性记录，侧重记录主要教学环节和重要的教学活动，比如，如果你关注教师是如何提问的，就可以记录下教学过程中教师都提出了哪些问题，以及学生对一些高阶思维问题是如何回答的，是否有新的生成问题，教师是否能够及时追问，追问了哪些问题，以此来判断教师的提问质量，能够引发学生积极思维，引导学生深入思考的问题才是好问题。同时，教师还可以关注是否有学生主动提出问题。

此外，听课教师还应及时记录下听课时的真实感受，比如，授课教师的亮点，可以是一种好的教学方式方法、巧妙的过渡衔接用语、或是对某个问题的独到见解，对突发事件的巧妙处理等等。观课者还可以对授课教师的不足进行记录，或者你在听课中有了好的想法，或者学生有了精彩的回答，或者独到的见解，都可以记录下来。这些真实的记录可以帮助我们对整节课形成更全面的理解，可以在评课议课中提出个人观点，或者提出自己的疑问，寻求其他听课教师的解答和帮助。总之，认真做听课记录并愿意再次深入思考的教师往往教学水平提高更快，会获得更好的专业发展。

下面以夏雪梅观察学生学习目标达成的工具之一：目标—教学环节的双向一致性观察工具为例，从目标—上课环节一致性的角度进行观察记录（见表4-1-2），以此说明如何针对某个观察点进行有针对性的课堂观察记录。

表 4-1-2　目标—上课环节一致性的观察简案

教材版本：_____ 　第____单元 第__ __课　课　题：_____
学　校：_____ 　　班　级：_____ 　　学 生 数：_____
任课教师：_____ 　　观察者：_____ 　　观察日期：_____

原有学习目标	（指教学设计中设定的学习目标）	
处理后的目标	（课前讨论后修订的学习目标）	
目标 1	核心环节及时间	想法与建议
目标 2	核心环节及时间	想法与建议
目标 3	核心环节及时间	想法与建议
分析内容参考		
• 教学环节与目标的内容、认知要求一致吗？ • 教师在这类目标的教学上有什么特点？是否给学生提供了达成目标的机会？ • 学生在这类目标的学习上有什么特点？ • 对于这类目标，怎样的学与教会更好？		

以上观察工具是将目标作为分析教学环节的支架，将各种细节和环节都整合在其中，目标和教学环节间要有一一对应的关系，即每个目标都应该能找到相应的教学环节，每一个教学环节都能对应相应的目标。重要的目标应该有较多的教学环节、较长的教学时间。次要目标的教学环节、教学时间相对也少一些。

除了以上课堂观察记录方式，教师还可以借助课堂观察量表进行观察记录，好的量表能够帮助我们聚焦观察点，进行更有针对性的观察与数据收集。我们可以使用别人比较成熟的，又适合我们观察点的量表，或者使用进行过修改的量表，即在已有的观察量表基础上结合我们的观察目的和内容进行必要的修改，使其更符合我们的观课需要。当然，教师也可以尝试自主开发课堂观察量表，这需要详细的分析设计，需要进行反复验证修改，需要在使用过程中不断完善，使其更具科学性。

下面以沈毅、郭允潮的《课堂观察：走向专业的听评课》一书中吴江林老师设计的课堂观察量表为例（见表4-1-3），研究问题是教师是如何引导学生思考的？

表 4-1-3 教师如何引导学生思考的观察量表

观察内容		教学环节一	教学环节二	……	教学环节 N
教师预设了哪些问题	创设的问题				
	问题的认知要求与学习目标水平的关系（解释、解决、迁移、综合、评价）				
	问题链的设置（层次性、结构性、发展性）				
教师如何引领学生思考	讲解（说明性、设问性）				
	辅助性讲解（板书与媒介的启发性/示范的启发性）				
	理答（说明性、引领性、开放性）				
	评价（解释性、引导性、思辨性）				
教师如何处理生成的问题	生成的问题				
	教师的处理				

如果你的观察点也是聚焦教师如何引领学生思考，那么你可以直接借用以上观察量表进行课堂观察；如果你认为该量表不符合你的观课记录习惯，或者你对某些观察内容有自己的认识，那么你可以在以上观察量表基础上进行适当的修改调整，形成符合自己观课需要的观察量表；如果你认为还有更好的观察量表或者没有观察量表符合自己的观课需要，你还可以自己设计观察量表，这对新教师而言具有挑战性。为了保证所用观课量表的科学性，建议新教师先从借用或微调改进他人的课堂观察量表入手，待积累一定的教学经验和课堂观察经验后，再尝试自己设计课堂观察量表。

📖 拓展阅读

请阅读沈毅、郭允潮主编的《课堂观察：走向专业的听评课》第108页至118页的课堂观察工具。阅读夏雪梅著的《以学习为中心的课堂观察》第二部分的第五、第六章；第三部分的第八、第九章；第四部分的第十、第十一章，了解更多课堂观察量表及观察单。

（二）如何做好评课议课

1. 议课的基本程序与要求

课堂观察结束后，进入课后会议即议课阶段。该过程是教师处理、分析课堂信息的过程，体现了教师对课堂教学、学生学习、学科本质的个人观点。教师的个人素养，教育教学经验以及对教与学的理解程度决定着议课的深刻性。学养丰富的教师往往能够产生高屋建瓴的观点和建议，令人有醍醐灌顶、豁然开朗之感，对于参与议课的教师而言具有较强的指导和引领作用。通常来讲，先由授课教师进行课后自我反思，就本节课预设教学目标的达成，教学环节与活动设计，以及学生学习的效果等进行自我评价与反思。接着，观课教师基于课堂观察记录的信息、数据就本节课的教学亮点与不足有理有据地交流意见看法，提出教学改进建设性意见与建议。

议课过程对于所有参与者来说是个交流教学理念，提高教学设计与实施能力，提升教育教学理解的重要途径。对于新教师而言，参与议课更是不容错过的学习教学的好机会。他们可以有机会聆听不同发展阶段的教师对教与学的观点，提升对先进的教育教学理念的理解，提高对课堂教与学的判断决策能力，促进不断修正自己的教学观念，改进教学实践。因此，新教师一定要带着学习的心态参与议课，充分尊重每一位授课教师的劳动成果，新教师可以从每一位教师学到东西。新教师要结合课堂观察证据进行有理有据的评判性思考，要认真聆听不同的观点，大胆地表达个人意见，真诚地与其他教师进行交流，不断提高对教学的领悟与评判能力。

2. 议课的内容与方法

新教师在议课时应该议什么？有哪些议课方法？不同的教师因为个人教学信念、教学实践经验的差异，对同一节课往往有不同的观察点，不同的观察角度，同一节课会有多元的解读方式，故评课议课没有统一的标准和模式。为了引导新任教师学习议课，笔者在组织新任教师进行课堂观察时，提出以下几个问题为课后自我反思提供思考方向，也可以作为议课的问题支架开展集体讨论交流。

●课结束后，你对本堂课的整体印象如何？

●课堂哪些部分进展顺利有成效？原因是什么？请举例说明。

●课堂哪些部分进展不好效果欠佳？可能原因是什么？你有何改进措施？

●你从授课教师身上学到了什么教学知识或技能？你从本课中吸取了哪些经验教训？

以上几个问题可以帮助新任教师基本解决议什么的问题，也就是说在议课阶段可以从哪些方面进行交流研讨。总体而言，议课时可以先从对整节课的总体感受谈，比如课堂的学习氛围，师生的互动情况，学生的参与度，教学目标的达成度，整体教学效果等方面进行概括性观点表达；接着可以就整节课中的亮点与不足进行具体阐释，要表达自己的观点并尽可能分析可能的原因，还要提供具体的课堂观察证据，做到就课论课，有针对性，有理有据，对于教学中的不足要尽可能提出自己的思考或建设性的改进建议；最后，新教师要以谦虚的、学习的心态反思自己可以从授课教师学到什么教学经验或者汲取哪些教训。

新任教师要明确评课议课的目的不是对一节课评判出等级，而是将课堂观察与议课看作是学习教学、研究教学的载体和平台，要本着学习的目的、坦诚尊重的态度、认真严谨地开展专业的课堂观察与研讨，并不是随意的、你好我好大家好的、简单无意义的听评课活动，而是要基于课堂观察的证据进行理性的思考，开诚布公地集体讨论交流，课后还要结合评课意见进行个人深度反思的专业化学习活动，是授课教师和观课议课教师相互学习、共同促进、共同成长的专业化研究活动。

为了取得良好的议课效果，观课教师除了需要在较短的时间里提炼出鲜明的观点，并用学生课堂学习的证据佐证自己的观点，还要对评课的语言进行组织。对新教师来说，只有多参加观课议课活动，结合教学理论与实践不断反思，才能较快地形成个人观点，提高对课堂教与学的理解，提高对课堂教学的评判能力，解决议什么的问题。其次，新教师还要注意打磨议课的语言，既要清晰凝练表达观点，又要注意讲话的方式方法，要坦诚交流又要谦逊有礼，让授课教师易于理解接受，不要给人咄咄逼人之感，要采用恰当的方式进行交流研讨，解决怎么议得好的问题。

3. 评课议课案例分析

新教师到底应该怎样议好课呢？由于教师对于不同学科，不同课型评课议课的角度和方法不同，故评课议课没有统一的标准和模式。新任教师可以通过下面几个案例去感悟评课议课的艺术，可以先从模仿入手，逐步提升观课议课水平。

案例1：从学到什么的角度议课

请阅读一位2017年入职的新任教师观摩骨干教师授课后的议课发言，看看她是怎么议课的？

"我从杨老师板书上学到了板书的规范性和目的性。她只在黑板上写了如下的几行字：what the problem, what suggestions, what happened next, what result 就清晰呈现了文本的主要结构。尽管在课件上都有标红或者加粗，她还是把文章最重要的结构写在了黑板上，十分值得我学习。我经常板书混乱，想到什么写什么，备课时并没有多想板书要如何设计，哪些东西值得写板书、怎么写、是否需要学生抄下来等，这些都需要我今后认真思考。"

案例分析

以上案例中的新任教师侧重从自身学到什么的角度谈论授课教师的教学亮点，即从板书设计谈感受与收获。首先，该教师肯定了授课教师精心设计的板书可以形成结构化文本知识，突出强化文本结构与内容要点，发挥了板书的提纲挈领作用，帮助学生深刻理解和记忆文本内容，很好地支持了学生的学习理解与产出。同时，又联系自身板书缺乏整体规划，散乱无章法的弱点进行了反思。从学习的视角议课，让人感觉亲切、诚恳，易于接受，能够达成融洽交流研讨的目的。

案例2：从对教学不同思考的角度议课

下面的案例是一位2018年入职的新教师在观摩骨干教师讲授典范英语8《泰坦尼克号的幸存者哈罗德·布莱德的故事》的议课发言：

"本节课复述和绘制故事主线活动占用了课堂一多半时间，两项活动本质都是回顾梳理事实性信息。对于课外阅读而言，我认为语言的操练和夯实并不是第一要务，尤其是对于一个包含五个章节的整本书阅读，逐段复述对于学生语言提升有限且占用大量时间。我认为可以通过排序或者关键词提示等方式简单回顾文章内容，而把更多时间留给值得挖掘的思维和情感，比如不停止演奏的乐手以及到最后一刻依然坚守岗位的通讯员Phillips都是值得学生深度思考的点。我的改进设计是运用时间轴进行人物行为和心理分析，引导学生思考与表达对于'英雄'的理解，使学生在阅读过程中实现情感价值提升。"

案例分析

除了从学习到什么的角度议课外，新教师也可以从自己困惑的问题或者对教学的不同思考，坦诚地交流对某个或某些教学环节或教学活动设计的看法意见，同样可以达到引人深思，更好地促进教学改进的目的。从以上案例可见，该新教师对课堂教学进行了认真地观察记录与思考，能够从整节课的结构看某些教学活动设计的合理性，比如，读中的绘制故事线与读后的复述活动的本质关联，从而提出自己对整本书阅读教学侧重点的思考和教学改进建议，很有个人见地，引发了议课教师的共同思考，达到了提升教师教学理念，促进教学改进的目的。

案例3：从教学突出特点的角度议课

以下案例是首都师范大学张景斌教授对北京市第二届"京教杯"中学数学一等奖课例《指数函数、对数函数、幂函数》的点评。[①]

教师是学科教育专家，意指教师既要懂学科，更要懂教育。不懂学科则失去了传道授业的载体，不懂教育意味着从根本上不具备做教师的资格。数学教师要长于对数学课程内容进行教学法加工，以使其成为作为教育的数学。邱冠男老师的指数函数、对数函数、幂函数单元教学设计的亮点，就在于教学法加工的精妙。

1）注重经验，联系贯通

高中具体基本初等函数的学习，建立在学生已经了解了一般函数概念和性质的基础上。不仅如此，指数函数的学习之前，有指数运算的知识基础，对数函数的学习之前，有对数运算的知识和指数函数的探究经历，幂函数的学习既有一次函数、二次函数、反比例函数的知识基础，又有指数函数、对数函数的学习经验。了解学生的数学学习经验，

① 北京市教育学会.北京市中小学第二届"京教杯"青年教师教学基本功展示优秀教学设计案例集中学下册[M].北京出版集团，北京出版社，2021：21-22.

对于课堂教学中有效开展探究活动，对于何时引领、点拨，何时放开，让学生有所发现、有所发明，都十分重要。邱老师将学生的数学学习经验很好地运用于新课题学习之中，将三个函数知识之间的联系以及课堂探究活动的尝试、经验的积累和巩固紧密结合，有效化解了学习难点。

2）问题引领，自主探究

邱老师的教学设计与实施突出了问题引领教学活动的展开。有疑、有思，学生才有了探究解决问题的欲望和行动。指数函数教学，教师通过折纸的问题设计，从创设情境引入课题到认识指数函数、研究其性质，带领学生共同探究；对数函数教学，教师引导学生对比指数函数的学习，进一步认识、研究一个函数的基本过程和方法，放手让学生自己设问、探究；幂函数教学，教师提示对比，通过具体的幂函数研究的归纳、抽象概括，从特殊到一般，让学生自主探究幂函数的概念与性质。教师的逐渐"放手"，体现了其对数学和学生学习数学的理解与把握。

3）"明""暗"融合，整体把握

邱老师在单元教学整体实施思路中指出，根据学生认知的发展规律，确定知识的研究过程：由特殊到一般；结合本单元具体函数多的特点，以一条明线——教学内容和一条暗线——研究函数的一般方法，贯穿教学始终。三个函数的知识点有序结合，完成学生对三个函数的认识。这种教学设计与实施，建立在对数学课程内容深刻理解的基础上，突出了数学知识和教学的本质，整体把握了课程与教学的关系，使学生有实际获得，确实值得称赞。

指数函数、对数函数、幂函数是中学数学中的三个基本初等函数，是学生进一步学习数学的基础，如何学习它们、学好它们，是高中函数教学需要下功夫思考的问题。邱老师将三个函数的教学作为一教学单元设计，在"如何教才能使学生很好地学"这条路上进行了探索，使学生在理解三个函数相关知识的同时，掌握研究函数的一般方法，这对于学生基本数学素养的提升，是十分重要的。

案例分析

在本案例中，张教授抓住邱冠男老师在指数函数、对数函数、幂函数单元教学设计的亮点，从精妙的教学法加工角度进行了点评。从调动学生已有的一般函数学习经验，设计具有思维挑战的问题与引领学生自主探究新知的学习活动，教师的引导与学生的自主探究相结合，在三种函数的对比学习活动中，实现了学生对新知的理解与掌握。此外，张教授还从单元整体教学设计的视角充分肯定了邱老师对教学内容的深入研究与理解，以教学的明线与暗线将三个函数知识点进行了有效串联，使学生既理解了知识，又掌握了研究函数的一般方法，提升了学生的数学素养。从具体突出亮点再到整体教学设计特点进行评课的方式值得学习借鉴。

案例 4：从观课主题的角度议课

以下案例是北京师范大学郑葳教授对北京市第二届"京教杯"中学地方与校本课程一等奖课例《黍离之悲》的点评。①

本案例为高中语文学科的拓展课程，其设计旨在解决学生文言语感不强、文化积累不足、古诗鉴赏能力不强，以及如何增强学生国家忧患意识、家国情怀等问题。案例将"黍离之悲"作为学习主题，开展诵读教学。教学设计系统，富有逻辑，注重语文学科本质，以诵读、会意生情，以文载道，有效培养了学生中华优秀传统文化素养。本案例对其他教师具有较强借鉴价值，具有以下几个主要特点。

1）围绕主题，系统设计

打破以往单篇学习壁垒，围绕"黍离之悲"这一主题，以时代为脉络精选文本，精读《诗经·王风·黍离》《扬州慢·淮左名都》《山坡羊·潼关怀古》，并拓展《麦秀歌》《春望》等课程资源，形成一个系统学习单元，从而能够集中、完整地施教，使学生能够系统、深入理解该主题，掌握诵读方法，并产生深切的家国情怀。

2）尊重规律，有效实施

本案例设计，充分做到了对学科学习和教学规律的尊重。尊重古诗词学习基本规律，还原古诗词习得的"诵读"法，"依字行腔""人短韵长"，由音入境，由境入脑、入心，调动多种感官，促进学生对诗词的深度理解和感悟。采用通州区研制并推广的"三步六正九读"的教学模式，音义结合，读思体悟结合，符合学科学习规律，确保教学有效落实。

3）指向素养，立德树人

本案例精选主题，以"黍离之悲"统整多篇文本，识文获义，在文通、理通中，达成情通、义通，以此让学生养成爱国情怀，从而立报国之志，发奋图强。语文学科因其以文载道的特性，更具有育人、育中国人的价值。本案例在立德树人方面，进行了很好的探索。

📐 案例分析

当前，有不少公开课或研究课是为了研讨某个主题而开设的，比如，单元整体教学、读写结合、主题意义探究等，在评议这样的课时除了要从综合方面评析，最好能够结合该研究主题说出自己的观点，并用课堂教学中的具体教学证据加以说明阐释。"京教杯"青年教师基本功展示活动侧重单元主题整体教学设计，在以上案例点评中，郑教授侧重从活动主题谈案例设计的亮点，即围绕主题的系统学习单元设计说案例设计的特点，点

① 北京市教育学会.北京市中小学第二届"京教杯"青年教师教学基本功展示优秀教学设计案例集中学下册 [M].北京出版集团，北京出版社，2021：400.

明该教师能够围绕"黍离之悲"主题，整合多语篇学习资源，设计符合学生学习规律的多种学习活动，落实立德树人育人目标，同样值得我们学习借鉴。

讨论交流

请思考：读了以上几个案例，你对如何评课议课是否有了一定的认识？请与同伴交流分享一下自己的感悟。

以上案例显示，评课议课并没有一定之规，无论是先说一节课的成功或精彩之处，还是先提出可商榷的问题，再提出改进方案，个人习惯不同，可能采用的方式各异，但无论采用何种方式，最重要的是要真诚交流，要经过深度思考，要基于课堂学习的证据，要针对教学重点问题，言之有物，有理有据，这样的议课才能得到参与者的认同，使每位参与者都有所获得，专业有所精进，才是更有价值的观课议课研讨活动。

当然，学会观课议课不是一朝一夕的事情，需要新教师不断学习实践，需要一个成长周期。新教师要做有心人，观课前做好功课，研究教学内容，尝试独立设计教学，确立好观察点；观课时，认真记录，既要看教师如何教，又要看学生如何学，学得怎样，要边听边思考，及时记录所思所想；课后议课，要认真聆听不同观点，既要聆听专家评课意见，又要不盲从权威，有自己的独立思考，还要敢于礼貌地交流个人观点与困惑，提出独立见解与改进建议。

此外，新教师还要有更长远的专业发展规划，坚持向优秀教师学习，向书本学习，不断提升教育教学理论修养和教学实践能力。新教师要从课堂观察入手尝试开展一些教学行动研究，既可以观察他人的教学，也可以做自我课堂教学观察，努力让课堂观察成为研究教学的工具。总之，观课议课与自我教学反思可以使我们更好地理解教学、改进教学，促进教师专业持续发展。

拓展阅读

请阅读《新教师入职读本》（钱秋萍、胡惠闵主编，教育科学出版社）第201页至208页内容，进一步了解新教师可以采用的评课方法。

总结反思

1. 你如何理解观课议课的内涵与意义？

2. 你认为一节好课的标准是什么？

3. 课堂观察时你可以使用哪些课堂观察框架和观察工具？

4. 你能说说新教师观课议课的原则与方法吗？

5. 如果你参加评课议课，你会从哪些方面参与研讨？

6. 学完本主题后，你对观课议课还有哪些困惑？

主题二　进行教学反思

⚑ **学习目标**

通过对主题的学习，学习者能够：

1. 关注教学问题，及时捕捉反思素材；
2. 通过实证分析，动态调整知能结构；
3. 持续积累反思，进行理性分析与求索；
4. 回顾分析，洞察成因，撰写教学反思。

一、问题聚焦

教学反思的核心要素是什么？教学反思的路径是什么？是教师的自我成长下的专业发展，是教师为了提高教学能力，回顾已经发生的教学活动，进行比较理性的观察、分析与思考，直至得出规律或者结论。根据得出的结论对将要发生的教学行为进行纠偏纠错，促使教师的学科教学得到质的飞跃。进行教学反思是提高专业教学水平的必经途径，老师可以化被动为主动，积极参与到教学实施过程进行思辨与求索，知行合一下有了切身的体会，这就为教学专业发展的有机建构提供有价值的适合自己教学的理论依据。在教学实践中领悟，同时与理论相结合，才能不断改进不断修正弥补完善，不断提升自身的教学质量。

请阅读下面一位新任教师对《湖心亭看雪》所做的课后反思，由此对教学反思进行思考：

这次文言文教学的形式，相比以前重视字词的教学有了较大的改进。在指导教师的点拨下，我将字词和情感并重，在理解情感中推动字词教学，取得一定的效果。在短短的文言中，既需要揣摩关键字词，还需要助读资料补充张岱的相关内容，继而理解作者复杂的情感。整个教学环节，学生基本理解了内容，通过对句子的比较，也掌握了介词的作用，但是对于白描手法表现的一种空旷的意境，作者张岱复杂的情感，学生不能理解得很深刻，也许随着成长才能理解。

👥 **讨论交流**

教学反思与教学实践的关系，是源于问题或者困惑的诞生而产生的系列教学行为，有的放矢地思考与再认识。这位老师在教学反思中对自己的教学行为的反观与审视对教学能力的再提高，是否有很大的帮助？请与同伴交流自己做教学反思时的真实感受与困惑。

教学反思是要真正对自己的教学行为不断"反刍"不断琢磨，这个过程是用心思考得失成败以及可以调整的空间，同时进行合理性可能性的假设，结合教学实践来看是否可行，反思有调整后可以实施的教学设计诞生。这才是有价值的思维过程，这个再学习进程是个新的开端。针对以上的教学反思，我们发现存在着较为常见的问题，那就是这份反思看似言之有物，实则泛泛而谈，既不具体也不深刻。而反思的内容也较为枝蔓并流于表面，没有体现问题存在的关键点。缺乏思路层次以及纵深思考，语言表达只有叙事缺少分析，这种缺乏深度没有体系的教学反思，在教学中是普遍存在的。由此，关于教学反思我们做以下几个问题的聚焦：

问题一：什么是教学反思？

问题二：教学反思有哪些重要性？

问题三：教学反思的内容有哪些？

问题四：教学反思有哪些要素与特征？

问题四：如何进行教学反思？

二、问题分析

（一）教学反思

杜威对反思做了定义，对于任何信念或假设性知识，根据其基础和进一步的结论，去进行认真的、积极的、坚持不懈的思考。教学反思属于思维形式范畴，它有着延续性的特点，反思的目的指向是获得结论。深刻的反思自然会引起有针对性的探究，并随之有了改进问题的教学行动。杜威认为反思起源于直接经验情境中所产生的怀疑和困惑。

我们试图找寻"反思"的本质，在《说文解字》里：思，把人或事放在头脑、心坎。用"囟"做声旁，用"心"做偏旁。所有与"思"相关的字，都采用"思"作偏旁。反思的意思："反"是"扳"或"攀"的本字。我们这里的反思是引申义，即在背后，逆向地。思，篆文🆚＝🆚（囟，脑）＋🆚（心），我们看看"思"的本意是用心灵感受用头脑考虑。隶书🆚将篆文的"心"🆚写成🆚。"思"与"想"的不同是对象不同，"思"就是自虑，指向自己；"想"是念他，对象是别人。

以上的注解，可以理解反思就是对过去的事情进行思考，并且是指向自身，能从自身的教学过程中进得出结论。教学反思，就是逆向进行思考得出经验总结出规律并随之改进的教学行为。对经验教训进行思考并总结下的教学反思，对教师自身的学习乃至终身学习的持续性与自觉性，都大有裨益。只有真正反思才能发现真正的问题与困惑所在，所谓"教然后而知困"之后，有针对性地推进自己的学习与成长，主动更新自身的知识结构，提升自身的教学水平。

（二）教学反思的重要性

关于教学反思行动的重要性，教师个体的知识结构对教师专业发展的成效有重要影响。林崇德认为，本体性知识、条件性知识和实践性知识构成了教师的知识结构。无论新任教师还是卓越的成熟的教师，都需要拥有本体性知识和条件性知识，而第三类实践性知识是基于教师自身在教学实践中不断积累的丰富的经验性知识。名师专家和新任教师的根本区别之一就是实践性知识的多少的不同。实践性知识包括了外显行可见性的知识，还包含着内隐知识。所以，我们在这里提出，实践性知识获得的重要途径就是反思行动。

我们谈谈教学反思的重要性，关键在于可以促进纵深发展的思考力。做教学反思的过程，教师需要对教学过程中引发思考的真问题进行关注，能对教学为何发生进行很好的回忆与反思，对困惑的产生以及过程进行具体、详尽的描述，形成比较全面的认识。同时还能促进理论学习的深入，写教学反思往往要翻看相关资料、参阅文献，促使教师进一步提升，使自己来自于教学实践的思考与教学理论结合，实现理论知识的综合性提高，这必然会促成教师由教学体会向教学经验不断积累到积淀成规律性的提炼，所以对教学的反顾与梳理下的反思，促成了教师学会思考，并将教学体会到经验到规律积累下来，可以看到自我成长的脚印，并在反思中获得专业教学水平的进阶，使得新教师可以真正成为感性与理性共生共长的优秀教师。

（三）教学反思的内容

一个优秀教师的成长过程是离不开教学反思这一重要环节的。"万物皆备于我"是苏格拉底的名言，他认为教育的使命不须仅靠经验，还要"认识自己"。[①] 在实践性反思中，教师有较强的自我意识，关注教学的实践以及自己对教学的感知和理解，在建构教学活动过程中发挥积极作用。在批判反思中，教师开始对教育背后的更深层的价值做出判断。教学后反思，可以沿着这样的思考路径进行。

描述：发生了什么？

感想：你当时有什么想法和感受？

评价：这个经历有什么可取或值得重视之处？

分析：你如何理解这个教学情境？

结论：如果还有机会，你还能怎么做？

进一步行动：触类旁通，如果再出现类似教学情境，你会怎么调整与推进？

这一系列反思有两种思考路径：

思考路径之一：对教学行动进行反思—发现问题的存在—解决问题的方法与行动—

---

① 约翰·杜威. 我们怎样思维经验与教育 [M]. 姜文闵，译. 北京：人民教育出版社，2006：21.

循环进入新开始。

思考路径之二：问题识别—情境描述—分析、解释—行为跟进—形成螺旋上升的结构与过程。

教师希望获得持久的专业发展，不是被动地通过静态知识做出传授就可以达到的，教师需要积极主动对已经发生的教学过程进行思考、总结，对本学科教学建构起自己的理解。获得教师持久的专业发展，也不可能通过死板记忆教学原理而实现，教师应该面对问题和困惑做出解决问题具体去做的学科建构，教师只有成为教学的反思主体，才会在教学过程中实现自身的主动性。

（四）教学反思的要素与特征

肖恩认为的反思，只有产生疑惑、发现问题，才会富有兴趣，随之也会提出疑问，继之不断思考问题为何存在，怎样把问题解决了，同时思考这个完整的过程的意义所在。这就是说，反思是必须在实践中诞生的，在实践面前，理论是死板的是灰色的，在此，以《邹忌讽齐王纳谏》中"邹忌与徐公比美"的原文片段，将理论与生活生动结合，在邹忌的推演提升的过程中，体会反思在实践中是怎样产生的，以及发生反思发生过程中体现出的反思要素与反思特征。

邹忌进行思考与推理的过程，说说你的认识。这个小片段对教师进行反思有启示吗？

原文：邹忌修八尺有余，而形貌昳丽。朝服衣冠，窥镜，谓其妻曰："我孰与城北徐公美？"其妻曰："君美甚，徐公何能及君也？"城北徐公，齐国之美丽者也。忌不自信，而复问其妾曰："吾孰与徐公美？"妾曰："徐公何能及君也？"旦日，客从外来，与坐谈，问之客曰："吾与徐公孰美？"客曰："徐公不若君之美也。"明日，徐公来，孰视之，自以为不如；窥镜而自视，又弗如远甚。暮寝而思之，曰："吾妻之美我者，私我也；妾之美我者，畏我也；客之美我者，欲有求于我也。"于是入朝见威王，曰："臣诚知不如徐公美。臣之妻私臣，臣之妾畏臣，臣之客欲有求于臣，皆以美于徐公。今齐地方千里，百二十城，宫妇左右莫不私王，朝廷之臣莫不畏王，四境之内莫不有求于王：由此观之，王之蔽甚矣。"王曰："善。"乃下令："群臣吏民能面刺寡人之过者，受上赏；上书谏寡人者，受中赏；能谤讥于市朝，闻寡人之耳者，受下赏。"令初下，群臣进谏，门庭若市；数月之后，时时而间进；期年之后，虽欲言，无可进者。燕、赵、韩、魏闻之，皆朝于齐。此所谓战胜于朝廷。

基于"邹忌进行思考与推理"的过程，说说你的认识。"邹忌与徐公比美"对教师进行反思是否有启示？

1.教学反思的要素

用心反思不仅是教学进步的阶梯，反思也是一种生活应有态度，我们来看"邹忌与徐公比美"的原文，分析其间蕴含着的反思三要素：虚心、专心、责任心。

（1）虚心。

对于"修八尺有余，而形貌昳丽"的邹忌，在其妻、妾、客都从不同程度肯定"邹忌美于徐公"的前提下，饱含着被肯定的愿望，绝不偏听偏信，而是用心用脑去倾听多维的意见，关注各种有价值的判断与信息，他深知也许存在"非真实"的可能性，才会充分注意到各种可供选择的可能性。

（2）专心。

"明日，徐公来，熟视之"，于是"窥镜而自视""暮寝而思之"。这种专心致志全身心地投入，是教师都可能经历过的，尤其在感到困惑，被疑问围绕甚至吸引的时候，就会被问题所推动并不断探索前进，这个过程就会自然而言地提出疑问，同时各种可能性的预设、假设就涌上脑海，于是思维有了前进的动力，接着相继出现解决问题的研究思路与方法，这是一种理智的力量。

（3）责任心

责任心是推动反思持续进行的内动力，看得出的结论是，妻，私我；妾，畏我；客，有求于我。邹忌在反复思忖的过程中能够感受到自己受了蒙蔽，因此推己及人，立刻想到国君一定也多受蒙蔽，由此进谏。追究事实真相，透彻理解真正含义，这里需要高度的责任心。这里体现了各种角色各种职业反思、反省思维的重要价值，更体现责任心是推动反思持续进行的内动力。

2. 教学反思的特征

我们继续以"邹忌与徐公比美"为例，通过反思的起点与持续性的求索后，不断求证得出独立的思考与判断，通过客观而又理性地思考分析得出普适性的规律，由此深入剖析教学反思实践的特征有哪些。

（1）发现困惑或问题。

思维的起点是发现困惑或问题，真正的反思是从疑难的情景到确定的情景。思维是由直接经验的情景中发生的，一个人不能漫无边际毫无目的地去思维，一个观点也不会凭空产生，正如邹忌虽身高且貌美，但自身并不肯定。带着疑问，进一步多方求索，这就是思维的起点。

（2）有目的的探究。

对于"确实没有徐公美"这样的结论，并不满足，在有针对性的探究下，继续地进行批判性思考，他还被更多的困惑困扰，因此思维并没有停止，表面上困难解决了，混乱排除出了，麻烦消除了，问题得到了答案，困难疑惑的情境安定了、决定了、有秩序、清楚了，可见，反思是个持续性的思维活动。

（3）激发解决问题动机。

反思过程中没有推论思维就会停止，在激发解决问题的动机下，持续跟进推论求证的行动，对问题进行观察形成推测，而各种寻找、搜索和探究反思过程中，进行积极的、坚持不懈的和认真的思考，做出推论中包含着从已知到未知的飞跃，并且证明过程是多方论证，得出结论，进一步检验，不仅推断而且付诸行动，当理智的好奇心得到发展时，思维与行动仍存在着深刻的持续的联系。例如，邹忌，是在妻妾客都说"比徐公美"之后，明日徐公来，反复观察对比之后得出结论，自以为不如，进一步照镜子再好好观察，再次证明自己的判断，比徐公差远了。通过行动对假设进行检验，这样的思考不仅没有画上句号，反而对形成的假设进行认真地推敲，愈发引起探究的强烈动机。

（4）得出结论重构问题。

反思的目的是得出结论，但更有价值的思考是多元思考、综合判断后进行问题重构，这里持续的思考促成了更深刻的困惑，同步推动着新的反省的思维——为什么妻妾客的回答与事实不符？于是"暮寝而思之"，进行求证综合判断，得出结论：妻偏爱我，妾畏惧我，客有求于我。但这还不是最有价值的思维结果，只是得出最终结论的一把钥匙。管中窥豹，得出清晰的、一致的、确定的结论——"被蒙蔽"。

（5）得出普适性规律。

一系列深入思考"不若徐公美"——妻、妾、客都存在主观性——所以被蒙蔽——推断国君自然被蒙蔽，由一个具体事件的思考，得出结构化的具有普遍性的规律，由此推导出国君更会受蒙蔽。这样反思正是由具体情境得出普适性规律的过程，就是由具体事件引发的困惑推动下，不断多角度求证，不仅得出个人受益的结论，并且得出更有价值规律性的结论，这个过程体现了邹忌作为社会角色的责任意识与职业敏感色彩，因此反思不仅指向个性化问题的缘起与答案，更会指向更深远意义的思维行动。

（五）如何进行教学反思

进行教学反思，可以从反思的形式与内容两方面进行探讨研究。教学反思的形式有多种多样，在此进行略说，常见的教学反思形式有：教学案例、教学笔记、教学现场观察、专家研究判断、教学前记、教学后记等。反思类型有教师个人反思和教研组反思，有纵向反思与横向反思等等。反思方法有总结法、比较法、对话法、行动研究法等等。在此部分我们研究的角度是，如何进行自觉有效的教学反思。

1.通过教学反思主动更新知能结构

教师通过反思等意识到自身的知识能力结构需要动态调整，把解决问题的心得经验用于改善自身的知能结构，下面我们以一位生物学科特级教师[①]的课后反思为例，来看教师如何通过反思主动更新自身知识和能力结构。

---

① 周静，市级课题：新课程背景下教师教学技能研究，2015.

案例1：课后反思

为了突破难点，做了大量的文献研究。但困惑与备课始终相伴。表面上是学生很难掌握，真正需要解决的是老师如何起到"桥梁"作用，如何将书本上的知识与教学实践更好结合。

初中课的概念构建如何实现？自认为梳理了概念构建的路径，并构建了三个问题，生物形态结构是怎样的？生物生存环境如何？生物是怎样生活的？但也在质疑，这一组问题是结构化的吗？一系列的追问学生击中学生的兴趣点了吗？

同伴提出：应及时捕捉问题的生成，师生互动过程看似有些凌乱与失控，但活动中激发出了有价值的问题，它不是那些宏观的思维角度，而是诠释宏观概念的具体规律，或者说小概念。这看似是"漏网"之鱼，但为什么没有能"抓住"，这些小概念到底是什么？

值得高兴的是这节课让我理解了教师备课的重点：在课程标准大概念下怎样确立本节课应该凸显的小概念，进而通过小概念诠释大概念。调整教学设计的过程逐渐理解了这其中的关系，深化并进一步分解课程标准中的相关概念。为今后备课提供了方向，从这个意义上开发内容，应该说还有很多内容是白纸。

欣喜中，找到了让孩子们接受的挖掘教学内容的方法；踌躇中，求索中，新的教学世界里面又有更多未知。

讨论交流

请思考：由以上教学反思我们可以感受到，当教师把教学反思作为一个探究性过程，进行来理解性和批判性反思的时候，如何持续更新知能结构。

聚焦问题、分析问题的过程是给原有认知带来不平衡的过程，首先教学反思可以促成教师暂时停顿下来，让反向思维活跃起来。让聚焦问题成为思维的起点，抓住矛盾冲突点推进反思，进而进行实证性分析，通过师生知识的共同建构形成反思机制，当然反思持续的动机，也源自同伴的启发。

案例分析

如果这个打破原有认知不平衡的过程不够深刻，认知不平衡会轻而易举地被消逝掉，回到原有的认知图式，这样的反思就会像一阵清风掠过水面，微风过去不留痕迹。如果认知平衡是被有力打破，引起比较大的震荡，但思考如果停滞，问题没能解决的水落石出，那么，这个认知过程虽然源于困惑，也很有意义，但在稍稍的不平衡之后又恢复了原有的平衡状态，因为原有认知实质上没有改变，这种反思会犹如一阵疾风掀起朵朵浪花，这是"浪花性反思"。很多老师都会做以上这两种反思，反思过程或者没有记录下来，或者时断时续，这类反思不是彻底的认识，不是升级版的飞跃，只是过去行为的延续，过去时间的重复，这是"渐进性改变"，不稳定性决定了有时可以逆转回到从前。

我们来看这个反思过程，在深入探究造成了更大的认知冲突后，给教师带来深远的影响。对自己的教学行为有深刻的认识，触碰到自身具备只是暂时"沉睡"的理论，教学过程发生了理论迁移与再认识，这个过程逐渐地被赋予了更深的价值意义，原有的认知转化形成理论上的改变，由此，教师在思想上产生了"惊涛骇浪型"反思。这种巨浪式的反思，可以说是"根本性改变"，不仅程度更深，而且意味着改变之后的不可逆转性，也就是说，是对以往经验的断裂和再造。

2. 通过实证分析进行教学反思

实证分析是通过事例和经验等从理论上推理说明，运用一系列的分析工具，诸如动态分析与动态分析、逻辑演绎与经验归纳等等。教学反思不仅是教学实践者的知识如何有效运用于实践，还重视对自身实践进行深入的理解和诠释。反思促成教师的专业成长，这个过程促进教师不断探索不断求真，逐步建构学科理解。需要和实际的教学环境紧密结合起来，尤其是实证分析下的教学事实与学情呈现。

案例2：正高、特级教师执教《祝福》后所写《＜祝福＞课前预习问题统计及简析》①

一、关于主题	
1.	为什么用《祝福》做题目？（16人）
2.	小说最想说的是什么？这是怎样的社会背景？（6人）
二、关于祥林嫂	
1.	祥林嫂究竟是什么死的？是穷死的吗？（5人）
2.	对阿毛的死为什么要一字不差地重复？（1人）
3.	为什么要问人死后有没有灵魂？（3人）
4.	"我"对灵魂的解释与祥林嫂的死有没有关系？（2人）
三、关于我	
1.	读书人"我"为什么袖手旁观呢？（1人）
2.	"我"为何回答祥林嫂会吞吞吐吐？（2人）
四、关于其他人物	
1.	四叔说"然而"这里省略了什么？为什么说了两次？（5人）
2.	男人为什么没趣地走了？女人立刻换了鄙薄的神气，最后一点也不同情了？（2人）
3.	卫老婆子对祥林嫂的死，有没有责任？（1人）
五、其他方面	
1.	主人公为什么会对一个乞丐如此畏惧？（1人）

---

① 程翔. 一个语文老师的心路历程 [M]. 北京：清华大学出版社，2009：3. 有省略.

学生提出的问题可以说是令人惊喜的也是出人意料的，这是最珍贵的阅读感受，它激发教师的不断去思考，去判断问题背后的逻辑起点在哪里，这才是真正推动教学行为的源动力！

以上问题的梳理体现了学生的"原生理解"，这对于教师选择怎样的教学内容与教学策略具有重要意义，因为一节课的问题本应该首先是源自于学生。问题关注度高与低都从不同的角度展现学生对文本的真实理解，例如"为什么用祝福做题目？"关注程度最高，这也是在教学中应该解决的问题。当然，关注程度低的问题也可能是重要问题，可能没有引起多数学生的注意，教师需要综合考虑进行教学设计。"卫老婆子对祥林嫂的死有没有责任？"只有一位同学提出，但这是个相当有价值的问题，恰恰是不能绕行的。一节课的教学设计，重视学生产生的问题，这样的实证分析如实体现了学生对文本理解的思维深度，教师通过对学生问题的研究与分析，进行有针对性的教学设计，引领学生思维的发展方向，提升学生的思维品质。

案例分析

具有前瞻性思维能力的教师才是真正的反思者，具有预测与分析能力，具有批判性的思考习惯，具有对教育教学中各种问题进行及时合理归因的倾向性，具有进行自我反思的正确方法。作为教学前反思的实证依据，这与教学实施的教学内容与教学方法对学生的需要和满足密切相关。

我们在仰视名师特级讲课的风采的同时，可能忽略了名师带来的一节好课背后所下的深厚功夫——实证分析。程老师带来的是在实证与预设之间的具有前瞻性的教学反思，教师常常误认为教学反思就是针对课后进行的持续思考，事实上成熟优秀的教师，在教学中会关注教学的前瞻性，关注学情、关注教学的实效性。程老师这个调查统计安排在预习课文《祝福》之后，做了有量表有维度的实证分析，关于主题、关于祥林嫂、关于我、关于其他人物，关于其他方面，否则学生也会"失焦"。这个实证量表教师与预设教学设计对照并进行调整，究竟哪个角度有哪些问题，教学设计通过教学前实证分析做到更有针对性。

这是基于对学生对文本"原始理解"的重视。将学生原始的问题与教师的预设做了分类与重建，将学生的选择做了数据分析，并由此进行针对文本与学情的教学反思。对学情的预设与学生调查统计之后，老师对教学设计做了调整，甚至涉及重点难点的确定。这样的教学反思是基于从前的教学经验与反思之后又一轮新的循环，这样的教学反思富有前瞻性。或者说这样的调查、梳理、归类、统计之后进行潜在的反思，教师的教学行动更有目的，这样的教学行为具有了深思熟虑的反思特色。

这样看似"费力"的实证调查、统计与分析，使我们的教学具有预见性，有了行动目的，它能够使我们的反思行动自觉确定研究目的，更容易达到教学内容中最有价值的知识领悟。这里的实证研究下的反思也就如杜威所言"它是合理的行动具有自觉的目的"。

3. 通过积累反思素材进行教学反思

什么是积累反思素材：教师在一定的教学情境中，关注教学行为，关注行为发生的理论以及结论，进行反复、持续、周密地思考与研究，这个教学实践就会赋予了更多的丰富意义，这是个不断寻找最佳实施方案的过程。

我们看看素材的含义，"素"的引申义是原始的，质朴的，简单的，最小的组成单位，扩大引申到日常的，平时的，一向的，往常的。"材"的本义是就地取材，引申为可以利用的材料。所以，素材就是在教学中积累的、零散的未经整理的材料。教学反思中不会直接反映出这些材料。但是，这种可供教学反思的看似无价值的"素材"是丰富的也是真实的，被教师有目的地汲取、整理、提炼、转化、重构，成为有价值的内容，并能够通过撰写反思，客观理性分析教学问题，主动更新知能结构。教学反思的形成，是不断发现和积累反思素材的过程，这是决定是否能延伸的重要环节。

教学反思是一个"再创造"的过程，而这个"再创造"的核心是聚焦出关于教学内容在教学过程中蕴含的核心价值，由此教学内容的深入理解与教学方法及师生关系也就随之进入深度反思，经过了这样的教学前的实证性的反思，教学设计也会呈现出自我风格。而这发生的源头，恰恰在于从教学内容出发、从学生的角度出发，实证研究教学的重点与学生的难点，并且积累有利于反思的过程性素材，由此做出有针对性地强化与突破，那么课堂教学的实施必然会收到预想的教学效果。

案例3：以朝阳区一位优秀语文老师① 研究课后所做的 "《泊秦淮》诗歌阅读鉴赏"
反思为例

但成功的并不是这堂课，而是对自己以往备课的颠覆与改变，这个过程很漫长很痛苦，但是我仍高兴自己是在"涅槃重生"，而不是得过且过地浪费生命与精力。

我将这些问题进行了整理，搜集相关的资料，图书资料和网络资源虽多，但很多解释要么模棱，要么或者难以深入，往往禁不住再三追问，这就需要我深入去分析和找寻。一是大量的查阅、比较与选择，二是不断推理、分析和调整，甚至自己去推测、整合出合理的结果。

最后将我发现和解决这些问题的过程（一字一词，句间逻辑，整首诗的关系）与方法（查阅、合理化）也归纳整理起来，我认为这些就是我阅读的过程，而这个过程才是形成和培养能力的关键。

最终功夫不负有心人，终于我找到了合理的满意的结果。而更重要的是，这个过程让我又体会到了质疑与思考的乐趣。由此我认识到要摆脱"教参"这个拐棍的束缚，才能重新"启动"自己的头脑来发现和思考问题，可以说如果你没有发现问题，那就代表你没有认真阅读。

---

① 宋砚堃，《泊秦淮》诗歌阅读鉴赏策略（节选）。

本来已经非常满意了，但是在与指导教师交流后却受到了质疑——形容我的教学设计就像"为学生将诗歌撕开了无数个口子，但却没有一个能够深入"，在操作中没有考虑学生的主动性！当时对我来说就像晴天霹雳一般，半天缓不过劲儿来。指导教师建议我一是要仔细阅读教学大纲和单元设计，二是充分了解学生的情况，在此二者基础上再作安排。于是，我开始了"痛苦"的淬火过程……

而更重要的是我终于明白指导教师为什么要提示我仔细研究挖掘"恨"这个字了，因为我所挖掘的程度还没有到达"深邃意蕴"的要求。经过不断地比较和交锋，终于认定了"笼""恨"是相互作用，其实重要的不是这个结果，而是这个比较、交锋的过程，在这个过程中我加深了对诗歌和作者情感的认识，提升了自己的鉴赏能力。

根据这五类问题我将之前准备的内容进行筛选整合和安排，使之更加适合学生的问题与需要，例如强调思考过程与问题链的设计，注意适当提升帮助学生深入，这样教学设计就更加完善了，既有基础又有重点还有提升，解决了"教什么"的问题。

案例分析

宋老师多次进行实证研究，并由此不断修正乃至推翻重建教学设计的过程中留下的两万多字的反思素材积累，最终形成了内容为"诗歌阅读教学设计过程与启示——以《泊秦淮》研究课为例"的论文。以上案例本着"信息是全息的缩影"这样的理念，用"断章式"呈现若干"一斑"，用片段试图勾描整体面貌，以期可见"全豹"的过程。

从课堂到论文，他重视教学的每一个"脚印"，在有意识留存四个版本的教学设计修改稿的同时，不断反思酝酿与追问最初设计与最后结果之间到底发生了什么，不断地用陈述的、评价的、回顾的、补录等方式积淀这节课的变化过程，从由表面的深入内在的理念等诸多相关环节，外显的文字与情感、内隐的逻辑与问题都被呼唤并积淀。

反思"复盘"形成了"阅读教学策略"论文的源与流，还原了课题研究之所以形成的四个重要阶段：诗歌阅读策略——四版对比线索版（937 字）；从《泊秦淮》备课过程浅谈自己备课思路的转变（1245 字）；诗歌阅读教学策略之我所见——简析《泊秦淮》教学设计过程与启示（3502 字）；诗歌阅读教学设计过程与启示——以《泊秦淮》研究课为例（11812 字）。教师的教学反思素材的积累需要关注日常教学生活，通过反观自己的教学行为与结果挖掘思想的智慧，倾听自己心灵深处的声音，探寻所思所作以及之间的冲突与协调的过程。

在最后的终结篇中，我们看到既有纵向的反思，又有横向的对比，这些来自他的学情分析、教学日志、教学实录、教学叙事、教学案例，教前记、教后记，以及网络与同道者交流互动等原始资料。既有实践的实证分析，又有理论干预下的行为矫正；既有客观的描述，又有感性的真情落笔；既有自我的执着，又有碰撞疼痛后的调整；既有基于教育理念的参与，又有教学文本、教师与学生角色的定位；既有教学方法的策略改进，又有对教学的"正道"的探寻……当大家感慨内容生动充实真切有力、感性与理性共生共美的同时，更要看到教学需要反思，而真正的反思正是两种相反品质搏斗后的绽放——老老实实与灵动奔放。

最后，宋老师完成了从单篇教学到诗歌文体教学规律的启示，由点到面，从个性到共性，飞跃的一瞬犹如红日在海平面上升腾般带给人壮丽的感受；当然，置于海平面下的时间更加重要，需要反思素材累积的足够才可以抵达。

实践操作

教师如何关注日常的教学生活，通过实证分析积累教学反思素材？

三、问题改进

教学反思主要是在教学行为之后，回过头来分析和审视自己的教学行为，总结教学中的得失成败。反思的目的是什么？就是提高教师能认识到看似平常的教学过程，实则蕴藏着利于改进的反思要素，从教学的事实中成长，培养自己不断思考、质疑、释疑的能力，在创新中自我成长。教师不仅需要来自研究者的知识，而且需要通过对自身对教学实践活动进行反思后的理解和诠释获得的知识。由此做出关于反思存在问题行动的改进：

第一，承认认识的阶段性和局限性，不断质疑自己的现状，不断渴望对问题有突破，始终保持好奇与进取心。

第二，随时收集专家、行家、有经验者的观点，与自己的预设或经验对接，从而发现问题。

第三，能够自觉回顾系统并梳理教学中的优势与不足。随时有意识主动地收集教育对象的反馈信息，通过实证分析积累反思素材。

第四，能够通过撰写反思，客观理性分析教学问题，主动更新知能结构。

教师的专业发展需要教师成为反思性实践者。教学实践与理论相结合下进行的反思才更有价值，才能形成教学智慧，形成自己对学科的理解与建构，形成可贵的教学风格。自己将自己的教学作为研究对象，这就需要"入乎其中，出乎其外"的沉浸与超越的过程。很多老师习惯于在教学设计中写上几笔泛泛的反思，可以说是波澜不惊，既没有思考问题的起点，也没有解决问题后的结论，更不具有实施的过程，这样的反思是徒有其表的。我们要做的是，深刻认识到教学反思的重要性，教学反思发生的过程，去掉表象的形式主义，打破原有的认知结构，不断积淀反思素材，经历由薄到厚，再由厚到薄的一个提炼的过程，真正进入教学反思的航道，运用教学反思的要素，进行有效的综合性的教学反思。在反思中灵活运用案例研究法、行动研究法，在有意识地自觉地教学素材积淀下，进行纵向、横向反思，不仅将研究放在历史的过程中所发生的，还要关注同行者的优点，海纳百川方能持续成长。

案例4：我们以一位优秀的新任教师^①参加"启航杯"新任教师技能大赛的《我的叔叔于勒》的教学反思为例来看如何进行纵向反思与横向反思兼备的综合性反思

［纵向反思］教学过程中，在指导教师的指导下，对于教学内容的选择进行了较多的调整，以下是教学设计中"核心问题"与"问题链"的修改过程。

修改过程	第一稿	第二稿	第三稿
核心问题	《我的叔叔于勒》中的"冷"与"暖"。	被"权衡"的亲情？	菲利普夫妇对于勒前后截然不同的态度。
问题链	1. 找出情节中的因果关系，用因果关系串讲故事。	1. 菲利普夫妇经过权衡后对于勒有怎样不同的态度与做法？	1. 菲利普夫妇对于勒有怎样截然不同的态度？
	2. 菲利普一家为什么如此重视盛装打扮去散步？	2. 不同阶段的菲利普夫妇有不同的态度与做法，是如何权衡得与失的？	2. 菲利普夫妇冷暖不同态度的背后，考虑了哪些得失？
	3. 人们如何界定坏蛋、流氓和正直、善良？	3. 你如何理解菲利普夫妇对亲情的权衡？	3. 菲利普夫妇为何如此权衡？
	4. 菲利普夫妇为何不愿意与于勒相认？结合家庭的生活状况，你能否理解他们的选择？	4. "我"是怎么思考的？	4. 面对父母对亲情的权衡，"我"是怎样的心路历程？

一是在核心问题的选择方面。

设计第一版时，虽然考虑到了"冷暖"不同态度背后所反映出的"人在生活中的多重感受"，但切口较大，难以把握；第二稿从"冷暖"背后的原因即"权衡"切入，但从学生角度来看，直接提出"权衡"的概念容易造成先入为主的印象，影响其客观思考；第三稿提出核心问题如何理解"菲利普夫妇对于勒前后截然不同的态度"引导学生依次发现态度的变化、客观理解冷暖态度并对此有自己的感悟。

二是在问题链的确定方面。

第一版仅仅是对教学环节的描述，并不能构成问题链。第二版在修改时有意识地围绕核心问题设计问题链，但由于表述不够清晰直白，核心思路被掩盖，导致学生不易理清态度变化与得失权衡间的逻辑关系。第三版关于问题链的设计有意识地围绕核心问题凝练小问题，突出每个问题中的核心词，使问题链层次更加清晰，学生能够逐步找出态度，分析冷暖态度背后考虑的得失，再思考为什么如此权衡？最后，关注"我"的选择背后所传递的温暖，引发人文思考。

［横向反思］教学设计与实施的过程，导师的指导与同伴的互助，给了我学习的机

---

① 游英乔，《＜我的叔叔于勒＞教学总结与反思》（节选并改编），获2020年北京市级"启航杯"二等奖。

会，这里有理论也有教学实践。我在观察、对比、反思、修正的过程中，得到启发获得灵感，使得自己的教学更趋向于合理、科学与有效。

1. 特色与不足

特色：通过填写阅读记录卡、课堂辩论、小组合作、补充阅读等方式引导学生逐步客观理解冷暖背后的得失权衡，养成客观思辨的思维方法，并有自己的阅读体验；学生不仅能够客观理解书中人物的喜怒悲欢，同时引发对真实生活的思考、怜悯与共鸣。

不足：课堂上对于文章中的精彩片段如人物对话、描写等只是以圈点勾画的方式一带而过，而没有做细致的停留赏析，在今后的教学设计中，可以设计赏析环节，通过赏析文本体会人物态度的变化。

2. 借鉴与启发

借鉴：刘老师教学内容的选择切入点小，关于问题链的设计非常清晰，任务指向简洁、明确，我应该学习她精准地选择教学内容，紧紧围绕主要问题来设计问题链及教学活动。李老师设置"博物馆讲解员"的任务情境，以学生为本，课堂氛围活跃富有生机，值得借鉴。陈老师的说课把整个教学设计重新建构，表述形式思路清晰，层层递进，让人能够准确地了解设计意图。

启发：在今后的教学中，我应多阅读哲学、文本解读等文献，开阔自己的视野，拓展思路，在有足够思考积淀的基础上选好切入点，从而做出更精准、灵活的设计。

案例分析

游老师的教学反思源自于三个版本的教学设计，从教学内容核心问题的选择、问题链的形成，以及教研员在指导过程中互动影响的几个角度进行了深刻、灵动的反思，有厚度有广度，反映出一位名师求精、求新的执著，充分体现了教学反思的要素：虚心、专心、责任心。

我们看到游老师追溯式的教学反思，纵向的反思就是"航拍式"历史的呈现，发现困惑后进行了有目的的探究，解决问题的动机被不断地激发。学生的问题是游老师格外关注的，她将学生作为重要的研究对象进行认识和分析，在文本、学情、课程、目标等不断聚焦下，建构成一个有机的教学整体。三个版本的教学设计用了行动研究法，一次次大的改进，不断地进阶升级，教学反思追根溯源，找到了每一次的突破点，点、线、面不断串联延伸建构，得出结论并赋予意义，这样始终贯穿着反思的纵向研究，是一个不断思考、修正、批评、创新的成长之路。

游老师的横向反思带来的对比与自省，是个跳出自我去反思自我的过程。只有创造机会听课交流，才有机会研究其他教师的教学有点，进行比较与学习，才有可能真正发现问题所在。游老师利用"局外"教学信息来思考解决问题的途径，打开思路，获得不同维度的思维方式，也大大增加了思维的广度。

　　反思的主要环节就是问题的发现，因为在不同的教学情境、学生情况中，问题不会是标准的、确定的，但又要能针对需要解决的问题进行梳理与建设，这不是流于表层的概述，而是深度追问，究竟发生了什么变化，做了怎样的调整，效果如何，以及为什么会发生，对今后有怎样的影响以及深远的意义，这样的反思是深刻的，也是系统的，是有叙事也有分析思考的，既是重视学生的所思所获，也是关注教师持久发展的。这样综合性的反思是以一节课为例得出普适性规律的过程，这样的反思对教师的成长必有深刻深远的影响。

总结反思

教师撰写教学反思的意义是什么？
教师怎样聚焦教学问题并洞察成因？
如何提升教师教学反思能力？
根据自己的情况，制定教学反思计划。
附录：

两种教师教育观的比较内容 [①]

	技术理性的教师教育观	反思性实践的教师教育观
理论基础	技术理性主义、行为主义、要素主义	反思性实践认识论、认知心理学、进步主义、批判理论
假设	掌握知识和技能就能引起教学行为的改变	依靠理论在教学中以及对教学进行反思才能改进教学行为
知识的特征和来源	显性的公共性知识通过理论学习而获得	隐性的缄默知识在实践中产生
教学观教师观	教学是技术性事业、传授系统、应用科学；教师是技术人员，是知识传授者是单向度的人	教学是情境性的专业艺术；教师是专业人员，是反思性实践者，是多向度的人，具有多重角色
比较内容	技术理性的教师教育观	反思性实践的教师教育观
教师的资格能力	教学的知识和技能	知识、技能和品性，强调反思和批判能力

---

① 苏红.教师专业发展中的关键事件研究[M].北京：北京师范大学出版社，2014：1.

主题三　实施微格教学

🏳 **学习目标**

通过本主题的学习，学习者能够：

1. 了解微格教学的含义；
2. 明确实施微格教学的价值和意义；
3. 掌握微格教学的基本方法；
4. 体会教学基本功自我训练提升的过程与作用。

一、问题聚焦

某校李老师是新任教师，她刚刚参加完教师学院围绕教学技能提升开展的微格教学培训。在朝阳区"扬帆杯"和北京市"启航杯"的微课展示活动中，要凸显讲解和提问两项教学技能。李老师信心满满，但她总感觉很难把微格教学培训中所学习的导入技能、讲解技能、语言技能、提问技能等很好地融入到微课设计和教学基本功的自我训练中。实施微格教学，能不能帮助李老师深化对教学技能和教学设计的理解，加强微课设计并通过实施微格教学开展对教学技能和教学基本功的自我训练呢？

新任教师从入职从教以后，通过实施微格教学的方法会大大推动教学技能和教学基本功的自我磨炼及自我提升。因此，需要弄清楚以下六个问题：

问题 1：什么是微格教学？

问题 2：微格教学的价值和意义是什么？

问题 3：微格教学的基本方法是什么？

问题 4：实施微格教学技能培训如何提高教学设计能力？

问题 5：实施微格教学对微课设计有何帮助？

问题 6：实施微格教学如何促进教学基本功的自我学习与训练？

二、问题分析

（一）微格教学的概念

微格教学是一个有控制的实践系统。它使师范生有可能集中解决某一特定的教学行为，或在有控制的条件下进行学习。它是建筑在视听理论和技术基础上，系统训练教师教学技能的方法。

20 世纪 80 年代，已开发的课堂教学十大技能有：导入技能、教学语言技能、提问技能、讲解技能、变化技能、强化技能、演示技能、板书技能、结束技能、课堂组织技能。后续又开发出学习指导技能、观察技能、沟通技能、媒体运用技能等。

微格教学就是将教师教学基本功化整为零，分为许多具体单一的技能，对每项技能进行理论研究，提炼出可操作性的技能要素，然后通过讲解介绍给学习者，学习者依据技能要素进行"设计—讲课—观摩—分析—评价"，同时运用录像、录音等电教手段记录下实验式教学练习的过程，学习者的各种教学行为的训练变得可观察、可分析和可评价。学习者可根据回馈和反思及时修改和修正自己的教学技能和教学行为。在短时间内，学习者可进行反复训练，以提升自己的教学技能。

（二）微格教学的价值和意义

好的教师不仅要具备理想信念、仁爱之心和高尚的道德情操，还要具备扎实的学识和教学能力，教师的专业化发展与教师注重加强提升自身的教学能力和教学基本功直接相关。而教学能力与教学技能有着密切的联系。第一，一定的能力水平是技能形成的前提条件。具有相应的能力有易于掌握相应的技能。第二，技能的形成有助于能力的发展。掌握了知识并不意味拥有了能力，只有将知识运用到实践中，经过技能形成这个环节，才能使能力得到发展。因此，技能是知识掌握与能力形成与发展之间的桥梁，技能的形成对能力的发展有着重要的作用。

"技能是顺利完成某项任务的一种活动方式或心智活动方式，它是通过练习获得的。"教学技能是教师为顺利完成教学任务而采取的一系列的教学行为方式，它是由注重外显行为与认知因素相结合的可观察、可操作和可测评的行为表现构成。而微格教学是在现代教育理论指导下，对教师整节课的教学行为进行分解，分解为可观察、可操作和可测评的独立的教学技能。在逐个教学技能训练中，通过现代教育技术手段，对教师的角色扮演进行准确的记录，然后通过观看录像进行及时回馈，进行自评、群评和点评交流，对自己的教态、语言以及教学设计等及时进行反思和改进，通过反复磨练加强自身对教学技能中各要素的理解和设计能力，从而达到提高自身的教学能力和教学基本功的目的。

采用微格教学形式训练教师的教学基本功，是把传统的以理论讲解为主的教师培训转化为以技能训练为主的教师培训，能有效地将理论学习与技能训练相结合，抓住了提高教师教学能力的关键。微格教学是帮助教师不断反思、总结教学经验和探索教学规律以及掌握教学技能，提高教学能力，加强教学基本功的有效训练方法。微格教学适合在教师培训学院中各学科的新任教师班开展，也适合学校中以教研组青年教师教学技能训练和教学基本功提升训练的校本研修活动。

（三）微格教学的基本方法

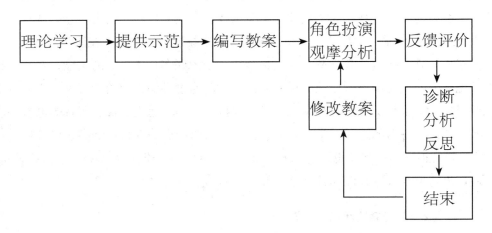

图 4-3-1 微格教学的基本方法图示

理论学习：由教师对本节课要训练的技能做简要的理论说明，并对如何掌握提出建议。

提供示范：学生在教师讲解的理论基础上观看具体的操作示范，对该项技能的具体操作形成感性认识，以便模拟与练习。

编写教案：在教师的指导下师生讨论该项技能的要素所在，明确该如何运用到具体的教学情境中。最终，学生根据自己所学专业进行备课，把该项技能应用于教学中。

角色扮演、观摩分析：根据教师讲解、示范及自身备课，以训练一种课堂主要教学技能为目的的讲一次课。学习者轮流扮演教师、学生和评价者，一般 10 分钟以内，授课者和其他教师对这次课的情况加以记录，记录方式可视教学条件采取录像、录音等形式。

反馈评价：这是极其重要的一环。由教师、同学、执教者本人根据事先设计好的评价单（主要是技能要素）做出评价，同时也要有一定的口头评价（自评、群评、点评），以便执教者明确自己的技能掌握情况。

诊断分析反思：根据评价结果，执教者将自己的教学实习录像进行仔细观察、反思和分析，最后得出自己的教学实践优劣得失，进行矫正修改，然后再上一次课，进入下一个循环。经过对不同技能的反复回馈与训练之后，还要注意将这些技能有机地组合起来，形成多种技能的综合运用能力，达成提高教师教学基本功的目的。

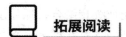 **拓展阅读**

微格教学片段与微课

微格教学片段：在微格教学理论学习和提供示范的基础上，根据微格教学所列举的教学技能，凸显所选教学技能行为要素进行教学片段的设计，一般为 5 ~ 10 分钟。通过微格教学的训练方法，模拟真实课堂环境，与参与学习者相互进行角色扮演，用录像记录下实施操作过程，并进行自评、群评和点评等回馈交流活动，及时反思和修改自己的微格教学片段。

微课：微课是凸显某些重点教学技能的微格教学片段。根据当前北京市新任教师启航杯对微课的要求，首先，是在一节完整的教学设计中，选取 10 分钟能呈现师生正常教学活动的片段，不是整节课的压缩；其次，选取的教学内容应该是整节课中的重、难点内容，能充分展示出教师引导启发思维和学生学习活动的知识脉络和逻辑关系；最后，重点考查讲解和提问两项技能。同时要呈现教师的各项教学基本功及学科特色基本功，如教学语言、板书设计、媒体使用、演示技能及学科专项基本功。

微格教学片段与微课：在微格教学片段与微课中，微格教学片段偏向于单一的教学技能的微格训练，侧重于对单一教学技能行为要素的设计、实施与评价的训练。而微课是突出以讲解技能为主的多个教学技能及教学设计能力等综合教学基本功的考查，在设计上不仅要侧重所考查教学技能的行为要素，还要呈现对一个核心知识教学内容的深刻理解，以及在教师启发引导下的学生学习和思维的活动过程，同时呈现教师的教学综合基本功以及诸多教学技能。两者都可以通过实施微格教学训练的方法进行培训和提升。

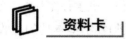 资料卡

微课与微格课的区别 [①]

微格课的内容应是一节完整课堂教学的授课容量，但时长以 20 分钟左右为宜。录制的视频应保证图像清晰稳定、声音清楚。通过录制微格课视频，展现教师的教学基本功；展现对教学过程的设计与操作；展现可预见的教学效果。检验对教学目标的整体把握和对接能力；检验对教材的理解与驾驭能力。微格课 20 分钟的完整授课内容突出教师精讲教学内容的思路，突出对整节教学内容的把握和突出教学核心知识及重点内容的学习解决过程及对教与学互动环节的驾驭能力。微格课侧重于考查教师的综合教学基本功和教学技能。

① 时间：微课 5 ~ 8 分钟；微格课 20 分钟左右。

② 对象：微课对象比较多元，可以是学生、教师、专家、同行、网络学习者等；微格课的对象通常是由教师扮演的"学生"。

③ 内容：微课是突出某学科课堂教学中某个知识点，或是反映课堂中某个环节的教学；微格课则是相对完整的一节课内容，有明确的教学目标、程序、手段和方法等。

①　北京市教育学会教师发展研究分会关于开展首届"育致杯"微格课征集和评选活动的通知——教发研〔2018〕013 号。

④ 用途：微课大多用于各类学习者学习、补充新知、技能、方法等；微格课一般用于教师教学技能训练或教学环节研究等。

 拓展阅读

教学基本功与教学技能

教学基本功可概括为教师履行教育教学职责，胜任教育教学工作，完成教书育人任务所必需的专业知识和职业技能。

教学基本功包括两个方面：一是从事教学工作所必须的基本知识和能力素养；二是从事该工作必须的技能。技能是完成一定任务的行为活动方式，而能力素养是顺利完成任务的个性心理特征。技能的形成一方面以一定的能力为前提，体现了能力发展的水平和个性差异；另一方面对能力的发展有着极大的促进作用。教师不仅要具备专业文化知识，还要掌握诸多转化知识的技能。变书本知识为学生能力素养的提升过程，实际是一门高超的塑造艺术，对于教育者来说需要多方面的综合能力，这种综合能力就是教师在必备的专业知识和职业技能的基础上，通过教育教学实践和理解内化转化而来的，即教学基本功。

教学基本功可分为：教师口语表达；教师书面表达；教学工作；班主任工作等方面。由于教学基本功具有综合性、操作性和实践性等特点，因此，教师教学基本功的验收达标往往主要从以下六个方面进行检测：分析教材基本功；编写教案基本功；运用教学语言基本功；设计教学板书基本功；应用现代化教学技术基本功；学科专项基本功等。验收形式往往为说课、教学片段（微课）展示、教学设计、整节教学实录、学科专项教学技能展示等。

教学技能是教师为顺利完成教学任务而采取的一系列的教学行为方式，它是由注重外显行为与认知因素相结合的可观察、可操作和可测评的行为表现构成。1992 年 9 月，根据国家教委师范教育司颁发了《高等师范学校学生的教师职业技能训练基本要求（试行稿）》。1994 年又颁布了《高等师范学校学生的教师职业技能训练大纲（试行）》。要求师范生在教育学、心理学理论指导下，达到从事学科教学的基本要求，掌握课堂教学技能。

教学基本功是多种教学技能的综合，要提升教师教学基本功首先要从提升教师的教学技能做起，而在教学基本功训练中要实现理论与实践相结合，快速有效地提升教学技能，目前普遍采用的是微格教学的形式和方法。

三、问题改进

（一）实施微格教学技能培训如何提高教学设计能力

1.导入技能的微格教学

对于导入技能，绝不是三言两语引起学生注意，然后进入课堂教学状态那么简单的事。微格教学的导入技能有着充分的教育学和心理学理论依据。导入技能是教师必须掌握的一项调控教学过程、促进学生积极参与有效学习的重要教学技能。在学习的过程中要始终保持学生处于学习的积极状态，因此，导入技能中的问题情境的创设尤为重要，它的设计应体现在教学的各个环节中。

导入技能不仅运用于每节课的导入，还广泛应用于每门课程、每个章节以及课上的某个段落环节，甚至是一个概念、一道习题、一个实验的开始。

因此，请仔细阅读导入技能的微格教学理论讲解部分的案例，体会一下，微格导入技能的情境创设和行为要素是否对你的教学设计思路有所启发。

案例1：微格导入技能情境创设与行为要素讲解案例

情境引入：老师们，今天我们来讲导入技能。在引入导入技能概念之前，我先给大家讲一个故事……

激发兴趣：

19世纪末，有位法国的科学家，他叫巴斯德。这年春天，他回到法国东部坐落在乡村的别墅度假。巴斯德有早起散步的习惯，走在充满泥土清香的乡村小路上，心情格外舒畅惬意。这时，巴斯德突然发现路边有一块草地的泥土颜色比周边土地颜色更深，虽然土地上也长满了小草。再放眼望去，这种深色的块状土质零星布满了整片草场。

激发动机：

于是，巴斯德蹲下身来，开始了他的一系列科学研究工作。老师们，此时此刻，如果你是巴斯德，你会做出哪些科学研究的事情呢？或者说你如果是巴斯德，在蹲下身来的同时，你会做些什么呢？

问题预设：

教师1：我会想到为什么这块土地的颜色与周边不同，我会找个当地的农民问问。

教师2：我会取两种颜色的土样，拿回去做对比实验。

教师3：我会拿起那土捏一捏，看看，闻闻，是不是里面有什么特别的东西啊……

教师追问：

还有吗？想到什么可以说什么。

问题预设：

教师 4：我也去问问当地的人什么原因，回去也去查查资料，看看有没有相关新闻报道或说法。

组织指引：

边提问边记录副板书：

发现问题 1. 观察、探寻（教师 1 和教师 3）

分析问题 2. 调查并搜集相关信息（教师 1 和教师 4）

　　　　　 3. 实验验证，搜集和分析证据（教师 2）

解决问题 4. 得出结论，提出解决方案

建立联系： 老师们刚才所说的就是巴斯德当年所做的科学研究的过程。首先，巴斯德发现了问题，他立即蹲下身来，向我们老师一样，用手拿起泥土仔细看了看，闻了闻，发现有很多打卷的蚯蚓屎，这些泥土好像是刚刚被蚯蚓新翻到地表的，颜色自然比周边的泥土颜色深，但没有发现其他异样。于是他又去问当地几位农民，农民们的说法很一致，一方面是说这些呈斑块式的深色地块儿中埋入了病死的牛羊，土地的颜色会与周边不一样；另一方面他们也都提到一件很奇怪的事，就是每年到春天的这个时候，这个地区都会爆发大量牛羊生病死亡的事件，而且越来越严重……

于是巴斯德取了两种颜色的土样回到了实验室。他是一位化学家，同时也是一位生物学家，他会使用显微镜。通过土壤对比实验，他发现，在这些蚯蚓翻到地表的深色土壤中都含有一种叫做炭疽杆菌的芽孢。而查阅文献和当时的新闻报道，炭疽病的传染性很强，它正是造成每年春天大量牛羊死亡的原因。而如何阻止每年春季患炭疽病的牛羊死亡后的传染以及如何解决根治炭疽病，一直以来都没有得到解决。于是，巴斯德根据前期他人的研究成果，以及自己的科学实验和研究，终于发现并分析得出炭疽病每年都会爆发并会越加严重的原因。

原来，每年春天万物复苏，蚯蚓翻耕土地格外卖力，而在上一年农民掩埋过的因炭疽病死亡牛羊的土壤格外肥沃，春天的小草又嫩又短，牛羊吃草时吃到的泥土中带有炭疽杆菌的芽孢，就会传染上炭疽病，因此每年春天大量牛羊都会传染炭疽病并且反复爆发，并越来越严重。通过科学研究和分析，巴斯德终于找到了炭疽病传染而无法阻断的原因，他告诫农民，得了炭疽病死亡的牛羊应该用焚烧的方式处理而不应埋在土里。后来通过他的进一步科学实验和探究，终于制作出了炭疽疫苗，打赢了这场动物疫情战争。

进入课题： 通过刚才的故事，我们已经初步了解了科学研究的过程，实际上科学研究就是发现问题、分析问题和解决问题的过程。从现代信息加工角度讲，科学研究就是通过实验或调查观察取得信息并对其进行加工的过程。今天我们就来学习科学研究的概念和方法……

概念投影：

科学研究： 即发现问题、分析问题和解决问题的过程。从现代信息加工角度讲，科学研究就是通过实验或调查观察取得信息并对其进行加工的过程。

提示主题： 老师们，请不用记笔记，我们今天是讲导入技能，而刚才我是做了一个科学研究概念为主题的故事情境的导入技能案例。大家回顾一下，刚才的导入技能都有哪些特点呢？

回忆回顾：

设计"科学研究"概念导入技能的特点：

（1）设计了问题情境。

（2）引起了学生的注意。

（3）激发了学生的学习兴趣和学习动机。

（4）通过组织指引，明确了学习目标。

（5）形成了知识之间的联系。

导入概念：

导入技能是教师在进入新课题时运用建立问题情境的教学方法，引起学生注意，激发学生兴趣，明确学习目标，形成学习动机和建立知识间联系的一类教学行为。

概念分析：

那么，建立问题情境与形成学习动机的相互关系是什么呢？

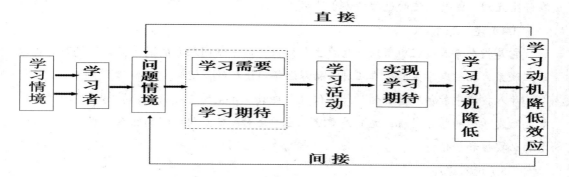

北大心理系冯忠良教授提出的学习动机作用模式

该模式表明：

（1）学习动机由问题情境激发。

（2）问题情境造成学习者认知冲突或空缺，学生就会产生填补空缺、平息冲突的愿望。

📖 拓展阅读

认知心理学家皮亚杰（J.Piaget）认为，每个学习者头脑中都有一个认知结构，即思维的内部逻辑体系。外界环境的刺激首先作用于认知结构。当认知结构与外界刺激发生不平衡时将会引起学习需要。人的心理有一种倾向，就是总要试图扭转这种不平衡，以达到新的平衡，这就是学习动机。

行为要素讲解：

导入技能既然是一类教学行为，它就可以提取出最重要、应用最普遍、可分解和可操作的那些教学行为，这就是导入技能的行为要素。

（1）引起注意。

导入技能首先要设计生动有趣的情境和问题来激发学生的学习兴趣并引起学生的注意。

（2）激发动机。

以引起学生的观察兴趣和认知兴趣为目的的教学行为，是教师为激发学习动机经常采用的行为方式之一。导入技能要通过问题情境的设计促进和调动学生对原有知识的储备，梳理整合原有知识储备，并促进原有认知与新知识的冲突，激发学生探求知识解决的欲望，促进学生学习动机的形成。

（3）组织指引。

即预期通过教师的教学，学生的知识、技能、能力和情感等将产生哪些变化，并明确按怎样的程序和运用什么方法去学习。它对理解和优化新课题的教学过程发挥定向和指导作用。教师的组织指引往往可以需要在教师的精心设计下，通过对学生的问题引领，在师生互动、回馈交流的过程中逐步达成。

（4）建立联系。

它是指在导入过程中帮助学生建立新知识与旧知识间联系的教学行为。能否有效地建立联系，往往是学生能否真正进入新课题学习情境的关键。

导入技能中教师对情境的设计不仅仅是要激发学生的学习兴趣，引起学生的注意，更要激发学生的学习动机，尤其是要建立起学生对新旧知识之间的联系，明确新知识学习的必要性和价值意义。

（5）进入课题。

用简洁精确的语言，引导学生进入学习的主题。

案例分析

本微格导入技能情境创设与行为要素讲解案例，突出体现了导入技能中问题情境的创设以及概念要点和构成要素的整体设计，在精心设计的故事情境和轻松的语言氛围下，学生的学习在不经意间展开并得到推进。在老师的问题引领和通过板书记录方式的组织指引下，调动所有学生的原有认知，帮助学生整合并梳理出完整的知识体系，初步认识和形成一个完整的概念。可见，导入技能绝不是引入一个新课题时仅仅引起了学生的兴趣和学习注意那么简单。它一定是在教师精心设计的教学情境中，用问题去引领学生，激发学生的学习动机，通过设计师生互动并通过教师的组织指引进行交流回馈等诸多学习活动，从而建立新旧知识的联系，构建知识学习新的价值和意义。教师通过导入技能的微格教学训练，尝试理解和设计问题情境下的导入环节，深刻理解所要导入的教学内容知识中，学生的原有认知与所学习的新知识之间的认知生长点，便于教师了解学情和探查学生学习中的问题，深刻挖掘所导入教学内容的知识内涵和外延。同时，在教学语言技能、问题设计技能、提问技能，以及演示、板书、课堂组织等诸多技能方面得到提升和训练。

讨论交流

请思考并讨论交流以下问题：

（1）为什么导入技能要运用创设问题情境的教学方法？

（2）你能说清导入技能中引起注意与激发动机的区别吗？

2. 讲解技能的微格教学

请仔细阅读讲解技能的微格教学理论讲解部分的案例，体会一下，微格讲解技能的概念和行为要素是否对您的教学设计思路有所启发。

案例2：微格讲解技能的概念和行为要素

（1）讲解技能的概念。

讲解技能是教师运用语言向学生传授知识和方法、启发思维、表达思想感情的一类教学行为。

（2）讲解技能的四种功能。

① 传授知识：知识要到位，要厘清知识本身是什么以及该知识在整体知识结构中的地位和作用。

② 给方法：要善于引导和指导学生参与学习并帮助学生构建学习方法。

③ 要启发思维：要帮助学生厘清知识的内涵和外延，并启发和引导学生思维活动

④ 表达思想感情：讲解技能的载体是教学语言，应该是充满感情的讲解，语言要简洁生动亲切自然，承载思想情感和价值观。

（3）讲解技能的构成要素。

① 形成讲解的框架和结构：

A. 引入：要设计问题情境，并运用导入技能。

B. 讲解的主体：它是什么？（即内涵）；什么是它（即外延）。

C. 总结、结论：到底什么是它；适用范围；应用时要注意什么，掌握到什么程度，等等。

② **语言表达**：体现教学语言技能的构成要素，教学语言简洁生动，清晰自然，语言逻辑性强。

③ **例证的使用**：恰当、贴切、充分地使用例证。例证是学习迁移的重要手段。应以正面例证为主，在正面例证任务完成基础上，方宜使用反面例证。

④ **形成连接**：知识间过渡要自然，层层递进，环环相扣。

⑤ **进行强调**：强调重要和关键内容，确保教学任务的完成。如通过口头、体态、板书等进行强调。

⑥ **获得回馈**：即开展强化交流，通过观察学生表情和行为操作、留意学生的非正式发言以及通过提问方式、小练习等获得回馈信息，及时调整教学。

案例分析

课堂教学中对教师讲解技能的考查和要求是非常高的。在微格教学的讲解技能中，讲解技能的概念和行为要素，就突出体现了对讲解内容的教学设计和重要行为要素要求，如教学语言技能运用、例证的使用、提问技能、演示技能、板书技能、强化技能、总结评价技能等的综合运用。深刻理解讲解技能的概念和行为要素，会凸显你对整体教学设计的把握并有针对性地展开对具体教学技能的自我磨炼和训练。

讨论交流

请思考并讨论交流以下问题：

（1）讲解技能的完整框架包括什么？

（2）你在课堂教学中，对于讲解技能行为要素中例证的使用，有什么体会？

（二）实施微格教学对微课设计有何帮助

案例3：微课设计培训指导案例

2016年北京市首届启航杯新任教师微课大赛中，王老师获得了全市化学一等奖。对于王老师来说，微课设计和微格教学技能自我训练的艰苦过程至今仍历历在目。但通过这次的自我磨炼和反思改进，王老师的教学技能和整体教学基本功得到突飞猛进的提升。后连续两届获得朝阳区"扬帆杯"新任教师教学技能大赛一等奖并在多次市区教学基本功大赛、京教杯等大赛中获得一等奖。

但王老师刚刚参赛时，显得并不顺利，也感到迷茫无助。她对自己选取的《酸与碱的中和反应》选题内容冥思苦想，参看了很多网上教学设计，但总也找不到好的教学思路，设计无从下手，没有抓手。那么，王老师在启航杯全市大赛中，面对讲解和提问技能的考查，在微课的设计与微格教学技能提升上经历了怎样的学习培训指导和自我训练过程呢？

（1）明确讲解技能的结构框架。

对于微课整体内容设计无从下手的问题，在交流指导中，首先建议王老师认真回顾新任教师刚刚培训完成的讲解技能微格教学内容，对讲解技能的构成要素进行回顾，明确作为讲解技能的微课片段设计必须具备结构的完整性。也就是首先是要建立讲解的完整框架，必须要有导入、讲解主体和总结三大环节。明确了讲解技能的完整结构设计框架，对于微课的设计自然就有了着眼点。

（2）充分运用导入技能中的问题情境。

王老师在明确了微课讲解内容的三个环节后，进入讲解的第一个环节即导入环节。我建议王老师回顾导入技能的概念，确立导入环节一定要设计问题情境，要将中和反应的学习置于这一情境下展开并推进。这一情境要与学生的生活实际相结合，要从生活中来，要通过化学的学习解决生活中的实际问题。

于是，王老师提出了"酸雨反击战"的教学情境。酸雨主要成分是硫酸和硝酸，自然界中的酸性湖泊主要就是由酸雨造成的，它的处理方法通常是加入消石灰即氢氧化钙碱性物质发生酸与碱的中和反应来消除酸雨对湖泊的影响。这一情境充分结合了酸碱中和反应的原理，是发生在我们生活中利用酸碱中和反应解决实际问题的真实例证，对于这一教学情境的设计，是非常值得充分肯定的。

但教学情境选取好了，下面的教学内容设计就能顺利推进吗？答案是否定的。如果我们把课堂教学教材中的教学内容与生活中的教学情境混为一谈，在宝贵的课堂教学时间内去解决生活中的真实情境知识，学生不仅学不到最基础的、最本质的核心知识，教师的教学也会因脱离课本知识而把知识变得深不可测，没有条理和逻辑。王老师开始时就是把"酸雨反击战"的教学情境中硫酸（二元酸）或硝酸与氢氧化钙（二元碱）的中和反应作为了讲解重点，后来还用 PH 值的改变来表示"酸雨反击战"的成功。在学生没有形成和建立中和反应的概念前就引入 PH 值，会造成学生学习的障碍和混乱。当然，这是新任教师不了解初三教材内容安排和学情导致的。那么，督促选手认真研读教材本身并确定教学主要内容就变得格外重要。初三教材中是在学生学习了酸和碱概念并分别认识了酸和碱的性质之后，拿出最常见的一元酸（盐酸）和最常见的一元碱（氢氧化钠），来看一看它们是否能发生化学反应，通过对无明显现象的反应的真实发生的探究，进一步从宏观和微观角度去认识酸与碱发生化学反应的真实存在，并确定中和反应的概念并从微观角度认识中和反应的实质。

在这里，酸雨处理的教学情境，不仅可以顺利导入教学主题，还能在学习盐酸与氢氧化钠生成盐和水的反应后，再现酸雨处理的教学情境，让学生写一写硝酸与氢氧化钠、硝酸与氢氧化钠、硝酸与氢氧化钙、硫酸与氢氧化钙的化学反应方程式，从而梳理出中和反应就是酸与碱生成盐和水的反应。再进一步从酸与碱的微观组成分析确定中和反应的实质就是氢离子与氢氧根离子生成水的反应。

好的教学情境，不仅能引发学生对于生活中化学问题的重视和兴趣，顺利导入课题，还能在核心知识和概念教学中作为教学的例证使用，从而拓展和深化知识，延伸知识的应用。

（3）充分运用教学语言技能。

在把酸雨处理的教学情境作为酸与碱中和反应的导入教学运用中，王老师仍然纠结在如何把酸雨处理的真实反应与课本教材中使用的盐酸与氢氧化钠的化学实验进行顺利的衔接，在这个环节，教师的教学语言技能的运用就凸显出重要性。通过反复的修改提炼，最终参赛的教学语言是这样处理的。

情境引入：展示生活中处理酸性湖泊的图片数据。

同学们，生活中的酸雨中含有硫酸和硝酸，酸性湖泊的处理通常采用加入消石灰也就是氢氧化钙碱液的方法。

思考引导：我们看到，酸雨的处理用到了什么？对，碱性溶液。前面的课我们已经分别学习了酸与碱，那么，酸与碱遇到一起会怎样？会发生化学反应吗？到底发生了怎么的反应呢？今天我们就来学习：酸与碱的中和反应（板书）。

语言引导：我们已经学习了酸和碱，那么问问大家，最简单的一元酸是什么？盐酸。最简单的一元碱是什么？氢氧化钠。现在我们就拿实验室中这两种最常见的酸和碱，来做一个实验，看一看酸与碱到底能不能发生化学反应……

通过语言引导，酸雨处理的真实反应与课本教材中使用盐酸与氢氧化钠进行酸与碱化学实验的教学行为顺利地衔接在一起。可见，教师的教学语言的运用是多么重要，教学中要尽量做到教学语言的简洁明了，亲切自然，逻辑性要强。

（4）运用问题链设计推动教与学活动的开展。

通常一节好课或一个好的微课片段，一定是层层递进，环环相扣，感觉特别顺畅自然。而在师生活动的学习过程中，有效推动教师教学与学生活动充分展开的，一定是靠老师精心设计的问题的推动。而在核心问题的引领下设计相应的问题链，往往能使各教学环节顺畅连接并使教学活动顺利推进。

① 核心问题：是一节课中教学活动要解决的主要问题，是课堂问题设计的主线。

② 问题链：围绕核心问题设计一系列不同类型的提问问题，前后连贯，使所有问题成为一个整体系统，从不同的认知层次引导学生进行思维，逐步解决核心问题。

③ 中和反应微课的核心问题和问题链：

核心问题：酸与碱能反应吗？发生了什么反应？

问题链：

问题一：酸性湖泊为何用碱液处理？

问题二：酸与碱能发生化学反应吗？

问题三：没有现象就说明没有发生化学反应吗？如何证明？

问题四：酸和碱的反应为何发生？

问题五：酸性湖泊中主要是什么酸？所用的碱液是什么？请写出用碱液处理酸性湖泊的化学方程式。

问题六：从上述反应的方程式，我们如何定义中和反应的？

问题七：对比上述酸与碱反应的化学方程式，你能说出反应的实质是什么吗？

问题链的设计有效推动了王老师微课设计中教与学各个环节的顺利展开，它不仅能帮助选手缓解大赛压力，还能帮助选手明确重难点教学内容，把控教学时间和节奏，打磨衔接语言和问题表述，做到清晰、准确，保证知识逻辑顺畅。

案例分析

在本次微课大赛的教学技能和教学基本功的自我学习与培训中，王老师在微课设计和教学过程的各环节细节上运用了微格教学的方法作为指导，利用微格教学中对教学技能行为要素和概念的理解把握整体微课设计和细节的行为操作，并充分利用录像把自己设计好的方案实施过程拍摄记录下来，如微课导入环节、讲解环节、实验演示环节、板书环节等，按教学技能的行为要素反复观看审视自己的教学行为，针对自己的不足，集中训练自己的教学技能，如教学语言技能、化学实验规范操作与演示技能、板书设计和板演技能、PPT 制作和媒体综合使用技能等，在短期内大大提升了自身的教学基本功以及教学综合能力。

讨论交流

请思考并讨论交流以下问题：

（1）如果你是北京市启航杯微课展示活动选手，你将运用什么方法来加强自身的教学技能和教学基本功的学习和训练？

（2）微课设计中要关注哪些方面的问题？

（三）实施微格教学如何促进教学基本功的自我学习与训练

实践操作

（1）**观课评课理论讲解**：对观课评课进行理论学习，并学习掌握观课评课的方法。

（2）**观看示范**：在理论基础上观看具体的观课评课示范，形成感性认识，以便模拟与练习。

（3）**明确观课评课的要点和备课**：明确将观课评课的要点运用到具体的课堂教学中，做好观课评课准备。收集和做好观课评课资源。

（4）**角色扮演**：校本研修中，每个人都可以充当主持教师、同学和执教者，角色可以互换，全方位理解和掌握观课评课这项教学基本功。

（5）**反馈评价**：这是极其重要的一环。由教师、同学、执教者本人根据事先设计好的评价要点和研究指向做出评价，做自评、群评和点评，以便执教者改进自身教学。

（6）**分析改进**：根据观课议课评价结果，执教者将自己的教学录像进行仔细观察、反思和分析，最后得出自己的教学实践优劣得失，进行矫正修改，然后再上一次课，进入下一个循环。形成多种技能的综合运用能力，达成提高教师观课议课教学基本功的目的。

通过实施微格教学，我们可以开展各类教学技能和教学基本功的提升训练。运用微格教学的训练方法，通过在教师学院、基层学校的校本研修或教师个人开展有针对性的教学技能提升的培训，在较短时间内，选取如导入技能、讲解技能等综合性强的教学技能，认真学习和理解教学技能的概念理论和行为要素，集中实施微格教学训练，不断改进和反思所设计的凸显技能要素的微课片段，并将对这些教学技能的深刻理解带入到平时的课堂教学和精品课、研究课设计和课堂实践上，整体提升自己的教学技能。在微课设计、观课评课、教学反思、说课答辩等各类教学基本功的综合提升中，也可以实施微格教学。在学习掌握教学技能和基本功概念理论的基础上，运用微格教学的方法，老师们可以反复磨炼和提高自己的教学基本功，并促进自身专业发展水平的提升。

总结反思

通过对实施微格教学主题的学习，请你对以下问题进行总结和反思：

1. 什么是微格教学？

2. 微格教学的价值和意义是什么？

3. 微格教学的基本方法是什么？

4. 参加微格教学技能培训能提高你的教学设计能力吗？具体说说。

5. 谈谈你学习微格教学技能的行为要素后对微课设计有何帮助？

6. 你将如何运用微格教学方法开展教学基本功的自我训练？

主题四　进行说课答辩

 学习目标

通过本主题的学习，学习者能够：

1. 了解说课的含义；

2. 明确说课与上课的关系；

3. 掌握说课的内容及基本要求；

4. 能够撰写说课稿，初步形成说课技能。

一、问题聚焦

毕业季，小张到几所学校应聘。A校的面试形式是20分钟的"试讲"，B校的面试形式是15分钟的"说课"。小张对"试讲"不陌生——因为之前参加教师资格证考试的面试环节就是采取"试讲"的形式，在校期间也参加过类似的微格教学技能的训练。但对于如何"说课"就不是很清楚了。难道"说课"就是把教学过程说一遍吗？

新任教师从入职到从教以后，都不可避免地参与说课活动。因此，需要弄清楚以下几个问题：

问题1：什么是说课？

问题2：说课的意义和作用是什么？

问题3：说课与试讲、微格教学的区别是什么？

问题4：说课要说些什么？有哪些具体要求？需要注意什么？

问题5：说课的评价标准是什么？

问题6：怎样准备说课后的答辩？

📚 **资料卡**

说课是怎么产生的

1987年6月底，河南省新乡市红旗区教研室要从本区教师中选出几位参加市级教坛新秀评选。可临近期末，教学内容都已完成，若像以往那样采用现场听课的形式显然难以完成。怎么办？有人提议，既然无法听课，那就从教材中选出几课，让这几位老师来说说他们的教学设计，以"说"课代表听课。结果发现，这样的形式同样能客观真实地反映一位教师的教学基本素质，而且比听课更加省时、高效，更加简便易行。联想到影视、戏剧导演给演员说戏，于是他们把这种新的教研活动形式命名为"说课"。从此，现代教育词典增添了一个新名词——说课。①

二、问题分析

（一）如何理解说课

1. 什么是说课

说课是教师以语言为主要表述方式，在充分研读课程标准、深入研究教学内容的基础上，系统而概括地阐述自己的教学观点，表述自己对具体教学内容的教学设计与实施、教学方法与策略以及相关的理论依据等。通俗地讲，说课就是说一说这节课教什么、是怎么教的、为什么要这样教。

说课技能是一种教学研究技能，是"介绍课"而不是具体的"上课"。②说课具有教研活动的一般性质。首先，它具有群体性，即由众多教师、同行参与。其次，说课具有交流性，即说课者与听讲者要彼此进行意见交流。再次，具有一定的研究性，即交流的内容是各自经过一定研究的结果。最后，还具有可操作性。③若将备课、说课、上课、评课环节形成系列化的教研活动，环环相扣、层层深入，则能够发挥更大作用。④

2. 说课的意义 ⑤

第一，更新教育理念。教师要以现代教育教学理论为指导，确立素质教育的观念，依据学科课程标准的要求、教材特点、学生实际来设计教学，并将如何处理教材、处理教与学关系的理性思考，将教学内容中蕴含的品德教育、审美教育、良好行为习惯养成教育，以及所运用的教学原理等，在较高的理论层面上阐述清楚。这要求教师用新的教育理念诠释课程和教学。

第二，营造校本教研氛围。说课活动把"说"与"评"紧紧结合起来，让说课教师把静态的个人备课转化为一定范围内动态的集体讨论，形成一种教学研讨的气氛，促进教学与研究结合，理论与实践结合，起到以"虚"带"实"，共同提高的作用。说课所阐述的教学设计往往带有创新的研究成果，可供其他教师参与借鉴。

第三，强化备课意识。说课可以改变教师抄教案、教书本的状况，要求教师对教材进行"二次开发"，并把个人的备课置于集体的监督之下，强化教师的备课意识，促使

---

① 徐世贵. 新教师教育教学技能指导 [M]. 吉林：吉林大学出版社，2007：105.
② 李同胜，王统永. 课堂教学技能训练教程 [M]. 济南：山东人民出版社，2012:243.
③ 赵仲凯. 新课程改革理念下的说课 .http://www.yaohua.org:8017/sites/news/Lists/List46.
④ 徐世贵. 新教师教育教学技能指导 [M]. 吉林：吉林大学出版社，2007:105.
⑤ 赵仲凯. 新课程改革理念下的说课 .http://www.yaohua.org:8017/sites/news/Lists/List46.

教师深入钻研课程标准和教材，研究教学对象的具体情况，恰当地确定教学目标，认真研究教法，加强学法指导，精心设计，优化教学过程。只有在备课上狠下功夫，提高备课质量，才能在教学中做到游刃有余。

第四，提高群体能力。说课活动不但是说课教师个人的独立表演，还是听说者共同参与的、内容具体的、贴近教学实际的教研活动。"说"发挥了说课者的作用，评议又使教师群体智慧得以发挥。说课者要努力寻求先进的教育教学理论指导，把自己的才智展示在大家面前，评议者要努力寻求说课教师的特色与经验的理论依据，自觉地进行换位思考。说评双方围绕着同一课题，各抒己见、交流互动、相互启发、各有所得、优势互补，这不仅锻炼了参与说课评课者的教学能力，更促使教师在理论与实践的结合上有所提高。

第五，提供考证依据。说课活动要求教师在较短的时间内（一般为 15 ~ 20 分钟）讲清"教什么""怎么教"以及"为什么这样教"之类的教学问题，从而展现教师的思维过程，显示教师对课程标准、教材的理解程度，驾驭教材和课堂的水平，以及运用教育教学理论的能力，从而既能了解说课者掌握的教育理论，又能看到其教学实践。它是考评教师专业知识水平、分析教材能力、设计教学能力、教学技能和教育理论素养的有效手段。由于说课不受教学进度、学生、场地、教学媒体等条件的限制，简便易行、节省时间、经济实用，能为教学业务竞赛和考评教师提供依据，因而各地选聘教师、评定教师职称时往往优选说课。

3. 说课的作用 [①]

第一，有利于提高课堂效率。由于说课的对象不是学生，是领导、教研员、教师同行，而且一般在说课后还要进行集体评议，因此，可以帮助教师发现备课中存在的问题，进一步明确教学重点、难点，理清教学思路，及时改进课题设计，有效提高课堂教学效率。

第二，有利于提高教师教学水平。说课不仅要说出一节课怎么上，而且要说出为什么这么上，这就要求教师不断学习，自觉研究教育教学理论，了解教学现象背后的原理。而且，说课要求教师的思路清晰，表达准确、精炼、重点突出，有助于教师提高逻辑思维能力和语言表达能力。

第三，有利于促进教师间的相互交流与学习。说课活动的评议环节是说课者与听课者的双边活动，把静态的个人行为转化为动态的学术讨论。说课者要清晰、有条理地阐述教学设计思路，而听课者则通过恰当的评价与说课者进行信息交流，能够有效促进教师间的相互切磋、相互学习。

---

① 马达 . 音乐微格教学 [M]. 厦门：厦门大学出版社，2007：299.

（二）说课应注意的问题 [①]

第一，说课不是备课，不能按教案来说课。

第二，说课不是讲课，教师不能把听说课的老师和领导视为学生，如正常上课那样讲。要从听者着想去撰稿，要注意区分口气和语言。哪些需要写、需要说，哪些不需写、不需说，应以听者的标准去揣度。教师面对学生讲课说习惯了，往往居高临下，而说课面对的是同行、领导，要注意变换口气，不给听者以好为人师之嫌。说课所用语言应是介绍、陈述性的语言，而不是直接的教学操作性语言。注意语言过渡，要有领起语。如"我对这节课教材作如下分析""基于这样的教学思路，本课学习要达到以下教学目标""基于以上分析，本课拟采用如下教学方法""我想，本课按以下几个环节（步骤）进行"等。

第三，说课不是"背课"，也不是"读课"，要突出"说"字。既不能按教案一字不差地背下来，也不能按说课稿一字不差地读下来。一节成功的说课，一定是按自己的既定教学设计思路，有重点、有层次、有理有据、口齿清楚。说课者要尽量脱稿，草稿充其量只能是个"演说"提纲，要增加肢体语言，声情并茂地说课，尽量争取把听者的注意力、思维引入自己的预设中去，使听者受到感染，引起共鸣。

第四，要注意发挥多媒体的作用。所说之课在教学手段上如果运用了多媒体课件，说课时要选择重点内容而又精彩的片段予以演播，说课材料中要写明操作指示语。另外，若说课材料未印发给听众，则可将材料中的大纲小目制作成投影片或光盘按序播映，以增强视觉效果，从而提高说课的质量。

第五，说课的时间不宜太长，也不宜太短，通常可以安排一节课的 1/3 ~ 1/4 的时间，即 10 ~ 15 分钟。如果是比赛或交流，则要按照规定时间完成说课流程。

第六，注意发挥教师自身的教学个性和创新精神，防止生搬硬套书本上的内容。要突破程式化局限。说课的内容大致包括了前述几个方面，但又不是一成不变的。从结构到语句，不应僵化，以免形成程式化的框框。行文在准确的基础上，可以生动活泼，自然连贯。

第七，由于受说课时间的限制，有些老师在说课时不板书。其实，在说课的过程中适当的板书是非常必要的。如在介绍自己的说课篇目时，可以把内容有重点地写在黑板上，这些板书可以向听者展示说课者的书写才华，又能牵引听者的视线，吸引听者的注意力，关键是能让听者知晓本课的重点。

第八，说课时要做到：衣着整洁、形象动人、举止端庄、仪态自然；普通话准确，语言规范，生动流畅，富于情感。"说课"是说不是读，不要照本宣科，要口语化。不要做播音员传信息，要做主持人传情感。

---

① 徐世贵. 新教师教育教学技能指导 [M]. 吉林：吉林大学出版社，2007：112-113.

（三）说课与试讲、微格教学的区别

表 4-4-1　说课与试讲、微格教学对比

	说课	试讲	微格教学
概述	说课是一种教学研究技能，是"介绍课"而不是具体的"上课"。	试讲是模拟真实情境进行的课堂教学活动。是教师自编、自导、自演的一出独角戏。	微格教学是模拟真实的课堂环境，由展示者与参与学习者相互进行角色扮演，并进行反馈交流的教学活动。
目的	以提高教师知识水平与教学能力为主要目的。主要考查对教学内容的深入研究，并进行有逻辑的表达。	一般用于面试，考查教学设计与教学实施能力，学科专业能力、语言表达能力等。	一般用于教师教学技能训练或教学环节研究等。侧重于考查教师的综合教学基本功和教学技能。
对象	具有一定研究水平的专家、领导和同行。	专家、评委、领导、同行。	通常是由教师扮演的"学生"。
内容形式	通过对指导思想与理论依据、学情分析、教学内容分析、教法运用、教学目标与教学重难点、教学过程、教学评价、教学反思等内容的深入阐述，说清楚"教什么""怎么教""为什么这么教""用什么方法教""教到什么程度"以及"我怎样才能教得更好"。	在规定时间内（一般是10～20分钟），展示按自然流程实施的一节课。只不过将一些活动省略、压缩，或用语言带过。做到"眼前无学生、心中有学生"。	一般是完整教学片段的呈现，以"打格放大"的形式，对某一重点内容进行深入讲解。也可以是展示按自然流程实施的、经过压缩的课。需要将示范、展示、训练的过程分步骤、具体呈现。

三、问题改进

明确了什么是说课，了解了说课的意义、作用以及说课过程中有哪些需要注意的问题，就要深入学习说课的基本内容与基本流程，知晓说课的评价标准是什么。

（一）说课"说什么"——说课的内容

说课主要分为研究型、专题型、示范型、评比型、反思型等多种类型，尽管侧重点和评比标准有所不同，但说课都是既要说清楚"教什么""怎么教"，又要依据课程标准理念说清楚"为什么这么教"，还要紧贴学生认知特点说清楚"用什么方法教""教到什么程度"。

一般情况下，说课都包含以下六个方面的内容。

一、说指导思想与理论依据

二、说教学背景（学情分析、教学内容分析、教法运用等）

三、说教学目标与教学重难点

四、说教学过程（教学活动设计）

五、说教学评价

六、说教学反思

1. 说指导思想与理论依据

指导思想是将自己在本节课教学中的亮点设计所依据的指导思想或核心教育教学理论进行简述，且在后面的教学过程中明确体现出来，避免出现照搬课标中整个模块指导思想的情况。

案例1：《指数函数、对数函数、幂函数》单元指导思想和理论依据[①]

指导思想：

1.以学生发展为本，面向全体学生，落实立德树人，重视过程评价。由具体的指数函数、对数函数、幂函数出发，从特殊到一般的认知规律，将知识化为智慧，积文化为品行。（略）

2.重视知识的形成过程和学生的认知过程，把握数学本质，突出主线……培养学生用数学的观点看世界，用数学的思维思考世界，用数学的语言表达世界。

理论依据：

1.布鲁纳的发现学习理论：本单元重点放在学生获得知识的内部认识过程，如何组织课堂促进学生"发现"知识，重视知识结构的形成。

2.布鲁姆的教育目标分类学：本单元主要基于知识类型和认知活动的二维互动模型设计，反思教学活动，并以此为依据总结出对学生学习方法指导的策略和一般教学策略。

3.奥苏伯尔的有意义学习理论：本单元主要涉及有意义学习，先行组织者，上位学习，最近发展区等。

4.数学核心素养理论：本单元主要涉及了数学抽象、直观想象、逻辑推理等素养的培养。

5.经典数学教学理论：本单元主要涉及了数形结合思想方法，由特殊到一般思想方法，分类讨论思想方法。

6.外显学习和思维可视化：本单元设计了引导学生研究函数的程序性知识，灵感来源于诺瓦克的概念图理论。

以上六种理论都是围绕人类学习行为展开的，在本单元的教学中，经典教学理论体现了数学的学科特征，有意义学习理论揭示了学习活动的本质，学科素养理论描述学生发展的归宿，目标分类学理论侧重于对教学的精准把控，发现学习理论为教学提供必要

① 北京市教育学会.北京市中小学第二届"京教杯"青年教师教学基本功展示优秀教学设计案例集中学下册[M].北京：北京出版集团，北京出版社，2021：3-4.

的方式，外显学习和思维可视化理论为教学提供了有效的实施手段。将这些理论有机结合起来有利于对本单元教学理念和行为更科学更全面地把控。

案例分析

本案例为北京市中小学第二届"京教杯"青年教师教学基本功展示中学数学一等奖课例，设计者为北京市师达中学邱冠男。

本案例的指导思想与理论依据阐述全面，与实际教学内容联系紧密。充分阐明"为什么这么教"。

2．说教学背景（学情分析、教学内容分析、教法运用等）

教学背景的分析就是能够实证分析学情、能够根据课标要求和教材深入分析具体的教学内容，以及为完成教学任务所采用的教策略和方法。

（1）对教学内容的整体分析

案例2：《整式的乘法》单元教学设计说明①

该内容选自人教版八年级上册第14章《整式乘法与因式分解》，本章共有三部分组成：14.1整式的乘法；14.2乘法公式；14.3因式分解。本设计是本章的第一部分内容——整式的乘法。

1. 为什么学——该主题的价值分析。

首先，从运算系统来看……其次，从该主题自身的价值而言……最后，从该主题对后续学习的价值而言……整式乘法是后续学习因式分解、分式、根式、高次方程（组）、函数及零点以及进一步学习其他数学内容的基础。

因此，无论从学科价值还是对于学生运算素养培养的视角来看，整式的乘法都具有较大的研究价值。

2. 怎么学——学生的认知基础和活动经验。

从学生的认知经验来讲，学生具有有理数乘法的探究经验，数式具有通性，尤其是运算律的迁移性，这些都为学习整式乘法奠定了方法和经验基础。但是由于运算对象的不同，也导致了一些差异。首先……其次……最后……是学习本单元的挑战。

3. 传统方式怎么学——传统教学设计的优点和不足。

所谓传统的教学设计，在此主要指"一课一学""就课论课"的设计。这种理念下的整式乘法设计，基本上是按教材呈现顺序推进，先是幂的基本运算，再到单项式乘单项式，再到单项式乘多项式，最后到多项式乘多项式，再以小结课的形式结束，试图让学生认识所学内容全貌，属于先分后总的结构。

---

① 北京市教育学会.北京市中小学第二届"京教杯"青年教师教学基本功展示优秀教学设计案例集中学下册[M].北京：北京出版集团，北京出版社，2021：40-41.

这种设计，优点是从简单入手，学生易于落实基础知识和基本技能。但是，其弊端随着教学理念的变革也越发凸显。首先，这样的设计倾向"就课论课"……其次，从学习动机的视角，不利于激发学生主动地学习……

4.本设计打算怎么学——整式乘法学习的立足点。

为了弥补传统教学设计的不足，该设计力图让学生在初始课阶段，能够系统建构整式乘法的学习路径，也就是在学习具体知识之前搞清楚学什么、怎么学。力图站在全局处理局部，让学生既见树木，更见森林。

案例分析

本案例为北京市中小学第二届"京教杯"青年教师教学基本功展示中学数学一等奖课例，设计者为北京市中关村中学张振环。

本案例较为全面地从本单元的学科地位价值、学生的认知基础、传统教学设计的优点和弊端、单元主题设计的立足点及其心理学基础等几个方面进行充分分析，并阐明了教学内容的组成成分以及与本章中其他各个部分之间的关系。

（2）学情分析

学生是学习的主体，教为学服务。因此，教师说课首先要对学情做认真细致的分析：学生的年龄特征和心理特点是什么；已有的认知基础和生活经验是什么；是否具备学习新知识所必须掌握的技能和态度；在学习方式、智力水平等方面的个体差异有哪些；学习中还存在哪些问题、可能要遇到的困难是什么、产生根源是什么等，回答"为何教"的问题。

案例3：《非洲音乐》单元学情分析

经过课前调研，我了解到学生们对世界音乐文化接触较少，特别是对非洲音乐比较陌生，但学生有良好的学习的愿望和热情。学生已具备的能力与本单元期望目标如下表（PPT）：

	已具备能力	本单元目标
演唱形式	能辨识合唱演唱形式，曾学唱过二声部合唱作品。	能以二声部合唱形式，完成无伴奏合唱歌曲伴唱部分，并尝试为领唱伴唱。
音准	学生已具备C大调乐谱的识谱能力；能较准确地唱出自然调式中大小二度音程。	在模唱中巩固七声音阶各音程的关系与音准，能迅速辨识音高位置。
节奏	30%能够准确读出四分音符、八分音符、四分休止符、八分休止符、附点节奏。	体验非洲鼓乐单线性与多线性"跨"节奏演奏方式；创编多线性"跨"节奏。
和声	在合唱歌曲学习中曾体验过和声进行的效果。	逐步建立合唱的基本规范，训练集体感知能力。
音乐表现	能够按照乐句呼吸演唱歌曲，在教师引导下能初步体现歌曲情绪。	利用改编的旋律、创编的节奏、乐器演奏在教师指导下进行综合表现实践。

根据以上的学情分析，我制定了以下的教学策略：

音乐情感体验层面。第一课时，循序渐进的学唱歌曲，通过直接与间接体验独领众合的演唱实践，探寻来自非洲的声音。

音乐文化理解层面。第二课时，通过聆听非洲鼓乐，借助听、写、创等环节，从单线性节奏入手，到多线性"跨"节奏有梯度的感受非洲鼓乐文化。

音乐实践能力层面。第三课时，综合前两课时对非洲音乐特点的认识，通过改编旋律、创编节奏、乐器演奏进行综合表演实践。

案例分析

本案例为北京市中小学第三届"京教杯"青年教师教学基本功展示中学音乐一等奖课例，设计者为中国传媒大学附属中学张琼。

本案例的学情分析聚焦学生学科能力，对学生的学习起点、学科基础水平和期望通过学习达成的目标进行细致的分析，从而制定相应的教学策略。

（3）教学内容分析

这一部分，不仅要对具体的教学内容进行深入细致的分析，还要从课程、教材、单元整体进行说明。如教材大纲、课程标准的要求，课时教学内容在节、单元、年级乃至整套教材中的地位、作用和意义，以及本人对教学内容的理解等。简单来说就是说明"教什么"和"为什么要教"。

案例4：《What Is Success?》单元教学内容分析①

本单元的主题是人与自我，涉及的话题是成功，通过四个语篇呈现主要内容。整个单元按照"听""说""读""写"四大板块编排。每个板块都以一种语言技能活动为主，兼顾其他技能的培养；通过主题意义的探究，关注语言的理解性技能和表达性技能的协调发展。教材的语言材料及其涉及的具体语言知识为：

听力语篇是一个独白，谈到了成功的秘诀。语篇中表达成功的秘诀的逻辑以及举例方法是学生需重点关注的知识。学生通过语篇知识的学习，正确理解他人的态度、情感和观点，运用得体的语言形式，表达自己的态度和观点。

阅读文本一是一篇英文博客，一位奥运冠军介绍了自己的成功之路和人生选择，其语言和词汇比较地道，但文章的脉络不是很清晰……该文本的语篇特征也是学习内容之一。学生要根据文本的语言、逻辑、结构和内容等，判断文章的语篇类型。

阅读文本二是一篇人物报道，介绍一位功成名就的大学教授放弃代表自己成功的金钱财产和丰富的物质生活，去寻求简单的幸福，从而成为真正意义上成功的人。该阅读

---

① 北京市教育学会.北京市中小学第二届"京教杯"青年教师教学基本功展示优秀教学设计案例集中学下册 [M].北京：北京出版集团，北京出版社，2021：61-62.

文本有标题、导语、正文、引语等，立场观点鲜明、内容真实具体、语言简明准确……学生梳理并整合事实性信息，概括出结构化知识，分析和欣赏新闻报道的文体特征和语言特点，加深对主题意义的理解。（略）

写作语篇描述了郎平作为运动员和教练员在排球领域做出的突出贡献。文中人物的特点描写鲜明，给人留下深刻印象，是阐释成功人物的写作范例……学生能恰当地运用语篇知识来组织语篇结构，可使逻辑更加清晰，内容更有条理，整个语篇更加连贯。

案例分析

本案例为北京市中小学第二届"京教杯"青年教师教学基本功展示中学英语一等奖课例，设计者为北京市第二中学焦世强。

本案例不仅对核心教学内容进行分析，更是对整个单元的构架、内容进行详细分析，明确教学内容之间的关联，从而明晰教学设计思路。

（4）教法运用

这一部分主要是说明为达成教学目标，拟采用哪些教学方法、教学手段，具体怎样运用等。简单来说，就是说明"怎样教"和"为什么这样教"。特别要说明的是，教学有法、教无定法。无论采用哪种教学方法，都要紧密结合教学内容，不能生搬硬套。

案例5：《京剧之魂——锣鼓经》教学方法说明

为了达成教学目标，我采用了以下的教学方法：

直观演示法——教师展示乐器、图片，进行示范性演唱、演奏，采用现代化视听手段，使学生获得具体、生动、真实的感性知识，提高学生学习的兴趣，引导学生参与音乐实践；

启发探究法——教师启发学生聆听、感受、鉴赏音乐，探究锣鼓经的特点、作用；

参与体验法——学生在练习锣鼓经和与同学的配合演唱、演奏中，体验京剧锣鼓经的韵味儿，体会京剧程式化的特点；

口传心授法——运用中国传统戏曲师傅带徒弟的方法，老师带学生、学生带徒弟，让学生们在学习的过程中原汁原味的感受中国传统戏曲韵味儿。

案例分析

本案例为北京市中小学第一届"京教杯"青年教师教学基本功展示中学音乐一等奖课例，设计者为北京市日坛中学实验学校王卉。

本案例凸显音乐学科的特色，教学方法突出实践性、示范性。

3. 说教学目标与教学重点、难点

教学目标是课堂教学的出发点和落脚点，也是教学活动实施的方向，任何教学活动都要围绕教学目标展开。要清晰、具体的说明，通过教学活动学生发生哪些预期变化、达到何种程度。

教学重点是依据教学目标，在对教材进行科学分析的基础上而确定的最基本、最核心的教学内容。而教学难点是指学生不易理解的知识或不易掌握的技能技巧。

教学重点与教学难点可以是重叠的，即有些教学内容既是难点也是重点；也可以是非重叠的，即教学难点不是教学重点。教学重点与难点的确定，还要根据具体的学情，同样一个问题在不同班级里不同学生中，就不一定都是难点。

案例6：《探秘家乡黄芩茶》单元学习目标与学习重点、难点 ①

基于教学内容与学情的分析，本单元的学习目标是：

价值体认：通过参加探秘家乡黄芩茶的实践活动，能够了解自己的家乡，认识家乡特产黄芩茶，进而形成知家乡、热爱家乡的情怀。

责任担当：在设计制作家乡黄芩作品和宣传推广的过程中，增强为家乡作贡献的社会责任感。

问题解决：能够运用考察探究、职业体验、设计制作、社会服务的方式开展研究，进而认识黄芩、了解黄芩的药用功效与价值；了解黄芩茶传统的制茶工艺；学会采摘黄芩的方法以及泡黄芩茶的实验方法。

创意物化：运用所学美术、劳动技术、信息等操作技能，将小组对黄芩宣传品的创意付诸实践，通过设计、制作，发展实践创新意识和审美意识，提高创意实现能力。

单元学习重点是：

围绕家乡特产黄芩茶进行实践探究活动，提升"知家乡，爱家乡"的情怀。

单元学习难点是：

运用多种推广渠道对家乡黄芩茶进行宣传推广，提升宣传实效。

案例分析

本案例为北京市中小学第二届"京教杯"青年教师教学基本功展示中学综合实践活动一等奖课例，设计者为北京市门头沟雁翅中小学素质教育基地王永丽。

本案例基于核心素养的视角制定学习目标，并依据教学目标确定教学重点和教学难点。

---

① 北京市教育学会.北京市中小学第二届"京教杯"青年教师教学基本功展示优秀教学设计案例集中学下册[M].北京：北京出版集团，北京出版社，2021：337-338.

4. 说教学过程（教学活动设计）

这一部分是说课的核心部分，主要说明教学过程的具体思路。教学活动分为哪些环节，每个教学环节的具体活动内容、教学策略及依据是什么，各教学环节之间的逻辑关系是什么、是怎样衔接的。要说清这样几个问题：

第一，本课准备设计几个教学环节，每个教学环节如何展开、如何操作、如何衔接。如导入怎样设计，新课如何进行，课尾怎样延伸和拓展等。

第二，每一个教学活动的设计意图是什么、理论依据是什么，如何实施。

第三，怎样突出教学重点、突破教学难点，如何实现预设教学目标。

需要注意的是，在说流程中要处理好说实践与说理论的关系，要注意理论与实践结合，既要避免教学式的简单叙述，也要防止空泛的说理。如果是课后说课，还可以将课上学生的精彩表现截取视频片段进行展示。

案例7：《永恒的欢乐颂》教学过程

为了达成教学目标，突出重点、突破难点，我设计了六个教学活动，围绕节奏、和声、旋律、音响，探究古典与浪漫的音乐风格，结合贝多芬思想，理解欢乐颂的永恒。

活动一：开门见山，问题引领

播放精心制作的微视频，并配合精心设计的旁白："有这样一首音乐，它出现在很多重大的场合，它见证了柏林墙的倒塌、它曾被用作罗得西亚国歌的旋律和欧盟的盟歌，如今，它更作为世界通用语言、被无数人演唱、抚慰了无数人的心。我想你已经猜出这首作品就是——对！它就是贝多芬的《第九合唱交响曲》。"（播放音乐主题片段、学生在线跟唱视频展示）开门见山地提出本课要解决的核心问题："欢乐颂"主题为何能够成为永恒？导出课题。

活动二：聆听对比，识读总谱

第一步，归纳要点，赏析序奏部分音乐情绪的推动，感受古典风格。并边聆听、边填写表格（PPT出示表格）。表格填写的过程也是对"欢乐颂"主题、变奏音乐风格特点的探究过程。

第二步，在总谱上探究"欢乐颂"主题在器乐阵营"自下而上"的变化规律，初步掌握通过音响和总谱进行作品赏析的能力。（出示总谱，并呈现旋律走向动图）

活动三：聆听感受，合唱实践

学生在聆听与合唱实践活动中，感知第一段合唱主题变奏Ⅰ的不同演唱形式（播放学生课前录制的"云"合唱视频）；结合总谱，探究主题变奏Ⅰ在声乐阵营"自下而上"的流动变化所带来的严谨的和声进行，感受古典的理性风格，巩固通过音响和总谱进行作品赏析的能力。

活动四：聆听辨别，深入探究

接着，在聆听、演唱中感受主题变奏Ⅱ旋律在"欢乐颂"原主题基础上"穿针引线"的旋律延伸所带来的抒情浪漫色彩。结合总谱，探究主题变奏在器乐和声乐阵营的融合，进一步提升通过音响和总谱进行作品赏析的能力。（播放学生在线提问、教师解答的视频）

活动五：提炼归纳，举一反三

引导学生运用在活动二、三、四中学习的，通过音响和总谱对作品进行赏析的方法，自主探究结束部。感受主题与变奏在器乐、声乐阵营相互融合所带来的恢弘的音响，理解其中的浪漫色彩，提高学生举一反三自主学习探究的能力。同时，结合曲式结构图，梳理本课重点赏析的段落，对作品结构有整体的认识，提高审美能力。（PPT出示填写表格）

活动六：拓宽视野，首尾呼应

最后，经过上述五个层层深入的活动，引导学生从创作技法、表现形式归纳作品的跨时代意义："贝多芬是一位集古典主义之大成，开浪漫主义之先河的伟大作曲家。欢乐颂主题在古典与浪漫的交锋中，显得饱满、立体。但它的伟大还远远不止这些：贝多芬首次将人声融入交响乐中，并选择席勒的诗作《欢乐颂》作为主题旋律的歌词。"至此，教师再次抛出核心问题："欢乐颂为何能够经久不衰"，请学生各抒己见，交流、讨论（播放学生在线交流视频）教师进一步总结、升华："贝多芬能开创性地将人声融入交响乐，说明他将'人'看作自己音乐生命的一部分。席勒的《欢乐颂》歌颂的是超越时代、民族、地域和国界的爱，与贝多芬追求自由、平等、博爱的精神观念有着异曲同工之处。在这样超脱世俗、用艺术联合全人类的音乐观念下创作出的体现人类的命运和大爱、彰显自由平等博爱的人类终极价值的关怀与真谛的'欢乐颂'才是它经久不衰的重要原因！"从人文内涵层面，启发学生对东西方文化共性的思考与探究，由浅入深解决本课核心问题，开拓学生文化视野，引发对人类终极价值追求的关怀与思考。

经过以上感性体验与理性分析，最后，结合新冠肺炎疫情社会热点，师生一起在指挥和高唱"欢乐颂"主题中回归感性，结束本课。

案例分析

本案例为北京市中小学新任教师第四届"启航杯"教学风采展示中学音乐一等奖课例，设计者为北京中学周佳铭。

本案例运用先总后分的形式，对教学过程进行详细说明。精心设计了讲述语，并在各个环节之间进行有效衔接，表述清晰、重点突出、详略得当。

5. 说教学评价

这一部分是以学生为主体，对教学效果进行评估，通过教与学评价的反馈、调节措施，达到优化与改进教学的目的。

案例8：《守望家园——学画山水画》学习评价设计 ①

本课的教学评价分为过程性评价与质性评价。

过程性评价：学生在自主探究、对比发现和实践体验的过程中，教师适时地鼓励学生，对学生的发现与研究进行合理点评。评价参见下表。

	景物	设色	笔墨	章法
知识分类	山石、树木、人物、屋宇、动物、云水等	金碧山水、青绿山水	勾、皴、擦、染、点	三远法
特点感受	动静结合、"天人合一"	富丽堂皇素雅清淡以形求神、浓淡有韵	情景交融、形式与内容统一	高远之色清明、深远之色重晦、平远之色有明有晦

质性评价：设置三个不同时代画家的历史情境，在这样的历史背景和人生经历下，画家所绘制的山水画风格也各不相同。同学根据情境提示，选择该画家的山水画作品，以此来检验学生是否理解山水画的意境之美。

案例分析

本案例为北京市中小学第二届"京教杯"青年教师教学基本功展示中学美术一等奖课例，设计者为北京二中通州分校冯鑫。

本案例教学评价的设计具体、有针对性，教师可以通过教学评价检测学生对学习内容的掌握情况。

6. 说教学反思

教学反思是对教学过程本身以及教学过程中的行为进行理性的审视和分析。一般分为两个部分，第一，本节课的教学特色是什么，什么地方好，好在哪。第二，教学中还存在哪些问题与不足，改进策略是什么。

案例9：《关注当今城市建设——城市建设开发与历史街区的保护》单元教学反思 ②

本单元的教学亮点体现在以下三个方面：

---

① 北京市教育学会.北京市中小学第二届"京教杯"青年教师教学基本功展示优秀教学设计案例集中学下册[M].北京：北京出版集团，北京出版社，2021：310.

② 北京市教育学会.北京市中小学第二届"京教杯"青年教师教学基本功展示优秀教学设计案例集中学下册[M].北京：北京出版集团，北京出版社，2021：306.

一、问题情境学习，落实核心素养

在本课中，我使用"百街千巷"的新闻引出"在城市建设开发中怎样保护历史街区"这个问题，让学生走进鼓楼周边历史街区，在社会情境中进行学习，在发现问题——解决问题的过程中自主完成意义建构，落实美术学科核心素养。

二、注重教学方法，融合信息技术

利用现代媒体技术开展美术教学，在课堂上注重创设情境，以丰富多样的形式呈现研究成果。思维导图APP的使用帮助学生形成形象思维；导学单的使用使学生在实践过程中明确方向；图文编辑APP让学生以图文并茂的方式总结考察活动；微课的使用满足了学生美术实践时的不同需求；PPT和视频相结合的活动汇报让大家身临其境；电子问卷的使用能够检验学生的学习成果。

三、树立文化自信，德育贯穿始终

立德树人、以美育人。关注、传承、保护我国文化的观念贯穿课程始终。通过引导学生理解历史街区承载的巨大价值，激发学生对中国传统文化的热爱之情和文化自信。课程最后通过北京市政府网的人民意见征集板块，让学生向社会发声，增强学生的责任感和主人翁意识。

本单元课程设计也有以下遗憾和不足：

本单元课程因篇幅原因，略显单薄。其实本单元课程还可以继续深挖，在横向上可以和各学科融合，开发跨学科课程，也可以在美术课程内部纵向发展，继续扩充，开发单元主题式课程。

当今城市建设主题单元式文化课程	
多学科综合：	主题单元式文化课程：
美术	探寻北京古建筑
语文	探寻北京民居
政治	城市的规划与布局
历史	街区的开发与保护
地理	北京文创产品设计

案例分析

本案例为北京市中小学第二届"京教杯"青年教师教学基本功展示中学美术一等奖课例，设计者为北京市丰台区东铁匠营第一中学姜璐璇。

本案例从教学设计、教学实施等方面对自己的教学进行客观的反思，而"遗憾和不足"引发对学科教学、跨学科融合教学更深刻的思考。

实践操作

请参照以上内容，撰写一篇说课稿。包含：指导思想与理论依据、教学背景分析（学情分析、教学内容分析、教法运用等）、教学目标与教学重难点、教学过程（教学活动设计）、教学评价与教学反思等内容。需阐述清楚"教什么""怎么教""为什么这么教"以及"用什么方法教""教到什么程度"。

（二）说课"怎么说"①——说课的呈现

相对于上课而言，说课既要说清楚"教什么""用什么方法教""教到什么程度"，又要说清楚"为什么这么教"，即在重点环节上要阐述本环节教学的设计意图。在说教材、说学情、说教学目标及重难点、说教法学法、说教学过程，以及说教学反思等环节的基础上，说课主要考验说课者"怎样说"，以及以什么样的理念、姿态、语言和策略来说。

说课要做到"顶天立地"，避免"就课说课""记流水账"。所谓"顶天"，就是说课内容要有高度、有理论支撑；所谓"立地"，就是要"接地气"，贴近教学内容和学生。这就要求教师既要依据课程标准的理念，紧贴学生认知特点，又要巧借"他山之石"或教育名言，合理说出为什么这么说（教）、为什么这样做（学）的理论依据与教学意图；要立足于人的发展目标，着眼于学生核心素养的形成，在教学过程中突出学生的参与实践、自主探究，注重师生、生生多边互动、探究合作，有机融合与拓展教学内容。

说课应力求"演着说"。所谓"演着说"，指的是说课者从外部仪表到内在精气神，其整体状态应该自始至终保持精神饱满、思路清晰、感情充沛、表达流畅、一气呵成，通过眼神、表情、体态和举手投足透出协调、自信、阳光，透出自然、真实的美感。"演着说"要求教师应注意语言表达的技巧和艺术，如，尽量保持高位置发声，语言流畅、清晰，声音明亮、气息沉厚；语气、语速要有抑扬顿挫、轻重缓急，语音要柔和亲切、色彩明朗，情感把握要张弛有度、恰如其分。说课的语言如果是以一个速度、一个语调和一种语气一贯到底，那么就会像一杯白开水一样变得"无色"且"无味"。

"演着说"要有层次，有"角色"转换。说课者要能够把握、设计和运用不同的语气、语音和语调，来应对不同对象和不同授课环境。如，面对评委说的"开场白"及正文的介绍等内容，应给人以立体、鲜活、生动的声音画面代入感，使人如临课堂情境一般。

📖 **拓展阅读**

说课如何把"说"和"放"结合起来②

"说课"是教学交流的一种形式，是授课的教师在充分备课的基础上，向其他教师或评委说出你这节课的教学设计意图及理论依据。怎样才能使你的"说课"达到最佳效果，让听者听得清楚明白你这节课的基本模式呢？我认为应做到"说"和"放"有机结

---

① 褚艳华.说、唱、做、表：准教师说课的"法宝"[J].中国音乐教育，2020（6）52.有修改。

② 陈宏.http://blog.sina.com.cn/s/blog_5efb148f0100ch2l.html

合，只有这样，才可以达到相互交流，共同提高的教研的目的。

一、对教材的处理"说"重点，"放"精华（课件显示）

"说课"的第一步就是说教材。这就要求我们说课者必须深钻教材，熟悉了解教学大纲，尤其要熟悉全套教材，理清各知识间的内在联系，明确每一知识在整个教材中的地位和作用，从而妥善地处理教材。

在充分准备的基础上进行说课，说教材分析是从知识结构和学生认知能力两方面进行分析，在"说"的同时，用课件"放"出重点词句，像语文课分析课文一样放出精华，使听者一看就明白；说对大纲的理解时要说如何处理教材，确定如何实现三级目标（即知识与技能目标，过程与方法目标，情感态度与价值观目标）；说教学目标的同时，要"放"出学生应掌握哪些知识，培养哪些方面的能力；说教材分析还要"说"出本节课的教学重难点，同时"放"出重点，还应用简短的语言说明你认为重点、难点的原因。

这样，听者通过听，结合看，便清楚了说课者对教材的分析是否透彻，教材处理是否恰当。

二、对学法、教法，"说"选择，"放"方法

说学法，说教法，是说课中的两个重要环节。说学法，要求说出本节课教给学生怎样的学习方法，培养学生什么能力，训练学生哪些方面的技能；说教法，要求说课教师说出选用什么样的教学方法和采用什么样的教学手段，以及采用这些教学方法和手段的理论依据。

学生要做到在学会某种知识的同时，掌握学习这类知识的学习方法，因此，教师就必须根据教材的特点和学生学习的认知规律，以及教师本人的自身素质来选择合理的教法。说采用什么方法突出重点，突破难点，调动学生的学习积极性，说采用什么方法力图达到什么目的，在教学中怎样体现"四为主"（以学生为主体，以教师为主导，以思维为主线＜教法＞），以训练为主线（＜学法＞）和"六性"（全体性、启发性、直观性、针对性、灵活性、时效性），"放"出方法及其相应的目的，显示教学思路。

这样做到说和放的有机结合，你这节课的教学基本思路和模式就在听者心中有了清晰的印象。

三、对教学程序，"说"过程，"放"步骤及内容

教材、教师、学生是构成课堂教学的三大要素，这三者的有机结合构成了课堂教学结构，即教学程序。有什么样的教学思想，就有什么样的教学程序，教材的处理，教法、学法的选择都必须具体体现在教学程序的设计之中。

说教学程序，首先说你准备以怎样的情境导入新课，这样创设情境的目的是能够吸引学生，激发他们探求新知的兴趣。说的同时，放出情境。在新旧知识的衔接上，要说出你怎样起承转合，在哪些地方注意及时调控、设计新颖等，说教学程序涉及各个教学环节，讲授的知识内容以及如何在教学中突出重点，突破难点，每设计一个活动要达到

怎样的目的等。

在说教学程序时，不仅要说出教学内容的具体安排，还要重点讲清为什么这样教的理论依据。使听者既能知其然，又能知其所以然，达到理论与实践的有机结合。在说的同时，放出课堂教学程序，让听者看出你精心设计的激发学生学习兴趣，激活学生思维，启发学生自学的问题引例及活动，训练学生技能，培养能力的练习题，知识间内在联系的板书设计，那么你这节课的教学基本情况就很清楚了。

总之，说教学设计意图和理论依据，放教学设计的情况构成了说课的两大要素，这二者的有机结合形成了说课的完整结构。

说课做到"说"和"放"有机结合，可以促使更多的教师教学达到教学性、教育性、艺术性的完美统一，从而使他们实现由勤奋型的教书匠向科研型的教育家的根本性转变。

实践操作

进行说课练习。

要求：采用上一节实践操作撰写的说课稿，并制作 PPT，边说边展示。

建议：

1. 可在说课稿基础上撰写一份"自用稿"，把哪一处需要衔接语、哪里需要翻页、哪里需要做手势或做示范等做好详细标记；也可把一些需要详细说明的语言写出来，着重记下来。

2.PPT 背景图案尽量简洁；内容尽量提纲挈领地展示，不要大面积呈现文字；一些教学环节、教学流程等可用思维导图、流程图的形式展示，更加一目了然。

3. 在完全熟悉说课文本内容后，对语调、语速、动作、表情等进行细化练习。

4. 可自己录制说课视频，自我反思、调整，也可邀请同伴相互观摩、评价、改进。

（三）说课"怎么评"——说课的评价

1. 说课的评价标准

一节好的说课有以下几个重要特征。[1]

（1）突出教学理念。从说课内涵看，教学理念是整个说课的灵魂所在。没有教学理念的说课，便没了分量。

（2）诠释教学思想。从说课表达形式看，它不是教案的复述，不是对上课的预测和预演，它是在兼有上述两点的基础上，更加突出地表达授课教师在了解和掌握教学任务和学情的情况下，对教学过程的组织和策略运用的教学思想方法，注重的是对教育理论的诠释。

（3）体现教学能力。从说课过程看，说课促使教师的教学研究从经验型向科研型

---

① 赵仲凯.新课程改革理念下的说课.http://www.yaohua.org:8017/sites/news/Lists/List46.

转化，促使教师由教书匠向教育家转化。因为教学思想的阐发，能够使教师明确教育教学观，展现教学设计，反思教学设计的预测或现象，提升教师的教学能力和升华教师的教学境界。

（4）展现教学境界。教学具有创造性，体现在说课者对于教学准确而独到的见解，对于教学环节独具一格的安排，对于教学策略独具匠心的理解和独特的运用技巧。

（5）展示演讲才华。从说课技能上看，它具有演讲特点。它集中体现在说者的心口相应的协调和面对同行演说的技巧，让听者明白你所要进行的课的内容、目的、策略、手段及其效果的评价，明白你的教学思想及行为所引起的效应。好的说课具有说服力和吸引力。

从课堂教学的价值取向来评价，好的说课可以包括以下几个方面。

第一，全面性。课堂教学设计体现素质教育的基本内涵，教学目标的制定体现出面向全体学生、全面提高学生素质、促使学生生动活泼主动地学习。

第二，科学性。教学过程有序，符合学科专业的科学性，符合教育学和心理学的基本原理以及学生的认知规律。

第三，教育性。寓德育于知识教学之中，注意对学生进行思想品德方面的教育，注意学生的情感态度与价值观的培养。

第四，主体性。教学过程能激发学生的学习兴趣，调动学生学习的积极性，组织学生参与学习活动，开发智力，培养能力。

第五，创新性。在正确的理论指导下，有自己教学经验的积累，有创新的内容，给人以启迪。

第六，实效性。课堂教学环节设计应具有可操作性，能指导教学实践，提高教学效益和教学效率，保证教学目标的达成。

2. 说课的评价量表

要进行定量评价首先要有一个定量评价的量表。定量评价量表的制定最好结合本地区，以及每一次活动的任务、评价的目的、组织形式来制定。评定量表的制定应坚持科学性、整体性和可操作性的原则。以"2019'朝阳杯'初中教师基本功说课评价表"为例（见表4-4-2）说明。

表4-4-2 教师说课评价表

一级指标	评价内容		
指标与权重	二级指标	赋分	得分
1.教学内容分析 （10分）	1.1 教学内容在教材中的地位、作用及前后知识的内在联系	5	
	1.2 正确阐述教学内容的学科内涵、学科本质，所蕴含的学科思想、学科方法	5	
2.学情分析 （10分）	2.1 相关内容学生已有的知识与经验，生理、心理特征，兴趣、能力基础	5	
	2.2 学生的思维障碍点、学习困难点分析准确	5	
3.重难点分析 （5分）	3.1 教学重点、难点确定正确，能说明确定的依据	5	
4.教学目标 （10分）	4.1 基于学科性质和特点，充分挖掘学科的育人价值，落实立德树人的根本任务	4	
	4.2 立足学生实际和需求，制定符合不同层次学生的必备知识、关键能力、学科素养与价值观念的教学目标	4	
	4.3 目标清晰，可操作、易检测，能明确地向学生传递	2	
5.教法学法 （5分）	5.1 根据前期分析，正确选择和运用教法；根据学生情况，正确选择学习方式，学法指导正确，理论依据确切	5	
6.教学过程设计 （40分）	6.1 创设情境有利于激发学生兴趣，新课导入能有效调动相关知识，与新课内容联系紧密	5	
	6.2 对核心内容的教学设计能反映并落实教学目标，重点突出，难点有效突破，学科逻辑严密，科学性把握正确	10	
	6.3 教师主导与学生主体恰当体现，通过有效活动达成教学目标，解决教学重点、难点；注重核心素养与思维能力的培养，注重学以致用；教学方法灵活多样，注重学法指导	10	
	6.4 小结能引导学生讨论、综合、归纳形成整体理解	5	
	6.5 能够恰当地使用信息技术手段辅助教学	5	
7.教师基本功 （20分）	7.1 普通话标准，语言精练流畅，正确使用学科语言，逻辑性强；仪表端庄，态度自然，富有激情；学科专业基本功扎实，示范准确，具有感染力；课件、板书美观，设计合理、高效。	20	
特色创新 （5分）	体现学科教学特点，具有个人教学风格	5	
总分			

（四）怎样准备说课答辩

说课能够比较客观地反映一位教师的教学能力,但又不能完全体现教师的教学水平。因此,评比型说课之后,往往要有说课答辩环节,使得评委对选手的考查更全面、更综合。那么,专家评委一般会从哪些方面进行提问? 说课教师应该做哪些方面的准备呢?

1. 全面考查说课者对教学内容的理解程度

通过提问了解说课者对课程标准是否了解;对教材所处的地位及前后联系的理解与

分析是否准确；对教学内容是否有深入思考；针对学情设计的教学目标是否明确、具体、全面、可检测，是否与真实学情相吻合；教学策略和方法的运用，依据了哪些教学理论和教学思想方法，是怎样理论结合实际的。

2. 辨析说课者的个性化设计是否合理、有效

通过提问与追问，进一步了解说课者对于教学活动的设计有哪些深入的思考与独特的见解；教学流程是否科学、合理；各教学环节的衔接有哪些独具匠心的巧妙设计；运用了哪些独特的技巧，突出重点、突破难点，达成教学目标。

3. 对说课中的新颖观点和教学亮点做进一步深入了解

4. 针对说课过程中的问题进行提问、追问

对一些较模糊的问题或者有歧义的问题进一步追问，辨别是"口误"还是本不该出现的科学性错误、概念性错误。

总的说来，答辩是专家对说课者进一步考查、增进了解的过程。力求通过答辩透视说课者的知识素养、能力素养和理论水平。其实，大部分答辩是没有"标准答案"的，很多问题都是现场即兴生成的。与其花费时间揣测专家会问什么问题，不如深入思考、研究教材和教学内容，做到胸有成竹。

总结反思

1. 说课包括哪些内容？

2. 说课需要注意些什么？

3. 如何将教材"说深"、将教法"说实"、将教学过程"说精"？

4. 你能按照说课的基本规范撰写一份说课稿吗？

5. 你能自信地进行一次说课展示吗？

6. 通过本主题的学习，你有哪些收获？还有哪些困惑？

附　录

附录1

新任教师教学技能训练指导标准

一、教学设计技能

技能定义：教师根据教育教学原理，通过对课程标准、教学内容、学生情况的分析，为制定教学目标，选择教学策略，设计教学活动而采取的一类教学行为。

教学设计技能——1～3年新任教师教学技能训练指导标准

技能要素	训练指导标准		
	合格	良好	优秀
课程标准	说明本节课和课标之间的关系	指出课标在本节课中的具体落实	明确课标对本节课的指导作用
教材内容	正确分析教材的关键内容、教学重点，分析教材中的教学建议和隐含的教学设想	说明该内容在单元教材中的前后联系，在整个学科或整册教材中的地位	关注学科核心素养，能够将知识置于某一个知识或能力框架内进行解读
学生情况	有对学生认知结构及已具备知识技能的分析	有对学生年龄及认知特点的分析，指出了实现教学目标的困难点	学情分析准确、具体、全面，且有一定证据支持
教学目标	目标表述规范，指出教学重点、难点	目标定位准确（在学生最近发展区），有对教学重点、难点的说明	教学目标简明扼要具体，有可操作性和可检测性
教学策略	教学方式方法具体	有针对把握教学重点、突破教学难点的设想和方法	教学方式方法恰当、合理，符合学生认知规律
教学活动	教学活动能够实现教学目标，形式多样，能激发学生参与	教学活动目的与意图明确，与教学目标一致，教学活动之间逻辑结构清晰	每个教学目标都有相应教学活动的支撑，有检测教学目标达成程度的教学活动，注重学科核心素养，有较强的育人价值

注：后一层级的训练指导标准包括前一层级的内容。以下相同，不再赘述。

二、讲解技能

技能定义：教师根据教学内容特点和学生的认知规律，利用口头语言及手势、板书和各种媒体等，阐述事实、揭示事物本质，引导学生思维发展，指导学生学习的一类教学行为。

讲解技能——1～3年新任教师教学技能训练指导标准

技能要素	训练指导标准		
	合格	良好	优秀
讲解目标	正确选择讲解内容；讲解基本围绕教学目标，无科学性错误	讲解紧紧围绕教学目标，逻辑性强	讲解聚焦教学的重点、难点，且有助于学科素养的实现
讲解结构	围绕核心问题展开讲解；能够举例进行分析	论证过程合理；典型事例支持观点	讲解思路清晰，基于实证，论证过程严谨
思维引领	联系学生已有知识和生活经验；关注关键问题的理解情况	分析关键问题的讲解效果，并做调整	关注关键问题之间的联系，有整体的解决策略
得出结论	明确阐述结论	结论归纳合理、自然	适当强化和迁移运用结论

三、提问技能

技能定义：教师通过提出问题，并观察学生回答问题时的反应，了解学生的学习状态，启发学生思维，使学生理解和掌握知识，发展能力的一类教学行为。

提问技能——1～3年新任教师教学技能训练指导标准

技能要素	训练指导标准		
	合格	良好	优秀
问题设计	围绕教学目标设计主问题；围绕主问题的解决过程有辅助问题的设计	根据主问题设置适当情境；辅助问题之间有关系	设计不同思维层次的问题；问题之间具有合理的逻辑关系
提问和追问	根据设计提出问题；提问后根据问题难易适当停顿；针对学生回答情况进行追问	提问的时机恰当；问题表述清晰、连贯；追问具有针对性	对学生的回答情况给予建设性的评价；追问有利于拓展学生思维

四、观察指导技能

技能定义：教师在课堂上感知学生学习行为、情绪和了解自身教学效果，并进行指导的一类行为方式。

观察指导技能——1 ~ 3 年新任教师教学技能训练指导标准

技能要素	训练指导标准		
	合格	良好	优秀
倾听	倾听学生观点，随时观察活动状况	询问学生是否理解活动规则和活动内容	能提取学生发言中的核心观点
介入	及时纠正学生对活动内容、方式的理解偏差	提供操作示范学生	为学生的联想、推理、分析、归纳等思维活动提供帮助
推介	发现活动中的难点问题	提取学生活动中操作和思考的典型案例	通过恰当方式向全班推介典型范例
点评	对学生活动中好的观点和思路及时点评	对活动方式和操作及时点评	对活动中积极认真的态度进行点评

五、媒体应用技能

技能定义：教师进行实际表演和示范性操作时，运用实物、样品、标本、模型、图画、图表和多媒体设备提供感性资料，以及指导学生进行观察的行为方式。

媒体应用技能——1 ~ 3 年新任教师教学技能训练指导标准

技能要素	训练指导标准		
	合格	良好	优秀
选择媒体和资源	媒体选择和内容相匹配；媒体资源的开发和利用吸引学生注意力	媒体选择符合学生认知水平；媒体资源的开发和利用激发学生的参与	媒体资源的开发和利用能促进学生的思考
演示媒体	摆放位置利于学生进行观察；与教学内容紧密结合	操作正确，示范性强	多种媒体有机整合

六、课堂教学组织技能

技能定义：在课堂教学中，教师引发学生注意，掌控课堂进程，组织课堂讨论，保持良好课堂教学秩序，建立和谐课堂环境，以实现教学目标的教学行为方式。

课堂教学组织技能——1～3年新任教师教学技能训练指导标准

技能要素	训练指导标准		
	合格	良好	优秀
学习动机	开发学习情境内容，激发学生参与兴趣	设计符合学生年龄特点的学习方式	积极观察学生的状况，维持学习动机
课堂进程	围绕教学内容设计 3~5 个教学环节；教学环节之间变换学习方式	每一个教学环节之间逻辑关系清晰	掌握并不断调整课堂进程节奏
学习时间	重点内容用时较多	一节课起承转合时间合理	新的学习结束，给学生留有总结和强化学习的时间
教室空间	关注到教室两侧和后面的学生	关注到教室各个座位的学生	通过自身位置移动调整学生学习状态
课堂秩序	关注学生投入学习的注意力；发现并处理干扰因素	吸引学生的注意力投入学习中；有培养良好习惯的教育	恰当处理干扰因素；有效进行良好习惯的养成教育

七、板书技能

技能定义：教师在课堂教学中，通过在黑板上书写文字、图表、图形、符号等与学生进行信息交流的教学行为方式。

板书技能——1～3年新任教师教学技能训练指导标准

技能要素	训练指导标准		
	合格	良好	优秀
书写绘画	文字的笔顺正确；符号规范，图形标准；书写时不长时间挡学生视线	文字、绘画美观；有一定的书写速度	边讲边写，动作流畅
结构布局	内容布局合理；要点之间有合理的联系	重点内容突出鲜明	内容自然生成；图形与文字结合
概括要点	板演、板图分析到位	要点清晰，文字简洁，概括思维脉络	板书、语言和其他媒体有机融合，强化思维过程

八、语言技能

技能定义：教师用正确的语音、语义，合乎语法逻辑的口头语言，对教材内容、问题等进行叙述、说明的行为方式。

语言技能——1～3年新任教师教学技能训练指导标准

技能要素	训练指导标准		
	合格	良好	优秀
语音	吐字发音正确，符合普通话要求	吐字发音清晰	音量适当；坐在后面的学生也能清晰听到
语调	有不同的声调	抑扬顿挫能与内容情境相适应	根据不同的声调表达疑问、感叹、惊喜、沉思
语速	语速适中，符合学生年龄特点	停顿合理	节奏张、弛、急、缓结合
术语	用词规范、准确	正确使用专业术语	用词生动

九、教态变化技能

技能定义：教师通过教态变化不同的刺激，引起学生的注意、交流情感，改进学生学习的教学行为方式。

教态变化技能——1～3年新任教师教学技能训练指导标准

技能要素	训练指导标准		
	合格	良好	优秀
表情	表情符合教学要求；眼神能关注大部分学生	表情有变化；眼神能关注全体，观察探寻	表情和蔼、亲切、自然
手势	有手势	手势辅助教学	手势自然、恰当
身体	衣着、姿态符合教师身份；有必要走动	衣着、姿态不会分散学生注意；注意走动	走动适当

附录 2

"扬帆杯"教学设计模板

教学设计

学段		学科		编号			
教学课题					年级		
学校		姓名		手机			
教学背景分析	说明：包括课标、教材、学情、教学重难点分析						
学习目标							
学习评价设计	说明：关注学生的实际获得，学习目标达成的评价方案						
问题框架	说明：核心问题及问题链						
教学方法与策略	说明：针对学习内容特点和学情，突破教学重难点的方法策略						
教学活动设计	活动内容				活动意图		时间分配
板书设计	说明：体育、舞蹈无板书，填写多媒体教学设计、教具、器材等						
教学特色与反思							
指导教师姓名		单位		手机			
指导教师推荐意见							

附录3

"扬帆杯"教学设计评价体系

评价指标	要素描述
教学背景分析（20分）	1. 深度分析教材，准确把握学习内容的实质内涵及蕴含的核心素养 2. 学情分析具体、明确，有依据 3. 分析课程标准等相关文件的理念、要求 4. 结合对课程标准、教材、学情的分析，有自己的思考
学习目标确定（10分）	1. 目标定位准确，有层次 2. 目标描述具体，可操作、可检测
评价方案（5分）	1. 评价方案关注学生实际获得，能有效评估、检测学习目标的达成情况
问题框架（10分）	1. 问题框架体现教学思路及学习层次 2. "核心问题"和"问题链"逻辑结构清晰、符合学生认知规律
教学方法与策略（10分）	1. 突破教学重点、难点的策略和方法明确、有效 2. 引导学生学习的策略和方法符合学生的认知规律和特点
教学活动设计（30分）	1. 教学活动目的与意图明确，与学习目标一致 2. 教学活动之间逻辑结构清晰 3. 教学活动设计引导学生主动学习 4. 导入活动能激发学生学习动机 5. 注重核心素养，有较强的育人价值
板书设计（5分）	1. 板书设计突出教学的重点、难点，体现生成性 2. 板书设计美观大方、结构清晰
实践与反思（10分）	1. 概要描述教学的特点、特色 2. 基于目标达成情况，准确发现教学中出现的问题；能对产生问题的原因进行有效分析 3. 针对产生的问题能设计解决问题的策略方法

附录 4

新任教师教学技能展示评价体系

新任教师教学技能展示评价体系（中小学非体育与艺术类学科）

维度	指标	要素描述
教学设计（提交文本）25分	教学背景分析（6分）	1. 深度分析教材，准确把握学习内容的内涵、核心 2. 学情分析具体、明确，有依据 3. 分析课程标准等相关文件的理念、要求 4. 结合对课程标准、教材、学情的分析，有自己的思考
	学习目标确定（3分）	1. 目标定位准确，有层次 2. 目标描述具体，可操作、可检测
	评价方案（2分）	1. 评价方案关注学生实际获得，能有效评估、检测学习目标的达成情况
	问题框架（2分）	1. 问题框架体现教学思路及学习层次 2. "核心问题"和"问题链"逻辑结构清晰、符合学生认知规律
	教学方法策略（2分）	1. 突破教学重点、难点的策略和方法明确、有效。 2. 引导学生学习的策略和方法符合学生的认知规律和特点
	教学活动设计（8分）	1. 教学活动目的与意图明确，与学习目标一致 2. 教学活动之间逻辑结构清晰 3. 教学活动设计引导学生主动学习 4. 导入活动能激发学生学习动机 5. 注重核心素养，有较强的育人价值
	板书设计（2分）	1. 板书设计突出教学的重点、难点，体现生成性 2. 板书设计美观大方、结构清晰
说课（5分钟）15分	语言表达（6分）	1. 说课语言清晰、准确、流利 2. 专业术语表达准确、恰当 3. 适当得体的肢体语言
	内容明确、重点突出（6分）	1. 教学理念、目标、内容明确 2. 教学活动意图清晰 3. 教学重点、难点精准，教学方法和策略恰当
	实践与反思（3分）	1. 概要描述教学的特点、特色 2. 基于目标达成情况，准确发现教学中出现的问题；能对产生问题的原因进行有效分析 3. 针对产生的问题能设计解决问题的策略方法

续表

维度	指标	要素描述
微格教学技能展示（10分钟）60分	提问技能（15分）	1. 提问内容明确、具体、恰当 2. 提问时机适当，理答方式多样，提问之后有等待 3. 对学生的回答有反馈、引导、提炼
	讲解技能（30分）	1. 讲解目标明确 2. 讲解内容清楚、有明确的结论 3. 讲解方法符合学生认知规律，学生有思考与参与 4. 讲解过程有板书、媒体、肢体语言等的配合
	整体表现（15分）	1. 发音准确、清晰，音量适中，张弛有度 2. 术语准确，语言精简，无科学性错误 3. 教态端庄、大方，有适当的走动，具有亲和力 4. 教学媒体使用恰当 5. 时间把握合适

新任教师教学技能展示评价体系（中小学体育与艺术类学科）

维度	指标	要素描述
教学设计（提交文本）25分	教学背景分析（6分）	1. 深度分析教材，准确把握学习内容的内涵、核心 2. 学情分析具体、明确，有依据 3. 分析课程标准等相关文件的理念、要求 4. 结合对课程标准、教材、学情的分析，有自己的思考
	学习目标确定（3分）	1. 目标定位准确，有层次 2. 目标描述具体，可操作、可检测
	评价方案（2分）	评价方案关注学生实际获得，能有效评估、检测学习目标的达成情况
	问题框架（2分）	1. 问题框架体现教学思路及学习层次 2. "核心问题"和"问题链"逻辑结构清晰、符合学生认知规律
	教学方法策略（2分）	1. 突破教学重点、难点的策略和方法明确、有效 2. 引导学生学习的策略和方法符合学生的认知规律和特点
	教学活动设计（8分）	1. 教学活动目的与意图明确，与学习目标一致 2. 教学活动之间逻辑结构清晰 3. 教学活动设计引导学生主动学习 4. 导入活动能激发学生学习动机 5. 注重核心素养，有较强的育人价值
	板书设计（2分）	1. 板书设计突出教学的重点、难点，体现生成性 2. 板书设计美观大方、结构清晰

维度	指标	要素描述
说课（5分钟）15分	语言表达（6分）	1. 说课语言清楚、准确、流利，教学指令清晰 2. 学科专业术语表达准确、恰当 3. 肢体语言要适当得体
	内容明确、重点突出（6分）	1. 学习目标、内容明确 2. 教学活动意图清晰 3. 教学重点、难点精准，教学方法和策略恰当
	实践与反思（3分）	1. 概要描述教学的特点、特色 2. 基于目标达成情况，准确发现教学中出现的问题；能对产生问题的原因进行有效分析 3. 针对产生的问题能设计解决问题的策略方法
微格教学技能展示（10分钟）60分	示范技能（15分）	1. 专业技能示范精准 2. 技能示范与知识点结合紧密、时机恰当
	讲解技能（30分）	1. 目标讲解明确 2. 教学内容讲解清楚，便于理解和领会 3. 教学方法符合学生认知规律，能充分体现学生的主体性和积极参与
	整体表现（15分）	1. 教态端庄、大方，要有学科特点，具有亲和力 2. 讲解准确、清晰，音量适中，张弛有度 3. 术语准确，语言精简，无科学性错误 4. 教学媒体使用恰当 5. 时间把握合适

编后记

　　加快新任教师专业发展的速度，促进他们的成长发展，既是社会各界对教育的期盼，也是教师队伍自身更新的需要，更是培训教师义不容辞的责任。

　　新任教师的培训必须依据现阶段新任教师特点展开。新时代的新任教师具有更高的学历，非师范生比例大幅上升，他们对专业的理解更深，具有更强的学习能力和研究能力，以及更大的发展潜力，但是教育学心理学知识和教学技能训练有所不足，学科教学知识亟待提高。

　　这不但使得原有的培训内容需要调整，也造成原有的以区级培训集中传授知识方法，校本培训"师带徒"为代表的培训方式，难以满足新任教师专业发展的需求。脱产重新学习？这并不现实，需要探索新的培训方法！

　　课程改革，培训现行！在课程改革进入深水区的今天，在义务教育课程方案和课程标准 2022 版颁布，在落实立德树人根本任务，发展核心素养的背景下，新任教师培训内容需要调整。

　　北京市朝阳区教师发展学院根据"以学习者为中心"的理念，把新任教师培训从一年扩展为三年，从培训变为培养，"学研训用"为一体，强调助力引导新任教师在教育教学实践的过程中，实现专业发展。在课题研究基础上，开发《朝阳区新任教师教学技能训练指导标准》，规范区级培训；组织"扬帆杯"和追踪指导，通过任务驱动的方式，引领并推动新任教师对照"标准"进行校本培训自我培训。

　　为党育人，为国育才。专业理解与师德方面的学习，对新任教师持续专业成长具有深远的影响。引导新任教师体悟教师与教育的价值，对教学专业有更多的认同感，对教育工作更加投入、热爱、敬业与高度负责，是教师全人发展的关键。

　　北京市朝阳区教师发展学院从德育心理中心、教师发展中心、基础素质中心中，选取部分具有丰富新任教师培训经验的培训教师，组成编写团队，以《中小学教师专业标准》为基础，在实践研究的基础上，对原有的新任教师培训教材进行修订。通过专家引领、集中研讨、自主学习，大家在思想上达成了共识。这本书也是对这一艰辛研究过程的真实总结。

　　本书共分为上下两册，上册聚焦教师基本素养，下册侧重教师教学基本技能。上册教材分别从师德修养、法律法规、教师心理健康、学生学习心理和班级管理工作五个方面展开。

话题一，加强师德修养，做立德树人的好老师。其内容包括：新时代教师职业道德的要求，新教师提升职业道德的途径，新教师塑造专业形象的方法，新教师实现立德树人的举措。其中，主题一和主题二由马静老师撰写，主题三由姜楠老师撰写，主题四由权福苗老师撰写。

话题二，学习教育法规，做依法执教的好老师。其内容包括：新时代教师的法律权利与义务，新教师日常教育教学中的法律注意，新教师师生关系中的法律谨慎，新教师合法权益的法律维护。其中，主题一、主题二和主题四由刘继玲老师撰写，主题三由胡聚彩老师撰写。

话题三，努力修炼自我，做身心健康的好老师。其内容包括：做自我情绪管理的主人，做和谐人际关系的建设者，积极乐观对待工作中的人与事，做好自我职业生涯的规划。其中，主题一由荆承红老师撰写，主题二、主题三、主题四由单洪雪老师撰写。

话题四，研究教育心理，做引路促进的好老师。其内容包括：用积极心理视角看待学生，用学习科学观点看待学生学习，用教育心理理论对待学生差异，从教学实践经验做好引领促进。其中，主题一由荆承红老师撰写，主题二、主题三、主题四由杨红老师撰写。

话题五，关爱学生成长，做教书育人的好老师。其内容包括：在教育教学中实现教书育人，在班级管理中实现文化育人，在家校沟通中实现协同育人，在人际交往中实现和谐共处。其中，主题一由权福苗老师撰写，主题二、主题三、主题四由肖艳丽老师撰写。

下册教材分别从课前备课、课上施教、教学评价、自我提升四个方面展开。

话题一，用心备课，设计教学方案。其内容包括：分析教材内容，分析学生情况，制定学习目标，选择教学策略，设计学习活动。其中，主题一由蒋秀云老师撰写，主题二由刘剑老师撰写，主题三由苗沐霖老师撰写，主题四由何书利老师撰写，主题五由胡秋萍老师撰写。

话题二，认真上课，实施有效教学。其内容包括：做好导入与结束，做好讲解与释疑，做好提问与追问，做好观察与调控，选择媒体与演示。其中，主题一由李琰老师撰写，主题二由张东老师撰写，主题三由田一鹏老师撰写，主题四由曹艳老师撰写，主题五由蔡益老师撰写。

话题三，精心评价，提高教学质量。其内容包括：了解教学评价，开发评价方案，优化作业设计，做好考试分析。其中，主题一由韩国太老师撰写，主题二由陈侠老师撰写，主题三由徐慢老师撰写，主题四由陈沛老师撰写。

话题四，深入思考，研训提升自我。其内容包括：做好观课议课，进行教学反思，实施微格训练，进行说课答辩。其中，主题一由师海红老师撰写，主题二由姚咏梅老师撰写，主题三由方杰老师撰写，主题四由李磊老师撰写。

在本套教材的编写过程中，经过多次研讨。北京师范大学綦春霞教授、北京教育学院李晶教授、《中小学心理健康教育》杂志社何妍编审、北京市中小学中等职业学校教师培训中心方怀胜副教授、特级教师周静等多位专家，分别参加了框架、样章、整本书的论证与审定工作，对教材编写工作的价值和意义给予了充分的肯定，同时也提出了中肯的意见和很好的建议。在此对他们的指导一并表示感谢。

本书引用了朝阳区多位优秀新任教师的教学实践成果。在此，对这些新任教师，以及对他们进行指导的教师一并表示衷心的感谢。

编写本教材存在很大难度，根据《北京市中小学新教师规范化培训指导意见》的要求，既要关注入职通识教育，又要有第二年和第三年的培训；既要针对前三年教师的不同需要，又要思考他们的可持续发展；既要考虑新任教师日常教学中的使用，又要强调对他们参加各种活动的助力；既要凸显学科特色，又要兼顾不同学科要求。但是，在编写过程中，我们还是竭尽所能，希望能为广大新任教师的扬帆启航，助力加油！

义务教育阶段课程标准 2022 版颁布不久，我们对课程育人导向、核心素养发展、"教-学-评"一致等要求的研究，还不够深入；对新任教师三年一贯培训培养助力的研究，也还处于起步阶段；很多地方还需要进一步实践研究，本书的编写难免有疏漏与不当之处。如果在阅读的过程中，有哪些思考和建议，请发送邮件至 xinjiaoshi211@126.com。不胜感谢！

编委会于 2022 年 9 月

参考文献

1. 曹明海等. 教学文本资源与教学内容的确定 [J]. 语文建设,2008(10).

2. 弗朗索瓦—玛丽·热拉尔,易克萨维耶·罗日叶. 为了学习的教科书 [M]. 汪凌,周振平,译. 上海：华东师范大学出版社，2009：233. 转引自石鸥，张文. 学生核心素养培养呼唤基于核心素养教科书 [J]. 课程·教材·教法，2016（9）：14-19.

3. 王磊. 学科能力构成及其表现研究 [J]. 教育研究,2016(9):83-92.

4. 高洁等. 落实核心素养的物理教材分析观 [J]. 课程·教材·教法,2021(3):104-109.

5. 倪文锦. 语文新课程教学法 (小学)[M]. 北京：高等教育出版社,2010.

6. 丁恺. 课堂教学的 "学情分析" 研究 [D]. 华东师范大学,2009.

7. 蒋敏杰. 对 "学情分析" 中若干现象的分析与思考 [J]. 江苏教育小学教学,2009(01).

8. 刘剑. 关于小学英语课堂学情的思考 [J]. 中小学外语教学 (小学篇),2012(03).

9. 刘剑. 小学英语课堂学情分析的建议 [J]. 中小学外语教学 (小学篇),2014(05).

10. 王宝珊，夏秋荣. 朝阳区教师教学基本能力检核标准解读 [M]. 北京：北京出版集团公司, 北京出版社,2010.

11. 周静. 技能架起 "知—行" 桥 [M]. 北京：北京出版集团公司，北京出版社,2009.

12. 李亦菲. 三维目标整合教学策略 [M]. 北京：北京师范大学出版社,2011.

13. 皮连生，刘杰. 现代教学设计 [M]. 北京：首都师范大学出版社,2010.

14. 洛林·W. 安德森. 布鲁姆教育目标分类学修订版 (完整版)[M]. 北京：外语教学与研究出版社,2009.

15. 郭成. 课堂教学设计 [M]. 北京：人民教育出版社,2006.

16. 王春易. 从教走向学：在课堂上落实核心素养 [M]. 北京：中国人民大学出版社,2020.

17. 加涅，韦杰，戈勒斯，等. 教学设计原理 (第五版)[M]. 王小明，庞维图，陈保华，等. 上海：华东师范大学出版社,2007.

18. 白雪峰. 帮你迈好教师职业生涯第一步 (下册)[M]. 北京：北京理工大学出版社,2014.

19. 钟启泉. 打造教师的一双慧眼,谈 "三维目标" 教学的研究 [J]. 上海教育科

研 ,2010(02).

20. 余文森 . 从 "双基" 到三维目标再到核心素养——改革开放 40 年我国课程教学改革的三个阶段 [J]. 课程 . 教材 . 教法 ,2019:5.

21. 巴班斯基 . 教学教育过程最优化 [M]. 张定璋，等，译 . 北京：人民教育出版社 ,2007.

22. 梁宁建 . 当代认知心理学 (修订版)[M]. 上海：上海教育出版社 ,2015.

23. 约翰·D·布兰斯福特 . 人是如何学习的 [M]. 程可拉，等，译 . 上海：华东师范大学出版社 ,2016:11.

24. 余文森 . 核心素养导向地课堂教学 [M]. 上海：上海教育出版社 ,2018.

25. 中华人民共和国教育部 . 普通高中课程方案 (2017 年版 2020 年修订)[M]. 北京：人民教育出版社 ,2020.

26. 于露 . 恩格斯托姆的活动理论 [J]. 北方文学 ,2012.

27. 郭华 . 深度学习及其意义 [J]. 课程·教材·教法 ,2016,36(11):25-32.

28. 杨开诚 . 以学习活动为中心的教学设计理念 [M]. 北京：电子工业出版社，2004.

29. 邵丽 . 学习活动设计：内涵、意义与策略 [J]. 江苏教育研究 ,2018(01):31-34.

30. 刘霞 . 活动理论视角下课堂学习活动研究 [J]. 语文教学通讯·D 刊 (学术刊),2020(10):62-64.

31. 刘屹桥 . 有效学习活动的设计与指导 [D]. 南京师范大学 ,2021.

32. 徐灵姬，杨胜 . 探索自然而有深度的概念教学——以 "2.1 二元一次方程" 为例 [J]. 中小学数学 (初中版),2022(Z1):1-4.

33. 岳进，李振海，陈侠 . 在活动体验中构建 "基因突变" 概念 [J]. 生物学通报 ,2021,56(02):33-36.

34. 郭友 . 新课程下的教师教学技能与培训 [M]. 北京：首都师范大学出版社 ,2004.

35. 孟宪凯 . 教学技能有效训练——微格教学 [M]. 北京：北京出版社 ,2007.

36. 李涛 . 教师常用教学技能训练 [M]. 北京：中国轻工业出版社 ,2014.

37. 徐世贵 . 新教师教育教学技能指导 [M]. 长春：吉林大学出版社 ,2007.

38. 李同胜，王统永 . 课堂教学技能训练教程 [M]. 济南：山东人民出版社 ,2012.

39. 朱熹 . 近思录 [M]. 上海：上海古籍出版社 ,2010.

40. 张雪霞 . 关于语文课堂讲解时机的几点思考 [J]. 中国校外教育 ,2012(8):122.

41. 陆勇 . 初中物理课堂教学的重要方法——讲解法 [J]. 实验教学与仪器 .2019(6):12-13.

42. 王凤桐，李继英 . 微格教学入门 [M]. 香港：香港教育出版社 ,2002.

43. 北京教育学院朝阳分院 (现北京市朝阳区教师发展学院) 中师训 , 教师教学基本功——中学新任教师培训讲义 , 内部培训资料 ,2005（3）.

44. 沈毅，崔允漷 . 课堂观察：走向专业的听评课 [M]. 上海：华东师范大学出版

社 ,2008.

45. 教育部基础教育课程教材专家工作委员会组织 . 义务教育数学课程标准 (2011 年版) 解读 [M]. 北京：北京师范大学出版社 ,2012.

46. 崔允漷 , 沈毅等 . 课堂观察 20 问 [J]. 当代教育科学 ,2007(24):8.

47. 马芯兰 , 孙佳威 . 开启学生的数学思维 [M]. 北京：北京师范大学出版社 ,2021.

48. 李涛 , 邸磊 . 教师教学技能培养系列教程 [M]. 北京：中国轻工业出版社 ,2019.

49. 周静 . 媒体运用技能训练 [M]. 天津：天津教育出版社 ,2010.

50. 王晞 . 课堂教学技能 [M]. 福州：福建教育出版社 ,2008.

51. 张海珠 . 教学技能 [M]. 北京：北京市师范大学出版社 ,2013.

52. 夏雪梅 . 以学习为中心的课堂观察 [M]. 北京：教育科学出版社 ,2012.

53. 李宝荣 . 中小学英语教师培训课程指南 [M]. 北京：北京师范大学出版社 ,2014.

54. 钱秋萍 , 胡惠闵 . 新教师入职读本 [M]. 北京：教育科学出版社 ,2015.

55. 叶澜 . 扎实 充实 丰实 平实 真实——"什么样的课算一堂好课" [J]. 基础教育 .2004(7):13-16.

56. 赵明仁 . 教师反思与教师专业发展——新课程改革中的案例研究 [M]. 北京：北京师范大学出版社，2010.

57. 约翰 . 杜威 . 我们怎样思维 . 经验与教育 [M]. 姜文闵 , 译 . 北京：人民教育出版 ,2006.

58. 吕洪波 . 教师的反思方法 [M]. 北京：教育科学出版社，2014.

59. 帕梅拉 . 格罗斯曼 . 专业化的教师是怎样炼成的 [M]. 李广平，何晓芳，等，译 . 北京：人民教育出版社 2014.

60. 穆勒 . 逻辑体系 序言 [M]. 北京：三联出版社 ,2006.

61. 周钧 . 技术理性与反思性实践 . 美国两种教师教育观之比较 [J]. 教师（京），2005（6）：71-80.

62. 苏红 . 教师专业发展中的关键事件研究 [M]. 北京：北京师范大学出版社 ,2014.

63. 潘菽 . 教育心理学 [M]. 北京：人民教育出版社 ,1983.

64. 王磊 . 科学学习与教学心理学基础 [M]. 西安：陕西师范大学出版社 ,2002.

65. 李同胜，王统永 . 课堂教学技能训练教程 [M]. 济南：山东人民出版社 ,2012.

66. 马达 . 音乐微格教学 [M]. 厦门：厦门大学出版社 ,2007.

67. 北京市教育学会 . 北京市中小学第二届"京教杯"青年教师教学基本功展示优秀教学设计案例集 中学 下册 [M]. 北京：北京出版集团，北京出版社 ,2021.

68. 杨九俊 . 新课程说课、听课与评课 [M]. 北京：教育科学出版社 ,2004.

69. 罗伯特·桑代克 . 教育评价——教育和心理学中的测量与评估 [M]. 北京：商务印书馆 ,2018.

70. 田中耕治 . 教育评价 [M]. 北京 : 北京师范大学出版社 ,2011.

71. 万伟 , 秦德林 , 吴永军 . 新课程教学评价方法与设计 [M]. 北京 : 教育科学出版社 ,2004.

72. 方臻 , 夏雪梅 . 作业设计 : 基于学生心理机制的学习反馈 [M]. 北京 : 教育科学出版社 ,2014.

73. 臧铁军 . 考试评价分析及诊断基础与实务 [M]. 北京 : 首都师范大学出版社 ,2011.

74. 中共中央、国务院 : 深化新时代教育评价改革总体方案 .

75. 王月芬 . 重构作业 [M]. 北京 : 教育科学出版社出版社 ,2021.

76. 王月芬 . 课程视域下的作业设计研究 [D]. 华东师范大学 ,2015 届教育博士学位论文 .

77. 王耘 . 课程视域下的初中历史作业设计初探 . 未发表 .

78. 杨明杰 . 分层作业 , 分类评价 , 绽放学生独特个性 [D]. 课外语文 ,2016.